LES
TRANSFORMATIONS DU DROIT

DANS LES

PRINCIPAUX PAYS

DEPUIS CINQUANTE ANS

(1869-1919)

LIVRE DU CINQUANTENAIRE

DE LA

SOCIÉTÉ DE LÉGISLATION COMPARÉE

TOME I

PARIS

LIBRAIRIE GÉNÉRALE DE DROIT ET DE JURISPRUDENCE

Anc⁰ Librairie Chevalier-Marescq et Cⁱᵉ et ancⁱ Librairie F. Pichon réunies

F. PICHON ET DURAND-AUZIAS, ADMINISTRATEURS

Librairie du Conseil d'État et de la Société de Législation comparée

(20, rue Soufflot, 5ᵉ arr.)

1922

TRANSFORMATIONS DU DROIT

DANS

LES PRINCIPAUX PAYS DEPUIS CINQUANTE ANS

(1869-1919)

LIVRE DU CINQUANTENAIRE

DE LA

SOCIÉTÉ

DE

LÉGISLATION COMPARÉE

PREMIÈRE PARTIE

CÉLÉBRATION DU CINQUANTENAIRE

DE LA

SOCIÉTÉ DE LÉGISLATION COMPARÉE

29 MAI 1921

Le dimanche 29 mai 1921, le Congrès du cinquantenaire de la Société de législation comparée s'est ouvert à la Faculté de droit de l'Université de Paris, à 9 heures du matin, sous la présidence de M. le doyen F. Larnaude.

Étaient présents : MM. Adatto, Edmond Alix, Alvarez, P. Baillière, H. E. Barrault, Joseph Barthélemy, Basdevant, Beichmann, R. Beudant, Ed. Binoche, Bonnet, Borvillard, Bourdel, Bouteloup, Bouteron, Caillemer, Capitant (Henri), Capitant (A.), Capitant (M.), Celier, Challamel, Chaumat, Collinet, Cormier, Cornejo, Corsi, Cotelle, M. E. Cuq, Dambeza, Decugis (Henri), de Huertas, Demogue, Dietz, Drioux, Du Boys, Georges Dubois, Joseph Dubois, Duchesne, Dufourmantelle (Maurice), Eccard, Errera, Falletti, Fujiwara, Garçon, Gavelle, Gidel, Goulé, Granier, Gruffy, Guex, Yves Guyot, Hamel, Paul Henry, Héron de Villefosse, Hugueney, Jacquesson, Jobbé Duval, de Kossecki, La Barra (de), Lacour, Lacroix, C^{el} Lamouche, de Lapradelle, Lardier, Laurent, Legal, Le Poittevin, Leven, Lévy Ullmann (Henri), Mlle Lion, MM. Ch. Lyon-Caen, Marshal,

Mayers, André Mercier, Meynial, Nicolaesco, Paul Nourrisson, Oudart, Papazoff, Paulet, Pépin, Pillet, Petkow, Politis, Prudhomme (Henri), Benoit du Rey, Ripert, Rolland, Rougier, Savatier, Schisselé, Schott, de Ségogne, de Sinçay, Sire, Sirey, Soux, Théodoroff, Thomas, Troullier, Vachette, Weiss.

S'étaient fait excuser MM. le garde des sceaux, M. le Ministre de la Justice de Suède, MM. Adam, Blondel, L. Bordeaux, Boucheron, Adrien Carpentier, Cartier, Casteljon, F. Daguin, Dareste, Detourbet, Cte Ehresvard, Falcimaigne, Frérejouan-du-Saint, Jitta, Lardy, Lebon, Lemonon, Mahaim, Padoux, Parraperez, Peritch, Picard, Pollock, Rivet, Robineau, Souchon, Spassovitch, Sauvagnac, Paul Servin, van Zanten, Verschave, etc.

M. le Président annonce qu'il vient d'apprendre, avec la plus profonde et la plus douloureuse émotion, la mort de M. Vesnitch, ministre de Serbie en France, membre correspondant de la Société. Il rappelle la longue et brillante carrière de ce grand Serbe et adresse à sa famille l'expression de ses condoléances.

Puis il s'exprime en ces termes :

DISCOURS DE M. LARNAUDE

Doyen de la Faculté de droit,
Président du Congrès.

MESSIEURS,

Ce n'est pas par des discours d'apparat que la Société de Législation comparée veut fêter le cinquantenaire de sa fondation. C'est, comme vous l'avez vu dans notre programme, par des études sérieuses, laissant une trace, et qui puissent s'ajouter à la documentation législative et doctrinale formidable que renferment les 133 volumes qu'elle a déjà publiés. Même dans une

Tête, nous voulons, nous devons continuer à travailler. En cela, nous restons fidèles à la tradition et aux habitudes de notre Société.

Au lendemain de nos désastres et de nos tristesses de 1870 et de 1871, quand la Société de Législation comparée, si jeune encore, et qui s'était vue brusquement arrêtée dans son développement, cherchait sa voie, celui qui fut son premier président, l'illustre Edouard Laboulaye, lui rappelait dans la séance de rentrée du 28 novembre 1871 qu'il fallait « *travailler tous ensemble, sans relâche, à l'œuvre de réparation destinée à rendre à la France sa force et son rang dans le monde* ». Aujourd'hui, sans doute, cette force et ce rang, la France les a recouvrés en conduisant à la victoire les armées du Droit. Quand même, nous ne tiendrons pas un autre langage, car jamais le travail n'a été plus nécessaire, dans tous les domaines, dans l'ordre intellectuel, comme dans l'ordre matériel. Toutefois, et ce sera la seule exception à cette grande règle, à cette grande loi du travail, le président du Congrès ne saurait se soustraire à l'impérieux devoir, puisque nous fêtons un cinquantenaire, de rappeler le souvenir des ouvriers de la première heure, dont tant ont disparu, et de montrer le chemin parcouru depuis le 16 février 1869, date de la constitution définitive de notre Société.

Ces ouvriers de la première heure étaient, comme l'atteste la première liste des adhérents qui a été publiée, au nombre de deux cent quarante. Ce qu'ils valaient, il serait nécessaire, mais suffisant, pour le savoir, de les nommer! Car leurs noms portent en eux-mêmes leur éloge, ils parlent d'eux-mêmes. Pas un qui ne fût une force, quelquefois un drapeau!

Quand on y trouve de grands magistrats comme les Renouard, les Faustin Hélie, les Paul Pont, des membres aussi éminents des deux grands barreaux parisiens que les Desmarets, les Allou, les Bétolaud, les Du Buit, les Bardoux, les Hérold, les Paul Jozon, les Maurice Sabatier, des professeurs aussi pleins de science que Laboulaye, Duverger, Batbie, Bufnoir, Joseph Garnier, Charles Beudant, Léveillé, Paul Gide, Ch. Lyon-Caen, Gérardin,

J'en passe et des meilleurs....

quand on voit à la tête du secrétariat général, cheville ouvrière de toute association scientifique, à partir de 1871, un homme d'une aussi prodigieuse activité et d'un savoir aussi universel que M. Alexandre Ribot, glorieux survivant de cette haute lignée, on n'est pas surpris que les plus belles destinées aient été réservées à l'œuvre qui avait groupé un tel ensemble de talents.

Et, en effet, après quelques tâtonnements, inévitables, dans la recherche de la méthode qui devait présider à ses travaux, guidée par de tels chefs, notre Société a très vite et très résolument trouvé l'orientation définitive dont elle ne s'est jamais écartée depuis. C'est cette orientation et cette méthode de travail que je voudrais rappeler en quelques mots.

1° La Société de Législation comparée a d'abord, comme toutes les associations scientifiques, organisé des séances, ouvertes à tous les membres, dans lesquelles, sur le rapport de l'un d'entre eux, s'instituaient des discussions, d'où tout vote était exclu, portant sur les innombrables objets qui rentrent soit dans l'étude de certaines parties d'une législation étrangère, quelquefois même sur la science si difficile de la législation comparée. Le programme en avait été tracé de magistrale façon par M. Laboulaye dans son premier discours.

« Quand nous étudions, disait-il, les législations étrangères,
« nous n'allons pas simplement chercher quelques points de
« rapprochement plus ou moins intéressants. Nous cherchons
« les principes qui président à telle loi, nous sommes amenés
« à étudier la philosophie du droit, à remonter aux principes
« de notre propre législation. Nous faisons là, tout ensemble,
« une étude de morale, de politique dans le sens élevé du mot,
« d'économie politique. La comparaison des législations est une
« étude de législateur bien plus encore que de jurisconsulte.
« Mais il n'y a de bon jurisconsulte que celui qui sait remonter
« jusqu'à l'esprit des lois. Ces études ont l'avantage d'agrandir
« l'intelligence; nous n'étudierons pas de vaines théories, mais
« nous rassemblerons *des faits*, nous les expliquerons. La science
« du droit doit être, comme la physique ou la chimie, une
« science positive. »

C'était là un magnifique programme, nous y avons fait quelques timides incursions.

Après Montesquieu, et moins bien que lui, très loin derrière lui, la Société de Législation comparée a essayé quelquefois de remonter jusqu'à l'esprit des lois !

C'est le *Bulletin*, la première en date de ses publications, qui

a recueilli ces travaux, dont certains sont de haute valeur.
Il compte à l'heure actuelle 49 volumes.

2° Mais c'est l'*Annuaire de Législation étrangère*, dont le
46e volume s'imprime, dont le 1er volume a paru en 1872, qui
fait la véritable originalité de l'œuvre de notre Société.

Le travail est ici moins délicat, moins difficile. Il s'agit avant
tout de recueillir des faits, les faits de l'ordre politique les plus
importants de tous, les lois.

Dans l'*Annuaire de législation étrangère* prennent place,
traduites, analysées ou mentionnées, les lois d'intérêt général
de presque tous les États du monde. Une notice générale,
résumant les travaux législatifs et parlementaires de chaque
pays, les précède, suivie d'une notice spéciale et de notes explicatives pour chaque loi.

Ici pas de discussions, pas de travail en commun, mais le
fruit du travail individuel, réfléchi, mûri, sévère, des innombrables collaborateurs que la Société a su trouver, en France et
à l'étranger, et auxquels on me permettra, en passant, d'adresser
le tribut de notre reconnaissance.

L'hommage que je rends à nos collaborateurs de la France et
de l'étranger prend, bien que je ne veuille pas y insister, d'autant plus de poids que cette collaboration a toujours été et est
toujours restée absolument désintéressée. Le sait-on, partout
où on profite de leur labeur, dans les Parlements, dans les
administrations publiques, dans les tribunaux? Sait-on que ces
133 volumes n'ont pas rapporté un centime à leurs auteurs?
Mais ces dévouements m'en voudraient d'insister....

On parle beaucoup de documentation à l'heure actuelle.
Eh bien! la Société de Législation comparée a su, dès ses débuts, en réaliser une, qui a rendu et qui rend chaque jour les
plus signalés services. Sans doute, elle a suscité des imitations.
Sans doute elle a servi de modèle à d'autres sociétés, mais elle
n'a jamais été dépassée, ni même égalée.

Est-elle donc arrivée à son point de perfection? Je suis loin
de le penser. Y a-t-il dans le monde une institution, une organisation qu'on puisse qualifier de parfaite et de définitive?

Peut-être, à l'heure où nous sommes, serait-il possible de
l'améliorer en établissant une liaison entre tous les services
publics et même certains grands organismes privés qui s'occupent, en France, de la traduction des lois étrangères, — dans
les Ministères, et en particulier au Ministère de la Justice, à la

Chambre des députés, dans certains grands établissements de crédit.

Mais on peut dire que ce ne sont pas seulement les services publics français qui ont intérêt à cette concentration et à cette simplification de la documentation législative, ce sont les services publics de tous les pays.

La France, avec sa langue, connue des juristes et des hommes d'État du monde entier, cette langue dont la clarté et la rigoureuse précision ne s'accommodent ni des équivoques, ni des doutes, ni des incertitudes qui sont les ennemis les plus redoutables du droit, peut rendre ce service inappréciable de constituer ainsi comme un nouveau *corpus juris* du monde moderne.

Qu'on me pardonne ce qui n'est peut-être qu'un rêve. Mais si la Société des Nations doit vivre, et nous ne voulons pas en douter, ne va-t-elle pas avoir besoin de cet instrument, et n'est-il pas déjà aux trois quarts réalisé à Paris?

3° Je mentionne rapidement le troisième instrument de documentation juridique auquel participe notre Société, en collaboration avec l'*Office de législation étrangère* du Ministère de la Justice, la *Collection des principaux codes étrangers*. Elle compte à l'heure actuelle vingt-quatre forts volumes, bourrés de notes, de vocabulaires, travaux doctrinaux autant que traductions, tous signés de membres de notre Société, et qui lui font le plus grand honneur.

Me permettra-t-on de dire, puisque l'occasion s'en présente, que ces Codes nouveaux posent une question qu'il serait temps de résoudre? Nous avons été la première nation codificatrice du monde. Voulons-nous, oui ou non, le rester? Dans ce cas, il n'y a pas une minute à perdre. Sinon, nos codes même les plus parfaits, les plus imités, risquent de se voir délaissés au profit de nouveaux venus, qui ne les valent d'ailleurs pas, mais qui ont le prestige de la nouveauté.

4° J'indique enfin le quatrième filon qu'exploite la Société depuis 1881, et qui lui a fourni déjà 39 volumes, l'*Annuaire de législation française*, frère jumeau, mais de naissance quelque peu retardée, de l'*Annuaire de législation étrangère*

Les fondateurs de la Société de législation comparée n'avaient pas pensé qu'il fût utile d'avoir un nouveau recueil de lois françaises. Mais le caractère international, du chef des adhérents à l'œuvre de la Société de législation comparée, que celle-ci prit rapidement, rendit nécessaire la création de l'*Annuaire de légis-*

lation française. Il fallait combler la lacune énorme que, pour des juristes étrangers, présentait l'annuaire unique jusque-là publié! Il y manquait la législation qu'ils tenaient, eux, le plus à connaître, la législation française.

Et c'est ainsi qu'est né et que la Société publie un nouveau recueil des lois françaises d'intérêt général qui a d'ailleurs son originalité propre. Une notice générale et fort développée, avec renvois multiples au *Journal Officiel*, renferme l'indication très complète des travaux parlementaires et législatifs de l'année. Et, précédant chacune des lois reproduites ou analysées, des notices spéciales qui leur sont consacrées en expliquent très complètement la genèse et l'économie générale, tandis que des notes nombreuses précisent le sens de leurs diverses dispositions.

5° Ai-je terminé l'énumération des travaux de la Société de législation comparée? Pas encore! J'ai, pour terminer la revue de ses travaux, une cinquième rubrique à remplir.

Il me reste à mentionner les discussions si intéressantes, les rapports si complets qu'ont provoqués les deux congrès organisés par elle en 1889 et en 1900.

Au premier de ces congrès, coïncidant avec la célébration de son 20ᵉ anniversaire, furent étudiées à fond la question des *Chambres hautes* et de leurs attributions financières dans le droit public, et celle de la déchéance de la *Puissance paternelle* dans le droit privé.

Que dirai-je du Congrès international de Droit comparé de 1900, si admirablement préparé par notre cher et regretté collègue Raymond Saleilles, à l'âme et au verbe d'apôtre, que seconda d'ailleurs activement celui qui fut, pendant 38 ans, le secrétaire général modèle d'une Société scientifique, M. Fernand Daguin?

Les deux volumes, à l'impression serrée et compacte, à la rédaction desquels ont travaillé les juristes et les hommes politiques du monde entier, renferment, on peut le dire, ce qui a été publié de plus neuf, de plus complet et de plus originalement suggestif, sur « la plus vaste et la plus difficile des sciences humaines », comme le grand ministre d'État Belge, M. Le Jeune appelait, à ce même congrès de 1900, la législation comparée. Théorie générale et méthode de la science du droit comparé, application de ces théories et de cette méthode aux diverses branches du droit, tel est le vaste programme qui se déroule dans 76 mémoires ou rapports soumis au Congrès par des savants venus de tous les coins du monde, et passés au crible de la discussion pendant la semaine du Congrès. C'est une encyclopédie, un répertoire d'idées, une mine de renseignements impossible à épuiser.

Enfin, je ne dois pas oublier le volume ou les volumes qui vont être publiés à l'occasion de notre troisième Congrès, le Congrès du cinquantenaire.

C'est sur le *droit public*, la *législation sociale*, et le *droit privé* que nous avons sollicité tous nos collègues étrangers et français de nous envoyer le résumé ou plutôt la synthèse de ce qui a été fait sur ces trois branches de la législation dans leurs pays respectifs depuis cinquante ans.

Ce sera une magnifique contribution aux études de législation comparée. Car, dans cette période de cinquante ans, que de transformations dans le droit privé, que de révolutions dans le droit public et la législation sociale !

Espérons que, lorsque cet impressionnant ensemble de synthèses législatives nationales aura paru, il se rencontrera un esprit puissant et généralisateur qui dégagera les lois qui en ressortent, je veux dire le sens intime de ces transformations et révolutions, les directives qui les caractérisent, qui fera en un mot la synthèse de ces synthèses.

Qu'il soit français ou étranger, la *Société de législation comparée* applaudira à ses efforts, encore plus à son succès, heureuse d'avoir provoqué et rendu possible l'œuvre maîtresse que nous attendons !

La parole fut ensuite donnée successivement, le matin, à M. Joseph Barthélemy, professeur à la Faculté de droit de Paris, député du Gers, sur l'évolution du droit public pendant ces cinquante dernières années, et à M. Maurice Dufourmantelle, professeur au Collège libre des sciences sociales, sur la législation sociale en France de 1869 à 1919 ; l'après-midi a été consacrée à une communication de M. Henri Capitant, professeur à la Faculté de droit de Paris sur les transformations du droit civil en France pendant la même période et à une analyse, par M. Henry Lévy-Ullmann, professeur à la Faculté de droit de Paris, des rapports envoyés par les correspondants étrangers relatifs au droit privé dans leur pays.

Une discussion sur les meilleurs moyens d'organiser la documentation législative a terminé la séance.

LA LEGISLATION SOCIALE EN FRANCE

Les idées maîtresses de son évolution
durant les 50 dernières années.

Par M. Maurice Dufourmantelle,

Docteur en droit, professeur au Collège libre des Sciences sociales.

Les lois sociales occupent dans l'ensemble de la législation contemporaine une place de tout premier rang.

Il n'en pouvait guère être autrement, étant donnés la complexité de l'organisation des sociétés modernes et l'extraordinaire développement pris de nos jours par l'industrie. Les conditions d'existence du peuple se sont trouvées profondément affectées par cet état de choses, et des problèmes divers touchant aux relations du Travail avec le Capital ou à la structure de l'édifice social sont nés, devant lesquels le législateur ni personne ne pouvait demeurer indifférent.

Pendant longtemps, on a considéré la solution de ces problèmes comme étant surtout du ressort de la libre initiative privée, c'est-à-dire de l'action patronale spontanée, de la philanthropie ou de l'effort même des intéressés groupés en associations d'aide mutuelle. L'intervention des Pouvoirs publics ou de là loi était alors tenue pour inefficace ou dangereuse par l'Économie politique libérale, qui voyait en elle une concurrente à la fois inhabile et redoutable de l'initiative privée et craignait que celle-ci, regardée comme la source génératrice et nourricière de tout progrès, ne fût amenée à abdiquer ou tout au moins à passer au second plan.

Il est arrivé cependant un moment où, le nombre et l'importance des questions à résoudre dépassant les forces et les moyens des seules initiatives individuelles livrées à elles-mêmes, les idées ont dû se modifier. Le besoin s'est alors fait sentir de

seconder ces initiatives libres, de les coordonner, de les disci-
pliner, si l'on peut dire, et aussi de les compléter ou même d'y
suppléer, là où elles étaient défaillantes, par l'apport de l'effort
collectif. Ce fut l'œuvre de la législation sociale.

Il en a été ainsi dans tous les pays civilisés.

Sans doute, cette intervention législative ne s'est pas manifestée partout avec la même intensité. Elle a été plus marquée,
en thèse générale, chez les nations industrielles que chez celles
demeurées agricoles. Les mœurs, la force des traditions, le
degré de maturité intellectuelle plus ou moins grande des
masses populaires ont également contribué à l'accélérer où à
la rendre plus lente. Mais, sous cette diversité, le fait reste
constant que partout, depuis un demi-siècle, la nécessité d'une
politique sociale, et, partant, d'une législation sociale, s'est fait
de plus en plus sentir.

Cette politique sociale d'abord limitée, dans chaque pays, aux
questions d'ordre économique intérieur, s'est vue bientôt amenée à regarder au delà des frontières. Non seulement il pouvait être intéressant pour elle de puiser des enseignements dans
les expériences étrangères, mais encore les échanges croissants
de travailleurs d'un pays à un autre rendaient de jour en jour
plus pressant le besoin d'accords entre États pour assurer à leurs
nationaux chez chacun d'eux un certain minimum de protection
sociale.

La Conférence de Berlin (15-29 mars 1890), à laquelle quatorze
gouvernements s'étaient fait représenter, a été la première occasion solennelle de ces rapprochements internationaux. Il ne
s'agissait alors que d'exprimer des échanges de vues entre les
États sur certaines questions déterminées. Avec l'institution de
l'*Office International du Travail*, à Bâle, en 1901, et de l'*Institut International d'Agriculture*, à Rome, en 1905, on fit
un pas de plus : ces deux organismes constituent des centres
permanents d'information, de documentation et d'étude,
rayonnant sur le monde entier, chacun dans leur sphère particulière.

Enfin, le Traité de Paix de Versailles vient de consacrer plus
largement encore cette tendance à rapprocher les divers États
dans l'étude des lois et des phénomènes sociaux, par l'institution
d'un Bureau International du Travail (siège à Genève) et d'une
Conférence périodique générale se rattachant à la Société des
Nations, qui ont pour objet d'étudier et même de recommander

des solutions législatives aux différents gouvernements adhérents.

En même temps, passant du domaine des idées à celui des applications, certaines Puissances concluaient entre elles des conventions ou des traités par lesquels elles assuraient réciproquement aux nationaux de chacune d'elles sur leurs territoires respectifs des garanties protectrices de leur travail ou de leurs intérêts. Des accords de cette sorte se sont multipliés particulièrement depuis une vingtaine d'années.

Il n'entre pas dans le cadre de notre étude de les passer en revue. Mais, du moins, convient-il de remarquer qu'ils ont été toujours en s'amplifiant, tant par l'importance que par le nombre des matières réglementées. Entre la modeste convention franco-belge de 1882, limitée à la question des caisses d'épargne, et la convention franco-italienne du 30 septembre 1919 qui a trait aux salaires, aux retraites ouvrières et paysannes, à la réparation des accidents du travail, à la participation aux sociétés de secours mutuels, à l'assistance médicale, aux secours de chômage et même à l'acquisition de la petite propriété urbaine et rurale, le chemin parcouru a été considérable.

Ainsi, tandis que s'étendait de jour en jour le champ d'action de la législation interne, parallèlement s'élargissait de plus en plus celui de la législation internationale.

Ces quelques réflexions préliminaires formulées, abordons maintenant l'objet même de notre étude, et essayons de dégager de l'abondante activité législative déployée sur le terrain de l'Économie sociale, durant les cinquante dernières années, les traits essentiels et caractéristiques de l'évolution des idées en notre matière. Nous ne nous dissimulons pas la difficulté d'une pareille tâche, obligé surtout, comme nous le sommes, de nous tenir dans la mesure d'un simple rapport. On nous excusera donc si nous restons sur les sommets, sans descendre dans le détail, et si nous limitons notre exposé à la France.

Aussi bien, l'étude que nous abordons demeurera-t-elle, même ainsi réduite, singulièrement complexe. Pour tâcher d'y apporter quelque clarté, nous la diviserons en trois parties. Dans une première section, nous exposerons les idées maîtresses qui jalonnent l'évolution de la législation du travail.

Nous indiquerons ensuite comment le législateur a entendu favoriser l'organisation professionnelle et seconder l'émancipation économique des travailleurs. Enfin, dans une dernière section, nous traiterons de la législation sociale proprement dite, c'est-à-dire des lois par lesquelles on s'est efforcé d'améliorer les conditions d'existence des classes populaires.

***

Protéger le travail des enfants, des filles mineures et des femmes a été l'une des premières préoccupations du législateur. Nulle intervention de la loi ne se justifie plus que celle-ci. Sans parler même du sentiment naturel de commisération et de pitié qui nous pousse à nous pencher vers les faibles, le souci de garantir la vigueur de la race contre les dangers d'un travail excessif ou prématuré devait également provoquer et retenir sur ce point l'attention des Pouvoirs publics.

Je crois bien que la première mesure de protection en faveur des enfants que l'on puisse relever en France se trouve dans un décret du 3 janvier 1813, qui prohibait le travail des enfants âgés de moins de dix ans, dans les mines. En dehors de cette matière spéciale, la liberté la plus complète était alors laissée aux chefs d'entreprises. Ceux-ci en abusèrent et Villermé, dans son *Tableau physique et moral des ouvriers employés dans les manufactures de soie, de laine et de coton*, publié en 1840, dénonçait des industries dans lesquelles des enfants de cinq et six ans étaient employés quatorze heures par jour.

Une loi du 21 mars 1841 pensa remédier suffisamment à cet état de choses en prohibant l'admission des enfants âgés de moins de huit ans dans les manufactures, usines ou ateliers réunissant plus de vingt ouvriers. C'était là, cependant, une mesure trop timide qui laissait l'enfance exposée à être exploitée et qui, d'ailleurs, était incomplète, puisqu'elle n'accordait aucune protection aux jeunes filles ni aux femmes.

Jules Simon, dans ses admirables livres sur l'*Ouvrier de huit ans*, et sur l'*Ouvrière*, se fit, au milieu du siècle dernier, l'éloquent avocat de ces déshérités. L'opinion publique fut malheureusement lente à remuer, et l'on dut attendre vingt-quatre ans encore avant que le législateur se décidât à intervenir plus énergiquement par la loi du 19 mai 1874.

Celle-ci prescrivit une réglementation du travail de l'enfance et de l'adolescence beaucoup plus serrée que ne l'avait fait la loi de 1841. L'âge d'admission au travail fut relevé à douze ans, et la durée de la journée de travail fut fixée à douze heures jusqu'à l'âge de seize ans.

La loi de 1874 était, cependant, à peine entrée en vigueur que déjà l'on en réclamait la revision. Dès 1879, en effet, la Chambre des Députés se trouva saisie de divers projets tendant à l'élargir. La question resta néanmoins à l'étude pendant treize ans et ce ne fut qu'en 1892 qu'intervint une nouvelle réglementation consacrée par la loi du 2 novembre. Celle-ci et quelques autres, qui lui ont apporté diverses modifications, ont été, en 1912, fondues dans le Titre II du Code du Travail devenu aujourd'hui le siège de la matière.

Désormais, l'âge d'admission au travail est fixé à treize ans, en principe, et encore les inspecteurs du Travail ont-ils le droit de toujours requérir l'examen médical des enfants mineurs de seize ans déjà embauchés, à l'effet de constater si le travail dont ils sont chargés excède ou non leurs forces. D'autre part, depuis le 1er avril 1904 (loi du 30 mars 1900) la durée de la journée de travail des jeunes ouvriers et ouvrières âgés de moins de dix-huit ans et des femmes a été ramenée à dix heures au plus (1).

Enfin, à ces règles fondamentales s'ajoutent des dispositions légales protectrices relatives au travail de nuit, au repos des dimanches et des jours de fêtes légales, aux travaux souterrains dans les mines et carrières, et de nombreuses interdictions réglementaires spéciales que la loi autorise le Gouvernement à édicter par voie de Règlements d'administration publique.

Les matières que nous venons de passer en revue constituent le terrain en quelque sorte classique des interventions législatives dans le domaine de l'organisation du travail. Elles ne sont pas les seules qui aient provoqué le zèle du législateur. Celui-ci, après avoir construit le corps même de l'édifice, y a ajouté des ailes, en même temps qu'il s'ingéniait à le rendre plus confortable.

C'est ainsi que nous le voyons successivement exiger que dans les magasins où des marchandises sont manutentionnées ou offertes au public, des sièges soient mis à la disposition des femmes employées (loi du 29 décembre 1900), — interdire l'em-

(1) En fait, cette limite va se trouver encore abaissée par suite de la répercussion qu'aura sur l'organisation du travail l'application de la loi du 23 avril 1919, fixant, soit à huit heures par jour, soit à quarante-huit heures par semaine, la durée maxima du travail des ouvriers de l'un et de l'autre sexe et de tout âge.

ploi aux étalages extérieurs des magasins et boutiques de garçons
âgés de moins de quatorze ans et de jeunes filles de moins de
seize ans (décret du 21 juin 1913), — prohiber le travail des femmes
employées dans les établissements commerciaux et industriels
pendant les quatre semaines qui suivent leur accouchement, une
allocation journalière pouvant d'ailleurs leur être accordée pour
les dédommager de ce chômage forcé (loi du 17 juin 1913), —
accorder aux mères employées dans les établissements industriels ou commerciaux une heure de repos spécial, pendant la
journée de travail, pour allaiter leur enfant (loi du 5 août 1917),
— et même, quittant le domaine de l'organisation du travail pour
celui de sa rémunération, prendre des mesures en vue de garantir un minimum équitable de salaire aux ouvriers travaillant à
domicile dans l'industrie du vêtement (loi du 10 juillet 1915).

Telle qu'elle se présente à nous dans l'exposé en raccourci
que nous venons d'en faire, la législation protectrice du travail
des enfants, des adolescents et des femmes constitue assurément un ensemble dont on ne saurait nier l'importance. Doit-on
en savoir gré au législateur? Nous le pensons. On pourra, sans
doute, discuter sur la valeur de mise au point de telle ou telle
disposition. Mais cela n'empêche pas qu'en soi et envisagées dans
leur pensée inspiratrice, ces lois tutélaires ne répondent à
une préoccupation légitime d'humanité et de justice à l'égard de
faibles trop souvent impuissants à se défendre par eux-mêmes ;
et quand on songe, d'autre part, à la multiplicité des problèmes
que la loi a dû résoudre, on est amené à croire que, si le législateur n'était pas intervenu en ces questions, beaucoup d'entre
elles attendraient encore leur solution malgré l'appel des philanthropes ou les efforts de certaines associations promotrices de
réformes.

L'intervention législative en matière de réglementation du travail des adultes nous semble devoir appeler, au contraire, des
réserves. Nous ne sommes plus ici, en effet, en présence d'incapables, ni de masses inorganisées. La loi du 25 mars 1864 qui a
reconnu le droit de coalition, et surtout, la loi du 21 mars 1884
sur les syndicats professionnels ont donné aux travailleurs le
moyen d'exprimer et de faire aboutir leurs revendications.

S'ils en ont relativement peu usé quand il s'est agi de la
défense des enfants et des femmes, ils ne se sont pas fait faute,
au contraire, d'y recourir lorsque leurs propres intérêts ont été
en jeu. Or, comme il est indéniable que la mise en mouvement

de l'action syndicale leur a procuré de sérieuses améliorations dans les conditions du travail, on est amené à se demander si, depuis le jour au moins où cette action a été légalement possible, elle n'aurait pas suffi à faire consacrer par la pratique les réformes nécessaires, sans que le législateur dût intervenir. Celui-ci eut, en tout cas, évité de la sorte le reproche qu'on lui adresse parfois, non sans raison peut-être, d'avoir fait des lois en avance sur les mœurs, par préoccupations politiques plutôt qu'avec le souci des contingences économiques.

Quoi qu'il en soit, le Parlement en a pensé autrement, et nous devons par suite exposer son œuvre en ce nouveau domaine.

C'est en 1848 (loi du 9 septembre) qu'est intervenue la première loi réglementant le travail des hommes adultes. Elle fixa la durée de la journée de travail effectif à douze heures dans les usines et manufactures.

Cette loi demeura pendant un demi-siècle la charte plus ou moins observée de notre matière et ce ne fut qu'en 1900 (loi du 30 mars), lorsque la durée de la journée de travail des mineurs de dix-huit ans et des femmes fut successivement ramenée de onze heures à dix heures et demie, puis à dix heures, qu'on décida d'abaisser dans la même proportion la durée du travail des hommes adultes employés dans les mêmes locaux que ces adolescents ou que des femmes. Ce fut la seconde étape de la réglementation du travail des adultes du sexe masculin.

La loi du 23 avril 1919 qui a institué la journée de huit heures, constitue la troisième étape. Cette loi s'applique aux établissements commerciaux comme aux établissements industriels.

Il est encore trop tôt pour la juger, d'autant plus qu'elle n'entre en vigueur qu'au fur et à mesure que des décrets la déclarent applicable aux diverses professions et dans les diverses parties du territoire. Mais on ne peut s'empêcher de remarquer que, si elle correspond à l'idéologie de certain parti politique, elle n'a pas été l'expression d'un mouvement général d'opinion de la part du monde ouvrier. On a dit d'elle qu'elle répondait à une pensée peut-être plus hardie que réfléchie de large émancipation sociale ; et de fait, tous les travailleurs ne s'en accommodent pas volontiers.

*
* *

Ces lois, et quelques autres que nous mentionnons pour mémoire, telles que celles relatives au travail dans les mines, au travail de nuit dans les boulangeries, au repos hebdomadaire, comme aussi les dispositions relatives à la rupture du contrat de louage de services, à la protection du salaire ou encore celles concernant l'hygiène et la sécurité des travailleurs, ont toutes eu pour objet de réglementer le travail dans l'intérêt des salariés.

Le législateur n'a pas pensé qu'à cela dussent se borner ses interventions. Il a estimé, au contraire, que si la loi était dans son rôle en assurant aux ouvriers une certaine protection, il convenait également qu'elle mît ceux-ci en mesure de se protéger eux-mêmes en dehors des situations réglementées et secondât leurs propres efforts en vue d'améliorer leur condition.

De là, quelques lois, non plus de caractère tutélaire, mais de portée émancipatrice dont trois nous semblent mériter plus particulièrement d'être retenues. Ce sont : la loi du 21 mars 1884 (complétée en 1920) sur les syndicats professionnels, la loi du 18 décembre 1915 sur les sociétés coopératives ouvrières de production, et celle du 16 avril 1917, instituant l'actionnariat ouvrier.

La loi du 21 mars 1884 sur les syndicats professionnels est, sans contredit, l'une des meilleures que le Parlement ait votées depuis cinquante ans. Peut-être tire-t-elle ce mérite principalement de ce qu'elle a consacré un mouvement né spontanément de la libre initiative des intéressés, au lieu d'avoir créé de toutes pièces une œuvre artificielle. On ne peut, en tout cas, que rendre hommage à l'esprit libéral qui l'a inspirée et qui l'a faite égale pour les patrons comme pour les ouvriers.

On sait quel est son but : permettre à toutes personnes exerçant la même profession, des métiers similaires ou des professions connexes, de se grouper en associations professionnelles, à l'effet d'étudier en commun ou de défendre de concert leurs intérêts économiques. Une loi du 25 mars 1919 a fait une importante application de cette idée, en autorisant les représentants des syndicats professionnels à passer au nom de la collectivité des conventions collectives de travail.

Les syndicats peuvent également étendre leur activité à divers domaines sociaux. Par là, leur fonction rappelle celle de nos anciennes corporations. Leur champ d'activité a, d'ailleurs, été sensiblement élargi à ce point de vue par la loi du 12 mars 1920, et nous les voyons aujourd'hui conviés notamment à

constituer des caisses syndicales de secours et de retraites au
profit de leurs membres, à organiser des œuvres d'éducation
scientifique ou sociale, à participer à la création d'habitations
à bon marché, à subventionner des sociétés coopératives de
production ou de consommation, etc.

Ils sont, en outre, pourvus de la personnalité civile et habi-
lités à posséder et à contracter, et peuvent également se grouper
en Unions. Celles-ci jouissent des mêmes droits et facultés que
les syndicats eux-mêmes, dont elles décuplent les forces et les
moyens d'action.

Le monde rural a su tirer de la loi du 21 mars 1884 un parti
magnifique. Il n'est pour ainsi pas de progrès d'ordre économique ou social réalisé par les agriculteurs qui n'ait ses origines
dans le mouvement syndical. Le crédit agricole, la coopération
sous ses formes diverses (achat des matières premières, utilisation des machines, vente ou transformation des produits, exploitation du sol), l'assurance appliquée aux différents risques du
bétail, des choses et de l'homme, toutes ces institutions sont
ou étayées sur le syndicat ou inspirées par lui.

Constitués, d'autre part, entre grands et petits propriétaires,
fermiers, métayers et ouvriers ruraux, les syndicats agricoles
ont pu rapprocher les différentes classes sociales vivant du travail de la terre et créer entre elles des rapports précieux d'entente et de confiance réciproque. A ces rapprochements, les
travailleurs des champs ont gagné de voir s'épanouir à leur
avantage toute une floraison d'initiatives que, le plus souvent,
ils n'eussent pas été en mesure de prendre par eux-mêmes :
créations d'écoles ménagères, lutte contre le chômage saisonnier
par la restauration des petits métiers ruraux, constitution de
coopératives de consommation, encouragements aux familles
nombreuses, à la mutualité, à l'accession à la propriété, etc....
Je ne crois pas exagérer en disant que dans tous les domaines,
l'activité syndicale rurale a été des plus bienfaisantes, qu'il
s'agisse de services sociaux, de services économiques, de services
familiaux ou de services professionnels. L'hommage qu'on leur
rend, d'ailleurs, à l'étranger, où ils sont cités en exemple, est la
reconnaissance à la fois de la valeur de l'œuvre accomplie et du
mérite de la loi qui l'a rendue possible.

Les ouvriers de l'industrie se sont fait une idée différente du
parti qu'ils pouvaient tirer de la loi de 1884. Sans méconnaître
qu'ils l'ont, à des titres divers, utilisée pour améliorer les condi-

tions du travail ou leurs conditions d'existence, il faut bien convenir pourtant qu'ils ont apporté dans leurs organisations syndicales un esprit de lutte de classes plutôt qu'un désir d'entente et de paix sociale. Embrigadés dans des fédérations d'allure plus ou moins révolutionnaire, ils ont trop souvent donné le spectacle d'une agitation plus politique que professionnelle. Ce n'est certainement pas à cela que le législateur avait entendu les convier.

Aussi s'est-on efforcé par divers moyens de ramener les syndicats ouvriers à une meilleure compréhension de leur mission.

La loi du 12 mars 1920 a tenté d'atteindre ce but en leur ouvrant de nouveaux horizons d'action sociale, en élargissant leur capacité civile, en leur accordant un droit de posséder plus étendu.

En même temps, pour réconcilier les travailleurs avec le capitalisme, une loi du 16 avril 1917 instituait les sociétés anonymes à participation ouvrière, dans lesquelles, à côté des actions de capital, peuvent être créées au profit de la collectivité des salariés de l'entreprise des actions de travail donnant aux ouvriers le droit de participer dans une certaine mesure aux bénéfices et à la gestion.

Cette loi, qui est une loi de faculté, est demeurée jusqu'à présent, à notre connaissance du moins, inutilisée. Le Parlement a pensé qu'il fallait, en conséquence, faire un pas de plus et voter l'obligation. C'est à quoi tend une proposition récente déposée devant le Sénat.

S'en tiendra-t-on là dans la voie de l'intervention légale? Cela n'est pas certain. Déjà quelques pays étrangers ont consacré ou projettent de consacrer au profit des ouvriers un certain droit de contrôle sur la gestion des entreprises. Il ne faut pas se dissimuler que la reconnaissance d'un tel droit peut mener loin, et, si l'on en doutait, il suffirait de se rappeler la motion votée par le Congrès de la Confédération générale du Travail tenu à Orléans, en 1920, aux termes de laquelle l'obtention du droit de contrôle des travailleurs sur l'industrie et le commerce était mise au premier rang des efforts à faire pour « arracher au patronat une partie de sa puissance, au Pouvoir une part de son autorité » et conduire les ouvriers « vers des transformations totales et profondes par l'accroissement de leur nombre, le développement de leurs forces et leurs moyens d'action révolutionnaire ».

Sous cette phraséologie, le péril apparaît. Le législateur l'apercevra-t-il? En tout cas, avant de se laisser aller à des interventions irréfléchies, peut-être pourra-t-il méditer et appliquer à notre temps ce qu'Aristote disait du sien : « on parle souvent en politique de niveler les propriétés ; il serait plus urgent de niveler nos désirs. »

L'association coopérative de production nous paraît un moyen plus sûr pour l'ouvrier d'arriver à s'émanciper de sa condition de salarié. Assurément, depuis soixante-dix ans que le mouvement a pris naissance, en France, on pourrait s'attendre à le voir aujourd'hui plus développé qu'il n'est, et l'on est en droit de s'étonner qu'il ne compte à l'heure actuelle que 700 institutions de l'espèce groupant seulement environ 40 000 sociétaires. Ce succès relatif n'infirme en rien la valeur de l'idée, mais montre simplement ou que celle-ci n'a pas assez pénétré les masses populaires, ou que les moyens d'action ont été insuffisants.

La loi du 18 décembre 1915 s'est préoccupée d'étendre et de fortifier ces moyens, en instituant en faveur des associations coopératives ouvrières de production le crédit au travail. Mais ici l'intervention du législateur ne consiste plus seulement à poser des principes et à édicter des dispositions réglementaires. Elle s'exprime aussi, et même principalement, sous la forme d'un concours financier demandé à l'État, en vue de procurer aux coopératives ouvrières de production et de crédit des avances à taux réduit. La loi de 1915 se rattache par là à cet ensemble, d'ailleurs assez disparate, d'interventions législatives ayant pour objet d'organiser, avec l'aide financière de l'État, le crédit agricole, le crédit au petit commerce et à la petite industrie, le crédit maritime, le crédit aux coopératives de consommation et le crédit immobilier.

Cette conception étatiste prête le flanc à bien des critiques, et, pour notre part, nous ne lui avons pas ménagé les nôtres par ailleurs. Appliquée à la coopération ouvrière de production, elle peut cependant se défendre tant à raison de la modicité du concours apporté (2 millions) qu'en considération de la nature même des institutions qui en bénéficient et de la portée sociale du but poursuivi. Dans une revue des principales interventions législatives en faveur des travailleurs, nous ne pouvions pas, en tout cas, semble-t-il, ne pas dire un mot de celle-là.

*
* *

La dernière catégorie de lois dont il nous reste à parler comprend celles qui ont trait aux questions ou aux institutions de prévoyance sociale. Elles ont en général un caractère plus large que les précédentes, en ce sens que beaucoup d'entre elles s'adressent non pas seulement aux ouvriers, mais aussi à l'ensemble des masses populaires, sans considération de la profession.

Leur domaine est immense et leur nombre considérable.

Sans prétendre à un inventaire complet, on peut les ramener à trois groupes essentiels, d'après les préoccupations dominantes auxquelles elles répondent.

Les unes tendent à rendre plus confortables et plus douces les conditions d'existence. Telles sont les lois sur les sociétés coopératives de consommation et celles concernant le logement populaire.

D'autres ont pour objet de garantir l'individu contre les risques provenant de la profession ou de la vie même, qui menacent de le jeter lui et les siens dans la misère. Ce sont les lois sur les accidents du travail, celles sur les sociétés de secours mutuels, sur les caisses minières d'assurance contre la maladie, sur la Caisse nationale d'assurance en cas de décès, sur les caisses de chômage, sur les retraites pour la vieillesse. Ce sont aussi les diverses lois d'assistance, en faveur, par exemple, des indigents, des vieillards, des familles chargées d'enfants.

D'autres lois enfin visent à faciliter l'ascension des humbles et par là même à consolider la paix sociale. Les lois sur les caisses d'épargne, celles qui favorisent l'accession à la propriété urbaine ou paysanne, celles aussi qui ont organisé et encouragé le crédit populaire, répondent à cette pensée.

Il ne peut être évidemment question d'entrer ici dans l'examen d'une législation aussi touffue. Une telle étude nous entraînerait fort loin, et nous resterons mieux, croyons-nous, dans le cadre limité de notre travail, en cherchant simplement à préciser à quelles tendances de la part du législateur répondent ces lois. Or, si l'on s'en tient à des vues d'ensemble, il semble que ces tendances puissent se ramener aux deux idées fondamentales suivantes : d'une part, nécessité d'introduire dans le domaine de la législation sociale certaines conceptions juridiques nouvelles dérogeant aux principes du droit commun, et, d'autre part, nécessité de multiplier les interventions de l'État pour renforcer l'action de l'initiative privée.

La loi du 9 avril 1898 sur la réparation des accidents du travail est peut-être l'expression la plus caractérisée de l'évolution qui s'est faite dans les idées, au premier de ces points de vue. Cette évolution ne comporte pas moins de trois stades, la conception juridique passant successivement, en l'espace d'environ vingt ans (1880-1898) de la théorie de la responsabilité délictuelle basée sur l'article 1382 du Code civil, — aux termes duquel le patron n'était responsable des conséquences de l'accident que si l'ouvrier faisait la preuve de sa faute ou de sa négligence, — à la théorie de la responsabilité contractuelle étayée sur l'article 1384, qui déplaçait le fardeau de la preuve et obligeait le patron, pour être déchargé de sa responsabilité présumée, à établir la faute de l'ouvrier ou le cas fortuit, — et enfin à la théorie du risque professionnel, inhérent à l'entreprise, et incombant par là même de plein droit au patron, sans qu'il y ait lieu de faire intervenir la notion de faute ni celle de cas fortuit.

Cette dernière conception est celle qu'a consacrée la loi du 9 avril 1898. Limitée d'abord aux établissements industriels, elle a été ensuite successivement étendue aux exploitations agricoles, lorsque les accidents sont causés par l'emploi de machines mues par des moteurs inanimés (loi du 30 juin 1899), aux entreprises commerciales (loi du 12 avril 1906), et aux exploitations forestières (loi du 15 juillet 1914).

Une autre dérogation importante aux principes du droit commun se rencontre en matière de partage successoral, dans la loi du 12 avril 1906, modifiée et complétée par celle du 23 décembre 1912 sur les habitations à bon marché.

Contrairement à la règle du Code civil d'après laquelle nul n'est tenu de rester dans l'indivision, le maintien de l'indivision, quand il s'agit d'une maison individuelle ayant le caractère d'habitation à bon marché, peut être prononcé à la demande des intéressés au profit des descendants ou du conjoint co-propriétaire pour une certaine durée de temps, qui ne doit pas dépasser dix ans. Contrairement encore aux prescriptions du Code civil, qui obligent au partage en nature des meubles et immeubles successoraux, et, au cas où les immeubles ne sont pas commodément partageables, à leur mise en vente, la loi de 1906 reconnaît à chaque héritier et au conjoint survivant co-propriétaire le droit de reprendre sur estimation la maison paternelle à bon marché dépendant de la succession de leur auteur.

Ce sont là de très heureuses dérogations au droit commun, qui, non seulement mettent certains petits héritages à l'abri de liquidations ruineuses, mais assurent aussi, ou, du moins, rendent possible le maintien du foyer familial après la disparition du chef de famille. Appliquées aux héritages ruraux, ces dispositions d'exception pourraient avoir le plus salutaire effet pour enrayer la désertion des campagnes ; mais, par une ironie des choses, c'est précisément dans les milieux agricoles où elle pourrait rendre à ce point de vue le plus de services, que la législation sur les habitations à bon marché est le moins connue et le moins utilisée.

Quoi qu'il en soit, elle constitue, en matière de partage successoral, un progrès très appréciable sur la conception de droit commun. Il est à souhaiter, selon nous, que la brèche ainsi ouverte dans le Code civil s'élargisse ; et, pour notre part, nous avons vu avec satisfaction le Parlement saisi d'une proposition de loi qui étend la réforme à tous les héritages ruraux d'une superficie ne dépassant pas 40 hectares.

Dans l'ensemble de notre législation de prévoyance sociale, les dispositions de lois que nous venons de citer sont les seules, si nous ne nous trompons, à présenter le caractère d'interventions d'ordre purement juridique. Pour le reste, toutes les lois de cette catégorie se montrent à nous comme des lois d'organisation ou de réglementation, principalement préoccupées d'instituer les moyens do fait ou les organismes propres à réaliser le but qu'elles se proposent, sans qu'apparaisse le souci de poser en même temps, là où ce serait utile, les principes de droit commandant la matière.

Cette façon de légiférer — soit dit en passant — est critiquable, car elle expose la pratique à des incertitudes fâcheuses.

Prenons, par exemple, les lois sur la coopération. Elles sont nombreuses. Il y en a pour la production, pour la consommation, pour la construction, pour le crédit. Eh bien ! à part un essai de définition de la coopération de consommation tenté par la loi du 7 mai 1917, nulle part on ne trouve trace d'une théorie générale de la coopération, ni de règles organiques communes aux institutions diverses se réclamant du principe. Il en résulte un défaut d'harmonie flagrant entre les lois régissant la matière et, pour les sociétés, une situation juridique mal assise.

L'Allemagne est, à cet égard, mieux partagée que nous, grâce à la loi coopérative fondamentale du 1er mai 1889. Il nous sera permis de regretter que le législateur français n'ait pas pris un soin égal de dégager de ses interventions la notion de droit.

Quoi qu'il en soit de cette remarque, voyons à quelles tendances obéissent les interventions de la loi dans le domaine de la prévoyance sociale.

Presque toutes se caractérisent par ce trait commun, qu'elles font appel — à des degrés divers, assurément, mais le plus souvent dans une large mesure — au concours financier de l'État, des départements ou des communes. Ces participations financières de la collectivité, nous les rencontrons notamment : en matière de retraites pour la vieillesse, dans l'allocation annuelle que l'État accorde à chaque assuré au moment de la liquidation de sa pension ; en matière d'habitations à bon marché, dans les prêts à taux de faveur et dans les subventions qui peuvent être consenties aux sociétés et aux offices publics, ainsi que dans les exonérations temporaires d'impôts dont bénéficient les constructions : en matière de crédit populaire, dans les dotations attribuées aux diverses branches de l'institution, etc.

Ces interventions financières — pas plus, d'ailleurs, que les interventions réglementaires de la loi — ne peuvent être approuvées, ni condamnées en thèse générale et absolue. Ici, comme en toutes choses, il y a une question de mesure à observer. Recommandables, lorsqu'elles contribuent au développement sain de l'initiative privée, elles deviennent discutables quand, par leur exagération, elles font perdre aux œuvres bénéficiaires le sens des responsabilités naturelles, ou si, réservées à des organismes officiels, elles mettent les organisations libres en état d'infériorité.

Il faut reconnaître, au surplus, que l'obtention du concours de l'État se paie toujours, pour les institutions qui en profitent, de la perte d'une portion de leur liberté, tant du fait de la réglementation spéciale qui s'ensuit, qu'à raison du contrôle administratif imposé. C'est là le point faible de toute législation interventionniste ; et de fait, je sais, en divers domaines, des organisations qui, après avoir connu cette « liberté subsidiée » que Cheysson comparait spirituellement à la liberté de l'oiseau dans la cage, en sont venues à renoncer au subside pour jouir de la liberté tout court.

**

J'arrête là mon exposé et mes observations. On m'excusera de ne pas m'étendre davantage. Ce travail n'ayant d'autre objet que de mettre en relief les tendances dominantes de l'évolution de la législation sociale en France depuis cinquante ans, il m'as em blé suffisant de faire état dans ce but des seules lois vraiment caractéristiques, à mes yeux, de la marche des idées.

Or, il est incontestable que celles-ci ne cessent, depuis un demi-siècle, d'être de plus en plus imprégnées de la notion interventionniste, qu'il s'agisse de substituer la réglementation légale à la liberté des conventions dans la détermination des conditions du travail, ou de placer la libre initiative, en matière de réalisations sociales, sous la tutelle de la loi, ou de fixer les attributions de l'État et des Pouvoirs Publics à l'effet de résoudre les problèmes soulevés.

Cette tendance ne semble pas près de s'atténuer.

Ne songe-t-on pas, par exemple, à rendre obligatoire la participation des ouvriers aux bénéfices? alors pourtant que la participation volontaire est elle-même si peu réclamée par les travailleurs.

N'est-il pas également question de faire intervenir la loi pour donner aux ouvriers une place dans les conseils de l'entreprise appelés à discuter des conditions du travail? alors, cependant, que l'exercice des libertés syndicales suffit pour arriver à ce résultat.

Et de même, est-il bien opportun — malgré l'intérêt de l'Alsace et de la Lorraine en la question — de vouloir introduire dans notre législation le système allemand des assurances sociales? quand le dernier rapport officiel sur les retraites ouvrières et paysannes avoue la persistante répugnance d'un grand nombre d'assujettis à se soumettre à la loi du 5 avril 1910 et qu'hier même (28 mai 1921) la Fédération nationale de la Mutualité Française protestait au nom de la prévoyance libre contre ce projet qui mettrait son existence en danger.

En vérité, l'on peut se demander si le législateur est toujours bien inspiré lorsqu'il veut faire quand même et d'autorité le bonheur des travailleurs. En s'engageant dans le chemin glissant de l'intervention légale, il est toujours à craindre que l'on aille trop loin ou trop vite. Déjà en 1902, dans un discours qu'il prononçait à Marseille, M. Ribot signalait le danger que comporte un interventionnisme excessif, en ce qu'il donne aux ouvriers des illusions sur la toute-puissance de l'État pour améliorer leur condition.

Calcule-t-on, d'autre part, toujours exactement au Parlement les répercussions possibles que peuvent avoir certaines interventions légales trop hâtivement décidées? Est-on sûr, par exemple, qu'eu égard au degré actuel de culture des masses populaires la loi consacrant la journée de huit heures soit une loi bienfaisante pour la santé morale de la nation?

Et enfin, ne peut-on pas redouter qu'en réduisant trop le champ de la libre initiative — que celle-ci soit patronale, syndicale ou philanthropique — on se prive d'un concours d'autant plus précieux qu'elle sait mieux que la loi tenir compte des contingences et que, plus que cette dernière, elle est à même d'avoir toute la souplesse que réclament les conditions de temps et de milieu où elle agit?

En formulant ces réserves, je n'entends pas me poser en adversaire de toute intervention de la loi ou des Pouvoirs publics. J'ai dit, au contraire, qu'il y en a de très légitimes et de nécessaires. Mais je ne peux pas, non plus, ne pas m'inquiéter de voir les idées évoluer de plus en plus en ce sens. Même si le rapide tableau que je viens de tracer de leur développement ne devait servir qu'à asseoir cette constatation et à tempérer nos ardeurs, peut-être n'aura-t-il pas été inutile de l'avoir présenté.

LES TRANSFORMATIONS
DU DROIT CIVIL FRANÇAIS
DEPUIS CINQUANTE ANS

Par M. Henri CAPITANT,

Professeur à la Faculté de droit de l'Université de Paris.

Le Droit se développe d'une façon continue. Trois facteurs concourent à le maintenir en harmonie avec les besoins du commerce juridique : la loi, la jurisprudence des tribunaux, les travaux des jurisconsultes. Tous trois collaborent à son progrès ; les tribunaux et les jurisconsultes complètent par leur interprétation l'œuvre du législateur, préparant ses nouvelles interventions, souvent même les rendant inutiles. Sous cette triple action, notre Droit civil, bien que codifié au début du xixe siècle, a subi depuis cette époque de nombreuses et profondes modifications, et a reçu un apport si considérable que l'on reconnaîtrait difficilement aujourd'hui, par endroits, le Code de 1804 sous la luxuriante végétation qui le recouvre.

Cette évolution du Droit ne suit pas du reste une marche régulière. Durant certaines périodes, elle se ralentit et devient presque insensible. Elle s'accélère au contraire lorsque les mœurs, les habitudes de la population changent sous l'influence des progrès de la Science et de ses nouvelles applications à la satisfaction des besoins de l'homme.

C'est ainsi que l'histoire de notre Droit civil, depuis le début du xixe siècle, se divise en deux phases, présentant, quand on les compare, un contraste saisissant. La ligne de séparation entre les deux peut être fixée à la loi du 22 juillet 1867, abolitive de la contrainte par corps en matière civile, commerciale et contre les étrangers, car cette loi est inspirée de l'esprit démocratique et humain qui caractérise la seconde phase.

Durant la première, le corps du Droit civil ne se développe guère. Les modifications qu'y apporte le législateur sont fort peu nombreuses ; la Jurisprudence et la Doctrine de leur côté travaillent surtout à préciser le sens et la portée des règles du Code Napoléon.

Pourtant une révolution économique provoquée par les découvertes de la science et le progrès des arts mécaniques s'accomplit pendant cette période. De grandes manufactures, de grandes usines, mues par la force de la vapeur, remplacent les petits ateliers, appellent à elles la population des campagnes, jettent sur le marché une masse de produits manufacturés, pour la vente desquels il faut des moyens de communication nombreux et rapides. La classe des salariés s'accroît considérablement en même temps que leur vie devient plus précaire. De nouvelles formes de richesse apparaissent ; la fortune mobilière auparavant insignifiante va égaler, dépasser même la fortune immobilière. La facilité des communications accroît les rapports sociaux, en engendre de nouveaux. Sous toutes ces influences, les conditions de vie de la population vont se transformer.

Mais le Droit n'accompagne pas la marche des faits économiques, il la suit, et c'est seulement quand les changements se sont produits dans les mœurs et les habitudes, dans les rapports des individus, qu'il se réadapte aux uns et aux autres.

La stagnation du Droit civil pendant cette période s'explique du reste par le prestige de l'œuvre Napoléonienne qui n'a fait que grandir depuis le gouvernement de Juillet. Le Code civil qui en est le produit le plus admiré, le Code civil « cet immortel ouvrage », comme dit un de ses premiers commentateurs, Proudhon, semble avoir cristallisé le Droit. On le considère volontiers comme un monument définitif, que l'on ose à peine réparer. Après le gros effort de la codification qui a en somme traduit les aspirations et satisfait les besoins de la classe bourgeoise dont l'influence sociale ne cesse d'augmenter, on ne sent pas encore la nécessité de faire de nouvelles lois. On ne peut guère citer durant cette période que la loi du 14 juillet 1819, sur le droit d'aubaine et de détraction, celle du 30 juin 1838, sur les aliénés, les lois sur les irrigations et le drainage (29 avril 1845, 11 juillet 1847, 10 juin 1854) qui ont tant aidé aux progrès de l'agriculture, et enfin la loi sur la transcription. Nulle part cette répugnance à légiférer ne se manifeste d'une façon plus frappante que dans cette question du crédit hypothécaire. Les lacunes du Code civil en cette matière sont unanimement cons- tatées dès le lendemain de sa promulgation, et pourtant l'étude de la réforme n'en sera entreprise qu'en 1840, et elle se prolon- gera pendant des années, pour aboutir finalement à la loi im- parfaite du 23 mars 1855, hâtivement votée à la demande de la société du Crédit foncier de France, qui vient de se fonder, et ne trouve pas les garanties dont elle a besoin dans la législation antérieure.

Cette inertie du législateur s'accordait du reste parfaitement avec l'esprit de la Doctrine qui, toute à son œuvre d'exégèse, était, elle aussi, naturellement portée à considérer le Code, qu'elle interprétait article par article, comme l'expression définitive du Droit. Ce travail nécessaire, indispensable au lendemain de la codification rétrécit en effet l'horizon des juristes, et, de même que les arbres cachent la forêt aux prome- neurs, de même la masse des articles empêche l'interprète de voir et de juger l'ensemble de l'œuvre.

Le trait distinctif de l'École des civilistes de la première moitié du XIXᵉ siècle, c'est, comme on l'a fort bien dit, (1) « le culte du texte de loi, ou mieux, le culte de la loi substitué au culte du Droit ». Peu attentif aux changements économiques qui s'accomplissent, peu enclin à la critique des articles dont il étudie les termes, le juriste s'adonne à la recherche de la volonté du législateur pour faire sortir du texte la solution des questions non tranchées. Dépositaire de cette pensée, opérant avec une logique déductive rigoureuse, dans le silence du cabinet, loin du conflit des intérêts, il manifeste quelque dédain pour la Jurisprudence qui, elle, ne peut s'abstraire des circons- tances du fait et sacrifie quand il le faut la volonté présumée de la loi aux exigences de l'équité.

Aussi les tribunaux qui, de leur côté, poursuivent leur travail d'interprétation, mais dans des conditions bien différentes, parce qu'ils tranchent dans le vif des intérêts, s'éloignent-ils quand il le faut des solutions rigides, impassibles de la Doctrine et un fossé se creuse entre l'École et le Palais. Le Droit qui s'élabore dans les prétoires n'est pas, a-t-on pu dire non du reste sans exagération, celui qui s'enseigne. Au moins peut-on

(1) Julien Bonnecase, *L'École de l'exégèse du Droit civil*, Paris, de Boccard, 1919, p. 14. Voir aussi, sur cette école, Charmont et Chausse, *Les inter- prètes du Code civil*, Livre du centenaire du Code civil, I, p. 133 et s.

affirmer que, durant cette première période, la Doctrine exerce peu d'influence sur la Jurisprudence, et, réciproquement elle ne s'inquiète guère des raisons qui déterminent cette dernière à abandonner les solutions professées par elle. (1)

« J'ai toujours regretté, disait Demolombe, qui était à la fois juriste et avocat, cette espèce de divorce que l'on remarque parfois entre la théorie et la pratique, et ces dédains réciproques qu'elles se témoignent si mal à propos de part et d'autre. »

A tous ces points de vue, il y a un contraste frappant entre cette période et les cinquante dernières années.

Au cours de celles-ci, l'activité législative devient intense dans tous les domaines. Un Droit nouveau apparaît, « droit à tendance démocratique, protecteur des classes pauvres et se préoccupant d'aider à l'amélioration de leur condition physique et morale » (2). Le Droit devient plus humain; suivant une expression à la mode, on le socialise. Or, « socialiser le Droit, comme dit M. Charmont (3), c'est le rendre plus compréhensif, plus large qu'il n'était, l'étendre du riche au pauvre, du possédant au salarié, de l'homme à la femme, du père à l'enfant, pour tout dire, c'est l'admettre au profit de tous les membres de la société... c'est assurer à chacun sa part de droit. »

Et, en effet, sous l'influence des changements économiques, les conceptions morales ont évolué, car toute modification dans l'organisation sociale détermine une modification dans notre façon de concevoir la justice. Aussi la doctrine individualiste est-elle délaissée, et les aspirations nouvelles se cristallisent autour du fait de la solidarité humaine, fait sur lequel on essaye de fonder une conception morale.

Co Droit nouveau n'est pas du reste l'œuvre unique du législateur. L'intervention de ce dernier est préparée, précédée par les tribunaux et par la Doctrine.

(1) Il ne faut du reste pas exagérer cette opposition. Il y a eu des revirements célèbres de Jurisprudence dus à la résistance persistante de la Doctrine, notamment dans la fameuse question du cumul de la réserve et de la quotité disponible par l'enfant renonçant, qui a été discutée pendant un demi-siècle. Et d'autre part, les magistrats travaillaient bien plus activement qu'aujourd'hui par leurs écrits à l'élaboration du Droit doctrinal. Ainsi, notamment l'influence exercée sur son époque par Troplong comme premier président de la Cour de Cassation et comme auteur a été considérable.

(2) TISSIER, *Le Code Civil et les classes ouvrières*, Livre du Centenaire, I, p. 92.

(3) Revue de métaphysique, 1903, p. 380, *La socialisation du Droit*.

Le rôle de la Jurisprudence incitée à assouplir les textes anciens pour les adapter aux changements qui se sont produits dans le milieu social, appelée à trancher les différends nés des rapports juridiques non encore réglementés ou suscités par l'application des lois récentes souvent incomplètes et mal rédigées, s'élargit considérablement.

De son côté, la Doctrine, ayant achevé son œuvre d'interprétation, renouvelle ses procédés. La méthode synthétique, inaugurée par Aubry et Rau, permet les vues d'ensemble, les notions générales, peu compatibles avec l'interprétation purement exégétique antérieurement employée. L'esprit critique reprend ses droits; le jurisconsulte se préoccupe des répercussions économiques et sociales de ses solutions.

En même temps, la Doctrine se rapproche de la Jurisprudence. Attirée par la masse de ses décisions, qu'elle apprend à mieux connaître grâce aux grands Recueils de jurisprudence dont l'importance grandit, elle entreprend l'étude du droit jurisprudentiel, en recherche la formation, la direction et s'adonne à une œuvre féconde de systématisation qui servira aux tribunaux autant qu'aux juristes. La théorie et la pratique ne s'ignorent plus; elles se pénètrent et collaborent au progrès du Droit.

Enfin les jurisconsultes élargissent leurs vues et affinent leur sens critique en se livrant à l'étude du Droit comparé, et spécialement des Codes récents promulgués au début du xxe siècle en Allemagne et en Suisse, et que les travaux de notre Société de législation comparée ont grandement contribué à faire connaître.

Il n'est donc pas exagéré de dire que, durant le demi-siècle qui vient de s'écouler, notre Droit civil s'est considérablement enrichi non pas seulement du fait des très nombreuses lois promulguées au cours de cette période, mais aussi grâce à l'interprétation jurisprudentielle et aux travaux de la Doctrine.

C'est en se plaçant successivement à ces trois points de vue qu'il faut préciser l'importance et l'étendue de ces apports.

I. — La Loi.

Deux lois marquent le commencement de la période que nous considérons : celle, déjà citée, du 22 Juillet 1867, qui a aboli la contrainte par corps, et celle du 2 Août 1868 qui a abrogé l'article 1781 du Code civil, comme contraire à l'égalité.

Cet article décidait en effet que dans les contestations relatives à la quotité ou au paiement des gages, le maître était cru sur son affirmation. Ces deux lois dénotent bien un changement dans les mœurs, une façon nouvelle d'apprécier les rapports entre le créancier et le débiteur, entre le maître et le serviteur.

Elles annoncent le nouveau mouvement législatif qui va se produire, mais celui-ci, arrêté par la guerre de 1870, ne commencera vraiment que quelques années plus tard.

Il ne s'agit pas ici d'énumérer les lois de plus en plus nombreuses que ce courant a apportées. Cette énumération fastidieuse ne mènerait pas au but que nous nous proposons. Ce qu'il faut, c'est surtout les classer, les diviser en groupes, suivant leur objet, et dans chaque groupe indiquer celles qui, par leur caractère, révèlent les tendances nouvelles dont s'inspire le législateur.

A cet effet, il convient d'abord de les répartir en trois catégories :

1° Les lois civiles ;
2° Les lois ouvrières proprement dites ;
3° Les lois de guerre.

De la législation ouvrière, si importante qu'elle soit, nous ne parlerons que très brièvement, parce qu'elle fait l'objet d'un rapport spécial de notre collègue M. Dufourmantelle, et nous ne mentionnerons que quelques-uns de ses textes qui rentrent vraiment dans la catégorie des lois civiles.

Et de même, nous traiterons à peine de la législation de guerre à cause de son caractère exceptionnel.

1° Les lois civiles.

Dans ce domaine, c'est le *Droit de la famille* et son corollaire, le *Droit des Successions* qui ont subi les plus nombreuses additions. Vient ensuite le *Droit des obligations et des Contrats* et enfin le *Droit de la propriété.*

1. Le Droit de la famille.

La grande industrie d'une part, les facilités de déplacement offertes par l'amélioration des moyens de communication, de l'autre, ont eu une répercussion profonde sur la vie de famille.

Dans les agglomérations ouvrières, l'usine a presque détruit le foyer familial, car les femmes sont obligées, comme les hommes, de se livrer au travail industriel, hors de chez elles. Quant aux enfants, appelés à l'atelier dès la sortie de l'école, ils prennent des habitudes d'indépendance, et souvent abandonnent leurs parents pour vivre seuls, bien avant leur majorité. Dans les milieux ouvriers enfin, l'union libre s'est répandue, aggravant encore la crise de natalité dont souffre depuis si longtemps notre pays.

A la campagne, les jeunes générations quittent la terre pour aller s'embaucher dans les villes. Dans les milieux aisés eux-mêmes, la vie commune entre parents et enfants cesse bien plus vite aujourd'hui qu'autrefois. Enfin le divorce est venu encore augmenter l'instabilité de la vie familiale.

Ce sont ces mœurs nouvelles qui ont provoqué le vote des nombreuses lois promulguées au cours des quarante dernières années et qui ont trait :

A. — Au mariage ;
B. — A la condition de la femme mariée ;
C. — A celle des femmes en général ;
D. — A la puissance paternelle ;
E. — Aux enfants naturels.

A. — LE MARIAGE.

a) *Le divorce.* — Le rétablissement du divorce par la loi du 27 juillet 1884 est ici le fait capital. Ce n'est pas le lieu de juger l'institution. Il faut bien reconnaître qu'elle a été favorablement accueillie par la population. Le législateur de 1884, plus encore que celui de 1804, l'avait conçu comme un remède exceptionnel, pour les situations intolérables, devant être en conséquence parcimonieusement accordé. Mais les tribunaux n'ont pas respecté l'esprit de la loi. Débordés par le nombre toujours croissant des demandes, ils les ont peut-être trop largement accueillies. Toujours est-il que le divorce s'est rapidement propagé, et cela dans tous les milieux sociaux.

Il ne serait certainement plus temps de revenir en arrière. L'esprit d'égoïsme, d'indépendance de l'individu ne le permettrait pas. Tout au plus peut-on souhaiter que de nouvelles causes ne s'ajoutent pas à celles qu'a établies la loi de 1884.

En vain les partisans de la séparation de corps ont-ils tenté de détourner les femmes du divorce en faisant voter la loi du 6 Février 1893 qui a donné à la femme séparée de corps le plein exercice de sa capacité civile; cette tentative n'a pas eu de résultats durables. Du reste, la loi du 6 Juin 1908 en a presque détruit l'effet, car aujourd'hui l'époux coupable peut lui-même, au bout de trois ans, faire convertir le jugement de séparation de corps en jugement de divorce.

b) *La simplification des formalités du mariage*. — En même temps que le législateur permettait la rupture du lien conjugal, en revanche il cherchait à en rendre la formation plus aisée, plus rapide, moins coûteuse, en simplifiant les conditions tant de forme que de fond dont le Code l'avait entouré. Et en effet, ces formalités étaient vraiment excessives. Que de dérangements, que de frais, que de temps perdu pour réunir les pièces nécessaires et satisfaire à toutes les prescriptions requises! « Si l'on songe, a écrit notre collègue M. Charmont (1), à toutes les démarches longues et coûteuses que nécessitent les formalités du mariage..., on comprendra ce qu'il y a de vrai dans ce mot si souvent répété que, pour les classes pauvres, le mariage est un luxe de temps et d'argent. » Il n'est pas étonnant que les salariés reculent devant ce luxe et se mettent en ménage sans passer par la mairie. Or, avant tout, il faut lutter contre l'union libre, si instable et par là même si dangereuse pour la femme et les enfants.

« Le mariage apparaît dans l'histoire comme une conquête de la civilisation (2). » En dépit de tous les paradoxes, il est une forme d'union bien supérieure au concubinage, car il pousse bien plus que lui à la procréation des enfants et développe seul l'esprit de dévouement et de sacrifice. Il n'y a pas de famille en dehors du mariage, ou il n'y en a qu'exceptionnellement, et on a bien raison de répéter que la famille est la cellule sociale.

Le législateur doit donc détourner de l'union libre et faciliter la conclusion des mariages en la rendant aussi simple, aussi

(1) *Les transformations du Droit civil*, **p.** 58.
(2) AMBROISE COLIN et CAPITANT, *Cours élém. de Droit civil*. 3ᵉ édit., t. 1ᵉʳ, p. 123.

rapide, aussi peu coûteuse que possible. « C'est ce qu'avait très bien compris le Droit canonique; c'est en se plaçant à ce point de vue qu'il s'est montré si longtemps attaché au mariage consensuel en dépit de ses inconvénients, et qu'il n'a jamais admis la nullité du mariage contracté par les enfants sans l'autorisation des parents (1). »

En réagissant contre le formalisme du Code civil, le législateur moderne n'a donc fait que reprendre une vieille idée, depuis longtemps abandonnée, il est vrai, par le pouvoir séculier.

Mais les exigences du Droit civil en cette matière datent de si loin que les tentatives de simplification se heurtent à des résistances tenaces. Chose étrange, on a eu moins de peine à faire voter le divorce en 1884, qu'on en éprouve aujourd'hui à débarrasser le mariage du lacis de formalités qui en encombre les abords.

Pour triompher de ces résistances, le législateur est obligé de procéder par étapes, de simplifier progressivement et lentement. Jusqu'à ce jour, il a voté trois lois qui datent du 20 juin 1896, du 21 juin 1907 et du 9 août 1919, et s'attaquent aussi bien aux conditions de fond qu'aux formes du mariage.

« La première a commencé timidement l'œuvre à accomplir en modifiant quelques-unes des règles édictées par le Code. La seconde et la troisième plus audacieuses, ont très sensiblement diminué les conditions et formalités imposées aux futurs époux, et réduit notamment à de justes limites la nécessité de l'autorisation des parents au mariage de leurs enfants. » (2) C'est sur ce dernier point en effet que porte la principale réforme réalisée par ces lois, qui ont en même temps réalisé d'utiles simplifications visant les actes de consentement des ascendants non présents au mariage, la diminution du nombre des témoins, la dispense de légalisation des actes de l'état-civil, la nécessité de la résidence pour la célébration du mariage, la suppression d'une des deux publications requises par le Code, etc.

D'après la tradition de notre Droit civil, les enfants majeurs, quel que fût leur âge, ne pouvaient se marier sans avoir demandé le consentement de leurs ascendants. Au cas où ceux-ci le refusaient, l'enfant, jusqu'à 25 ans, si c'était une fille, jusqu'à 30, si

(1) *Op. cit.*, p. 123.
(2) *Op. cit.*, p. 123.

c'était un garçon, devait leur notifier trois actes respectueux, avec un mois d'intervalle entre chacun, et c'est seulement un mois après le dernier, qu'il pouvait se marier.

En 1896, le législateur a commencé par supprimer l'obligation de renouveler par deux fois la sommation respectueuse. Puis, en 1907, il s'est montré plus hardi. L'âge de la majorité matrimoniale, fixé pour les hommes à 25 ans, a été abaissé à 21 ans. L'acte respectueux, si mal dénommé, a reçu une nouvelle appellation: il est devenu une simple *notification*. Et cette notification ne doit être adressée désormais qu'aux père et mère, et non plus aux grands-parents. En outre, à partir de trente ans révolus, il n'est plus besoin de requérir le consentement de ses parents. Enfin en 1919, on a réduit à quinze jours le délai consécutif à la notification, passé lequel l'enfant peut passer outre à la célébration du mariage, et on a dispensé de toute notification celui qui, âgé de 21 à 30 ans, se marie pour la seconde fois. Mais on s'est arrêté là dans la voie des réformes, et le Sénat a refusé de suivre la Chambre qui proposait d'abaisser de 30 à 25 ans l'âge auquel l'enfant peut se marier sans avoir à justifier du consentement de ses père et mère (1).

L'acte respectueux subsiste donc encore, mais il a perdu son nom, il n'est plus aujourd'hui qu'un débris d'une institution du passé; il ne correspond plus à l'organisation actuelle de la famille.

Il y aurait grand intérêt à simplifier encore les règles du Code civil. On pourrait notamment supprimer sans inconvénient, croyons-nous, la formalité de la publication.

Les mesures votées ont du reste déjà donné de bons résultats, car le nombre des mariages a sensiblement augmenté à la suite de ces lois. Le nombre moyen des mariages pour les dix années antérieures à 1896 ressortait à 281.000 par an; or, il s'est élevé à 308.000 en 1910 et 312.000 en 1912 (2).

c) L'*union libre*. — Malheureusement, et par un manque de logique regrettable, le législateur moderne, en même temps qu'il facilite le mariage, édicte trop souvent des mesures qui sont une véritable reconnaissance de l'union libre. Nos lois d'assistance ne font aucune distinction entre les ménages légitimes et les

(1) V. CAPITANT. *La réforme du mariage*, Revue politique et parlementaire, 10 avril 1919.

(2) Il a même atteint 623.000 en 1920, dépassant ainsi de 311.000 la moyenne annuelle d'avant la guerre.

ménages irréguliers. La loi d'assistance aux familles nombreuses du 14 juillet 1913 accorde aux uns et aux autres les mêmes allocations; pour les femmes en couches (loi du 17 juin 1913), qu'il s'agisse de filles-mères, de concubines, de femmes mariées, le secours alloué est le même; les primes de natalité, prévues par l'article 48 de la loi de finances du 29 juin 1918 et le décret du 30 avril 1920, profiteront à toutes les mères « d'enfants légitimes ou *naturels reconnus*. » Enfin les indemnités pour charges de famille données aux fonctionnaires de l'État, des départements, des communes, sont également calculées sur le nombre des enfants légitimes ou *naturels reconnus* (1).

B. — La condition juridique de la femme mariée.

L'évolution qui s'est produite dans la vie de la famille a eu sa répercussion sur la condition de la femme mariée.

Soumise à l'autorité maritale, incapable de faire aucun acte sans autorisation, ne participant ni à l'administration des biens communs, ni à celle de ses propres, ni à l'exercice de la puissance paternelle, la femme mariée se trouve en théorie, dans une subordination étroite. Mais les mœurs et les habitudes sociales ont vivement réagi contre les règles du Droit, et, en réalité, la femme a toujours eu non seulement la direction du ménage, c'est-à-dire des dépenses quotidiennes d'alimentation, d'entretien, mais une part importante dans la gestion des biens. Il y a depuis longtemps en cette matière désaccord entre le fait et la loi. Le législateur moderne a atténué ce contraste, en restituant à la femme l'exercice d'une partie de ses droits, et comme mère et comme épouse.

Comme mère, en cas de séparation de corps ou de divorce, si le jugement a été prononcé en sa faveur et si elle a la garde des

(1) Voir Pierre Darlu, *Les mesures législatives en faveur de la natalité*, **Revue polit. et parlem.**, 10 avril 1921, p. 51. « Les allocations militaires n'ont-elles pas joué pendant cinq ans pour les faux ménages, comme pour les unions légitimes? Bien mieux, à Paris, ces Commissions accordèrent souvent l'allocation à la concubine, même sans enfant, alors qu'elles la refusaient à la femme légitime, séparée de fait du mari mobilisé. L'impôt sur le revenu est payé par les ménages réguliers à partir de 9000 francs; il ne l'est qu'à partir de 12000 francs (6000+6000) pour les faux ménages, etc. ». Comment l'homme ne préférerait-il pas sa liberté, alors qu'il n'a aucun avantage à l'aliéner en régularisant une union de fait? »

enfants, son consentement suffit pour le mariage de ceux-ci (art. 152, C. c., loi du 21 juin 1907); c'est elle aussi qui administre leurs biens, et la loi lui confie, même durant le mariage, cette administration si le mari en a été déchu (art. 389, C. c., loi du 6 avril 1910).

Mais c'est surtout comme épouse qu'elle a recouvré une partie de sa capacité. C'est d'abord la loi du 6 février 1893 qui a rendu à la femme séparée de corps « le plein exercice de sa capacité civile, sans qu'elle ait besoin de recourir à l'autorité de son mari ou de justice » (art. 311, C. c.). D'autres lois postérieures, édictées surtout en faveur des ouvrières, qui plus que les autres demandaient protection contre des abus possibles de l'autorité maritale ou contre l'abandon, ont donné aux femmes mariées certains droits tant en ce qui concerne leur personne que leurs biens. Une femme mariée n'a plus besoin d'autorisation pour s'associer à une Société de secours mutuels (loi du 1er avril 1898, art. 3), pour entrer dans un syndicat professionnel (loi du 12 mars 1920, art. 4). Elle n'en a pas davantage besoin pour déposer ses économies à la caisse d'épargne et même pour les en retirer (lois du 9 avril 1881 et du 21 juillet 1895); et, si le mari conserve le droit de s'opposer au retrait des fonds, l'Administration en paralyse presque l'exercice par les formalités qu'elle exige de lui.

Bien plus, lorsque le mari ne subvient pas aux dépenses communes, lorsqu'il abandonne la femme, celle-ci peut aujourd'hui et depuis la loi du 13 juillet 1907, demander au juge de paix l'autorisation de saisir-arrêter sur son salaire ou le produit de son travail une part proportionnelle à ses besoins.

Enfin et surtout, cette dernière loi a donné aux femmes qui exercent une profession séparée de celle de leur mari le droit de toucher elles-mêmes les produits de leur travail, d'employer librement leurs économies, d'aliéner à titre onéreux les biens acquis de cette façon, et même, chose inconnue jusque-là, d'ester en justice dans toutes les contestations relatives à ces droits. L'autorité maritale ne se manifeste plus ici que dans le cas où la femme abuse des pouvoirs que lui confère la loi.

La loi de 1907 a ainsi donné aux ouvrières, aux commerçantes, aux femmes se livrant à une profession libérale, le pouvoir d'acquérir des biens qui, tout en faisant partie de la communauté, sont soustraits aux règles traditionnelles qui gouvernent notre vieux régime coutumier. Car, par une anomalie remarquable, le mari n'a plus sur eux aucun droit, alors qu'il a des pouvoirs presque illimités sur les autres valeurs communes et n'est même pas tenu de rendre compte de son administration au jour où la communauté se dissout. Le régime de communauté repose, en effet, sur le principe de l'autorité maritale et de la subordination de la femme au mari. Le jour où ce principe suranné disparaîtra, il faudra ou abandonner le régime de communauté, ou le reconstruire sur la base de l'égalité des époux.

Au surplus ce jour n'est pas encore arrivé. Il ne faut pas exagérer l'effet de la réforme réalisée en 1907. La loi du 13 juillet pénètre fort lentement dans la pratique, elle reçoit de rares applications. Les tribunaux, il faut bien le dire, ne sont guère favorables à ces innovations. L'autorité maritale a beau être une institution désuète, en désaccord avec le rôle que joue la femme dans la vie conjugale, il faudra sans doute de longs efforts pour l'abolir.

C. — Disparition des dernières incapacités
prononcées par la loi civile contre les femmes en général.

Le législateur moderne ne s'est pas seulement occupé des femmes mariées, il a aboli les dernières dispositions qui, dans l'ordre du Droit civil, marquaient une différence entre la condition de la femme en général et celle de l'homme et qui visaient : 1° L'incapacité pour la femme d'être témoin dans les actes de l'état-civil, les testaments (art. 37, C. c., art. 980, C. civ., loi du 7 décembre 1897), et les autres actes notariés (loi du 25 ventose an IX, art. 9, modifiée par la loi du 12 août 1902); 2° celle d'être tutrice, subrogée-tutrice, curatrice, membre d'un conseil de famille (loi du 20 mars 1917).

D. — La puissance paternelle.

L'autorité paternelle, empruntée par le Code civil à la tradition de nos pays de coutumes, vise surtout la protection du mineur. Sauf en ce qui concerne le mariage, elle n'appartient qu'aux père et mère seuls; et, à la différence de la *patria potestas* romaine, elle cesse à la majorité de l'enfant.

Néanmoins, c'est bien une puissance sur la personne et sur

les biens, avec ses droits de garde, de correction, de jouissance légale.

En fait, l'autorité des parents dépend surtout des mœurs, et pendant longtemps elle est restée très effective.

La dislocation de la vie de famille en a naturellement amené l'affaiblissement, et son organisation s'est trouvée au bout d'un certain temps en désaccord avec les habitudes nouvelles.

Ce désaccord a provoqué une double intervention du législateur.

La première, déjà mentionnée, a supprimé pour l'enfant majeur qui veut se marier contre le gré de ses ascendants l'obligation de leur adresser des actes respectueux, dont il ne reste plus aujourd'hui qu'un vestige appelé à disparaître à son tour, la notification au père et à la mère, de la part de l'enfant qui n'a pas dépassé trente ans. Cette suppression est caractéristique de l'évolution qui s'est produite dans la conception de l'autorité paternelle. L'enfant majeur n'est plus lié à ses parents que par des devoirs moraux. Le Droit recule ici devant la Morale, alors que, dans tant d'autres matières, il déborde au contraire sur le domaine de cette dernière.

Il en a été ainsi notamment pour la seconde intervention qu'il nous reste à signaler et qui a eu pour but d'empêcher les abus d'exercice de la puissance paternelle. Aucune mesure n'avait été prise à cet effet par le Code civil. Le père pouvait même faire interner l'enfant jusqu'à seize ans, par mesure de correction, sans l'autorisation du président du tribunal (art. 376, C. c.).

Comme il arrive ordinairement, la Jurisprudence avait ici précédé le législateur, et suppléé dans la mesure où elle le pouvait au silence du Code. Elle avait, de toutes pièces, sans autre justification que la tradition historique et l'utilité sociale, institué une sorte de déchéance spéciale de la puissance paternelle portant sur son attribut essentiel et primordial, le droit de garde et d'éducation. Reprenant les errements des Parlements, les tribunaux se sont donné pour mission de prévenir et de réprimer les excès de la puissance paternelle toutes les fois que l'intérêt matériel ou moral de l'enfant l'exigeait (1).

---

(1) De son côté, notre Société mettait cette question à l'ordre du jour de ses travaux dès 1880. Voir Pradines, *Etude sur les limites de la puissance paternelle dans les principaux Etats d'Europe, Bulletin de la Société de législ. comp.* 1880, p. 113 et s. Voir aussi la session extraordinaire de 1889, p. 89 et s.

Le législateur s'est engagé à son tour dans cette voie. Après avoir édicté dans la loi du 27 février 1880 des mesures de protection des valeurs mobilières appartenant à un enfant en tutelle, il a en 1910 (loi du 6 avril) réglementé enfin l'administration du père de famille qui n'avait de légal que le nom à elle donné par le Code.

Mais les plus importantes mesures qu'il a prises ont eu pour objet de protéger les enfants contre la brutalité ou l'âpreté des parents. Nous ne faisons que signaler ici celles qui visent le travail industriel; nous devons insister surtout sur la loi du 24 juillet 1889, concernant la protection des enfants maltraités ou moralement abandonnés et celles qui l'ont amendée et améliorée.

En vertu de cette loi, les parents indignes sont déchus de plein droit ou par décision des tribunaux de la puissance paternelle, et leurs enfants confiés à l'assistance publique ou à la garde d'un tiers, société ou particulier.

Ses promoteurs fondaient sur elle les plus grands espoirs, bien incomplètement réalisés du reste; car la loi est trop radicale; la déchéance étant totale, indivisible et quant aux droits et quant aux enfants. On ne peut être père à demi, ou au tiers, ou au quart, disait le rapporteur au Conseil d'État, Courcelles-Seneuil. Mais les tribunaux hésitent à appliquer une pénalité aussi rigoureuse. Des lois postérieures, lois du 19 avril 1898, sur la répression des attentats commis envers les enfants, du 3 avril 1903, réprimant la traite des blanches, du 11 avril 1908, concernant la prostitution des enfants, du 22 juillet 1912, sur les tribunaux d'enfants, en ont en conséquence assoupli et amélioré le fonctionnement en se contentant d'enlever aux parents dans certains cas le droit de garde de tel ou tel enfant. Mais elles ne visent que des cas spéciaux.

Il reste encore à reviser la loi mère elle-même, celle du 24 juillet 1889, et à donner aux juges le droit de prononcer la déchéance totale ou partielle de la puissance paternelle à l'égard d'un ou plusieurs enfants, et cela dans tous les cas où les parents compromettent par de mauvais traitements, par des exemples pernicieux d'ivrognerie ou d'inconduite notoire, par un défaut de soins, la sécurité ou la moralité de l'enfant (1).

(1) Cette revision vient d'être faite par la loi du 15 novembre 1921 (*J. Off.*, 17 nov.).

Il conviendrait également de réformer le droit de correction des père et mère. Le système du Code est en cette matière extrêmement défectueux, de l'avis de tous les hommes compétents.

Il est urgent de le remplacer par un procédé d'amendement plus efficace, procédé que les lois du 28 juin 1904, dans ses dispositions consacrées aux pupilles de l'Assistance difficiles ou vicieux et du 16 avril 1908, sur la prostitution des mineurs, ont inauguré et qui donne de bons résultats.

Il n'y aurait qu'à le généraliser, mais, comme tant d'autres, cette réforme préconisée par les Sociétés de sauvetage de l'enfance attend le bon vouloir du Parlement.

E. — LES ENFANTS NATURELS.

Le Code civil avait traité très durement l'enfant naturel. Celui-ci, exclu du cercle de la famille, n'a de lien légal avec ses père et mère que par leur volonté, c'est-à-dire s'ils l'ont reconnu; et, même dans ce cas, il ne leur succède, même en présence de parents éloignés, que pour une part restreinte qui ne peut être augmentée par les libéralités des père et mère. Quant aux effets de la puissance paternelle, quant à l'organisation de la tutelle, c'est à peine si le Code civil en parle. La protection légale des enfants naturels reconnus, tant qu'ils sont en état de minorité, n'a pas retenu son attention.

Non reconnu, l'enfant naturel est un étranger pour ses père et mère. Sans doute, il peut bien prouver sa maternité, mais c'est à condition d'avoir en main, fait exceptionnel, un commencement de preuve par écrit. Quant à la recherche de la paternité, elle est rigoureusement interdite, tant du chef de la mère que de l'enfant.

Un tel système a pour but de protéger les intérêts moraux et pécuniaires de la famille légitime; il tend à détourner les individus des unions irrégulières; il frappe celles-ci dans la personne de l'enfant. Au moins faudrait-il qu'il atteignît son but. Or il n'en a rien été. Ces rigueurs n'ont pas empêché l'accroissement du nombre des naissances illégitimes provoqué par le développement des agglomérations urbaines et le paupérisme. Son seul résultat a été de priver de toute protection ces malheureux abandonnés, sans famille, qui n'ont pour soutien que l'Assistance publique (1).

Il n'est donc pas étonnant qu'en présence de la faillite de ce système, le législateur moderne ait tenté de resserrer les liens qui unissent l'enfant à ses père et mère et d'améliorer sa condition. Il l'a fait du reste sans verser dans l'excès, sans établir, comme le Droit intermédiaire, une égalité dangereuse et vraiment illogique entre les effets de la filiation illégitime et ceux de la filiation légitime.

Il a su organiser avec modération, avec mesure, une double protection de l'enfant naturel qui est assez efficace, tout en restant encore à certains points de vue insuffisante. Protection d'abord des enfants abandonnés, par le développement des services de l'Assistance publique, qui trouve son expression dans la la loi du 27 juin 1904. Quoique ressortissant au domaine de l'assistance, cette loi mérite d'être citée, car elle a édicté une importante innovation, en obligeant l'Administration à recevoir les enfants abandonnés à bureau ouvert, c'est-à-dire sans formalité. Le nombre des enfants dont l'Assistance publique prend la charge a augmenté avec chaque nouvelle loi protectrice de l'enfance. Ces enfants se divisent aujourd'hui en deux classes : 1° les enfants placés sous la protection de l'autorité publique (enfants secourus, enfants en garde, enfants en dépôt); 2° les enfants, dits pupilles de l'Assistance, placés sous la tutelle de l'autorité publique (enfants trouvés, enfants abandonnés, orphelins pauvres, enfants délaissés, maltraités ou moralement abandonnés) (2).

Dans l'ordre du Droit privé proprement dit, les réformes n'ont pas été moins importantes.

La principale a consisté dans l'abolition de l'inique article 340 du Code civil. La recherche de la paternité est aujourd'hui possible, non certes dans des cas bien nombreux, non sans des restrictions encore rigoureuses, mais ce n'est qu'un premier pas; la barrière est renversée, les conditions trop étroites encore se desserreront (loi du 16 novembre 1912).

Il importe de noter qu'ici encore la Jurisprudence avait donné

(1) Il y a eu, en 1913, 680 000 naissances légitimes et 66 000 naissances illégitimes. Le nombre des reconnaissances ne dépasse guère 50 pour 1000 naissances illégitimes.

(2) En 1910, le nombre total des enfants assistés s'élevait pour la France entière à 221 378, dont 150.711 étaient pupilles de l'Assistance.

l'exemple au législateur, car, malgré les termes formels de l'article 340, elle autorisait la fille séduite à réclamer des dommages-intérêts au séducteur, lorsqu'il y avait eu vraiment séduction, c'est-à-dire faute engageant la responsabilité de son auteur en vertu de l'article 1382 du Code civil.

En ce qui concerne plus spécialement les enfants naturels reconnus, les principales réformes ont consisté :

1° A consolider et à augmenter leurs droits de succession sur les biens de leur père et de leur mère. Depuis la loi du 25 mars 1896, l'enfant naturel est un véritable héritier, et il a droit à une réserve. Vient-il en concours avec des enfants légitimes, il recueille la moitié de la portion héréditaire qu'il aurait eue s'il eût été légitime ; il a droit à la totalité des biens, lorsque le père ou la mère ne laissent ni descendants, ni ascendants, ni frères ou sœurs, ni descendants légitimes de frères ou sœurs. Enfin, le père et la mère peuvent disposer librement par testament en sa faveur.

2° A organiser d'une façon plus efficace la tutelle de l'enfant naturel en confiant au tribunal de première instance les fonctions du conseil de famille (loi du 2 juillet 1907, art. 389, C. c.) ;

3° A préciser les droits que confère au père et à la mère la puissance paternelle (loi du 2 juillet 1907, art. 383, 384, 389 C. c. ; loi du 10 mars 1913, art. 158 C. c.) ;

4° A confier enfin au Conseil de famille, c'est-à-dire au tribunal, la mission de consentir au mariage de l'enfant naturel mineur qui a perdu ses père et mère ou n'a pas été reconnu (loi du 10 mars 1913, art. 159 C. c.) ;

5° A étendre le bénéfice de la légitimation à certaines catégories d'enfants adultérins (lois du 7 novembre 1907 et du 30 décembre 1915, art. 331 C. c.).

Ainsi, et en résumé, le sort de l'enfant naturel a été sensiblement amélioré. « Il y a aujourd'hui, a-t-on dit, une vraie famille naturelle, à côté et au-dessous de la famille légitime » (1), seulement cette famille est restreinte au père et à la mère et aux enfants, et, faut-il ajouter, l'établissement des rapports juridiques qu'elle crée dépend presque uniquement de la volonté des parents. A ce point de vue, nous en sommes presque encore à cette conception de Bonaparte disant au Conseil d'État que la

____

(1) LEREBOURS-PIGEONNIÈRE, *La famille et le Code Civil*, Livre du Centenaire, I, p. 292.

Société n'a pas d'intérêt à ce que les filiations naturelles soient connues. Conception indéfendable, qu'il faudrait une bonne fois abandonner. A elle seule, en dehors de la volonté des parents, la naissance devrait créer un lien juridique entre l'enfant et ceux-ci.

On ne peut donc pas dire qu'en cette matière le législateur moderne ait dépassé la limite; à notre avis, il ne l'a pas encore atteinte.

2. Les lois successorales.

Les lois successorales touchent de près à la famille, et subissent tout naturellement la répercussion des changements qui se produisent dans sa constitution.

Nous avons déjà signalé en cette matière l'importante loi du 25 mars 1896, qui a consolidé et élargi les droits de succession des enfants naturels, et permis à leurs père et mère de leur léguer tout ou partie de la quotité disponible.

Il faut également citer la loi du 9 mars 1891 qui, comblant une lacune du Code, a donné au conjoint survivant un droit d'usufruit dans la succession du prédécédé (art. 767 C. c.).

Mais l'innovation la plus importante qui ait été apportée à notre régime des successions, celle qui touche le plus directement aux rapports de famille, résulte de l'article 17 de la loi de finances du 31 décembre 1917, qui a limité au sixième degré en ligne collatérale le droit de succéder *ab intestat*. En dehors des empêchements au mariage, le droit de succession est le seul effet juridique que produise la parenté en ligne collatérale. Le Code civil accordait ce droit de succession aux collatéraux du défunt jusqu'au douzième degré, parce que le caractère sédentaire de l'ancienne société maintenait des rapports d'amitié entre petits cousins vivant les uns près des autres et gardant le souvenir de leurs ancêtres communs. Aujourd'hui, le cercle de la famille s'est considérablement restreint avec la mobilité des individus; au delà du sixième degré, il n'y a plus guère de liens d'affection, souvent il n'y a plus aucune relation entre les collatéraux. En limitant à ce degré le droit de succession le législateur n'a fait que mettre le Droit en accord avec les mœurs.

Enfin, la dernière modification à notre système successoral vise l'indivision et le partage des biens entre cohéritiers. Pour permettre la conservation des petits domaines, la loi moderne y a apporté quelques tempéraments utiles dont nous parlerons à propos du Droit de propriété.

En résumé, le régime successoral du Code civil a reçu d'utiles améliorations, mais ses traits essentiels n'ont pas été modifiés, et ils n'ont pas besoin de l'être. Établi pour une société bourgeoise et démocratique, répudiant toute distinction entre les biens, fondé sur le principe de l'égalité entre les enfants, accordant aux descendants et aux ascendants une réserve sur les biens du défunt, il correspond parfaitement aux besoins de notre société moderne. Tout au plus y a-t-il lieu d'en faire disparaitre quelques vestiges du passé, comme certaines applications excessives de la fente, ou quelques imperfections, notamment en ce qui touche le partage judiciaire.

3. Le Droit de la propriété (1).

Le régime juridique de la propriété n'a pas subi, au cours des cinquante dernières années, une évolution comparable à celle qui s'est produite dans le Droit de la famille. Il reste tel que le Code civil l'a réglementé.

Néanmoins des lois récentes, nombreuses et importantes, sont venues soit le compléter, soit l'amender, soit écarter certaines de ses dispositions en vue de permettre la constitution de la petite propriété.

Ces lois peuvent, d'après le but poursuivi par elles, se répartir en quatre groupes qu'inspirent les idées suivantes :

A. — Restriction, dans l'intérêt de la collectivité, du caractère absolu du droit de propriété ;

B. — Réglementation de la propriété rurale ;

C. — Réglementation du régime des eaux ;

D. — Mesures établies en faveur de la petite propriété.

(1) Nous visons ici spécialement la propriété foncière. Pour la propriété mobilière, son importance s'est accrue dans une proportion considérable sous forme de valeurs de bourse, mais ces valeurs rentrent dans la catégorie des créances. Nous n'en parlons pas ici. Nous avons déjà signalé la loi du 27 février 1880 relative à l'aliénation des valeurs mobilières appartenant aux mineurs et aux interdits. Les autres lois relatives à ces titres ressortissent au Droit commercial.

A. — RESTRICTION, DANS L'INTÉRÊT DE LA COLLECTIVITÉ, DU CARACTÈRE ABSOLU DU DROIT DE PROPRIÉTÉ.

« La propriété est le droit de jouir et disposer des choses de la manière la plus absolue, proclame l'article 544 C. c., pourvu qu'on n'en fasse pas un usage prohibé par les lois ou par les règlements. » Le droit de propriété serait intolérable, antisocial, s'il était absolu. Aussi subit-il, dans l'intérêt de la collectivité, de nombreux tempéraments dont l'importance et la quantité grandissent chaque jour.

Au premier rang de ces tempéraments figure l'expropriation pour cause d'utilité publique, que le Code civil autorise dans l'article 545 sous forme de restriction au caractère absolu du droit du propriétaire : « Nul ne peut être contraint de céder sa propriété, si ce n'est pour cause d'utilité publique... » Or la notion d'utilité publique, c'est-à-dire le nombre des cas dans lesquels le propriétaire peut être exproprié, a été considérablement élargie, depuis la loi organique du 3 mai 1841, par plusieurs lois récentes.

L'expropriation est permise actuellement non plus seulement dans les cas anciens, mais en vue d'améliorations agricoles ou urbaines (loi du 22 décembre 1888 sur les associations syndicales de propriétaires), pour l'utilisation de l'énergie hydraulique (loi du 17 octobre 1919, art. 5), pour l'acquisition des sources d'eau potable (loi du 15 février 1902), pour cause d'utilité artistique (loi du 31 décembre 1915), pour raison d'hygiène (lois du 15 février 1902 et du 17 juin 1915). En outre, l'utilité de l'expropriation peut être aujourd'hui déclarée non seulement pour les superficies comprises dans le périmètre des ouvrages publics projetés, mais encore pour toutes celles qui sont reconnues nécessaires pour assurer à ces ouvrages leur pleine valeur immédiate ou d'avenir, et elle peut l'être aussi pour les immeubles qui, en raison de leur proximité de l'ouvrage projeté, en doivent retirer une plus-value dépassant 15 pour 100 (loi du 6 novembre 1918).

A ces textes, il faudrait ajouter les lois sur les réquisitions (3 juillet 1877, 3 août 1917, 4 avril 1918, 27 février 1920), qui sont une forme particulière de l'expropriation. En vertu de ces lois, la réquisition est possible non seulement pour les besoins de l'armée, mais dans tous les cas, peut-on dire, où les nécessités publiques l'exigent.

B. — RÉGLEMENTATION DE LA PROPRIÉTÉ RURALE.

Il suffit de signaler en passant les nombreuses lois votées depuis quarante ans qui ont trait à la propriété rurale, notamment les lois du 20 août 1880, modifiant les articles du Code relatifs à la mitoyenneté des clôtures, aux plantations et au droit de passage en cas d'enclave, du 4 avril 1889 sur les animaux employés à l'exploitation des propriétés rurales, du 18 juillet 1889, sur le bail à colonat partiaire, du 21 juin 1898 sur la police rurale, du 25 juin 1902, sur le bail emphytéotique, etc.). Ces lois feront partie du Code rural qui est en projet depuis le premier Empire et qui se constitue peu à peu par le vote de dispositions successives.

C. — LE RÉGIME DES EAUX.

Le Code civil n'avait consacré à cette matière si importante pour la collectivité que quelques articles. Il n'avait eu en vue que les intérêts des particuliers, propriétaires absolus (sauf la réserve de l'art. 643) des sources qui jaillissent dans leur fonds, et riverains des cours d'eau non navigables ni flottables, car seules les rivières navigables et flottables font partie du domaine public de l'État.

Une réglementation plus complète établissant d'une façon précise, à côté des droits des particuliers, ceux de le collectivité sur cet élément indispensable à la vie des hommes était nécessaire. Le premier Empire en avait commencé l'étude en 1808, mais cette étude n'a abouti que quatre-vingt-dix ans plus tard, à une loi du 8 avril 1898, d'ailleurs incomplète, mal venue, mal rédigée (voir notamment les art. 642 et 643) qui ne fait aucun honneur à ceux qui l'ont élaborée, car ils ont versé dans le même défaut que le Code civil, et comme lui, ont sacrifié l'intérêt social à celui de la propriété privée, dont ils ont consolidé, exagéré même les droits (voir l'art. 3).

A l'époque où elle a été votée, le problème du captage et du transport de la force hydraulique était résolu, et l'on entrepre-

nait l'utilisation industrielle des chutes d'eau. C'était le moment
de réglementer au mieux des intérêts généraux cette nouvelle
source de richesse, car l'aménagement de ces chutes commençait à peine. Le législateur semble pourtant avoir ignoré cette
question, car il ne l'a pas abordée. C'est quelques années plus
tard seulement que l'étude en a été entreprise par les auteurs, à
la suite de décisions intéressantes rendues par les tribunaux.
La question des droits des riverains s'est alors posée sous un
jour tout nouveau; et l'on a pu constater combien l'inertie
du législateur de 1898 avait été regrettable. Mais le Parlement n'a mis aucun empressement à réparer son oubli, et il a
attendu pour légiférer que la plus grande partie de nos forces
hydrauliques fût accaparée par des sociétés privées. La loi bien
trop tardive du 26 octobre 1919 a enfin reconnu le caractère
social et collectif de cette force, et décidé que nul ne peut disposer de l'énergie des cours d'eau, même non navigables ni
flottables, sans une concession ou une autorisation de l'État qui
ne peut s'étendre au delà de soixante-quinze ans. En proclamant
ce principe, le législateur moderne s'est conformé à la tradition
de notre Droit, car l'ancien Régime avait eu soin, en rangeant
dans le domaine public de l'État les rivières navigables et flottables, d'assurer au profit de la collectivité la navigabilité et le
flottage, seules formes d'utilisation sociale des cours d'eau qui
existassent alors.

D. — Mesures en faveur de la petite propriété.

Il s'agit ici d'un courant législatif remontant à près de trente
ans et qui chaque jour s'accroît de nouveaux textes. Il se propose
un double but : a. — Avant tout, pousser au développement de
la petite propriété aussi bien urbaine que rurale; b. — En même
temps, empêcher que la propriété autonome, une fois formée,
ne se dissocie en propriété parcellaire par l'effet des règles du
Code civil sur le partage.

a) *Mesures destinées à augmenter le nombre des petits propriétaires.* — Les efforts du législateur pour augmenter le
nombre des petits propriétaires ont trouvé chez nous un terrain
tout à fait propice. La France est depuis longtemps, dès avant
la Révolution, un pays de petite propriété, et le législateur n'a

pas besoin de mesures de contrainte pour se procurer la terre nécessaire aux petits propriétaires qu'il veut instituer, comme il est obligé de le faire dans les pays tels que la Roumanie, la Tchéco-Slovaquie, la Pologne, etc., où le sol est entre les mains de grands propriétaires. Dans ces pays qui poursuivent la même politique agraire, on est obligé de recourir à l'expropriation. Chez nous, au contraire, le morcellement se fait tout seul parce qu'il y a une nombreuse réserve de petits propriétaires, laborieux, économes, étroitement attachés à la terre, toujours prêts à acquérir une nouvelle parcelle. Il se fait aussi par la vertu du Code civil, dont on a bien légèrement critiqué les dispositions relatives au partage forcé et à la composition des lots, car ce sont ces dispositions qui assurent la division du domaine paternel entre les enfants et augmentent ainsi à chaque génération le nombre des propriétaires du sol. Sans doute, cette machine à morceler la terre tend à la hacher trop menu, à la réduire en poussière, mais il est possible d'arrêter à une certaine limite ce sectionnement.

Trois groupes de lois se rattachent à ce mouvement législatif destiné à développer la petite propriété. Ce sont : a) celui des lois sur les *habitations à bon marché*; b) la loi sur la constitution du *bien de famille insaisissable*; c) le groupe des *lois d'encouragement à la petite propriété*.

a) La législation *sur les habitations à bon marché*, inaugurée par la loi du 30 novembre 1894, complétée par celle du 12 avril 1906 et par une série de textes postérieurs, a pour but principal de favoriser la construction de maisons salubres et à loyer réduit, que ces maisons soient destinées à être acquises ou simplement louées par les ouvriers.

Mais elle cherche aussi à conduire l'ouvrier par un système d'amortissement à la propriété de sa maison, et c'est pour cela que nous la mentionnons ici. Les résultats obtenus par elle sont du reste encore bien modestes.

b) La loi du 12 juillet 1909 sur la constitution *du bien de famille insaisissable* permet au petit propriétaire de soustraire sa maison, quand sa valeur ne dépasse pas 8000 francs, aux poursuites éventuelles de ses créanciers. On croyait par là consolider la petite propriété, la soustraire aux vicissitudes économiques de son titulaire, assurer un foyer stable à la famille ouvrière et paysanne. Cette belle conception n'a rien donné.

Il faut croire qu'elle ne convient pas à un pays comme le nôtre, alors qu'il semble qu'ailleurs elle ait eu de nombreuses applications. Cela prouve comme il est difficile de transplanter une institution d'un milieu dans un autre qui en diffère par les mœurs et les habitudes.

c) Les *encouragements à la petite propriété* ont eu pour première expression la loi du 10 avril 1908 qui a pour objet essentiel de faciliter aux salariés, notamment aux ouvriers agricoles, l'acquisition d'un lopin de terre et la construction d'une maison, en leur procurant des prêts hypothécaires à long terme et à un taux minime. Le crédit est distribué aux intéressés par l'intermédiaire de sociétés de crédit immobilier dont la loi prévoit la création et qui reçoivent des avances de l'État.

Contrairement à la précédente, cette loi a produit déjà d'appréciables effets, mais surtout au profit des ouvriers industriels, auxquels elle a facilité l'acquisition ou la construction de maisons à bon marché.

Tandis que la loi de 1908, s'adresse à une clientèle de salariés, une seconde du 19 mars 1910, remplacée depuis par celle du 5 août 1920, vise la catégorie des exploitants agricoles. Elle organise aussi un système de prêts à long terme, mais destinés cette fois à faciliter l'acquisition, l'aménagement, la transformation et la reconstitution des petites exploitations rurales ; et cela dans la limite de 8000 francs d'abord, de 40.000 francs aujourd'hui (loi du 19 avril 1921). Il s'agit là de petites et moyennes entreprises dont les chefs ont besoin d'un concours pour augmenter soit un domaine insuffisant, soit un capital d'exploitation trop faible, concours que leur assureront les caisses de crédit agricole.

Enfin, il convient de signaler qu'une loi du 31 octobre 1919 autorise les départements et les communes à acquérir des domaines ruraux pour les lotir et les revendre.

Tout ce mouvement législatif en faveur de la petite propriété forme un courant parallèle à celui de la législation ouvrière proprement dite.

En même temps que le législateur édicte des mesures de protection du salaire et des intérêts économiques de la classe des salariés, il se préoccupe de faciliter leur accession à la propriété individuelle, qui donne à la famille ouvrière une vie plus stable, plus digne, et développe chez elle l'esprit d'économie et d'épargne. Cette conception a une autre efficacité que celle des fameuses actions de travail imaginées par la loi du 26 avril 1917 et demeurées jusqu'ici sans application.

B. — *Modifications des règles du Code civil sur le partage des successions.* — La mort du propriétaire met la petite propriété en péril, car le Code civil permet à chaque enfant d'en exiger le partage ou, s'il est impossible, l'aliénation. Ce système de morcellement à l'excès a ici un danger incontestable. Il faut donc en écarter l'application, et établir un régime successoral particulier pour la petite propriété. C'est ce qu'ont fait les lois précitées du 12 novembre 1906, du 10 avril 1908, du 12 juillet 1909. La maison d'habitation, le petit domaine, sont soustraits à l'interdiction d'indivision prolongée en faveur du conjoint survivant; ils sont également soustraits au partage en nature et à la licitation, les héritiers et le conjoint survivant pouvant exercer une faculté de reprise globale sur estimation. Ces dispositions n'ont du reste pas produit grand effet; elles ont été hâtivement élaborées, sans vue d'ensemble; elles demanderaient une nouvelle étude plus approfondie.

A ces lois, il faut ajouter enfin dans un ordre d'idée voisin celle du 27 novembre 1918 ayant pour objet de faciliter le remembrement de la propriété rurale, c'est-à-dire de remédier aux inconvénients de la dispersion parcellaire si incommode pour la bonne culture des terres, et si peu favorable à la bonne entente entre propriétaires de parcelles enchevêtrées, en permettant aux associations syndicales de propriétaires de constituer, par voie d'échange, des domaines d'un seul tènement, loi trop récente pour qu'on puisse encore en apprécier les résultats.

4. Le crédit foncier et hypothécaire.

Ici c'est un véritable procès-verbal de carence qu'il faut dresser. Et pourtant l'imperfection de notre régime de publicité des droits relatifs à la propriété immobilière est depuis longtemps reconnue, et sa réforme depuis longtemps réclamée. Il est regrettable que le Parlement, ne tenant aucun compte des travaux si importants de la Commission extraparlementaire du cadastre en 1889 et des études approfondies publiées de divers côtés, laisse ainsi le crédit immobilier dans un état d'infériorité contraire à l'intérêt général, et néglige de réaliser une réforme qui aurait les plus heureux résultats, et qui s'impose d'autant plus aujourd'hui que l'Alsace et la Lorraine vont nous offrir un modèle facilement imitable.

5. Le Droit des obligations.

Dans ce domaine, les innovations législatives, les seules dont nous parlions pour le moment, ont été également fort importantes.

Elles aussi témoignent d'une évolution dans les conceptions économiques et morales, évolution dont les principales manifestations ont eu pour but :

A. — De consacrer le droit d'association et de donner aux associations le droit d'ester en justice pour la défense des intérêts corporatifs;

B. — De réagir contre le principe de la liberté des conventions;

C. — D'admettre une nouvelle cause de responsabilité : le risque professionnel.

A. — LE DROIT D'ASSOCIATION.

a) *La liberté d'association.* — La liberté d'association ne date que du début du xxe siècle. Le Code pénal, continuant les traditions de l'ancien Régime et de la Révolution, avait soumis les associations à la surveillance et à l'autorisation administrative (art. 291, C. p.).

Ce régime de suspicion aggravé encore par le Gouvernement de juillet n'a pas empêché le développement de l'esprit d'association, car les hommes ne peuvent rien faire de durable s'ils ne corrigent la brièveté de leur vie par le groupement des efforts des générations successives.

Aussi le législateur moderne a-t-il compris qu'il était nécessaire d'abroger ces textes surannés dont l'Administration ne se servait plus du reste depuis longtemps. Ce sont les gens de métier qui, éprouvant plus que tous autres le besoin de se grouper pour défendre leurs intérêts corporatifs, ont les premiers réclamé et obtenu le droit de se syndiquer (Loi du 21 mars 1884).

Puis la liberté et la personnalité juridique ont été concédées aux sociétés de secours mutuels si nombreuses chez nous (loi du 1er avril 1898), et enfin reconnues par la loi du 1er juillet 1901 à tous les Français.

Aujourd'hui les associations de personnes peuvent se former librement, pourvu qu'elles n'aient pas un objet contraire aux lois ou aux bonnes mœurs, et, si elles consentent à publier leurs statuts et les noms de leurs administrateurs, elles jouissent d'une capacité, étroitement limitée il est vrai, que l'on désigne parfois sous le nom de petite personnalité. Car le législateur redoute toujours l'enrichissement et la trop grande activité des associations. Mais ici encore les gens de métier ont fini par triompher des résistances et ont obtenu pour leurs syndicats un élargissement considérable de capacité (loi du 12 mars 1920), dont les autres associations ne tarderont pas sans doute à profiter elles aussi, car il n'y a aucune raison d'accorder aux unes des droits que l'on refuse aux autres.

Ainsi, peu à peu, les anciennes préventions révolutionnaires contre les associations disparaissent. Le législateur ne les considére plus comme des ennemies de l'intérêt commun, mais comme des organes sociaux nécessaires, qui collaborent utilement avec l'État pour la satisfaction des besoins généraux.

On peut dire du reste que la Jurisprudence et la Doctrine ont beaucoup contribué à cette évolution, l'une, en reconnaissant aux simples associations autorisées, avant la loi de 1901, un minimum de droits qui étaient l'embryon de la personnalité juridique, la seconde, en analysant cette notion, en critiquant la théorie étroite et superficielle de la fiction, en montrant l'ancienneté de l'idée de personnalité juridique et ses progrès dans le Droit comparé.

b) *Le droit des associations d'ester en justice pour la défense de leurs intérêts corporatifs.* — La délimitation de ce droit a donné lieu à bien des difficultés, car la frontière entre l'intérêt collectif et l'intérêt particulier est fort difficile à tracer. Plusieurs lois successives ont accordé aux associations le pouvoir de poursuivre les actes frauduleux qui compromettent le bon renom de la profession, puis, dans un arrêt de ses chambres réunies, du 5 avril 1913, D. P. 14. 1. 65, la Cour de Cassation a donné une formule générale, dont les lois dont nous parlerons ci-dessous sur le minimum de salaire et les conventions collectives ont fait application. Ainsi s'est trouvé précisé le rôle propre des associations.

c) *Les conventions collectives de travail.* — En même temps le législateur consacrait la validité et déterminait, par la loi du 25 mars 1919, les effets de la convention collective de travail qui rentre au premier chef dans les fonctions des syndicats professionnels. Convention d'un genre tout nouveau, sorte d'avant-contrat qui ne s'adapte pas aux cadres classiques de notre Droit des obligations, car passée entre les directeurs de deux syndicats, ou les représentants de deux groupements, elle règlemente les conditions du travail de tous ceux qui à l'avenir s'embaucheront dans les établissements intéressés, et lie même les membres des syndicats qui par la suite adhèrent à cette convention. La convention collective se répand de plus en plus. A la tyrannie aveugle de la concurrence, qui empêche les deux parties de discuter les conditions du travail, elle substitue des clauses librement consenties. Sa réglementation législative, préparée par la Jurisprudence et les travaux de la Doctrine, était indispensable pour lui donner la force obligatoire qui, trop souvent encore du reste, lui manque dans la pratique.

B. — Réaction contre le principe de la liberté des contrats.

Le principe énoncé dans l'article 1134 du Code civil : Les conventions légalement formées tiennent lieu de loi à ceux qui les ont faites, reste une des bases de notre Droit des contrats. La convention est la loi des parties. En cas de conflit, le juge doit l'interpréter, l'appliquer comme il interprète, comme il applique la règle édictée par le pouvoir législatif. Il ne peut pas en modifier les clauses, quand même elles lui paraîtraient contraires à l'équité, léonines, quand même il jugerait qu'il y a disproportion évidente entre les prestations réciproques.

Mais, moins respectueux de la liberté des parties, qui n'est souvent que la liberté laissée au fort d'opprimer le faible, le législateur moderne n'hésite pas à en limiter l'exercice pour empêcher les abus. Il est plus humain que le Code civil, plus préoccupé de protéger les ignorants, les humbles. C'est ainsi que plusieurs lois récentes permettent à celui qui a été lésé, c'est-à-dire qui par ignorance ou nécessité a accepté des conditions trop onéreuses, de demander la rescision du contrat ou une diminution du prix qu'il doit verser, ou une augmentation du salaire qui lui a été promis. On peut citer notamment la loi du 12 mars 1900 ayant pour objet de réprimer les abus commis en matière de vente à crédit de valeurs de bourse, celle du 8 juillet 1907, celle du 29 avril 1916 sur l'assistance maritime (art. 7), les décrets du 10 août 1899 sur les marchés de travaux publics, la loi du 10 juillet 1915 qui assure un minimum de salaire aux ouvrières à domicile dans l'industrie du vêtement.

Dans d'autres cas, le législateur arrive au même but en interdisant aux parties de déroger dans leurs contrats aux règles qu'il édicte. Ce mode de protection du faible contre le fort devient d'un emploi de plus en plus fréquent, soit qu'il s'agisse de contrats entre salariés et patrons, soit qu'il s'agisse de ce qu'on appelle les contrats d'adhésion, c'est-à-dire les contrats dans lesquels l'une des parties impose à l'autre des conditions. Alors que les mesures impératives édictées à cet effet par le Code sont exceptionnelles, elles deviennent de plus en plus nombreuses dans les lois récentes. (Voir notamment, l'art. 30 de la loi du 9 avril 1898 sur les accidents du travail, l'art. 1er de la loi du 13 juillet 1907 sur le libre salaire de la femme mariée, etc.).

Ainsi une réaction se manifeste contre l'individualisme du Code civil. Une conception nouvelle de l'idée de justice anime aujourd'hui le législateur. Pour les rédacteurs du Code, ce qui a été voulu par les parties est juste et doit être respecté, parce que cela a été, pensent-ils, librement débattu, et que la justice veut avant tout le respect de la parole donnée. Aujourd'hui, nous estimons que la justice veut avant tout que le fort n'opprime pas le faible.

C. — LE RISQUE PROFESSIONNEL.

On retrouve encore une nouvelle manifestation du même esprit dans la loi du 9 avril 1898, sur les accidents du travail, qui, aux cas traditionnels de responsabilité extracontractuelle supposant tous une faute commise par l'auteur du dommage, ou au moins une présomption de faute, a ajouté un cas nouveau de responsabilité fondée sur le risque. D'après cette loi, le chef d'entreprise est responsable des accidents qui atteignent le salarié dans le lieu et pendant le temps où il travaille ; il est responsable, quand même il n'a pas commis de faute, quand même l'accident est imputable à la faute de l'ouvrier ou à un cas fortuit. On fait donc abstraction de la faute possible, on ne tient plus compte que du risque professionnel. Principe nouveau, pour la première fois consacré et seulement pour un cas spécial, par la loi. Mais, qu'on le remarque bien, ce risque ne pèse pas uniquement sur le patron, il incombe aussi au salarié, car la victime de l'accident ne reçoit qu'une indemnité forfaitaire, inférieure au dommage qu'elle subit. La responsabilité ne présente donc pas, dans ce cas nouveau, le caractère absolu que lui imprime l'article 1382, C. c.

Ce cas est, du reste, jusqu'ici le seul dans lequel en matière purement civile la loi ait établi une responsabilité exclusive de toute idée de faute, et encore cette responsabilité est-elle, comme nous l'avons dit, limitée. Il faut donc bien se garder de dire, comme on le fait quelquefois, que la responsabilité fondée sur le risque est en train de remplacer la responsabilité basée sur la faute. C'est une exagération manifeste (1).

2° La législation de guerre.

Nous n'en dirons que quelques mots, car elle ne rentre pas dans le cadre de notre étude. Elle se compose en effet de mesures d'exception rendues nécessaires par le bouleversement de la vie sociale, mais qui doivent disparaître peu à peu avec les derniers souffles de la tourmente.

Toutefois, au dessus de la masse de ces mesures provisoires s'élève une grande loi, celle du 17 avril 1919 sur les dommages

(1) Dans un autre domaine, car il s'agit ici des rapports de l'État et des particuliers, une loi toute récente du 3 mai 1921 vient de consacrer une nouvelle application de la responsabilité exclusive de l'idée de faute. Cette loi décide en effet que les dommages causés aux tiers par suite d'explosions, émanations de substances explosives, corrosives, toxiques, etc., se trouvant dans des dépôts de munitions, navires de guerre, ou établissements de l'État, ou dans des établissements privés travaillant pour la défense nationale, donneront droit à une réparation qui sera payée par l'État, lorsque cette réparation ne pourra être obtenue par les recours du Droit commun. Il est juste que la collectivité supporte ce risque imposé par les nécessités de la défense nationale. C'est l'application du principe de solidarité que nous allons retrouver dans la loi sur les dommages de guerre.

de guerre, en tête de laquelle le législateur a inscrit un principe nouveau, qui vient compléter la Déclaration des droits de l'homme : « La République proclame l'égalité et la solidarité de tous les Français devant les charges de la guerre. Les dommages certains, matériels et directs causés en France et en Algérie aux biens immobiliers ou mobiliers par les faits de guerre auront droit à la réparation intégrale instituée par l'article 12 de la loi du 26 décembre 1914. »

Ainsi de cette terrible épreuve, de cette grande misère, le Droit sort enrichi; la solidarité entre les Français n'est plus seulement un précepte de l'ordre moral et philosophique, elle pénètre dans le domaine juridique. Les dommages causés par la guerre sont mis à la charge de la collectivité.

Une seconde observation mérite encore d'être présentée. Si, en principe, il ne doit rien subsister des mesures exceptionnelles prises pendant la guerre, le principe de la liberté des contrats n'en a pas moins été profondément ébranlé par ces mesures. Et il est permis de penser qu'il ne retrouvera plus la force, l'autorité dont il jouissait auparavant. Il n'est pas téméraire d'affirmer qu'en présence de crises futures, d'ordre même purement économique, le législateur songera volontiers aux précédents du Droit de la guerre, et s'en prévaudra pour intervenir, quand il le jugera utile à l'intérêt de la communauté, dans les rapports entre particuliers. Des lois comme celle du 9 mars 1918, sur les baux à loyer, en particulier, exerceront certainement leur influence sur le Droit de l'avenir.

En dressant le tableau résumé des modifications législatives réalisées au cours des cinquante dernières années, nous n'avons pas encore une vue complète des transformations subies par le Code civil durant ce demi-siècle. Le Droit ne progresse pas seulement par le vote de lois nouvelles, mais aussi par l'élargissement et le renouvellement des conceptions juridiques dus à l'apport de la Doctrine et de la Jurisprudence.

II. — La Doctrine.

Le rôle de la Doctrine consiste tout d'abord à interpréter la loi. Mais interpréter ce n'est pas seulement dégager le sens exact des textes en s'inspirant de la volonté de leurs auteurs.

L'interprétation est avant tout un procédé scientifique qui a
pour but de systématiser l'œuvre du législateur, d'en faire un
corps de Droit, c'est-à-dire une science. « Les textes d'un Code
« ne sont que des matériaux épars que le juriste a mission
« d'utiliser et de ranger selon leurs affinités logiques en vue de
« l'établissement de règles de Droit. Pour fixer ces règles, il
« importe de dégager des solutions d'espèce ce qu'elles con-
« tiennent de général. Par cette méthode on découvre les notions
« fondamentales dont ces décisions concrètes ne sont que la
« mise en œuvre ; la coordination et la combinaison de ces
« notions fait apparaître une construction plus générale qui
« constitue le système, autour duquel se groupent les solutions
« de détail (1). »

Quelque mal qu'on ait pu dire des constructions juridiques,
elles sont indispensables à l'élaboration scientifique. Induire
pour remonter aux principes, puis ensuite déduire pour suppléer
au silence des textes, pour trancher les questions non prévues,
pour régler les rapports nouveaux qui se forment entre les
hommes, ce sont là les procédés par lesquels le jurisconsulte
crée, élargit, enrichit le corps du Droit, c'est-à-dire la science
juridique. Sans doute, ces procédés demandent à être maniés
avec discernement et prudence ; il faut se défier de la logique,
prendre garde de raisonner dans l'abstrait, « d'isoler le Droit du
milieu social dans lequel il s'alimente, d'oublier les réalités de la
vie. » L'esprit critique doit constamment animer le jurisconsulte.
Celui-ci doit vérifier sans cesse la valeur de ses conclusions,
en recherchant la tradition historique, en s'inspirant des enseignements de la morale, des données de l'économie politique, en
les comparant aux règles en vigueur dans les pays voisins arrivés
à un même stade de civilisation que le sien.

Cette systématisation du Droit serait du reste incomplète et
partant inexacte si elle se faisait exclusivement sur le Droit écrit,
car la loi n'est pas la source unique de notre système juridique.
A côté d'elle, il y a le Droit coutumier qui tient dans l'ensemble
du Droit une place bien plus grande qu'on ne le croit ordinairement. Il se présente à l'observateur sous trois formes distinctes.
D'abord sous sa forme traditionnelle. En effet, il y a nombre
d'institutions juridiques dont le Code civil traite d'une façon

(1) CHARMONT et CHAUSSE, *Les interprètes du Code civil*, Livre du Centenaire, I, p. 153.

incomplète (ex. : action Paulienne, action oblique, régime dotal, etc.), ou même dont il ne traite pas du tout (ex. : enrichissement injuste, nombreux adages juridiques que nous continuons à appliquer), et pour lesquels le Droit antérieur est resté en vigueur.

Il y a, en second lieu, la coutume proprement dite qui continue à s'appliquer en diverses matières (usages relatifs à la propriété foncière, usages en matière de contrat, usages commerciaux) et forme un Droit spécial qui s'ajoute au Droit écrit et souvent le contredit.

Enfin, il y a la Jurisprudence, c'est-à-dire les solutions définitivement consacrées par une longue suite de décisions judiciaires, sous le contrôle de la Cour suprême. Ces solutions acquièrent une fixité qui leur donnent une valeur comparable à celle de la loi, car la Jurisprudence est avant tout traditionaliste. Le précédent forme un point d'appui solide, et le juge ne rompt avec lui que s'il y est contraint par des considérations impérieuses (1).

Le jurisconsulte doit faire porter son examen sur le Droit coutumier, entendu au sens large que nous lui donnons, comme sur la loi. Il doit l'étudier par les mêmes procédés. Il doit travailler sur les règles de l'un et de l'autre comme le savant travaille sur les corps, comme l'économiste sur les phénomènes sociaux. C'est en cela que consiste la recherche scientifique.

A cette recherche scientifique, l'École juridique française, déchargée du poids de l'exégèse du Code civil menée à bien par les générations antérieures, s'est consacrée tout entière au cours des cinquante dernières années. La voie lui a été ouverte et tracée par les grands maîtres de la chaire du siècle dernier, et notamment Paul Gide, Beudant, Bufnoir, Léon Michel, Labbé, puis par Esmein, Saleilles, pour nous en tenir exclusivement aux civilistes et à ceux qui sont disparus. Les résultats de cette acti-

____

(1) « Jusqu'ici, disait déjà en 1840, Devilleneuve, en tête de la réédition des premières années du Sirey, on a trop considéré les recueils d'arrêts comme un dépôt d'arguments tenus en réserve pour les besoins de la pratique et des plaideurs ; on peut y voir aussi, malgré le superbe dédain de quelques maîtres de la science, une vaste série de faits judiciaires aussi facile à étudier que celle des faits législatifs ».

Voir aussi les observations si pénétrantes de Ledru-Rollin sur le rôle de la Jurisprudence, dans sa préface à la 3ᵉ édition du *Journal du Palais*, citées par Meynial, Livre du Centenaire du Code civil, I, p. 186.

vité méritent d'être signalés dans les quatre directions que
voici :

A. — La systématisation de la Jurisprudence;

B. — Les études théoriques sur l'interprétation et les sources
du Droit positif;

C. — L'étude du Droit comparé;

D. — La collaboration à l'œuvre législative.

Nous insisterons surtout sur la première.

A. *La systématisation de la Jurisprudence.* — Il serait excessif de dire que l'École de l'exégèse ait ignoré la Jurisprudence;
Laurent et Demolombe fourniraient la preuve du contraire. Mais
elle ne l'étudiait que d'une façon fragmentaire, occasionnelle, à
propos de telle ou telle question controversée. Dans les chaires
on ne la citait guère que pour la combattre, et on se préoccupait peu de rechercher les vraies causes de ses décisions.

L'école moderne, au contraire, a entrepris l'examen systématique de ce Droit jurisprudentiel dont nous parlions ci-dessus.

Esmein a tracé de sa main de maître, à la fois historien et civi-
liste, les règles de la méthode à suivre dans l'article inaugural
de la *Revue trimestrielle de Droit civil* (1). Il a lui-même donné
l'exemple dans les quelques notes précieuses qu'il a publiées au
Recueil de Sirey.

L'étude de la Jurisprudence se présente aujourd'hui sous
diverses formes dont les principales sont l'annotation des arrêts
et les exposés critiques insérés dans les revues de Droit. Elle
suscite également de nombreuses thèses de doctorat et monographies. Elle tient enfin une large place dans les manuels et
les traités théoriques.

a) *Les notes d'arrêts* (2). — Les arrêts importants publiés par les
grands Recueils de Jurisprudence sont ordinairement accompa-
gnés de notes critiques émanées de professeurs, de magistrats,
d'avocats. Dans la première moitié du xixᵉ siècle, cette collabora-

____

(1) Année 1902, p. 1, *La Jurisprudence et la Doctrine.*
(2) Cons. Meynial, *Les recueils d'arrêts et les arrétistes*, Livre du Centenaire du Code civil, I. p. 175.

tion était presque insignifiante (1). C'est Labbé, ancien secrétaire de Troplong, et par là très mêlé à la pratique, qui a été l'initiateur de ces études et en est demeuré le maître incontesté (2). Dans sa longue collaboration au *Journal du Palais* et au *Sirey*, qui va de 1859 jusqu'à sa mort (1894), il a abordé presque toutes les matières du Droit civil. « Ayant vécu dans l'intimité des juris-consultes romains de la belle époque classique, il leur a pris leurs procédés, jusqu'à leurs habitudes et à l'élégance de leurs solutions, leurs tendances conciliantes, leur esprit finement tra-ditionnel et progressif », comme l'a fort bien dit notre collègue Meynial (3).

L'influence qu'il a exercée sur la Jurisprudence a été considé-rable, notamment dans l'élaboration de la théorie juridique de l'assurance sur la vie et dans les questions de responsabilité. « Il lui a rendu le grand service d'éclairer sa route, de lui révéler parfois le but vers lequel elle se dirigeait instinctivement (4) ».

A sa suite, tous les civilistes sont devenus des arrêtistes, tous ont continué l'œuvre de ce maître. « La note d'arrêt, comme l'a dit encore si finement Meynial, a permis de tirer de la Jurispru-dence tout l'enseignement qu'elle contient, en y amalgamant, pour lui donner la consistance nécessaire, une parcelle de cet esprit doctrinal sans lequel elle resterait éparse. Elle a pour avantage considérable de présenter le Droit vivant (5)... »

b) *Les examens doctrinaux de Jurisprudence* qui tiennent une

(1) Pourtant il serait injuste d'omettre les notes de Devilleneuve au Sirey dont quelques-unes sont antérieures à 1830. Voir en particulier sa belle note sur la combinaison des articles 913 et 1094, (S. 42.1.898) et celles de Nicias-Gaillard, Paul Pont, Marcadé au *Journal du Palais*.

(2) V. COHENDY : *La méthode d'un arrêtiste au XIX⁰ siècle; Labbé. Son application aux questions de responsabilité*, thèse pour le doctorat, Lyon, 1910.

(3) Meynial, *op. cit.*, p. 202.

(4) Meynial, *ibid.*

(5) Comment ne pas citer aussi les notes peu nombreuses mais si inté-ressantes de Beudant, D. P. 67.1.5; 67.2.25; 68.2.5; 69.2.121; 70.1.5; 78.1.241; 93.2.1; 94.1.257; 95.2.249, et celles de Bufnoir (dont on trouvera la liste dans la notice de M. Desserteaux, *Revue bourguignonne*, 1898), et notamment ses fameuses notes sur la preuve des reprises de la femme mariée (S. 85.2.25, 89.1.465) qui ont entraîné l'adhésion des cours d'appel et provoqué entre elles et la cour de Cassation, fidèle à l'interprétation rigoureuse mais si peu équitable de l'article 1499, une divergence qui dure toujours.

Comment ne pas citer aussi les notes de Saleilles sur la subrogation réelle qui ont tant contribué à éclairer cette difficile matière (S. 94.2.185, 03.1.321).

grande place dans les Revues juridiques et ont été inaugurés par la *Revue critique de Législation et de Jurisprudence* en 1851, permettent une systématisation plus large en rapprochant les décisions rendues sur une même question, ou sur une même matière, et quoiqu'exerçant une influence moindre que les annotations d'arrêts, ils constituent pour les juristes et les praticiens un procédé d'information et d'enseignement fort précieux.

c) Enfin l'étude synthétique de la Jurisprudence a pris une place considérable dans les travaux des jurisconsultes. D'importantes monographies lui sont journellement consacrées. Nos thèses de Doctorat notamment ont perdu aujourd'hui leur ancienne allure dogmatique et froide. La plupart prennent pour objet l'examen de la Jurisprudence moderne et même ancienne, la description de son évolution, la recherche des causes diverses qui en expliquent la formation et la marche.

Suivant le conseil que lui donnait Esmein, dans la Revue trimestrielle, la Doctrine prend désormais la Jurisprudence « pour son principal objet d'études » ; elle la considère comme un fait historique dont elle recherche les origines, les causes, les procédés ; elle en fait la « synthèse » ; elle cherche à en mettre le système en harmonie avec la technique de notre Droit national (1).

Il n'est pas un juriste qui ne comprenne actuellement que les grands courants jurisprudentiels s'expliquent par les phénomènes économiques, sociaux, par toute une série d'influences qu'il faut rechercher, préciser. Et, de même qu'aujourd'hui le critique n'étudie plus l'œuvre d'un auteur sans la situer dans son milieu, dans son temps, de même qu'il reconstitue les conditions dans lesquelles elle a été élaborée, de même le juriste replace chaque règle, chaque solution dans leur milieu et recherche les raisons de leur naissance, puis de leur modification.

Au surplus, une fois en contact avec la vie, le jurisconsulte ne s'en est pas tenu seulement à l'examen des arrêts; il a poussé plus loin ses investigations. Il a voulu connaître tout le Droit vivant; non seulement, le Droit à l'état de crise, c'est-à-dire

____

(1) On peut citer comme un modèle l'œuvre de systématisation de la Jurisprudence criminelle contenue dans l'admirable Code pénal annoté de notre collègue Garçon. On se rend compte en lisant cette belle synthèse de la supériorité d'un ouvrage de ce genre sur un traité dogmatique. Combien il serait désirable que de jeunes civilistes, dirigés par ce modèle, entreprissent le même travail pour notre jurisprudence civile!

celui qui suscite des conflits d'intérêts, car les décisions des tribunaux sont pour le juriste ce que la clinique est pour le médecin, mais le Droit de la pratique des affaires, le Droit bien portant si l'on peut dire, celui qu'appliquent les praticiens, les notaires conseillers des parties pour la conclusion de leurs transactions et la rédaction de leurs actes.

Ces tendances nouvelles se manifestent depuis longtemps dans l'enseignement, dont les méthodes ont été renouvelées. Le professeur ne se borne plus à l'explication sèche et froide des textes du Code et des lois qui l'ont amendé. Il veut avant tout exposer le Droit vivant, le Droit appliqué. Aux vieilles hypothèses d'école sans couleur, sans attrait, il substitue des espèces empruntées à la pratique, des « cas », suivant l'expression anglaise. Il montre comment les règles légales s'assouplissent, s'élargissent, se ramifient par l'interprétation jurisprudentielle. Il fait aussi une large place aux considérations économiques, aux données statistiques, afin de marquer exactement l'importance de chaque institution qu'il étudie (1).

Mais l'emploi de la méthode d'observation n'est pas sans danger, car son attrait est tel que l'on risque de s'y adonner exclusivement et d'abandonner la méthode déductive qui reste le propre du Droit. Celui-ci, en effet, n'est pas uniquement une science d'observation, il ne consiste pas seulement à exposer les solutions adoptées par la pratique. Il est aussi et au premier chef fondé sur le raisonnement. Les vraies qualités du juriste sont et doivent rester la dialectique et l'esprit critique. Car son rôle consiste avant tout à interpréter, c'est-à-dire à rechercher quelle est la véritable signification du texte, en vue de l'appliquer à la réglementation des rapports sociaux. Et en effet, quoiqu'on en ait dit, la loi, œuvre humaine, ne peut pas se détacher de la volonté de ses auteurs dont elle n'est que la manifestation plus ou moins adéquate. C'est l'esprit du législateur qui l'anime et la vivifie, comme l'arbre nourrit le fruit.

Et quand il est en présence d'une fausse compréhension de cet esprit, le juriste se doit de la combattre. Représentant de la science du Droit, il a la même fonction que la Cour de Cassation dans l'élaboration du Droit jurisprudentiel. De même que

(1) L'étroite pénétration de l'Economie politique et du Droit est le caractère distinctif du beau traité d'Economie politique de Cauwès qui fait si grand honneur aux Facultés de Droit, et dans lequel les civilistes trouvent tant à puiser.

celle-ci casse les jugements et les arrêts quand elle estime qu'ils violent la loi, de même, il doit critiquer toute solution qu'il juge contraire à la volonté certaine du législateur. L'important est qu'en remplissant ce rôle il sache garder la mesure, qu'il évite l'abus des constructions logiques échafaudées sur un texte et artificiellement rattachées à l'œuvre du législateur. L'important est qu'il ne s'attarde pas à rechercher obstinément comment les rédacteurs du Code auraient tranché les difficultés nées de rapports juridiques inconnus à cette époque; qu'il aborde les problèmes actuels en homme de son temps, et surtout se rende bien compte des raisons d'ordre moral ou économique qui décident de l'opinion de la Jurisprudence.

En un mot, il faut que le jurisconsulte, tout en devenant un observateur attentif des faits sociaux et de la Jurisprudence, garde les qualités de dialectique nécessaires à l'interprète.

Au surplus, pour allier ces qualités, il n'y a qu'à s'inspirer de l'exemple des grands annotateurs, de Labbé notamment, de notre collègue Garçon, dans son Code pénal annoté, et à soumettre comme eux la Jurisprudence à une critique vigoureuse et serrée.

B. *Les études théoriques sur l'interprétation et les sources du Droit.* — Le renouvellement de ses procédés de travail, l'élargissement de son champ d'investigation devaient tout naturellement appeler l'attention de la nouvelle École sur le problème fondamental de la méthode d'interprétation des lois et sur l'étude des sources qui, à côté de la loi proprement dite, viennent alimenter le corps du Droit (coutume sous ses différentes formes). Ces grandes questions ont été étudiées dans une œuvre magistrale de notre collègue M. Gény sur la *méthode d'interprétation et les sources en Droit privé* (1).

Ce beau livre si fortement pensé, si nourri de jurisprudence et de faits, et la remarquable préface de Saleilles qui l'accompagne, ont exercé une influence considérable sur les jeunes générations et provoqué l'éclosion de toute une série d'articles qui témoignent de la vigueur, de la profondeur de l'École française.

C. *Le Droit comparé.* — Il faut également signaler qu'à côté

(1) Paris, 1899, 2ᵉ édit. en 2 vol. 1919.

des études de Jurisprudence, un mouvement parallèle a poussé la Doctrine vers les études de Droit comparé, qui elles aussi, ont élargi l'horizon du jurisconsulte et affiné son esprit critique.

Le rapprochement du Droit en vigueur dans les divers pays, et par là, il faut entendre non seulement les lois, mais le système juridique tout entier et en particulier la Jurisprudence sont un élément précieux du progrès du Droit national. Par ses publications, par les communications qui se font à ses séances, notre Société a tenu la tête de ce mouvement qui a contribué à l'évolution de notre Droit au cours des cinquante dernières années.

D. *La collaboration de la Doctrine à l'œuvre législative*. — Il convient enfin d'ajouter que jamais la collaboration de la Doctrine à l'initiative parlementaire, n'a été plus active que depuis la fondation de la Société d'Études législatives, créée en 1902, et qui a étudié presque toutes les grandes questions pour lesquelles une réforme de nos lois civiles ou commerciales s'impose. Elle constitue pour le Parlement un collaborateur dont il aurait intérêt à tirer plus grand parti.

III. — La Jurisprudence.

Le rapprochement de l'École et du Palais n'a pas eu seulement d'heureux effets pour la première; il a exercé une influence considérable sur les tribunaux qui, tout en collaborant à l'œuvre jurisprudentielle, n'en voient pas nettement l'ensemble, pas plus que le soldat ne voit la bataille. La masse des décisions cache aux magistrats la marche de la Jurisprudence, son point de départ, son but, tant qu'elles n'ont pas été l'objet d'études d'ensemble visant à les systématiser.

Il n'est pas contestable que la Doctrine a ainsi collaboré activement à l'évolution de la Jurisprudence, au cours des cinquante dernières années. Il n'est pas une des questions posées devant les tribunaux qui n'ait été examinée, discutée par elle.

On peut dire que tous les courants nouveaux qui se sont formés dans la Jurisprudence au cours de ce dernier demi-siècle, ont été préparés, dirigés par la Doctrine. Or, jamais ces courants n'ont été aussi nombreux.

Certes, il ne faut pas exagérer, comme on le fait parfois, l'esprit novateur de la Jurisprudence. En vérité, la Jurisprudence est avant tout traditionaliste. Le précédent exerce sur elle une force attractive incontestable. Pour que la Cour de Cassation abandonne une solution antérieure, il faut des raisons impérieuses. Ce serait une erreur de croire qu'une même pensée anime ce vaste ensemble de décisions que nous désignons sous le nom de jurisprudence. Il y a dans sa constitution beaucoup d'empirisme, mais un empirisme tempéré par la finesse de l'esprit français, par le sentiment de l'équité.

Dans son article du Livre du Centenaire sur *le Code civil et la méthode historique* (tome I, p. 97), Saleilles a très bien noté (p. 123) ce caractère. « La Jurisprudence, dit-il, n'a jamais eu de système bien nettement arrêté, en tant que système doctrinal. A l'apparence elle paraît plutôt empirique. En réalité, elle subit la force latente, irrésistible et triomphante qui résulte des faits, ou plutôt de l'application de l'idée de justice aux réalités de la vie. »

Quand on observe l'ensemble des théories jurisprudentielles, on est frappé de constater que sur certaines questions la Cour de Cassation se montre traditionaliste à l'excès et plus respectueuse du texte de la loi que les jurisconsultes eux-mêmes.

On pourrait citer bien des exemples à l'appui de cette observation, et en première ligne, celui de la preuve des reprises de la femme commune, question que la Cour de Cassation tranche en s'inspirant uniquement de la lettre de l'article 1499 C. c., sans consentir à se rallier au système plus équitable défendu par la Doctrine et adopté par les Cours d'appel.

Et de même, avant la loi du 9 avril 1898 sur les accidents du travail, la Cour suprême n'a-t-elle pas refusé son adhésion à la thèse de la responsabilité contractuelle défendue par Sainctelette et Sauzet, thèse qui avait l'avantage d'imposer la preuve de la charge au chef d'entreprise, et qu'elle a fini du reste par admettre plus tard en matière de transport de voyageurs ?

De même encore, en matière de preuve de la filiation naturelle, n'a-t-elle pas rejeté le système de Demolombe qui soutenait que la possession d'état suffit à prouver cette filiation (Civ. 3 avril 1872, D. P. 72. 1. 113, S. 72. 1. 126)?

N'est-ce pas elle aussi qui, nonobstant les protestations de la Doctrine, entrave les partages d'ascendants en leur appliquant contre toute raison les articles 826 et 832? Elle encore qui « des deux parties de cet article 832, l'une recommandant d'éviter de morceler les héritages et de diviser les exploitations, l'autre portant que chaque héritier doit recevoir une même portion de meubles et d'immeubles, a fait prévaloir fâcheusement la deuxième ; elle encore qui, lorsque l'article 827 écarte la nécessité du partage en nature au cas où l'immeuble *ne peut pas se partager commodément*, a entendu qu'il s'agissait seulement d'une impossibilité matérielle, alors que le texte aurait si facilement pu s'appliquer à tous les cas d'incommodité économique, et sauver ainsi du morcellement tous les héritages dont la division risque de diminuer sensiblement la valeur (1). »

On pourrait citer bien d'autres questions pour la solution desquelles la Cour de Cassation s'est montrée plus respectueuse que la Doctrine de la lettre de la loi (2).

Mais en revanche que de matières dans lesquelles la Jurisprudence a assoupli les textes du Code civil, élargi leur portée d'application et créé à côté de la règle écrite dans la loi un vrai Droit nouveau !

C'est surtout quand il s'agit de litiges provoqués par des rapports juridiques non prévus et réglés par le Code que la Jurisprudence fait preuve de hardiesse et manifeste sa préoccupation de bien adapter le Droit à la fois aux besoins économiques et à la volonté des intéressés.

Pour le démontrer, il faudrait ici, comme nous l'avons fait pour la loi, parcourir les grandes divisions du Droit civil et rechercher pour chacune d'elles en quoi a consisté l'œuvre de la Jurisprudence au cours des cinquante dernières années. Mais nous devons nous en tenir à l'essentiel, et nous nous bornerons au Droit des obligations, car c'est la partie du Droit civil qu'elle a le plus modifiée. Et dans cette partie elle-même, nous ne retiendrons que les textes qu'elle a plus spécialement développés. Or, ce sont ceux qui ont trait :

1° A la responsabilité délictuelle et à la responsabilité contractuelle ;

(1) Ambroise Colin, *Le Droit de Succession dans le Code civil*, Livre du Centenaire, I, p. 316.

(2) Voir notamment son interprétation de l'article 913 pour la détermination du nombre des réservataires ; voir aussi les arguments sur lesquels elle se fonde pour annuler les sociétés entre époux. Notons également l'interdiction si contestable de la clause compromissoire, et enfin l'application vraiment excessive qu'elle fait de l'article 906 C. c., en particulier en cas d'assurance sur la vie au profit des enfants nés ou à naître.

2° Aux obligations naturelles ;

3° A la stipulation pour autrui, dont elle s'est spécialement servie pour réglementer les effets de l'assurance sur la vie (1).

1° Responsabilité délictuelle et responsabilité contractuelle.

A. — Responsabilité délictuelle.

Les articles 1382 à 1386 relatifs aux délits et quasi-délits sont certainement ceux de tout le Code civil qui ont été le plus soigneusement explorés par la Doctrine et la Jurisprudence au cours du dernier demi-siècle.

L'accroissement des accidents du travail, l'augmentation du nombre des procès en responsabilité, car, plus l'activité de l'homme s'intensifie, plus il est exposé à nuire à autrui, ont mis ces questions au premier plan des préoccupations des jurisconsultes et des tribunaux.

La Doctrine a soumis à une critique serrée la notion traditionnelle de la faute ; elle a cherché à fonder la responsabilité sur une base plus large, en faisant appel dans certains cas au lien contractuel, en introduisant dans le Droit une nouvelle idée, celle du risque créé, en substituant à la notion de faute une notion plus compréhensive, comme celle de confiance légitime trompée, en limitant l'exercice des droits par la théorie de l'abus. La Doctrine a déployé dans toute cette matière un effort considérable, effort fructueux qui a contribué à la formation de la Jurisprudence et à l'intervention du législateur. Mais il nous faut parler plus spécialement de l'apport jurisprudentiel qui a considérablement étendu le domaine primitif des articles 1382 à 1386 du Code civil.

Ses décisions les plus saillantes se rapportent aux quatre questions suivantes :

a. L'abus de droit ;

b. Le dommage moral ;

c. La responsabilité du fait des choses inanimées ;

---

(1) Il faudrait également étudier, si la place nous le permettait, la théorie si intéressante de la résolution des contrats synallagmatiques que la Jurisprudence a construite sur le texte de l'article 1184 du Code civil.

d. La preuve contraire en matière de présomptions de faute (1).

a. *L'abus du droit.* — On connaît cette notion nouvelle sur laquelle on a tant écrit. Pendant longtemps, la Doctrine a affirmé que celui qui use de son droit n'est pas responsable du dommage qu'il cause à autrui. Mais le caractère antisocial de cette thèse exagérément individualiste a choqué les tribunaux, et ils y ont substitué cette formule qui s'accorde mieux avec le fait de la solidarité humaine : celui qui abuse de son droit commet une faute et doit en conséquence réparer le dommage qu'il cause à autrui.

Abuser de son droit, c'est tantôt l'exercer sans utilité pour soi et dans une intention méchante, tantôt, car il n'y a pas ici une commune mesure et tout dépend de la nature du droit envisagé, en user sans prendre les précautions suffisantes, tantôt enfin, infliger à son voisin un dommage qui dépasse la limite habituelle.

Avec cette formule si souple, la Jurisprudence a pu appliquer l'article 1382 à tous les cas où l'équité réclame une réparation. On peut dire qu'elle va jusqu'à l'extrême limite où l'idée même de faute ne se rencontre plus. C'est ainsi qu'en matière de voisinage, elle oblige à réparer tout dommage qui excède les inconvénients ordinaires du voisinage, quand bien même l'auteur du dommage aurait pris, pour l'éviter, toutes les précautions qu'il pouvait prendre (2).

h. *Le dommage moral.* — Le dommage moral donne-t-il droit à réparation comme le dommage matériel? On a longtemps répondu négativement. La douleur, disait-on, ne s'apprécie pas en argent. Les tribunaux n'ont pas été de cet avis; ils ont décidé que l'équité exige avant tout que l'auteur responsable du dommage en répare, dans la mesure et de la façon possibles, les conséquences. Ils ont estimé que l'argent était

----

(1) Ne pouvant tout indiquer, nous ne faisons que signaler la théorie de la responsabilité des personnes morales, tout entière créée par la Jurisprudence.

(2) En dehors de l'abus du droit il y aurait bien d'autres applications intéressantes de la responsabilité délictuelle à citer. Contentons-nous de noter le cas de séduction, pour lequel la jurisprudence a su remédier, dans la mesure où elle le pouvait, à l'injustice de l'article 340 C. c. prohibant la recherche de la paternité.

la commune mesure de toutes choses, même des intérêts d'affection.

c. *Responsabilité du fait des choses inanimées.* — C'est surtout en matière de responsabilité du fait des choses inanimées que la Jurisprudence a innové. Précédée et dirigée par la Doctrine, dont elle a suivi l'impulsion, mais sans aller jusqu'où quelques-uns voulaient la conduire, c'est-à-dire jusqu'à la substitution de l'idée de risque à celle de faute, elle a tiré de l'oubli quelques mots de l'article 1384, 1er al. : « On est responsable du dommage causé *par le fait des choses que l'on a sous sa garde* », et a fondé sur eux une présomption nouvelle de responsabilité, celle du fait des choses que l'on a sous sa garde.

Création fort utile, car le propriétaire se trouve ainsi responsable de plein droit, à moins qu'il ne fasse la preuve contraire, fort malaisée, nous allons le voir, tandis qu'auparavant c'était à la victime qu'incombait la charge de la preuve de la faute de son adversaire.

Or, ce renversement des rôles a en matière de responsabilité un effet radical, car c'est ici surtout qu'il est vrai de dire que celui sur qui pèse *l'onus probandi* a bien des chances de perdre son procès.

Et la Jurisprudence est en train de tirer de cette nouvelle application de la présomption de faute tout ce qu'elle peut donner. Elle l'a récemment appliquée en effet à un automobiliste(1), abandonnant ainsi la restriction qu'elle admettait jusqu'alors pour les choses conduites par la main de l'homme.

Si ce dernier arrêt fait jurisprudence, la responsabilité des automobilistes se trouvera ainsi soustraite au droit commun, comme on l'a souvent demandé, et cela sans intervention législative, par voie d'interprétation judiciaire et grâce au procédé si souple de la présomption de faute. On ne saurait vraiment trop admirer la plasticité des règles du Code qui, à plus de cent ans de distance, se prêtent ainsi à la satisfaction de besoins tout modernes.

d. *La preuve contraire en matière de présomptions de faute.* — En même temps qu'elle élargissait ainsi l'application des

____

(1) Req. 11 novembre 1919, *Gaz. Pal.*, 27 décembre 1919 : « Attendu que toute personne est responsable du dommage causé par le fait des choses qu'elle a sous sa garde et *sous sa direction* ».

présomptions de faute, la Jurisprudence les rendait plus rigoureuses, car elle décidait que le propriétaire de la chose ou de
l'animal ne peut pas s'exonérer de sa responsabilité en prou-
vant qu'il a pris toutes les précautions d'usage, qu'il s'est
comporté en bon père de famille, mais qu'il est obligé de prouver le cas fortuit, c'est-à-dire le fait à lui étranger, qui a été
la véritable cause du préjudice (1).

B. — Responsabilité contractuelle.

En cette matière, la Jurisprudence a également réalisé d'importantes innovations, notamment en ce qui concerne :
a. La responsabilité dans le contrat de transport de personnes; b. l'étendue de l'obligation du débiteur contractuel;
c. sa condamnation sous.forme d'astreinte.

a. *Responsabilité du voiturier dans le transport de voyageurs.*
— Jusqu'en 1911, et malgré de nombreux arrêts contraires
émanés de cours d'appel, malgré aussi les critiques des auteurs,
la Cour de Cassation décidait qu'il fallait appliquer en cette
matière l'article 1382, C. c., et qu'en conséquence la preuve de
la faute incombait au voyageur victime d'un accident au cours
du voyage. Mais par un arrêt du 21 novembre 1911, D. P. 13. 1. 249,
S. 12. 1. 73, la Chambre civile a abandonné ce système et jugé
que le transporteur s'oblige par le contrat qu'il passe avec le
voyageur non seulement à transporter celui-ci à destination,
mais à le protéger contre tout accident qui pourrait être causé
par son fait à lui transporteur, et qu'en conséquence, au cas où
un accident se produit, le transporteur est responsable de plein
droit par application des articles 1147 et 1148 C. c., à moins
qu'il ne prouve que l'accident a été soit provoqué par la faute
de la victime, soit causé par un cas fortuit ou de force majeure.
Par ce revirement, la Cour suprême consacre enfin une des
applications les plus intéressantes de la théorie de la responsabilité contractuelle exposée, comme nous l'avons dit, par Sainctelette et Sauzet, il y a près de trente ans, à l'occasion des
accidents du travail. Cette exacte délimitation du domaine de la

____

(1) La Doctrine a critiqué bien à tort comme trop rigoureuse cette solution qui trouve un solide point d'appui dans les articles 1147 et 1302,
3ᵉ al., C. civ.

responsabilité contractuelle constitue à nos yeux une importante et heureuse innovation.

b. *Etendue de l'obligation du débiteur contractuel.* — Les tribunaux ont été maintes fois appelés à statuer sur cette question au cours de ces dernières années, à la suite du trouble apporté aux relations commerciales par l'état de guerre. Mettant au-dessus de tout le respect de la parole donnée, les tribunaux ont affirmé, répété que le débiteur est obligé d'exécuter l'obligation qu'il a contractée, à moins qu'il ne prouve qu'il en est empêché par la force majeure; et en même temps, ils ont donné de cette notion de force majeure une formule si ferme, si précise, indiquant si bien les conditions nécessaires à son existence (imprévisibilité, irrésistibilité), que le débiteur ne peut plus se soustraire à l'accomplissement de sa promesse. Jurisprudence rigoureuse mais salutaire, à laquelle on a souvent opposé la thèse de l'imprévision admise par les tribunaux administratifs, sans remarquer suffisamment la différence de nature qu'il y a entre les contrats entre particuliers et les concessions de services publics.

c. *L'astreinte.* — C'est aussi la même idée, qu'il faut contraindre le débiteur à exécuter ce qu'il a promis, qui explique la fameuse *théorie des astreintes* créée de toutes pièces par les tribunaux (1).

2° L'obligation naturelle.

C'est encore un domaine dont la Jurisprudence a plus que doublé l'étendue. Aux cas classiques, d'application pratique presque nulle, elle a ajouté des cas nouveaux empruntés au domaine de la morale. D'après elle, l'engagement volontaire pris en exécution d'un devoir de conscience est valable et obligatoire. Ainsi « la sphère du Droit s'est étendue, elle a débordé sur celle de la morale. L'impératif de la conscience n'est plus chose indifférente en Droit. Il y a là un progrès de la civilisation » (2).

(1) Voir AMBROISE COLIN et CAPITANT, *Cours élément. de Droit civil français*, t. II, 3° édit., p. 33.

(2) AMBROISE COLIN et CAPITANT, *Cours élément. de Droit civil français*, t. II, 3° édit., p. 71.

3° Assurances.

Il y aurait beaucoup à dire sur l'œuvre de la Jurisprudence au cours de ces cinquante dernières années dans la matière des contrats. Nous insisterons spécialement sur la question des assurances (1).

Ici l'effort des tribunaux a tendu à un double but :

A. — D'abord protéger les assurés contre les clauses trop rigoureuses que leur imposent les compagnies d'assurances. Les tribunaux se sont révoltés contre l'iniquité de ces conditions, et en ont annulé l'effet lorsqu'il ont pu le faire sans violer le principe du respect des contrats. Mais les Compagnies d'assurance sont presque toujours arrivées à tourner ces prohibitions par une plus habile rédaction de leurs polices. C'est une matière où l'action de la Jurisprudence s'est révélée impuissante ; seule, l'intervention du législateur, que les assurés demandent en vain au Parlement depuis si longtemps, pourrait être efficace.

B. — La pratique de l'assurance sur la vie, qui s'est généralisée depuis quarante ans à peine, a soulevé des problèmes juridiques bien plus compliqués que les autres formes d'assurances. Il s'agissait d'intégrer ce contrat d'un genre nouveau, intéressant non seulement les deux contractants, assureur et assuré, mais le tiers bénéficiaire, dans les cadres du Code civil. Conseillée, dirigée par la Doctrine, la Jurisprudence a élaboré une réglementation si bien conçue, si bien adaptée à cette institution, elle a si bien su, sauf sur quelques points (2), concilier les

(1) Il faut également signaler les décisions relatives au contrat collectif de travail, et celles si nombreuses relatives aux rapports de l'association et de ses membres, question que la Doctrine n'a pas encore abordée et pour laquelle il serait fort utile de systématiser les solutions admises par les tribunaux.

(2) Ici encore, dans cette matière où la Jurisprudence s'est montrée cependant si préoccupée de réaliser les volontés des parties, elle s'est laissée arrêter parfois par un texte du Code, malgré les encouragements de la Doctrine qui essayait d'écarter l'objection. Ainsi, elle n'a pas encore reconnu la validité de l'assurance au profit des enfants nés et à naître, sous le prétexte qu'un droit ne peut pas exister au profit d'une personne non encore conçue (Art. 906 C. c.) Civ. 24 fév. 1902, D. P. 03.3.379, S. 02.1. 165. De même, elle décide — solution fort contestable — que le capital assuré tombe dans la succession de l'assuré, lorsque celui-ci a désigné le bénéficiaire dans son testament, Civ. 24 février 1902, précité.

intérêts opposés et donner satisfaction à l'esprit de prévoyance qui anime l'assuré, que le législateur n'aura qu'à reproduire les solutions consacrées par elle, le jour où il voudra bien enfin intervenir (1).

C'est en se fondant sur l'article 1121 du C. c., que les tribunaux ont construit la théorie juridique de l'assurance sur la vie. On voit ainsi comment la jurisprudence sait appeler à la vie des textes, véritables pierres d'attente, restés pendant longtemps sans grande application, de même qu'au contraire elle s'ingénie à la retirer à ceux dont le rôle est fini, parce que les raisons de leur établissement ont en partie disparu (2).

Les exemples que nous venons de donner suffisent à montrer combien la jurisprudence a collaboré utilement au développement du Droit civil.

En résumé, le Droit civil français a été l'objet de nombreuses, d'importantes modifications, durant le demi-siècle qui vient de s'écouler. Son domaine s'est considérablement élargi, sous une triple action : une législation plus humaine, plus équitable, mieux adaptée aux besoins des classes populaires ; une doctrine plus informée, collaborant activement à l'élaboration de la science juridique ; une jurisprudence cherchant à rajeunir les textes et créant tout un Droit nouveau à côté du Droit écrit.

Mais en se développant, en s'agrandissant, le système juridique se complique de jour en jour. Pour en connaître le mécanisme, il ne suffit plus d'étudier le Code et les lois de plus en plus nombreuses qui le complètent ou l'amendent, il faut étudier la jurisprudence des tribunaux. La tâche du jurisconsulte devient bien plus ardue. Nous nous éloignons chaque jour d'avantage de l'idéal d'une législation simple, accessible à tous.

Pour remédier à cet inconvénient, il faudrait en revenir à la méthode de la codification soit unique et embrassant l'ensemble du Droit civil, soit peut-être divisée par sections, tant sont nombreuses actuellement les lois réglementaires qui ont trait à certaines parties du Droit civil.

(1) Sur cette jurisprudence, voir Balleydier et Capitant, *l'assurance sur la vie au profit d'un tiers et la Jurisprudence*, Livre du centenaire, t. I, p. 517 et s.

(2) Tels les articles 900 et 896 dont elle a su restreindre si heureusement l'application par la théorie de la cause pour le premier, par le système du double legs conditionnel **pour le second.**

Cette codification ou ces codifications semblent être le seul procédé possible de simplification. Elles seraient d'autant plus utiles, au lendemain de la victoire, qu'elles permettraient d'offrir aux peuples qui ont conquis leur indépendance des modèles de législation clairs, imbus de l'esprit démocratique en même temps que de la tradition latine.

En particulier, l'élaboration d'un Code des obligations civiles et commerciales serait actuellement pour la France un excellent instrument de propagande de ses institutions. Elle redonnerait au Droit français la prééminence dont il a si longtemps joui.

Mais cette œuvre de codification paraît si complexe qu'on se demande si elle pourrait aboutir.

On s'exagère peut-être cependant les difficultés. L'important serait d'adopter une bonne méthode de travail. A notre avis, il ne s'agirait pas de nommer de nombreuses commissions, divisées en sections et sous-sections. L'expérience prouve qu'avec ce système on n'aboutit pas au résultat voulu.

Pour faire vite et bien, il faudrait en revenir au système du Consulat, système qui a prouvé son efficacité. A cette époque, un arrêté du 24 Thermidor an VIII, nomma quatre commissaires, Portalis, Tronchet, Bigot-Préameneu et Malleville pour rédiger un projet de Code civil. Il leur donna un an et demi pour l'achever : « Le travail, disait-il, sera terminé dans la dernière décade de brumaire an IX et présenté à cette époque aux consuls par le Ministre de la Justice. » Les Commissaires travaillèrent si bien qu'au bout de quatre mois leur projet était prêt, et moins de quatre ans après, le Code civil était promulgué!

L'œuvre qui fut ainsi accomplie dans ce bref délai de temps était cependant plus difficile que celle qu'il s'agirait d'exécuter aujourd'hui, puisqu'il fallait codifier l'ensemble de notre Droit civil. Le mieux serait donc de s'inspirer de l'exemple de ces illustres devanciers.

OBSERVATIONS GÉNÉRALES
Sur les communications relatives au droit privé
dans les pays étrangers.

Par M. Henri Lévy-Ullmann

*Professeur de législation civile comparée à la Faculté de droit
de l'Université de Paris.*

Messieurs,

Le brillant succès avec lequel mon excellent collègue et ami,
M. Capitant, vient de s'acquitter devant nous d'une tâche qu'il
avait lui-même proclamée difficile, et que tous nous avions jugée
telle, rendrait la mienne singulièrement malaisée si, fort heureusement, par une décision bienveillante dont je tiens à le remercier avant tout, le Conseil de Direction de notre Société, organi-
sateur de ce Congrès, ne m'avait fait l'honneur de me confier ici
une mission d'un caractère infiniment plus modeste. Mon rôle
ne va pas consister, en effet, à vous présenter un rapport original, exclusivement tiré de mon propre fonds. Je dois, au contraire, m'effacer devant le travail des autres, de celui des bons
collaborateurs de notre Congrès; et mon devoir va se limiter très
simplement, et le plus brièvement qu'il me sera possible, à
extraire, des communications relatives au droit privé dans les
pays étrangers qui nous ont été adressées, les points qu'il
importe de mettre plus particulièrement en lumière, pour permettre à la discussion générale, par laquelle doit se clore cette
réunion, de s'instituer avec utilité.

Les rapports reçus jusqu'ici par la Société, dans l'ordre du
droit privé, sont au nombre de 16 et portent sur 12 pays (quatre
pays ayant donné lieu à deux rapports séparés). Permettez que
je vous en fasse connaître la liste. N'est-il pas juste qu'ayant été

à la peine, leurs auteurs reçoivent aujourd'hui le tribut d'honneur et de gratitude qui leur est légitimement dû?

Voici cette énumération :

1° PAYS DE L'EUROPE OCCIDENTALE ET LEURS DÉPENDANCES ETHNIQUES.

A. *Pays latins.* — *Espagne.* Rapport sur l'évolution du droit privé (1869-1919), par M. SANTAMARIA Y DE ROJAS, avocat à Madrid (manuscrit en espagnol, traduit par M. GOULÉ, le très dévoué secrétaire général de notre Société). — *Brésil.* Rapport sur l'évolution du droit civil (1869-1919), par M. CLOVIS BEVILAQUA, professeur à la Faculté de droit de Rio-de-Janeiro, rédacteur du Code civil brésilien de 1917 (rédaction effectuée *en sept mois,* sur la demande de M. le Président Pessoa, collègue de M. Bevilaqua) : manuscrit en français (1).

B. *Pays anglo-saxons.* — *Angleterre.* Rapport sur le droit privé anglais (1870-1920), par SIR FREDERICK POLLOCK, professeur honoraire à l'Université d'Oxford, docteur *honoris causa* de l'Université de Paris (traduit en français par Mlle THÉRÈSE LION, secrétaire de la section anglaise de notre Société). — *Canada.* Rapport sur le droit civil, par M. JEAN DÉSY, avocat à Montréal, et sur le droit commercial, par M. T. D. FALCONBRIDGE, professeur à la *Law School* de Toronto, en français (parus dans le *Bulletin* de notre Société, 1920, p. 232, et 1921, p. 46).

2° EUROPE CENTRALE. — *Suisse.* Rapport (en français) sur le droit civil, par M. ROBERT GUEX, docteur en droit, greffier du tribunal fédéral. — *Pays-Bas.* Rapport sur le droit privé en Hollande, par M. JOSEPH JITTA, conseiller d'Etat à la Haye, et sur le droit du travail, par M. H. VAN ZANTEN, docteur en droit, à Amsterdam (en français).

3° EUROPE SEPTENTRIONALE. — Quatre rapports en français. *Suède.* Droit privé, par M. WILHELM UPPSTRÖM, ancien magistrat à Stockholm. — *Norvège.* Législation générale, par M. PAULSEN,

---

(1) Pour l'Italie, le rapport de M. ASCOLI n'était pas encore parvenu à la Société le 29 mai 1921 ; M. ALBERTO MARGHIERI, professeur à l'Université de Naples, a fait hommage au Congrès d'une brochure intitulée : *Evoluzione socialistica degli Istituti commerciali (Azienza-Societa-Assicurazione),* Naples, 1920.

membre de la Cour suprême. — *Finlande*. Droit civil, par M. WILHELM CHYDENIUS, doyen et professeur de droit civil à l'Université d'Helsingfors; droit social, par M. K. A. MORING, professeur à la même Faculté.

4° EUROPE ORIENTALE. — *Grèce*. Droit civil, par M. C. D. TRIANTAFYLLOPOULOS, professeur de droit civil à l'Université d'Athènes; législation sociale, par M. LAMPIRIS, avocat à Athènes (v. *Bull.* 1921, p. 69 et 81). — *Serbie*. Droit civil, par M. Ivoïn M. PÉRITCH, professeur de droit civil à l'Université de Belgrade. — *Albanie*. Législation générale par M. le COLONEL LAMOUCHE (*Bull.* 1920, p. 244). Tous les manuscrits en français.

Tels sont, Messieurs, les savants travaux dont je vais avoir à vous extraire la substance. Et l'ordre d'idées dans lequel je vais progressivement me placer sera inspiré par les principes fondamentaux de la méthode comparative, tels qu'ils ont été posés, au cours du Congrès de 1900, par les maîtres de notre science.

I

Quelques observations, tout d'abord, concernant ces rapports en eux-mêmes, pour satisfaire au premier principe, qui ordonne au comparatiste de « peser sa documentation ».

1° *Langue des manuscrits*. — Vous avez certainement remarqué au passage que 14 de ces manuscrits sur 16 étaient rédigés en français (et de quelle façon, vous allez le voir) ; — nous savons d'ailleurs que les autres auteurs, notamment SIR FREDERICK POLLOCK, qui manie si bien notre langue, n'auraient guère été embarrassés de faire de même, si nous ne les avions pas tant pressés de nous envoyer leur travail. Il y a là une première constatation qu'il était opportun de faire ressortir, au moment où l'on discute au français son droit acquis au titre de langue officielle dans les assises diplomatiques interalliées.

2° *Valeur des travaux*. — Ils sont de tout premier ordre, et vraiment dignes du LIVRE D'OR du cinquantenaire. Combien je regrette et savoure tout ensemble d'être le seul à connaître, pour l'instant, certains passages de ces remarquables études, dont s'honorera le monde savant !

3° *Qualité des rapporteurs*. — Nos rapporteurs n'ont pas été choisis exclusivement dans une seule branche de la profession juridique : de même qu'au sein de notre Société, on y rencontre des avocats, des magistrats, des professeurs, des publicistes du droit.

4° *Pays représentés à l'enquête.* — Tous les pays étrangers ne figurent pas à notre enquête. Mais certains y figureront prochainement (des rapports sont encore attendus). On peut observer, d'autre part (et j'y reviendrai dans un instant), que les principaux types législatifs sont représentés dans cette vue d'ensemble, et cela nous permettra, du moins, de rechercher un fil directeur et de dégager dès à présent des conclusions, au moyen des documents qui nous sont déjà parvenus à cette date.

Une objection pourrait se présenter cependant, et il faut avoir le courage de la formuler, afin de pouvoir y répondre. L'un des plus grands événements, dans l'ordre de la législation mondiale en matière de droit privé, au cours de la période que nous étudions, est la Codification allemande de la fin du xix⁰ siècle. Or l'Allemagne n'est pas représentée dans notre enquête. N'y a-t-il pas là une lacune regrettable ?

Notre réponse est la suivante. La législation allemande vient d'être examinée par notre Société, au cours d'une réunion très brillante de notre Assemblée générale, et elle le sera encore demain lundi, dans une séance nouvelle tenue à notre siège social, sous un angle particulier, mais extrêmement utile : je veux parler de la discussion instituée par notre Société sur l'application des lois françaises à nos chères provinces retrouvées, l'Alsace et la Lorraine. A cette occasion, le droit allemand a été mis en cause, et ses principales originalités analysées en pleine lumière. Or voici ce qui est apparu. Sans doute, grâce à un siècle de travail scientifique, dans un pays où la législation n'était pas codifiée — donnant dès lors à la doctrine de grandes facilités pour la construction et la synthèse — la science allemande a pu réussir à développer, à mettre au point, certains détails de mécanisme dans des institutions déjà existantes chez les autres pays. Mais ce ne sont là que des avantages d'une importance relativement minime et dont la multiplicité avait pu éblouir, lors de l'apparition des nouveaux Codes; mais ce qui prouve combien, en somme, étaient restreintes les originalités profondes de cette codification, c'est le nombre extrêmement limité des matières sur lesquelles l'Alsace et la Lorraine peuvent souhaiter de voir apporter des modifications à notre droit national, afin de le mettre en harmonie avec les institutions qu'elles avaient reçues pendant la domination allemande. Nos collègues, MM. Capitant et Percerou, pour le droit civil et le droit commercial, nous ont établi cette nomenclature : le régime matrimonial de droit commun, la tutelle, les fondations, le régime foncier, les assurances, voilà pour le droit civil; pour le droit commercial : la procuration, les sociétés à responsabilité limitée, et peut-être la faillite civile. — Voilà à quoi se réduisent, passées au crible de l'expérience, les originalités vraiment susceptibles d'être retenues de toute une Codification dont l'apparition avait été saluée comme une véritable révolution dans la législation civile ! Combien le temps a remis les choses en place, il est désormais facile d'en juger.

5° *Matières traitées dans les rapports*. — Les titres des rapports énumérés ci-dessus font apparaître une certaine variété. Les uns traitent du droit privé et du droit social, d'autres du seul droit privé, d'autres, enfin, d'un cadre plus réduit, traitent seulement, soit du droit civil, soit du droit commercial. Je vais donner, dans quelques instants, l'explication de ces différences qui tiennent à la législation même, à laquelle il me faut maintenant arriver.

II

Et pourtant, une seconde opération préliminaire est encore nécessaire.

Les principes fondamentaux de la méthode comparative ordonnent, en effet, aux juristes, en face d'un dossier d'enquête analogue à celui que je dois analyser ici, de commencer par procéder à un groupement rationnel des législations, c'est-à-dire de les classer, non pas superficiellement, par l'alphabet ou la géographie, mais par « *familles* », au moyen d'un véritable *apparentement* reposant sur des affinités scientifiquement déterminées : et cette opération préalable, à laquelle je vais consacrer quelques moments, dominera, par la suite, mon exposé, jusqu'à ses conclusions finales.

Au Congrès de droit comparé de 1900, Esmein avait préconisé une répartition en cinq familles des législations civiles existantes : groupe latin, — groupe germanique et scandinave, — groupe anglo-saxon, — groupe slave, — groupe musulman. En soi, cette répartition pourrait être discutée. Pour ne prendre que des exemples choisis dans les pays représentés dans notre enquête, où classera-t-on par exemple la *Serbie*, dont M. PÉRITCH nous dit qu'elle possède un droit d'origine autrichienne (mais il faut se souvenir que le Code civil autrichien fut rédigé par un romaniste, et que c'est peut-être le plus romain de tous les Codes !) développé sous l'influence française? Et la *Grèce*, dont les aventures législatives sont si curieuses (une législation française commandée à un Allemand, qui « sabota » littéralement le travail et finit par le laisser en plan !), dans quel groupe ESMEIN l'aurait-il placée?

Mais la question n'est plus là. De nos jours le point de vue s'est élevé, et la classification d'ESMEIN, au bout de vingt ans, est devenue terriblement désuète. Ce n'est pas seulement par le côté ethnique qu'il convient d'apparenter les législations : ce qui les rapproche entre elles ou les oppose les unes aux autres, ce sont des différences essentielles se rattachant au système législatif lui-même, aux sources du droit, aux facteurs et aux instruments de l'évolution juridique. Et si l'on se place à ces nouveaux points de vue, ce n'est plus 5 groupes, mais 3 seulement qui s'offrent à la discrimination.

Les comparatistes d'aujourd'hui, en Italie, en Angleterre, aux États-Unis (et je regrette que le temps ne me permette pas de vous citer mes références) s'accordent généralement à reconnaître que le droit privé des pays civilisés peut être classé en trois familles, savoir : 1° le droit des pays dits « continentaux » (par opposition à l' « insulaire » Angleterre et à la « transatlantique » Amérique) ; — 2° le droit des pays de langue anglaise, — et 3° le droit de l'Islam.

Les différences profondes qui séparent ces trois groupements sont les suivantes. Les pays « continentaux » sont essentiellement des « pays de droit écrit », qui évoluent principalement par la voie du travail parlementaire, greffé sur une codification plus ou moins ancienne (XVIIe, XVIIIe, XIXe ou XXe siècles). — Les pays anglo-saxons sont, à l'inverse, des « pays de coutume » (ou tout au moins, nous le verrons, d'une coutume d'un caractère particulier, la « coutume jurisprudentielle ») ; et, d'autre part, quelque importance que prenne la loi écrite en Angleterre et aux États-Unis, le fond du droit y reste la vieille *Common law* d'Angleterre, et le mode normal de l'évolution, la pratique des Cours de justice, grâce à la théorie du *«judicial precedent »*, qui donne une valeur d'autorité absolue aux *cases* jugés antérieurement; enfin dans ces pays (sauf quelques rares États de l'Union américaine), pas de codification. — Reste le droit musulman, qui s'oppose aux deux autres systèmes par son immobilité presque absolue (le droit d'interprétation personnelle ayant été retiré aux docteurs de la loi après une courte période d'évolution)(1), et par son caractère religieux.

Tels sont les trois grands systèmes entre lesquels se répartit aujourd'hui le droit des principaux pays, quelles que soient les nuances qui séparent, dans l'intérieur de chaque groupe, les familles distinguées par la classification d'Esmein, et entre lesquelles les différences, — comparées à celles sur lesquelles repose la nouvelle classification, — apparaissent comme vraiment secondaires. Afin de ne pas vous laisser par trop dans l'abstraction, et d'illustrer par quelque détail concret la répartition qui précède, j'ai demandé à nos amis anglais, grands amateurs de chiffres — ils nous le prouvent souvent — quelle importance numérique ils attribuent aux citoyens de l'univers qui vivent sous l'empire de la tradition de la vieille *Common law* d'Angleterre. J'ai obtenu de M. BEDWELL, le distingué et dévoué secrétaire de notre Société-sœur, la *Society of comparative legislation* de Londres, le renseignement suivant (qu'il m'adresse sous toutes les réserves d'usage, comme bien entendu) : « Sous l'*English Common law*, dans le *British Empire* et aux États-Unis d'Amérique, je pense qu'ils sont environ 152 millions. Sous la *Mohamedan Law*, en comptant environ 80 millions dans l'Inde, le total devrait approximativement s'élever à 142 millions. Quant au *Continental law*, si vous y comprenez les États de l'Amérique du Sud, dont le droit est largement basé sur des emprunts aux codifications continentales, je pense que le total dépasserait substantiellement les ressortissants des deux autres systèmes réunis. »

L'aperçu d'ensemble qui précède était nécessaire. Il impose aujourd'hui aux études du droit comparé une direction triple ; et il dicterait aussi à cet exposé une division tripartite, si le rapport que nous attendons sur le droit des pays de l'Islam nous était déjà parvenu. Faute de cet élément, mes observations vont, dès lors, se borner à marquer l'opposition entre les deux autres systèmes englobant l'humanité civilisée : le système continental et le système anglo-saxon.

Mais — dernière précision indispensable — qu'allons-nous

(1) Voir sur ces points la très belle *Introduction à l'étude du droit musulman algérien* (publiée depuis le Congrès du Cinquantenaire), par M. MARCEL MORAND, doyen de la Faculté de droit d'Alger, pages 54 et 111.

demander à notre enquête ? elle a porté sur l'évolution législative du droit privé depuis 50 ans : donc, je devrais comparer cette évolution, dans les deux systèmes considérés, d'abord au point de vue du *contenant* — c'est-à-dire des systèmes législatifs envisagés en eux-mêmes — et ensuite au point de vue du *contenu* — c'est-à-dire des tendances générales suivant lesquelles ont évolué les institutions du droit positif. Je crains fort que ce programme ne soit bien chargé pour cette fin de séance ; je me restreindrai donc ici principalement à l'examen de la première de ces deux questions. Au surplus, les buts de la science comparative sont multiples ; le souci de voir s'améliorer la technique de la législation, qui en est l'un des principaux, est bien digne de retenir, à lui seul, l'attention de notre réunion. Et en confrontant l'une avec l'autre les méthodes d'élaboration du droit employées dans les principaux pays civilisés, nous aurons démontré à quel point le droit comparé mérite d'être considéré, par excellence, comme l'instrument le plus fécond du perfectionnement législatif.

III

Les pays « continentaux » sont restés, je l'ai dit, pays de droit écrit ; ils ont conservé la vieille affection latine pour la formule rédigée. Ils sont, en outre, pays de codification. Or notre enquête nous apprend que la codification y a donné, somme toute, satisfaction, puisque chacun de ceux sur lesquels des rapports nous sont parvenus manifeste une persévérante fidélité à ces principes. Oui, les neuf nations du système continental figurant à notre enquête apportent, par leur exemple unanime, un démenti aux théories de Savigny, hostiles à la codification.

Parmi ces neuf pays, nous relevons d'abord trois États dont la codification remonte au xviiᵉ et au xviiiᵉ siècle ; ce sont les trois États scandinaves, *Norvège* (Code général de Christian V de Danemark de 1683, étendu à la Norvège en 1687), *Suède* et *Finlande* (Code suédois de 1734). Dans ces trois États, la vieille codification s'est maintenue ; en Finlande même, nous écrit M. le doyen CHYDENIUS, on l'y a « respectueusement conservée. »

Deux États représentent, dans notre enquête, la codification du xixᵉ siècle : la *Hollande* et la *Serbie*. Les *Pays-Bas* tiennent leur codification de la nôtre : les Codes néerlandais (Code civil,

Code de commerce, Code de procédure) de 1838 n'ont fait que remplacer les Codes français introduits en 1811. Les modifications qu'ils ont subies ne pouvaient d'ailleurs beaucoup les éloigner de nous. La coutume hollandaise du xviiie siècle était fortement imprégnée de droit romain (elle s'est conservée aujourd'hui dans certaines colonies anglaises, au Cap ou à Ceylan, par exemple, sous le nom de *Roman Dutch law*). Quant au droit commercial, notre rapporteur, M. JITTA, nous apprend que, bien loin d'en avoir été les initiateurs dans son pays, les Français sont, au contraire, les tributaires du droit des marchands hollandais du xviie siècle, sur les usages de qui Colbert, par ordre de Louis XIV, aurait modelé ses célèbres ordonnances, source de notre Code de commerce. Le profond attachement aux Codes, dans ce pays, provient surtout, ajoute M. JITTA, de ce que la codification française avait apporté à la Hollande les bienfaits de l'unité du droit, fortifiant ainsi le lien national dans les anciennes Provinces Unies. — La *Serbie* possède une codification de source mélangée. Son Code civil de 1844, rédigé par Yovan Hadjitch, n'est qu'un abrégé du Code civil autrichien de 1811 (j'ai déjà eu l'occasion de signaler le caractère très romain de cette œuvre du célèbre pandectiste Zeiller) mélangé de particularités coutumières serbes (exemples : la propriété collective de famille ou *Zadrouga*, et le privilège de masculinité dans les successions) amendé sur plusieurs points en 1864 (action Paulienne) et en 1867 (recherche de la paternité) et, ajoute M. PÉRITCH, très orienté dans le sens d'un rapprochement avec le droit français issu du Code Napoléon. Tout en travaillant à l'amélioration de leur législation suivant le procédé ingénieux que je vais retracer dans un instant, les Serbes, comme les Hollandais, restent très attachés à leur système législatif.

Trois États ont effectué ou complété leur codification au cours de la période 1869-1919. *L'Espagne* (Code civil de 1889; revision en 1886 du Code de commerce de 1830); la *Suisse* (code fédéral des obligations de 1883, revisé en 1912; Code civil fédéral, 1907-1912) ; le *Brésil* (Code civil de 1917, substitué aux *Consolidations* de 1858, 1865, 1876). Ce dernier texte est trop récent pour que son succès puisse encore être enregistré avec profit. Mais il est utile que je vous mette sous les yeux quelques passages du rapport de M. GUEX, concernant l'expérience Suisse.

La codification civile fédérale a été accueillie en Helvétie

avec un sentiment de confiance d'un degré peut-être excessif.
M. Guex écrit à ce sujet :

Le dessein bien arrêté du législateur suisse et très particulièrement
du rédacteur du C. C. S., M. le Professeur Eugène Huber, a été de faire
une œuvre populaire, intelligible non seulement aux juristes, mais à
tout citoyen. A cet effet il a paru nécessaire d'éviter les abstractions et
la complexité du Code civil allemand. Le C. C. S. plus encore que le
C. O, est d'une grande concision. Il comprend moins de 1000 articles
dont presque aucun n'a plus de trois alinéas, toujours très courts. Il se
borne à énoncer des préceptes généraux, à en indiquer les applications
les plus importantes ou les atténuations possibles, sans descendre dans
les détails. Il n'y a pas de renvoi d'article à article. Chacun est accompagné d'une note marginale qui en précise sommairement l'objet.
Quant au style, le rédacteur n'a pris pour modèle ni la lourdeur
savante du code civil allemand, ni la précision un peu sèche du Code
civil français. Son langage est simple, presque familier. Il use le moins
possible d'expressions trop exclusivement techniques. Il vise plus à
l'intelligibilité immédiate qu'à la rigueur scientifique.....

... Messieurs, je demande la permission d'interrompre ici ma
lecture, car, en parcourant ces quelques lignes, j'ai été pris d'une
réminiscence. Il m'est revenu à la mémoire une page célèbre
d'un ouvrage imprimé, lui aussi, en Suisse, le *Traité de Législation civile et pénale*, de Bentham (édition Étienne Dumont,
Genève, l'an x de la République) : elle figure au chapitre 34,
sous la rubrique : *Vues générales d'un corps complet de législation* (à la fin du tome Ier) ; préconisant une rédaction simple et
claire, voici dans quels termes enthousiastes Bentham saluait
par avance l'apparition du Code dont il rêvait : « Il ne faudra
« point d'École de Droit pour l'expliquer, point de professeurs pour
« le connaître, point de glossaires particuliers pour l'entendre,
« point de casuistes pour en révéler les subtilités. Il parlera la
« langue familière à tout le monde. Chacun pourra le consulter
« au besoin. Ce qui le distingue des autres livres, c'est une plus
« grande simplicité et une plus grande clarté. Le père de famille,
« le texte des lois à la main, pourra sans interprète les enseigner
« lui-même à ses enfants et donner aux préceptes de la morale
« particulière la force et la dignité de la morale publique. »

Ces illusions — certainement excessives — se sont cependant
tempérées en Suisse. Car voici ce que M. Guex ajoute :

Je ne sais si les 800000 citoyens suisses auxquels il a été distribué l'ont lu et ont apprécié les efforts faits pour leur en rendre la lecture attrayante, mais, s'ils l'ont feuilleté, je ne serais pas étonné qu'ils aient cru le comprendre. Ceux qui parcourent le C. C. S. le trouvent clair ; il ne devient obscur que pour ceux qui l'étudient. Ses formules un peu lâches prêtent à des interprétations très diverses, les notes marginales, qui ont force de loi comme le texte lui-même et qui sont en quelque sorte le résumé d'un résumé, augmentent les doutes plus souvent qu'elles ne les dissipent et enfin dans un très grand nombre de cas la loi ne fournit aucune solution quelconque.

On doit donc se tenir en garde, en législation, contre les enthousiasmes exagérés à l'endroit de la codification. Mais ce n'est certes pas une raison pour abandonner les espoirs légitimes qui s'attachent à des œuvres de ce genre. Et de la fidélité à ces espoirs, la *Grèce* — le dernier de nos neuf pays continentaux — nous offre le spectacle édifiant. Ce pays bénéficie d'un Code de commerce depuis 1835, Code qui n'est autre, nous dit M. TRIANTAFYLLOPOULOS, que le Code de commerce français, déjà conventionnellement admis sous la domination turque avant 1821, dans les rapports entre commerçants hellènes, et promulgué en 1822-23. Mais la codification civile n'a pu aboutir, à l'époque, par la faute du jurisconsulte chargé de ce travail, l'Allemand Georges Maurer, conseiller du roi Othon (prince bavarois installé sur le trône de Grèce par les trois puissances protectrices : Russie, France, Angleterre). Maurer appartenait à l'école historique. Son antipathie pour la codification le poussa jusqu'à abandonner son poste (en emportant tous ses papiers) plutôt que de consentir à rédiger un Code civil sur le modèle du Code Napoléon. Et depuis ces temps lointains, la Grèce, malgré des efforts répétés, particulièrement en 1874 (date à laquelle le projet de Code fut déposé sur le bureau de la Chambre) ou en 1911 (date à laquelle le projet fut repris), est restée malgré elle sous le coup de l'anathème lancé par Savigny contre la codification.

Ainsi les pays continentaux viennent nous prouver, par un attachement persistant à leur système juridique, la valeur intrinsèque du droit codifié. Mais, pour réfuter complètement la théorie savignienne, il me reste à présenter une autre démonstration encore, car le principal grief allégué par Savigny à l'encontre de la codification avait consisté à prétendre que ce système de législation met obstacle à toute évolution.

Comment a évolué le droit privé sous l'empire de la Codification? C'est là ce que va nous montrer, pour la période 1869-1919, le dossier de notre riche enquête.

Tout d'abord, une constatation : dans les pays continentaux, le processus normal de l'évolution s'opère par l'emploi de la loi écrite, du texte voté et promulgué conformément aux règles posées par le droit constitutionnel en vigueur.

Cette méthode est la méthode normale, mais elle n'est pas sans inconvénients. Si je puis laisser de côté les défectuosités regrettables que l'on est tenu d'enregistrer dans le mode de préparation des lois dans les différents pays — défectuosités dont les lois des pays anglo-saxons ne sont pas plus exemptes que les nôtres — il me faut cependant noter qu'avec le temps, même dans les pays codifiés, la documentation législative devient réellement malaisée. Les textes succèdent aux textes. Les uns sont encartés dans le Code, dont ils déforment les proportions et détruisent dangereusement l'harmonie, voire l'équilibre. Les autres s'y superposent, enflant démesurément les annexes, qui finissent par devenir plus volumineuses que le livre initial des lois. Contre ce danger, quel remède ?

Le premier qui vient à l'esprit est celui d'une refonte de la codification, effectuée quand le besoin s'est fait sentir. Disons immédiatement qu'en sus de l'expérience assez fâcheuse que nous avons subie, en France, de ce système (on sait ce qu'il est advenu de la fameuse Commission de codification de 1904!) l'expérience des autres pays de droit écrit compris dans le cadre de notre enquête n'est pas moins significative. Sauf l'exemple du Code de commerce espagnol (revisé, comme je l'ai dit, en 1886) les rapports que j'ai entre les mains établissent la carence de résultats engendrés par le procédé en question. En *Suède*, un projet de revision du Code a échoué en 1824. En *Hollande*, un projet analogue concernant le Code de commerce traîne sans aboutir depuis plus de quarante ans. Il faut l'affirmer très nettement : cette méthode a fait son temps ; elle n'a donné que des mécomptes ; il est urgent de songer à d'autres.

Or, sur ce terrain, notre enquête, très instructive, nous met en face de quatre conceptions entrées en application dans les pays étudiés par nos rapporteurs.

1re CONCEPTION : *Méthode de revision à date fixe et périodique.* — C'est le système tenté en *Espagne*. Encouragé par le succès de la revision du Code de commerce en 1886, le législateur espagnol avait prévu, dans une disposition additionnelle au Code civil, que ce Code ferait l'objet d'une revision *tous les dix ans* par les soins d'une *Commission générale de Codification* qui concentrerait des rapports annuels adressés au Ministre de la Justice, et proposerait les modifications désirables, en tenant compte des progrès réalisés dans les autres pays. Bien que la disposition qui précède fût conçue en termes impératifs, notre rapporteur, M. SANTAMARIA, nous révèle qu'elle n'a jamais été observée. En fait, rien n'a abouti.

2ᵉ CONCEPTION : *Méthode de revision sélectionnée.* — Cette méthode constitue un perfectionnement très judicieux de la précédente. Elle a été, s'appliquant au Code civil, inaugurée par la *Serbie* en 1908, et la guerre seule l'a fait échouer, car le principe en parait excellent, et certainement fécond en résultats. Les juristes serbes sont partis de l'idée suivante. Toute revision d'ensemble d'un Code, à date fixe ou indéterminée, est sûrement vouée à l'échec, si elle prétend embrasser la *totalité* des matières. Parmi celles-ci, il importe d'opérer une sélection. Les unes, en effet, ne touchent pas à des institutions dont on ne puisse songer à modifier l'économie juridique sans mettre en jeu les fondements même de l'organisation civile de la nation : telles sont les règles qui gouvernent les droits réels ou les obligations, et aussi cette partie générale qui, extraite des précédentes par synthèse, sert aujourd'hui de préface obligée à toutes les codifications du XXᵉ siècle. Ce premier lot de matières, les Serbes en ont confié la revision à une Commission de quatre rédacteurs, avec mission d'opérer avec rapidité. Les quatre avaient exécuté leur travail en 1914 ; ils s'étaient inspirés des idées françaises, combinées avec les cadres plus modernes du Code allemand et du Code suisse. La guerre qui, hélas! a si peu épargné la malheureuse Serbie, est la seule cause de l'ajournement de ce projet fort bien venu. — Quant aux parties du Code qui, par héritage des vieilles coutumes serbes, réglementaient, comme nous l'avons dit précédemment, la propriété collective de famille (Zadrouga), les successions, les droits de famille, la discussion aux fins de revision éventuelle en avait été confiée à une Commission plus élargie où toutes les classes de la nation se trouvaient représentées. N'y a-t-il pas, dans cette méthode, l'exemple d'un procédé infiniment rationnel, et digne d'être médité par les pays de droit codifié?

3ᵉ Conception : *Abandon de la revision législative : évolution jurisprudentielle.* — Les *Suisses* ont pensé tout différemment des Serbes. Inspirés des idées nouvelles répandues par Saleilles et par notre savant collègue M. Gény, ils s'en sont remis à la pratique des tribunaux du soin de marquer les étapes de l'évolution juridique. L'idée, certes, est très hardie. Voici en quels termes M. Guex la présente et la commente dans son lumineux rapport :

Il serait injuste d'attribuer à une négligence du législateur cette impression et ces lacunes. Elles sont voulues et ont pour but d'assurer *au juge une part essentielle dans la création du droit.* Non seulement la faculté du juge de tenir compte des circonstances particulières de chaque espèce est réservée dans nombre d'articles au moyen de formules telles que « en vertu de son pouvoir d'appréciation », « si l'équité l'exige », « s'il paraît possible et équitable », etc. Mais en outre au seuil même du C. C. S. (art. 1), le législateur a proclamé dans les termes suivants l'indépendance relative du juge à l'égard de la loi écrite :

« La loi régit toutes les matières auxquelles se rapportent la lettre ou l'esprit de l'une de ses dispositions.

« A défaut d'une disposition légale applicable, le juge prononce selon le droit coutumier et, à défaut d'une coutume, selon les règles qu'il établirait s'il avait à faire acte de législateur.

« Il s'inspire des solutions consacrées par la doctrine et la jurisprudence. »

Les idées exprimées par l'article premier C. C. S. ne sont pas nouvelles. Elles se rattachent à un mouvement d'opinion très puissant qui, depuis un quart de siècle surtout, s'est développé en France et plus encore en Allemagne et qui tend à rendre moins étroit, sinon à supprimer l'asservissement du juge à la loi. En fait, elles ont été appliquées de tout temps, plus ou moins ouvertement par les tribunaux qui sont bien obligés de suppléer au mutisme dés lois incomplètes. Ce qui est nouveau, c'est de voir le législateur lui-même les consacrer de son autorité, avouer que son œuvre n'est et ne doit être que l'*une* des sources du droit, abdiquer enfin entre les mains du juge une partie de ses prérogatives ou — diront les adversaires de ce système — se décharger sur lui d'une partie de ses obligations. On doit d'ailleurs observer que le code a eu soin d'éviter les excès dans lesquels sont tombés certains des maîtres de la nouvelle école. Il ne dispense pas le juge du devoir d'appliquer la loi. Mais cette loi est intentionnellement rédigée de telle façon que la plus grande latitude est laissée à son interprète qui sera appelé constamment à faire acte de législateur. Ce n'est pas ici le lieu de rechercher si les avantages de la souplesse que le droit acquiert de la sorte compensent les inconvénients de l'incertitude qui en résulte pour les justiciables. Mais il convenait de marquer que, à raison de la technique législative adoptée, le droit civil suisse est, plus qu'un autre, susceptible de transformations et que, même sans refonte des textes légaux, il pourra s'adapter à des conceptions politiques ou sociales assez différentes de celles qui l'ont inspiré et que nous allons essayer de passer en revue.

4° Conception : *Revision par voie d'union législative entre États parents ou alliés.* — Voici enfin la dernière idée. Elle est également suggestive. *Les États scandinaves* l'ont mise à contribution de la manière la plus heureuse. Elle est née de l'initiative individuelle. Réunis en conférences périodiques depuis 1892, les juristes des pays scandinaves ont mis sur pied des projets sanctionnés ultérieurement par les pouvoirs publics, par voie d'accord entre les nations intéressées. La loi sur le change de 1880 (modifiée en 1913 et et en 1915) a ouvert la voie. Puis sont venues les lois sur le registre du commerce et le nom commercial (1887), le Code maritime (1893), enfin les innombrables textes énumérés dans le substantiel rapport de M Paulsen (chèques, commission, vente ordinaire et à tempérament, procuration, prescription, etc.). Le procédé est digne, lui aussi, à tous égards, d'être étudié et imité par les pays entre lesquels il existe soit une affinité ethnographique (comme entre les États scandinaves), soit un lien politique ou moral. C'est, en somme, la conception dont étaient partis nos excellents collègues italiens, lorsqu'en 1917, à la suite du manifeste retentissant lancé par M. le Doyen Scialoja dans la *Nuova Antologia*, ils sont venus fonder avec nous l'*Union législative entre nations amies et alliées.* — Signalons donc ici que la *Grèce*, par la voix de son rapporteur, M. Triantafyllopoulos, tourne aujourd'hui ses espoirs législatifs vers le Code méditerranéen des obligations élaboré par l'Union législative, à laquelle les jurisconsultes helléniques ont adhéré avec beaucoup d'empressement.

Comment une méthode qui repose, avant tout sur l'initiative individuelle; mettant en jeu, par-dessus les frontières, la coopération professionnelle des juristes, et instaurée entre pays voisins, rapprochés par la culture, les institutions, l'idéal de civilisation, n'aurait-elle pas la sympathie de la Société française de législation comparée, et n'emporterait-elle pas aujourd'hui tous nos suffrages ?

IV

En ayant terminé, par ces observations trop écourtées (1), avec les pays continentaux, j'arrive maintenant, pour m'orienter vers nos conclusions, aux pays du système juridique opposé, les pays du système *anglo-saxon*, représentés, dans notre enquête, par le rapport absolument magistral de Sir FREDERICK POLLOCK.

Pour comprendre la véritable révolution qui s'est opérée dans le système juridique de l'*Angleterre*, au cours de la période 1869-1919, et par l'indication de laquelle s'ouvre le rapport de notre éminent collègue anglais, il me faut m'arrêter un instant sur la classification très originale des sources du droit dans ce pays, telle qu'elle y était admise et enseignée, d'une manière courante, à l'ouverture de la période que nous étudions. Cette classification est celle qui répartissait les sources du droit anglais en trois branches distinctes : *Statute law, Common law, Equity*.

Le premier de ces trois termes — celui, du moins, que j'ai classé à ce rang, non eu égard à son importance, mais parce que c'est celui dont le sens nous apparaît le plus clairement — vise la loi écrite, le *jus scriptum*. Il consiste, au premier chef, dans les *Acts* du Parlement, précédés de la longue lignée de ces *Statutes of the Realm* que les auteurs anglais font remonter jusqu'à la Grande Charte arrachée à Jean-Sans-Terre par ses sujets coalisés.

La notion de *Common law* est infiniment plus subtile, et la définition en est extrêmement délicate. On est tenté de traduire par « droit coutumier » (comme le font beaucoup d'auteurs) : cette traduction n'est pas absolument inexacte, à la condition d'être précisée par une série d'explications. L'expression *Common law* répond adéquatement à ce que l'on pourrait appeler

(1) L'auteur aurait vivement désiré y adjoindre : 1° quelques remarques, très nécessaires, sur les *rapports du droit civil et du droit commercial* dans les neuf pays étudiés (les trois *Etats scandinaves* et la *Suisse* ne connaissant pas cette distinction, considérée, dans ce dernier pays, comme « peu compatible avec les institutions démocratiques et l'esprit républicain de la la population »); 2° un aperçu concernant la *procédure civile*, d'après les rapports sur la *Suisse*, la *Hollande*, l'*Espagne* et la *Serbie*. Il a dû, à regret, y renoncer, faute de temps, à la séance du 29 mai. Les lecteurs du *Livre du cinquantenaire* sauront combler cette lacune, d'après les travaux se rapportant aux points sus-indiqués.

« la coutume jurisprudentielle », source du droit originale qui ne
se confond entièrement, ni avec la coutume, ni avec ce que nous
dénommons, en France, la jurisprudence (on sait que ce terme
présente, en Angleterre, un sens très différent), mais qui est un
mélange des deux. Le fond du droit anglais est coutumier, principalement en ce qui concerne les droits de famille, les successions, la propriété, les contrats, les délits, c'est-à-dire la base
même du droit privé. Mais à la différence du droit coutumier français : 1° au lieu d'avoir été morcelé à travers la diversité des provinces, il a été généralisé et unifié sur toute l'étendue du territoire anglais proprement dit, et 2° au lieu d'avoir fait l'objet
d'une rédaction officielle (comme chez nous, grâce à l'ordonnance de Montil-lèz-Tours), il n'a jamais été consigné par écrit.
C'est donc bien le *jus non scriptum*, et c'est par ces traits qu'il
se rapproche de la coutume générale. Mais à une époque qu'il
est difficile de préciser, les juges des Cours royales de Westminster, chargés de trancher les procès entre particuliers, sur le
fondement de la coutume, ont fini par en être considérés, non
comme les simples interprètes, mais comme les véritables
oracles. Ce mot d' « oracle » est vraiment celui qui convient. Le
magistrat anglais exprime et personnifie la « *viva vox juris
civilis* ». Dans la conception classique, telle qu'elle a été formulée par Blackstone, le Pothier anglais, à la fin du XVIIIᵉ siècle, et qui
a été qualifiée de « théorie juridique orthodoxe » (*orthodox legal
theory*), ou encore de « théorie de la déclaration » (*declaratory
theory*), le juge *déclare* la coutume. On voit donc que la notion
de *Common law* combine à la fois coutume et jurisprudence :
elle renferme même aussi, en grande partie, ce que nous appe-
lons la « doctrine », du moins sous les espèces des vieux auteurs
coutumiers, de ces « vénérables sages de la science du droit »
que Blackstone n'hésite pas à faire rentrer dans sa définition du
— ou de la — *Common law* (1). Et ce qu'il faut retenir surtout,
pour la suite de ces observations, c'est que cette source, pour
l'ordre de son importance, occupe, et de beaucoup, la première
place, tant dans la formation historique du droit anglais que
dans la classification technique des trois sources : *Statute Law,
Common law, Equity* dont j'essaye ainsi, très brièvement, de vous
préciser le sens, pour l'intelligence de notre enquête.

Quant au troisième terme, *Equity*, il n'est ni moins mysté-

---

(1) *Commentaires*, I, p. 72-73.

rieux, ni moins original que le précédent. Il vise le *corpus juris* qu'a fini par constituer l'accumulation des décisions judiciaires rendues par le Chancelier, au nom du Roi, dans l'exercice de la justice retenue.

Le pouvoir judiciaire du Chancelier a pris naissance dans les dernières années du règne d'Édouard III, c'est-à-dire vers la fin du xive siècle. Ce personnage était encore, deux siècles auparavant, un bien petit seigneur, par rapport aux barons et aux prélats qui entouraient les rois normands. C'était le chapelain du roi; on lui confiait la besogne de secrétaire, parce qu'étant ecclésiastique, il savait lire et écrire, chose peu répandue à l'époque. Il était de la domesticité royale, mangeait et couchait au Palais: les comptes de l'Échiquier nous apprennent qu'il touchait, à un moment, sous Henri II, une allocation journalière de 5 shillings, plus diverses prestations en nature, aliments, vêtements, etc., et notamment un setier de vin de table, un autre de vin d'office, une grande chandelle de cire et 40 petites, mais tout cela uniquement *si intra domum cumœderit*; car s'il mangeait au dehors, *extra domum*, il voyait son salaire réduit à 3 sh. 6 pence, plus une réduction analogue portant sur les allocations en nature.... probablement sur les bougies! Voilà l'humble rôle joué alors par celui qui, sous les Tudor, et depuis eux, allait s'appeler le Lord Haut Chancelier d'Angleterre, gardien du Grand Sceau, bénéficiaire d'un traitement se montant parfois à plus de 500.000 francs de notre monnaie, Président de la Chambre des Lords, Ministre de la Justice, investi d'une juridiction faisant aux Cours Royales de Westminster la plus redoutable des concurrences. Comment cette transformation s'est-elle opérée?

Les historiens du droit anglais nous l'apprennent. Secrétaire et confesseur du roi, il gagna et capta à la fois l'oreille, l'âme et le sceau du souverain (*The King's ear, soul and seal*). Chef de la Chancellerie royale, il délivrait les brefs ou écrits (*writs*) par quoi s'ouvraient toutes les procédures. Il recevait les pétitions et suppliques adressées au Roi en personne, qui avait retenu le droit de juger par lui-même, quand bon lui plaisait, les causes dont il était ainsi saisi, et les laissait juger par le Chancelier, membre de son Conseil privé, non sur la base de la coutume d'Angleterre, trop rigide et formaliste, mais au nom de la foi et de l'équité. Ainsi grandit la juridiction du Chancelier, à travers des heurts, des conflits de compétence de toute sorte avec les magistrats du *Common law*, conflits dont les malheureux hommes de loi faisaient, la plupart du temps, les frais. Les magistrats du Banc du Roi rendaient-ils une sentence contraire aux principes de la Cour du Chancelier? Celui-ci formulait une *injunction*, par laquelle il était interdit au gagnant ou à ses conseils de mettre à exécution la sentence, sous peine d'être jeté en prison pour *contempt of Court* (mépris de la justice du roi) en vertu du *writ de subpœna*. Les magistrats répliquaient en assurant la partie gagnante et ses conseils, qu'emprisonnés, ils seraient relâchés, en vertu de l'*Habeas Corpus*. Le Chancelier créait alors la *Commission of rebellion* et la *Commission of sequestration*, conférant à ses huissiers le droit de s'emparer des rebelles et de mettre leurs terres sous sequestre; le *Chief Justice*, grand maître de la juridiction criminelle, répliquait à nouveau en déclarant que si le prévenu résistait au sequestre et le tuait, il serait considéré comme en état de légitime défense (*homicidium se defendendo*). Telle fut la lutte ardente et âpre d'où sortit victorieuse, grâce à l'absolutisme de Jacques Ier, la juridiction du Chancelier. Incontestée depuis le xviie siècle, elle avait fini par créer, à côté de la *Common law*, un véritable droit prétorien, engendrant ainsi, sous le nom d'*Equity*, tout un corps de jurisprudence qui, systématisé, lui aussi, par des juristes, à l'exemple du *Common law*, formait donc le troisième terme dans la classification anglaise des sources du droit positif.

Vous comprenez, dès lors, Messieurs, toute l'importance de la révolution signalée à la première page du rapport de Sir FREDERICK POLLOCK, lorsqu'il rappelle qu'en 1873 et en 1875, les célèbres *Judicature Acts* sont venus unifier à la fois les tribunaux et le fond du droit — les tribunaux, par la création de la *Supreme Court* d'Angleterre, englobant à la fois les Cours de Westminster et la Cour de la Chancellerie, — le fond du droit en fusionnant *Common Law* et *Equity* (comme autrefois Justinien avait fusionné le *jus civile* et le *jus honorarium*), avec prédominance du droit de l'Équité.

Quelle est la portée de cette réforme? Sir Fr. POLLOCK estime qu'il est encore trop tôt pour en juger. Et il faut reconnaître qu'un certain recul de temps est nécessaire pour apprécier des changements de cette nature. Mais il est une chose que l'on peut affirmer : si les juridictions concurrentes ont disparu, la distinction entre *Common law* et *Equity* se perpétue encore sous nos yeux. Dans les Écoles du barreau ou de la pratique, dans les Universités, dans les programmes d'examens, dans les livres, on continue à enseigner et à interroger à part sur la *Common law* et sur l'*Equity*. Et la distinction ne subsiste pas seulement sous les espèces de rubriques scientifiques : elle présente, en outre, en droit positif, une importance de premier plan. Pour ne citer qu'un exemple, la fusion des deux droits a laissé en suspens la question fondamentale du caractère exact des droits dits « équitables » (c'est-à-dire des droits autrefois créés par la Cour de la Chancellerie), dont la nature juridique constitue l'un des problèmes les plus captivants que la science du droit comparé puisse encore, de nos jours, offrir à l'art de ses plus habiles commentateurs. Ainsi l'on peut estimer que la célèbre distinction, si originale, entre le droit commun et l'équité, a laissé dans le droit anglais des traces profondes, malgré la réforme de 1873; et il est permis d'étendre à ces vieilles catégories le propos de l'historien Maitland au sujet des formes archaïques de la procédure anglaise : « nous les avons enterrées, mais, du fond de leur tombeau, elles nous gouvernent encore ».

La révolution instaurée par les *Judicature Acts* de 1873-1875 dans le système juridique de l'Angleterre est-elle la seule, et la période que nous étudions (1869-1919) ne nous offre-t-elle pas le spectacle d'un autre, et non moins remarquable, renversement?

Je m'explique. N'est-il pas permis de prétendre que l'ordre d'importance des sources du droit anglais, instruments de son évolution, se trouve aujourd'hui retourné? et ne peut-on soutenir, au vu du rapport de Sir FREDERICK POLLOCK, que la traditionnelle prédominance du *jus non scriptum* sur le *jus scriptum*, du *Common law* sur le *Statute law*, a disparu pour faire place à un renversement des valeurs respectives de ces différentes sources du droit?

Du rapport entier de Sir F. POLLOCK se dégage cette impression, que le domaine de la coutume se restreint, de plus en plus, en Angleterre, au bénéfice de la loi écrite, notamment dans le droit commercial, si bien qu'il devient exact de dire, comme l'écrivait si justement, dans l'un de nos *Annuaires*, il y a quelques années, notre excellent collègue M. Decugis, qu'il est difficile de trouver une matière du droit anglais sur laquelle le Parlement n'ait point — en partie du moins — légiféré. Le rapport de M. POLLOCK nous fournit le témoignage d'un accroissement considérable, tant quant aux matières traitées que quant à la dimension des lois, de la production législative. — Il signale en outre la pratique, de plus en plus répétée, de la « *consolidation* » des Statuts, c'est-à-dire de la condensation en un seul texte des lois successivement votées concernant une même matière (ex : le *Companies consolidation Act* de 1908, refondant toutes les lois sur les Sociétés de capitaux depuis 1862). — Enfin notre rapporteur énumère les lois de *codification* (qui se distinguent des précédentes en ce qu'elles englobent dans leur rédaction, non seulement le *Statute law* antérieur, mais aussi le *Common law*) : lois de 1882 sur les effets de commerce, de 1890 sur les sociétés de personnes *(partnerships)*, de 1893 sur la vente des biens mobiliers, de 1906 sur l'assurance maritime.

Ces lois, il faut bien le reconnaître, font entrer l'Angleterre dans la voie de la codification ; et cette constatation nous importe ici, aujourd'hui, au plus haut degré. Par cette voie, le système juridique anglo-saxon se rapproche du droit continental, et l'on peut affirmer que, s'il se généralisait, ce serait vraiment, dans le droit anglais, une seconde et nouvelle révolution, plus considérable encore que celle qui a fusionné, il y a cinquante ans, *Common law* et *Equity*. Mais se généralisera-t-il? Il serait téméraire de l'affirmer.

A coup sûr, la codification intégrale compte de chauds partisans outre Manche. Il ne manque pas de *lawyers* pour s'approprier la comparaison faite par l'un d'eux, au sujet de l'immense masse de documents législatifs ou judiciaires que le malheureux praticien, embarrassé par la recherche d'un point de droit, est obligé d'entasser sur sa table de travail :

> « Statutes upon Statutes, Reports upon Reports,
> « Pelion on Ossa, and Olympus on both » (1).

Et notre très distingué collègue Sir Mackenzie CHALMERS, l'auteur de plusieurs des codifications ci-dessus précitées, n'avait-il pas avoué, dans un article de notre *Bulletin*, il y a vingt-cinq ans, qu'à l'exemple du célèbre *delenda Carthago* du vieux Caton, il était tenté de terminer toutes ses harangues par l'affirmation catégorique : « *hoc censeo, et Leges esse Codificandas!* » (*Bulletin* 1895, p. 293).

(1) Recueils (de lois) sur recueils, répertoires (de jurisprudence) sur répertoires, — Pélion sur Ossa, et l'Olympe par-dessus les deux !

Toutefois, malgré l'expression fréquente du sentiment qui précède, l'on est bien obligé de convenir que l'Angleterre est loin de pouvoir être rangée au nombre des pays à droit codifié. En dépit des nombreuses lois votées et promulguées, un immense terrain du droit positif — celui que j'indiquais tout à l'heure — demeure encore sous l'empire de la *Common law* : famille, successions, propriété, contrats, délits. Il faut en outre tenir compte de l'intense affection que les juristes anglais nourrissent à l'endroit de leur vieux droit national, issu des entrailles même du peuple, et que Blackstone identifiait avec la *Liberté*, cette fameuse liberté anglaise, qui est l'assise fondamentale de toutes les institutions britanniques. Enfin il existe encore une raison, que relève le rapport de Sir Frederick POLLOCK, et par l'exposé de laquelle je vais clore ce chapitre, — car elle va me conduire, en droite ligne, aux conclusions de ce trop long monologue.

Sir Fr. POLLOCK relève avec justesse *la grande valeur d'évolution* du droit anglais, en tant qu'il constitue, précisément, *une législation non codifiée*. Sur la plupart des points abordés dans son rapport, l'éminent professeur d'Oxford ne manque pas de nous montrer comment la jurisprudence a su préparer les voies au mouvement législatif, et même, bien souvent, le rendre inutile, en substituant aux formules brutales et rigides de la loi écrite le procédé infiniment plus souple et malléable de l'évolution jurisprudentielle. Dans le droit des personnes (tant physiques que civiles), c'est à la jurisprudence des Cours que l'Angleterre est redevable de l'émancipation civile de la femme mariée (œuvre de la Cour d'Équité ayant précédé les lois de 1870 et de 1882, et subsistant à côté du droit statutaire); c'est à elle que l'on doit aussi ces institutions telles que la *Corporation*, les *Trustees* ou l'*agency*, qui permettent de résoudre les problèmes les plus ardus de la personnalité morale. Dans le droit des biens, M. POLLOCK nous cite les décisions des tribunaux anglais concernant les contrats par correspondance (infiniment supérieures à nos malencontreux arrêts français sur la matière), l'impossibilité d'exécution (jurisprudence d'un intérêt passionnant, — inaugurée il y a plusieurs centaines d'années, — développée, au début de ce siècle, à l'occasion de la remise des fêtes du couronnement due à la maladie du bon roi Édouard VII, à la grande déception des locataires de fenêtres sur le passage du cortège et des locataires de bateaux pour la revue de la grande flotte à Spithead, — si remarquablement adoptée enfin, grâce à ces *Coronation cases*, aux cas fortuits et aux événements de force majeure, qu'avec l'aide d'une autre jurisprudence, qui porte dans le monde du Palais le nom si joli de « doctrine de la *frustration de l'aventure* », quatre arrêts de principe de la Chambre des Lords, entre 1916 et 1919, ont suffi pour régler le sort des contrats d'avant-guerre, là où il a fallu en venir, chez nous, à la législation de guerre que vous savez) ; enfin, en matière délictuelle, autres exemples de jurisprudences célèbres citées encore par notre rapporteur : la jurisprudence sur les restrictions à la liberté du c ommerce et de l'industrie (*restraint of trade* : application à l'interdiction de se rétablir ; protection du *free trade* contre les monopoleurs et accapareurs, « vieux ennemis du *Common law*, dit Pollock), sur la responsabilité à raison des choses inanimées etc.

Tous ces exemples sont significatifs. Ne sont-ils pas de nature à ébranler la confiance que nous mettons, nous, les juristes « continentaux », dans nos législations codifiées ? et le témoignage du droit anglais de la dernière époque ne vient-il pas, d'une manière particulièrement pressante, faire pencher la balance du jugement final en faveur de l'opinion de Savigny ?

C'est le dernier point qu'il me reste maintenant à traiter ici (1), pour conclure.

V

Les éléments de décision permettant de se faire une opinion sur la valeur respective des deux grands systèmes juridiques en présence — le système continental et le système anglo-saxon — nous sont fournis par notre enquête elle-même : ils vont résulter de l'examen attentif de l'état de la Législation dans le *Dominion du Canada*.

(1) A notr e grand regret, nous avons dù encore laisser de côté les développements concernant l'*unité du droit privé* en Angleterre (absence de distinction entre le droit civil et le droit commercial, œuvre d'unification due à la sagacité de Lord M ansfield, *Chief Justice* de la Cour du Banc du Roi, pendant 30 ans, à la fin du xviii⁰ siècle), et ceux concernant la *procédure civile* anglaise, qui se trouve aujourd'hui très simplifiée et mise à la portée des besoins de la pratique, en vertu du système très original confiant à la Haute Cour et aux Cours de Comté, assistées de praticiens, la mission de légiférer en matière de procédure (*Rules and orders of the Courts*), système adopté par le Traité de Versailles (art. 304 *d*) pour les Tribunaux arbitraux mixtes.

La structure législative de ce Dominion, telle que nous l'indiquent nos deux rapporteurs, MM. Jean Désy et Falconbridge, résulte de l'*Act de 1867* (*British North America Act*). Elle nous montre, coexistant dans ce pays :

1° Le système continental de la loi écrite (province de Québec, ancien Bas Canada) ;

2° Le système anglais (*Common Law* et *Statute Law*) (ancien Haut Canada, devenu province d'Ontario, et autres territoires y rattachés, Manitoba, Nouveau Brunswick, etc.).

Il nous montre également, s'affrontant en une lutte pacifique, mais ardente, le droit français et le droit anglais.

Le droit français existait, dans le Canada, sous les espèces bien curieuses de la coutume de Paris, importée en 1663, maintenue par l'effort de nos anciens colons après notre défaite sous l'ancienne monarchie, respectée par l'Angleterre ; puis un jour vint où, se sentant faiblir, les anciens Français du Canada eurent recours, pour conserver la position de leur droit traditionnel, à l'arme de la codification : en 1866, était promulgué le Code civil du Bas Canada (devenu le Code de la Province de Québec), inspiré de notre Code civil, et aussi de notre Code de commerce, lequel se retrouve, encadré dans le droit privé général, au VIIIᵉ livre du Code de Québec.

Le droit anglais, importé, lui aussi, sous forme coutumière, mais sous la forme *sui generis* que nous venons d'étudier plus haut, lutte pour maintenir sa prééminence. Et la meilleure arme qu'il possède, ce sont les codifications partielles effectuées en Angleterre, au cours de notre période, entre 1869 et 1919, notamment le *Sale of Goods Act* de 1893 et le *Partnership Act* de 1890.

N'est-il pas déjà très concluant de voir les deux parties en présence, pour mieux affermir leur domaine, recourir l'une et l'autre à la codification ?

Mais il y a plus. Un troisième élément intervient dans l'état législatif du Dominion : c'est celui de la législation fédérale, émanant du Corps Législatif fédéral. Bien que, comme en Amérique, les matières civiles ressortissent du droit local et non pas du droit fédéral, le Parlement central conserve le pouvoir de légiférer sur un certain nombre de matières, notamment sur le lien matrimonial (mariage, divorce), les matières de banque, de change, les faillites et banqueroutes, etc., et il a amplement usé de cette faculté (lois de 1870 sur la banque, de 1890 sur le change, de 1919 à 1920 sur les faillites, etc.). Il est résulté de cette superposition de droits une complexité de législation « qui est le prix de l'autonomie locale », écrit M. FALCONBRIDGE, mais qui est aussi, avoue notre rapporteur, « de nature à décourager les jurisconsultes ». Et quel moyen propose-t-on pour remédier à cette situation? L'unification de la législation dans les différentes provinces de langue anglaise, notamment en matière commerciale (Falconbridge, p. 47) : c'est-à-dire, en d'autres termes, la codification (1).

Ainsi la codification unitaire apparaît comme éminemment désirable à des Anglais de pure souche, vivant sous l'empire de la *Common law*! N'est-ce pas là un aveu éloquent, qui juge souverainement la controverse? et ne sommes-nous pas en droit d'estimer, dès lors, que, par ce geste concluant, le système juridique anglo-saxon nous a vraiment rendu les armes?

*
* *

J'en arrive, de la sorte, Messieurs, — au moment même où expire le temps qui m'était imparti, — au terme de ces observations qui, si longues qu'elles aient dû vous paraître, sont encore trop courtes à mon gré. Car j'ai conscience de la grave lacune que je vais laisser, béante, derrière moi, lorsque j'aurai cessé de parler. J'ai le regret de n'avoir rempli, en somme, qu'une partie de ma tâche; j'aurais dû, comme je vous l'avais annoncé au début, après avoir comparé les systèmes législatifs en eux-mêmes, vous faire connaître les tendances d'ordre général suivant lesquelles ont évolué, au cours de la période 1869-1919, les institutions juridiques dans les pays représentés à notre enquête.

La tâche outrepassait singulièrement les forces d'un seul orateur, et le cadre de ces séances générales, déjà si copieusement remplies. Je voudrais pourtant, en achevant cet exposé, vous indiquer simplement, en peu de mots, comment la plupart de nos rapports confirment, pour chacun des pays envisagés, les tendances législatives si brillamment analysées et dégagées, il y a une heure, par notre savant collègue M. CAPITANT. La

(1) On lira encore avec fruit, sur cette question, l'article sur la *Codification of Laws*, par M. Ogle Carrs, dans le *Canadian Law Times* du 1er mars 1920, p. 216 et s.

tendance sociale se trouve particulièrement soulignée, pour l'*Espagne*, en des pages vraiment saisissantes, par M. SANTAMARIA Y ROJAS. Le Code civil *Suisse*, nous dit M. GUEX, obéit également à l'influence de deux courants, l'un comme l'autre d'essence démocratique : un courant égalitaire et un courant libéral, qui se tempèrent réciproquemant en se combinant avec sagesse. En *Angleterre*, Sir FREDERICK POLLOCK relate l'abandon progressif de la fameuse doctrine du « laisser faire », suprême pensée du « radicalisme philosophique » qui triomphait en 1832, mais décline depuis 1870, remplacé par un interventionnisme non seulement législatif, mais également judiciaire, favorisé qu'il fut par les grands juges de l'Angleterre, aux Cours de *Common law* comme à la Chancellerie. Et j'ai réservé pour la fin ces quelques lignes du rapport de M. le conseiller JITTA, où l'on sent vraiment passer le souffle de ses grands aïeux de la *Hollande*.

Messieurs, écoutez ceci :

« *La tendance sociale.* — Elle a pour effet de subordonner plus nettement qu'auparavant l'individu à la société. Je l'appelle la tendance sociale en ajoutant, pour éviter tout malentendu, que la qualification n'a pas le moindre caractère politique ; elle ne désigne que l'opposition qui se présente entre la tendance sociale et la tendance individualiste. La tendance sociale n'a pas du tout pour but de supprimer les droits de l'individu, elle accentue surtout ses devoirs qui sont corrélatifs aux droits de la société ».

« *La tendance internationale.* — Elle développe, à côté du sentiment national, l'esprit international. En tant que le droit national, dont les racines plongent dans l'histoire ancienne, est conforme aux aspirations d'un groupe d'hommes unis par un lien politique, ce droit forme, dans une nation, un des trésors, dont la possession est, pour les citoyens, l'objet d'une joyeuse fierté. Ce sentiment ne tend pas plus à disparaître que l'individualisme, dont il a été parlé sous la rubrique qui précède, mais, par un effet de l'étude du Droit comparé, il se concilie avec l'idée que certaines différences que l'on constate dans les lois des diverses nations, sont un obstacle au développement raisonnable des relations internationales. Je mets bien en évidence, pour éviter un de ces malentendus dont le temple de la science du Droit est pavé, que l'esprit international laisse intact le sentiment national ».

Ne vous semble-t-il pas qu'il y ait là, Messieurs, servie par un particulier bonheur d'expressions, la définition même de l'esprit qui anime, dans ses conceptions comme dans ses travaux, nôtre Société française de Législation comparée? Soucieuse, au plus haut degré, de liberté individuelle, mais sachant prêcher avec fermeté, quand il le faut, le devoir social, nationale et internationale tout ensemble, puisque notre Société se trouve avoir atteint et franchi aujourd'hui cet âge redoutable de la cinquantaine, qui, pour les êtres moraux comme pour les individus, est souvent le Cap des Tempêtes, mais devient tout aussitôt, dès qu'il est heureusement doublé, le Cap de la Bonne Espérance, — et puisque nous voici réunis ici pour fêter cet anniversaire et le couronner de nos vœux, — qu'il nous soit donc permis, en terminant, de formuler le souhait que, pour de longues années encore, notre Société continue à propager, dans notre pays comme dans le reste du monde, auprès de tous ceux qui participent à son effort ou sont touchés par son action, ce double culte, réuni en un seul par la plus belle et la plus fière de nos traditions, le culte de la France et celui de l'Humanité!

BANQUET

Le banquet de clôture s'est tenu à 8 h. 1/2 du soir dans les salons du Cercle de l'Union interalliée, faubourg St-Honoré, sous la présidence de M. Raymond Poincaré.

Au dessert, des toasts ont été portés au développement de la Société de législation comparée, d'abord par sir Thomas Barclay, au nom de la Grande-Bretagne, par le marquis Corsi, président de l'Institut de droit international, au nom de l'Italie. M. André Mercier, doyen de la Faculté de droit de l'Université de Lausanne, au nom de la Suisse, a tenu à souligner les liens qui unissent la Faculté de droit de Lausanne à la Société de législation comparée, en rendant hommage à la mémoire d'un éminent jurisconsulte qui fut deux fois nôtre — comme Alsacien et comme un de nos premiers membres — Ernest Lehr, un des plus infatigables ouvriers de la science du droit comparé, pour qui fut créée à Lausanne la première chaire de droit civil comparé, occupée actuellement par M. Ernest Roguin. A ses chaleureuses félicitations pour l'œuvre magnifique accomplie par la Société de législation comparée pendant son premier demi-siècle et pour sa belle vitalité présente, il tint à joindre ses vœux les plus sincères pour son avenir, dans sa poursuite d'un haut idéal de justice en saluant en elle une précieuse collaboratrice de la France du droit, de la France de l'humanité.

M. Alejandro Alvarez a prononcé les paroles suivantes :

Messieurs,

Le Cinquantenaire de la Société de législation comparée doit être fêté comme un grand événement scientifique.

Sa fondation, en facilitant dans tous les pays l'étude des lois étrangères, a contribué largement au rapprochement et à la compréhension réciproque.

Cette Société a permis aussi le développement de la science de la législation comparée, qui a donné une base solide à deux autres sciences qui, jusqu'ici, confinaient dans l'empirisme : la Sociologie et la Philosophie du droit.

En outre, cette science de la législation comparée a fourni au juriste et au juge des données nouvelles pour l'interprétation des lois, et lui ont permis de créer le *droit nouveau*.

Mais, ce que je tiens surtout à faire remarquer, ce sont les précieux services que la Société de législation comparée a rendu au rapprochement de la France et de nos pays de l'Amérique latine. Vous savez que nos lois civiles sont inspirées des lois françaises ; avec fierté nous avons toujours reconnu la France comme notre mère intellectuelle.

Permettez-moi, Messieurs, à l'occasion de cette fête, de formuler un vœu qui pourra trouver sa facile réalisation. Il serait désirable que la Société de législation comparée prenne l'initiative de fonder, dans les divers pays, des Sociétés nationales qui lui seraient affiliées, ou bien qui seraient en intime contact avec elle. Ces diverses Sociétés nationales auraient à se réunir périodiquement dans des Congrès ; dans le but, tout d'abord, de mettre en relief le génie des deux grands systèmes de législation qui partagent le monde : le système anglo-saxon et le système français ou latin, afin de les harmoniser ou d'en marquer les différences irréductibles. Le deuxième but de ces réunions périodiques serait l'étude des éléments objectifs pour hâter l'avènement du *droit nouveau*, du *droit social*, c'est-à-dire rechercher les directives du régime de *coopération ou solidarité* sur lesquelles doit s'établir la législation nouvelle. Le moment est grandement opportun.

Après la Révolution française furent jetées les bases du droit international et du droit civil qui nous ont régis jusqu'aujourd'hui. Après la Grande Guerre, des institutions scientifiques se mettent à la tâche de la reconstruction du Droit international. La Société de législation comparée ne devrait-elle pas prendre la tête du mouvement pour le Droit civil?

Alors seulement, le Droit civil et le Droit international, étant fondés sous le régime de la coopération, on pourra établir sur des bases solides la paix nationale et internationale, — aspirations suprêmes de l'humanité.

DISCOURS DE M. F. LARNAUDE

Le Président du Congrès du cinquantenaire se trouve assez embarrassé : il n'a que des éloges et des remerciements à adresser à tous ceux qui ont contribué au très grand succès du Congrès. Mais par qui commencer ?

Ce sont d'abord, il me semble, les membres de la Société, dispersés aux quatre coins du monde, qui doivent être remerciés des sympathies qu'ils lui montrent en la soutenant dans les temps difficiles que nous traversons.

Je ne puis pas oublier non plus ceux qui ont préparé ce Congrès, et en particulier notre dévoué vice-président, M. Maurice Dufourmantelle, et notre actif secrétaire général, M. Goulé.

Et enfin, comment ne pas remercier surtout ceux dont les rapports, les articles, les communications, les observations, sur l'évolution du *droit public*, du *droit privé* et de la *législation sociale*, dans les différents pays du monde depuis cinquante ans, vont perpétuer le souvenir de ce Congrès par la publication qu'en a entrepris la Société ?

De la valeur de ces travaux, ceux qui ont assisté à nos séances de travail ont pu se rendre compte en entendant les remarquables rapports de M. Joseph Barthélemy, de M. Capitant, de M. Dufourmantelle et de M. Lévy-Ullmann. Leurs études et celles de tous les collaborateurs du Congrès feront un livre du cinquantenaire de la *Société de législation comparée*, digne de ses travaux antérieurs.

Et puisque je parle de la publication de ces volumes, je serais bien ingrat d'oublier les grands établissements de crédit, et en particulier la Banque de France, les Sociétés financières, commerciales et industrielles, qui, par leurs généreuses subventions, en ce temps de vie chère et d'imprimerie plus chère encore, ont rendu possible notre entreprise.

A tous j'offre l'hommage de notre gratitude.

Réduite à ses seules forces, la *Société de législation comparée* aurait été incapable de fournir un effort financier pareil.

Je voudrais aussi adresser un remerciement très personnel et un hommage très respectueux au nouveau Président de notre Société, à M. Raymond Poincaré. En acceptant de se mettre à la tête de la *Société de législation comparée*, l'année même où nous devions fêter notre cinquantenaire, il a ranimé le courage de tous! Quel exemple il donne à la France et au monde, après sept ans d'une magistrature politique sous laquelle se sont déroulés de si graves événements, après les éclatants services qu'il y a rendus à la cause sacrée pendant la guerre, en restant, ayant été un chef et un grand chef, le soldat du devoir civique, prêt à toutes les tâches d'où peut sortir le bien de notre cher pays!

Mais je réserve, dans mon toast, une place à part à mon voisin d'en face, sans lequel nous ne serions sans doute pas ici, car il est un des fondateurs, et sans doute le véritable fondateur de notre Société, à M. Alexandre Ribot! Ce n'est pas au grand parlementaire, au grand homme d'État, au grand ministre des finances de la guerre, que je m'adresse, c'est au glorieux survivant des précurseurs de 1869!

Il nous doit de nous apprendre l'histoire secrète — toujours la plus intéressante — de la genèse de notre Société. L'histoire publique, on peut la reconstituer avec les documents écrits et imprimés. Mais il n'y a jamais tout dans ces documents! Or nous avons la bonne fortune d'avoir encore parmi nous le grand témoin de ce qui s'est fait en 1869. M. Ribot est bien plus d'ailleurs qu'un témoin, il est un de ceux qui, je crois l'avoir deviné, ont eu la première idée de cette création qui manquait à la France, initiatrice de tant de fondations d'intérêt universel et international.

En tout cas, comme je le disais ce matin, à l'ouverture du Congrès, dès qu'il en est devenu le Secrétaire général, la *Société*, sous son habile et active impulsion, a bien vite pris sa forme et trouvé ses méthodes définitives. Elle n'en a pas changé depuis!

Je vous invite donc, mes chers collègues, à lever votre verre en l'honneur de M. Alexandre Ribot, fondateur de la *Société de législation comparée*; je vous invite à boire à cette activité toujours en éveil, que les ans ne semblent qu'augmenter, et qui ne s'est jamais dépensée que dans l'intérêt public!

DISCOURS DE M. ALEXANDRE RIBOT

Messieurs,

Malgré le désir que j'aurais de garder le silence, je ne puis pas ne pas remercier M. le doyen Larnaude de ses paroles trop flatteuses et ne pas répondre à son aimable interpellation. J'ai en effet pris part, il y a un peu plus de cinquante ans, à la fondation de la Société de législation comparée. Il me semble que le temps a marché bien vite. Mais qu'est-ce que le temps? se demandent aujourd'hui les philosophes et les savants. A-t-il une existence réelle? Et s'il existe, n'est-ce pas une illusion de vouloir le mesurer?

C'est en 1869 que nous sommes allés, Paul Jozon et moi, trouver Laboulaye qui était professeur de législation comparée au Collège de France et exerçait sur la jeunesse libérale d'alors une sorte de magistrature par sa parole et par ses écrits. Nous lui avons offert la présidence d'une société qui n'existait encore que dans notre tête. Belle audace, n'est-il pas vrai? et qui n'appartient qu'à la jeunesse. Laboulaye nous permit d'user de son nom et nous promit généreusement tout son concours. Nous étions dès lors assurés du succès. Bientôt la Société put compter parmi ses premiers membres tout ce qu'il y avait de plus considérable dans l'enseignement du droit, dans la magistrature, dans le barreau, dans le Conseil d'État. Que de noms célèbres, quelques-uns même illustres figurent sur ces listes de la fondation! non seulement des noms français, mais aussi et en grand nombre des noms de savants étrangers. La Société de législation comparée est justement fière des sympathies et des concours qu'elle a toujours trouvés dans les pays étrangers et la présence à notre réunion de ce soir des représentants les plus autorisés de la science en Europe et en Amérique atteste que ces sympathies n'ont rien perdu de leur force, qu'elles sont même devenues plus vives depuis que la France a été dans cette terrible guerre le champion du droit et de la civilisation.

L'idée que nous avons eue en 1869 répondait à un sentiment général. On commençait à se rendre compte que le droit devait sortir des limites un peu étroites des législations particulières. C'est ce que Laboulaye exprimait heureusement en disant que « la législation ne devait plus être une œuvre locale, mais une œuvre à laquelle l'expérience du monde entier devait collaborer ». Nos jurisconsultes avaient vécu trop enfermés dans l'étude de cet ensemble de lois admirables qui étaient sorties du grand effort de 1789. Mais des besoins nouveaux s'étaient fait jour et partout se continuaient des expériences que nous ne pouvions plus ignorer. Il fallait suivre de près ces expériences et tâcher de découvrir, à travers les différences qui tiennent à la diversité des mœurs et des traditions, les grandes lignes de l'évolution qui s'accomplissait dans le monde des idées et se traduisait dans les lois. Ce devait être le rôle de la Société de législation comparée. Un tel rôle n'est pas près de finir. Voyez, en effet, comment l'évolution dont je parle se poursuit, avec une force de plus en plus grande, dans tous les domaines de la législation.

Qu'il s'agisse des lois politiques, des lois d'impôts, du droit civil, du droit commercial, du droit criminel, le mouvement est général. Il se propage d'un pays à tous les autres pays avec une rapidité qui eût étonné nos ancêtres. L'exemple donné par une nation est suivi partout avec le plus vif intérêt et un désir d'imitation. C'est surtout dans ce qui touche aux conditions du travail, aux relations du capital et du travail que le travail législatif est l'objet dans tous les pays d'une attention passionnée. On a partout le sentiment qu'une évolution pacifique peut seule écarter le danger d'une révolution.

Ainsi les mêmes problèmes se posent dans tous les pays et de plus en plus les solutions qui leur sont données ont un caractère général. Aussi quelle belle synthèse il y aurait à faire de tout le travail législatif des cinquante dernières années ! Les études remarquables qui ont été lues à la séance de ce matin et de cette après-midi sont les matériaux précieux de cette synthèse qui permettra à nos successeurs de dégager l'esprit général du mouvement des idées et des faits de la période si féconde qui vient de s'achever.

En fondant la Société de législation comparée, nous avons

voulu faire une œuvre d'un caractère désintéressé et scientifique. Aussi avons-nous écrit dans les statuts qu'on ne voterait sur aucune question. Nous ne nous sommes pas proposé de fournir au législateur des projets de loi tout rédigés, mais seulement des documents préparés avec une méthode rigoureuse et dont il puisse se servir en toute sécurité. Aussi, dès le début de la société, avais-je eu l'idée de cet *Annuaire de législation étrangère* dont a parlé M. Larnaude. On peut dire que l'annuaire a été le fondement solide du succès de notre Société. Mais l'œuvre paraissait si difficile à entreprendre et à continuer sans interruption, que l'idée ne fut pas sans rencontrer quelques résistances dans le Conseil de direction. On exprima la crainte qu'il fût malaisé de trouver des traducteurs en nombre suffisant pour une œuvre de cette envergure et que, si on réussissait à les grouper, leur zèle ne se ralentît au bout de quelques années. L'événement a donné tort à ces prévisions un peu pessimistes, mais n'est-ce pas une merveille qu'on ait pu, durant cinquante ans, maintenir compact et tenir en haleine ce petit bataillon de travailleurs désintéressés qui n'ont d'autre récompense que le sentiment d'avoir apporté leur pierre à l'édifice commun? Quelle œuvre aurait pu faire plus d'honneur à la Société? N'avons-nous pas le droit d'en être fiers? Elle se poursuivra avec le même succès dans les cinquante années qui vont succéder au premier demi-siècle déjà vécu par la Société. Il ne manquera pas de volontaires pour ce travail de Bénédictins laïques, mais de Bénédictins qui ne vivent pas dans un couvent paisible et qui disputent à leurs occupations professionnelles le temps nécessaire à cette besogne de traduction. Remercions-les de tout cœur en exprimant discrètement le regret qu'on n'ait pas pris parmi eux les traducteurs des rédactions britanniques du dernier traité de Versailles.

Ce n'est pas que l'on n'ait apprécié en haut lieu les services qu'ils ont rendus en traduisant les codes étrangers qu'a publiés le Comité de législation étrangère institué par M. Dufaure au Ministère de la Justice. La création de ce Comité a suivi de près la fondation de la Société de législation comparée. J'étais secrétaire général du Ministère de la Justice en 1876 et j'ai mis sur pied le projet formé à diverses époques de réunir dans un dépôt public, accessible à tous les travailleurs, les documents législatifs du monde entier. La bibliothèque formée au ministère de la Justice grâce aux crédits votés par les chambres est la plus riche qui existe en Europe. Elle a déjà rendu d'inappréciables services. Comme vous le voyez, le Comité de législation étrangère qui s'appelle aujourd'hui Office de législation étrangère, pour se mettre à la mode du jour, procède de la même idée que la Société de législation comparée et fait appel au même personnel pour compléter, par la traduction des codes étrangers l'œuvre de l'*Annuaire de législation étrangère*. Il y a là un ensemble d'efforts et de résultats qui fait grand honneur à notre pays.

Je m'excuse d'avoir déjà parlé trop longuement, mais comment n'adresserais-je pas un souvenir à ceux dont j'ai été le collaborateur dans les premières années de la Société?

A Paul Jozon qui a été le premier secrétaire général, modèle de probité, de droiture, de dévouement, un des hommes qui ont le plus honoré la démocratie en France et dont la mort prématurée a été un véritable deuil pour ses amis. Je lui ai succédé au secrétariat général, en 1871, après son élection à l'Assemblée nationale. J'ai eu moi-même pour successeur Georges Dubois, mon ancien collègue au Parquet du Tribunal de la Seine, qui fait encore partie de notre Société et continue d'en suivre les travaux. Après Georges Dubois, la Société n'a eu que deux secrétaires généraux, Jules Dietz et Daguin, jusqu'à l'avènement de notre secrétaire général actuel qui a la tâche de maintenir les traditions de la Société et qui s'y emploie déjà avec zèle et avec succès. Les secrétaires des premières années ont été du Buit, qui a été bâtonnier du barreau de Paris et plaidait encore à plus de 80 ans avec une vaillance que les jeunes avocats auraient pu lui envier, Maurice Sabatier qui a laissé un grand nom au barreau du Conseil d'État et de la Cour de cassation et a été membre de l'Académie des sciences morales et politiques, Tanon, président de Chambre à la Cour de cassation, Edmond Bertrand, qui a été procureur général à la Cour d'appel de Paris, puis Gonse, mort avant l'âge, après avoir été directeur des Affaires civiles au Ministère de la Justice, Jules Dietz, dont j'ai déjà cité le nom, un esprit d'une rare étendue et d'une grande distinction, qui a fait ses preuves au Palais et dans la presse politique, Armand Demougeot, auditeur au Conseil d'État, ravi en pleine jeunesse par la mort à la plus brillante destinée, Lyon-Caen, que je suis heureux de voir à mon côté, ancien doyen de la Faculté de droit de Paris, aujourd'hui secrétaire perpétuel de l'Académie des sciences morales et politiques, Cauwès, qui a été lui aussi doyen de la Faculté de droit de Paris, René Millet, devenu ambassadeur de France et résident général à Tunis, et enfin Jules Cambon, qui a fait aussi quelque chemin dans le monde. Nos secrétaires d'aujourd'hui peuvent voir que leurs fonctions ne sont pas une mauvaise préparation aux plus hautes situations dans l'État, au barreau, et dans l'enseignement. A tous ces collaborateurs, à tous ces compagnons de ma jeunesse, je garde le souvenir le plus fidèle et le plus affectueux.

Que dire des Présidents de la Société? Le premier à été Laboulaye; il a eu pour successeurs Renouard, puis Dufaure, Larombière, Gide, Aucoc et tant d'autres, ayant tous laissé une trace et un nom, quelques-uns illustres, jusqu'au président actuel, qui met au service de la Société l'éclat des services inoubliables rendus au pays, en même temps que des trésors de science et d'expérience. La Société de législation comparée renouvelée dans son personnel, et toujours vaillante, reste fidèle à ses origines, à l'esprit de sa fondation. En ma qualité de vétéran, je bois non pas au passé, mais à la jeunesse, à l'avenir de la Société.

DISCOURS DE
M. LE PRÉSIDENT RAYMOND POINCARÉ

Messieurs et chers Collègues,

En présidant, l'année dernière, une de nos assemblées, mon éminent prédécesseur, M. Larnaude, rendait un hommage ému aux membres que la Société de législation comparée avait perdus depuis le début de la guerre universelle : les uns, parmi les plus jeunes, morts en héros sur les champs de bataille, les autres, plus âgés, magistrats, avocats, professeurs, hommes politiques, diplomates, administrateurs, souvent tombés victimes des deuils, des émotions et des angoisses. Et, rappelant les services que tous avaient rendus à notre association, M. Larnaude répétait le beau cri : Debout les morts ! et affirmait éloquemment que « nos grands disparus » continueraient d'inspirer aux survivants, par l'enseignement de leur vie et par l'exemple de leurs travaux, le désir de les imiter et de les égaler.

En ce jour où notre Société célèbre son cinquantenaire, ce n'est plus seulement le funèbre cortège de ces dernières années, c'est une longue théorie d'ombres glorieuses qu'elle peut évoquer devant elle ; et il est juste que notre première pensée aille pieusement ce soir à ces illustres devanciers, à ceux qui ont été les fondateurs ou les bons ouvriers de notre institution et, en particulier, à ceux qui ont autrefois présidé à ses destinées, les Laboulaye, les Dufaure, les Larombière, les Duverger, les du Buit, les Barboux, les Bétolaud, les Georges Picot, les Baudouin, et combien d'autres, dont le souvenir restera parmi nous impérissable.

Après ces morts, qui ont assuré l'immortalité à notre œuvre, je veux saluer aussi, avec gratitude, ceux qui ont recueilli leur héritage, et spécialement nos membres correspondants et nos associés étrangers, dont beaucoup sont nos souscripteurs perpétuels, et qui nous ont tous donné aujourd'hui, soit, comme les orateurs que nous venons d'applaudir, par leur présence réelle, soit par des témoignages venus de loin et très touchants, une preuve nouvelle de leurs sympathies et de leur esprit de solidarité.

Depuis un demi-siècle, ils n'ont pas été seulement pour notre société une parure éclatante; ils lui ont offert la collaboration la plus active et la plus efficace, et ils ont brillamment contribué à accroître son rayonnement dans le monde. Au moment où nous fêtons notre jubilé, nous avons à cœur de leur exprimer la fidélité de nos souvenirs et la ferveur de notre reconnaissance.

Les créateurs de notre société et ses plus anciens membres, comme mon cher et respecté collègue, M. Ribot, ont été très heureusement inspirés lorsqu'ils lui ont donné, dès sa naissance, cette physionomie internationale. L'étude du droit comparé serait une science inerte et stérile si elle était isolément pratiquée, dans le silence des bibliothèques, par quelques chercheurs des divers pays, et si elle n'était pas fécondée et unifiée par des relations suivies entre les hommes de labeur et de foi qui veulent y consacrer leur intelligence et leurs forces. Ce qui nous a permis de remplir notre objet social, de bien connaître et d'analyser clairement les lois des différents peuples, de rechercher les moyens d'améliorer les législations respectives, ce sont, pour une large part, ces intéressants échanges de vues entre associés du dedans et du dehors, ce sont ces savantes communications qui ont si richement alimenté l'admirable travail de nos sections et qui nous ont aidés à rapprocher, à confronter, à comparer, non seulement des documents arides et des textes inanimés, mais des cerveaux vivants, des esprits pensants et des conceptions humaines.

Quand notre Société s'est donné cette noble mission, elle a voulu répondre à un besoin grandissant de la civilisation moderne. Au XVIIIe siècle, lorsqu'avaient commencé à se répandre en Europe les théories sur le droit naturel, sur la souveraineté du peuple, sur la justice sociale, la curiosité des philosophes et des jurisconsultes, stimulée par le génie de Montesquieu, s'était déjà mise à chercher des comparaisons au delà des frontières; et les lois, qui étaient jusque-là jalousement enfermées dans une nation ou dans une province, avaient appris peu à peu l'existence des lois voisines. La Révolution française accéléra et généralisa ce mouvement, encore timide, et en l'an IX, Bonaparte, premier consul, donna l'ordre de traduire et de rassembler, en corps d'ouvrage, tous les codes civils, criminels, commerciaux, maritimes, militaires des États européens. Mais, quand Napoléon eut achevé de « percer sous Bonaparte », les événements suspendirent la construction du monument entrepris, et jamais il ne s'éleva au-dessus du premier étage. Il fallut que soixante-huit ans plus tard, notre société reprît hardiment, dans la bienfaisante liberté d'une initiative privée, le projet qu'avait conçu Bonaparte et qu'avait abandonné l'Empereur.

Elle s'est alors assigné la tâche immense d'embrasser dans leur ensemble toutes les législations, d'en exposer la variété et d'en suivre l'évolution, de rechercher l'influence qu'elles exercent les unes sur les autres, de mettre en lumière les contradictions qui les divisent et les analogies qui les rapprochent.

Elle a été ainsi amenée à pénétrer de plus en plus profondément dans la connaissance des divers peuples. Et certes, elle ne s'est jamais fait l'illusion qu'il fût possible, ni qu'il fût désirable de supprimer entre eux toute distinction législative. Elle sait que les mœurs, l'organisation constitutionnelle, politique et sociale, et par dessus tout la liberté parlementaire et l'exercice même de la souveraineté nationale empêcheront toujours des assimilations outrées, qui détruiraient des traditions respectables et des originalités nécessaires. Mais elle sait aussi qu'en de nombreuses matières, des législations différentes peuvent trouver avantage à se faire de mutuels emprunts et que, tous les jours, dans le domaine du droit commercial, du droit criminel, de la procédure, de l'hygiène, du travail, cette pénétration réciproque produit les résultats les plus favorables à l'amélioration des lois et au développement du progrès général.

Déjà, depuis les bouleversements inouïs qu'a entraînés la guerre, d'excellents esprits nous invitent à aller plus avant et à tirer parti des liens plus étroits qui se sont noués entre certaines nations. En 1916, M. Vittorio Scialoja, ancien ministre du royaume d'Italie, demandait qu'on réalisât progressivement l'uniformité législative entre son pays et la France dans les questions où les habitudes et les sentiments des deux nations rendraient possible cette identité. Des professeurs et des jurisconsultes milanais reprenaient aussitôt cette ingénieuse idée, l'élargissaient, et recommandaient la conclusion d'une alliance législative entre pays amis. Quelques mois plus tard, cette séduisante proposition était mise à l'étude par un comité parisien, que préside M. Larnaude, et tout permet d'espérer que ces louables tentatives finiront, tôt ou tard, par être couronnées de succès.

Quelles que soient nos lois nationales, alors même qu'elles seraient l'œuvre d'un Lycurgue ou d'un Solon, alors même qu'elles auraient pour auteur, comme les lois dont parle le Clinias de Platon, Jupiter ou Apollon, elles n'en seraient pas moins éloignées de la perfection de toute la distance qui sépare les dieux antiques et les hommes modernes de l'éternité et de l'infini. Il est donc souhaitable qu'elles se soutiennent les unes les autres dans leur marche perpétuelle vers le mieux et qu'elles mettent en commun tout ce qui peut les rapprocher de la justice, de la sagesse et de la vérité.

Encore une fois, ces contacts bienfaisants ne nous empêcheront jamais de conserver, dans la législation comme dans toutes les autres manifestations de l'activité humaine, nos particularités nationales; mais ils établiront de plus en plus entre les peuples amis un fonds commun de règles civiles et sociales, un patrimoine indivis de notions rationnelles et de préceptes pratiques; et par là, ils serviront à prévenir ou à dissiper de regrettables malentendus, à mieux accorder les intelligences et à unir plus étroitement les cœurs. C'est dire qu'ils profiteront, tout à la fois, à nos patries et à l'humanité. Puisse notre société, pendant le demi-siècle qui s'ouvre devant elle, poursuivre cette œuvre civilisatrice sous les auspices d'une paix inviolée!

Je lève mon verre en l'honneur de nos membres étrangers et français. Je bois à l'avenir de la Société de législation comparée.

DEUXIÈME PARTIE

COMMUNICATIONS

BELGIQUE

CINQUANTE ANS DE DROIT PUBLIC
(1869-1919)

PAR

Paul ERRERA

PROFESSEUR A L'UNIVERSITÉ DE BRUXELLES

I

Coup d'œil initial.

En 1869, la Belgique, au point de vue politique, ressemblait encore à ce que l'avait faite la Révolution de 1830 et la Constitution de 1831 : une petite monarchie bourgeoise, industrieuse et riche, désireuse d'occuper dans le monde une place marquante au point de vue de la production, des arts, résolument attachée surtout à son indépendance.

En examinant les transformations subies depuis par elle, mettons-nous en garde contre l'erreur qui consiste à fausser nos jugements sur les événements d'avant-guerre par notre mentalité actuelle : aucun d'eux n'a plus grande importance à nos yeux, après ce que nous avons vécu. Il faut pourtant que nous leur accordions l'attention qu'ils méritaient au moment où ils se sont produits (1).

A la veille de la guerre de 1870, notre Parlement était absorbé par les luttes de partis : catholiques et libéraux se disputaient le pouvoir ou plutôt y succédaient selon un rythme assez régulier. Léopold II, roi depuis quatre ans, suivait les traces de son

---

(1) On trouvera facilement, sur tous les points de la présente esquisse, jusqu'au § XIV, des précisions dans le *Traité de Droit public belge*, par PAUL ERRERA, 2ᵉ édition, Paris, 1918, Giard et Brière.

père et acceptait docilement les suggestions des hommes d'État
du règne précédent. A ce double point de vue, les choses allaient
changer. Le parti catholique se maintint au pouvoir depuis 1870,
à l'exception du court intervalle de 1878-1884 qui, à distance,
nous apparaît presque comme un accident. L'histoire parlementaire d'aucun pays ne connaît, pensons-nous, pareille durée,
avec aussi peu de revirements politiques. Ni la revision constitutionnelle, amenant le suffrage universel mitigé par le vote plural,
ni l'entrée en scène du parti socialiste et son rôle grandissant,
n'ont modifié cette situation, que la grande guerre a trouvée
inchangée. Seules les nécessités d'un ministère national, puis les
élections de 1919 ont amené une composition tripartite du gouvernement. Quant au Roi, ce fut la politique africaine surtout qui en
fit le monarque autoritaire des dernières années de son règne.

Rappelons que la Belgique sut conserver sa neutralité et la
faire respecter pendant la tourmente de 1870-1871. Son attitude
loyale, à ce moment, a été souvent donnée en exemple en 1914.
Des hommes clairvoyants comprirent le danger qui l'avait
menacée et que l'issue de la guerre franco-allemande allait
rendre permanent. Un système de conscription reposant sur le
tirage au sort et le remplacement, un contingent annuel infime
furent dénoncés comme injustes et insuffisants par quelques
voix qui se perdirent dans le désert!

Les querelles électorales, les questions d'intérêt de parti
préoccupaient bien plus l'opinion publique.

II

Régime électoral. — Revision constitutionnelle.
Referendum.

Le minimum constitutionnel du cens électoral (20 florins,
fr. 42,32) avait été atteint, dès 1848, comme contre-coup — ô
combien amorti! — du mouvement démocratique européen. Pour
aller plus loin dans la voie du suffrage universel, il fallait désormais reviser notre pacte fondamental, à quoi ne songeaient, en
1869, que de très rares individualités. Le parti catholique arrivé
au pouvoir en 1870, abaissa le cens électoral provincial et communal à 20 et 10 francs (loi du 12 juin 1871). Les mesures de ce
genre ont d'ailleurs profité pour longtemps aux cléricaux.

Dans les années suivantes, la technique du régime électoral

sembla seule mériter l'attention de nos gouvernants : questions
fiscales visant à l'attribution du cens à certaines catégories de
contribuables, secret du vote, couloir électoral, tout cela était
traité avec une *maestria* particulière par le ministre Malou et
ses amis.

L'entrée à la Chambre du groupe radical, en 1877, posa la
question du suffrage universel; ce fut l'une des causes de dissensions parmi les libéraux, en faible majorité au Parlement,
à partir de 1878. Le cabinet Frère-Orban résista aux tentatives
de Paul Janson et consorts. Peu avant sa chute, il fit, dans ce
domaine, aux idées démocratiques, la partielle concession d'adjoindre aux électeurs censitaires provinciaux et communaux,
des capacitaires par titres et par fonctions (loi du 24 août 1883).

Après le retour au pouvoir des catholiques, il fallut les grèves
sanglantes de 1886 pour triompher des résistances des Chambres.
Auguste Beernaert, premier ministre, comprit que l'idée-force
du S. U. était désormais incompressible. Un petit pamphlet
d'Alfred Defuisseaux, « Le Catéchisme du Peuple » avait remué
l'opinion des masses : la revision s'imposait. Les Chambres
furent unanimes à l'admettre. Les élections qui suivirent la
dissolution, conséquence obligatoire du premier vote de revision
(Constitution, article 131) ne donnèrent, sur l'orientation politique du Pays, que des indications imprécises. Au lieu de se
grouper nettement en partisans ou adversaires de tel ou de tel
système électoral, les candidats catholiques et libéraux formant
listes communes étaient en désaccord entre eux, sur ce point
essentiel! Le corps électoral censitaire montra son incapacité
à comprendre le rôle que, dans sa clairvoyance, le Congrès
national voulait réserver aux « citoyens actifs » dans toute
réforme constitutionnelle.

Le travail de revision s'accomplit péniblement. Le gouvernement penchait pour le système de l'occupation, sans vouloir l'imposer. D'ailleurs il ne disposait pas de la majorité des deux tiers
requise pour le vote final. Les libéraux étaient divisés : les doctrinaires prônaient le capacitariat, les radicaux le S. U. Des
scrutins successifs allaient entraîner l'échec de la revision,
lorsque des voix du dehors se firent entendre sur un ton menaçant. Un compromis fut conclu entre catholiques et radicaux,
représentés par les députés Nyssens, professeur à Louvain, et
Feron, avocat à Bruxelles. Le résultat (vote du 18 avril 1893)
fut l'établissement du S. U. à 25 ans, mitigé par le vote plural,

l'électeur pouvant cumuler 3 voix au plus. En outre, sans admettre la représentation proportionnelle, le texte nouveau en rendait l'application possible et faisait de la fonction électorale une obligation. D'autre part, le cens d'éligibilité au Sénat était notablement abaissé. Aux sénateurs élus étaient adjoints des « sénateurs provinciaux », en petit nombre, nommés par les conseils provinciaux, c'est-à-dire au second degré. L'âge de l'électorat sénatorial pouvait être, par une loi, retardé à 30 ans.

La revision se poursuivit alors dans le plus grand calme. Les votes au Sénat et ceux qui modifièrent d'autres dispositions, relatives au régime colonial — dont la possibilité devait être envisagée, — au statut de la famille royale, etc., réunirent aisément les majorités nécessaires. L'ensemble des dispositions nouvelles porte la date du 7 septembre 1893.

Quoiqu'aujourd'hui aboli, ce régime électoral mérite de retenir quelques instants l'attention. Il représente en effet la plus large extension subite du corps électoral que puisse connaître la Belgique, à moins que ne soit instauré le suffrage universel féminin. En 1892, le pays comptait environ 130.000 électeurs, soit 22 par 1.000 habitants. En 1893 leur nombre s'éleva pour la Chambre, à 1.350.000 environ, soit 225 par 1.000 habitants. La pluralité du vote créait pour 100 électeurs à côté de 47 électeurs à une voix, 53 « pluraux », dont 27 chefs de famille à 2 voix, 23 propriétaires à 2 voix et 3 capacitaires à 3 voix. Voyons comment s'obtenaient les voix supplémentaires. Une seconde voix était accordée : 1° à tout électeur âgé de 35 ans, chef de famille, payant 5 francs d'impôts personnels; 2° à tout électeur âgé de 25 ans, propriétaire foncier ou rentier de l'État, dans des proportions prévues au texte constitutionnel. Deux votes supplémentaires étaient accordés et à l'électeur réunissant les conditions du 1° et du 2° ci-dessus, et à l'électeur capacitaire. Cette notion minutieusement définie au texte comprend les porteurs d'un diplôme d'enseignement supérieur ou moyen du degré supérieur, sans distinction entre les établissements publics ou privés; elle comprend encore tous ceux qui remplissent ou ont rempli une fonction publique, occupent ou ont occupé une position, exercent ou ont exercé une profession impliquant présomption de certaines capacités supérieures. Les énumérations correspondantes furent renvoyées au Code électoral (lois des 12 avril et 23 juin 1894, etc.).

Cette fois, comme toujours en Belgique, l'extension du corps électoral profita tout d'abord et grandement aux catholiques.

Les années qui suivirent la revision sont, à certains égards, les plus réactionnaires que nous ayons connues. Ainsi, le législateur s'empressa-t-il de porter à 30 ans l'âge électoral pour le Sénat, pour la province et pour la commune, de permettre, dans les élections locales, le cumul de 4 voix, d'étendre à 8 ans la durée du mandat des conseillers communaux, de combiner les conditions de domicile avec la procédure en établissement et en revision des listes électorales, de manière à écarter des urnes un grand nombre d'ouvriers et de citadins.

D'autre part, les députés socialistes firent, sur la scène politique, une entrée sensationnelle : elle était prévue. Qu'allait devenir la traditionnelle balance des partis en présence de ce tiers élément perturbateur? A cela devait répondre la R. P. bientôt admise pour plusieurs motifs, dont celui-ci n'était pas le moindre (loi du 29 décembre 1899). Ce n'est pas le lieu d'en discuter ici le principe. Peu de pays étaient aussi aptes que le nôtre à adopter un système impliquant des partis politiques définis, cohérents, disciplinés. L'idée fonctionnelle du vote obligatoire facilitait aussi son instauration. Enfin, la nécessité politique de ne point exclure de la vie publique une au moins des opinions du pays pesa sur son adoption de tout le poids qu'a forcément chez nous un motif d'ordre, de modération et d'équité. Un chapitre du Code électoral est désormais consacré à la R. P.

Il commence par les règles relatives à la présentation des candidats dont les noms pourront figurer seuls sur les bulletins de vote. Toutes les candidatures doivent être acceptées; celles qui forment une liste ne peuvent excéder le nombre des sièges à conférer; l'ordre des présentations est maintenu sur le bulletin de vote. Les candidatures multiples sont interdites. Le vote a lieu à la commune, mais l'élection se fait par grands arrondissements. Ainsi Bruxelles élisait 18 députés en 1894; ils sont devenus 26, en 1912. L'électeur reçoit autant de bulletins qu'il a de voix, mais il ne peut, sur chaque bulletin, émettre qu'un vote, soit pour une liste, soit pour un candidat déterminé. Par le « vote de liste », il donne sa voix à tous les candidats qui composent celle-ci et se rallie à l'ordre de présentation. Par le « vote de préférence », il donne encore sa voix à toute la liste, mais indique sa préférence pour le candidat auquel il a donné sa voix et qu'il veut ainsi faire passer avant les autres candidats de la même liste, dans la répartition des sièges. Celle-ci a lieu, pour chaque parti, proportionnellement au nombre des votes de liste et de préférence qu'il recueille. Les voix sont dévolues aux différents candidats, dans l'ordre de présentation, sauf le cas exceptionnel où des votes de préférence peuvent modifier cet ordre.

Dans cet exposé tout à fait rudimentaire, nous avons omis de parler des suppléants qu'il est loisible à chaque parti de donner aux candidats effectifs. L'élection se fait pour eux sur le même bulletin et de la même façon. L'institution est une nécessité dans le régime de la R. P., afin d'éviter les élections partielles en cas de mort ou de démission, puisque seul le scrutin de liste est conciliable avec ce système.

Signalons, en passant, une réforme de technique parlementaire dont plusieurs dissolutions des Chambres avaient démontré l'opportunité. Que reste-t-il des projets de loi en cours de discussion, devant la législature nouvelle? Au lieu d'une réponse négative absolue, les Chambres préférèrent une solution transactionnelle, le vote par l'une d'elles restant acquis et la procédure législative reprenant son cours pour les projets ainsi votés, devant la Chambre qui n'a pas encore statué à leur égard (loi du 1er juillet 1893).

On sait la longue série des législatures catholiques qui se succédèrent depuis 1893. Mais nul ne méconnaîtra l'influence des minorités socialiste et même libérale dont la R. P. assurait la présence aux Chambres. La réélection automatique des chefs de groupe, portés en tête de listes, réélection considérée, à juste titre, comme une grave emprise sur la liberté des électeurs, comme une influence sans doute excessive accordée aux associations politiques, offre des compensations suffisantes pour en assurer le maintien.

La guerre trouva ce régime inchangé, mais elle ne devait point le laisser tel. Les tranchées ont-elles enseigné un nouveau Catéchisme du Peuple qui prépara à la communion du 10 avril 1919? Le fait est qu'après avoir accepté un ministère d'Union sacrée, composé d'hommes appartenant aux trois partis politiques, le Parlement vota unanimement et le Pays approuva une mesure bien qu'inconstitutionnelle qui abolit, par une simple loi, le vote plural, abaissa à 21 ans l'âge électoral, réduisit les conditions de domicile, conféra le vote à certaines femmes, et tout ceci aussi bien pour le Sénat, que pour la Chambre (lois du 9 mai 1919). La loi n'a d'ailleurs qu'un caractère transitoire. Une autre mesure législative assura l'exercice du

droit de vote aux troupes belges en pays occupé, en même temps
que la technique de la R. P. fut modifiée par l'introduction du
principe de l'apparentément des listes (lois du 22 octobre 1919).
Celui-ci permet aux partis de faire à cet égard une déclaration,
lors de la présentation des listes. L'électeur y est étranger, mais
dans la répartition des sièges, les chiffres résiduaires, restant
sinon inemployés, sont additionnés, de façon à pouvoir conférer
quelques sièges. L'apparentement se fait d'arrondissement à
arrondissement, entre listes d'un même parti ou de partis homo-
logues ; il ne se fait pas de liste à liste, dans un même arrondissement. Ceci est en rapport avec la forte constitution de nos
partis politiques qui font préférer à l'électeur de concourir au
choix d'un candidat de son opinion, dans une autre localité,
plutôt que d'apporter sa voix à n'importe quel homme de son
arrondissement qui ne figure pas sur la liste de son choix. Il
serait prématuré de juger, sur une seule expérience, un système
aussi complexe et aussi délicat ; du moins prouve-t-il un sincère
désir de faire donner à la R. P. toute l'efficacité politique et
toute la précision mathématique dont elle est susceptible.

Le régime provisoire, établi en 1919, permit aux élections du
mois de novembre de se faire dans le plus grand calme, ce qui
n'eut peut-être pas eu lieu si le régime du vote plural avait
encore été appliqué. Grâce à cet expédient, les anciennes Chambres ont pu déclarer quels articles de la Constitution seraient
soumis à revision, ce qui entraîna dissolution et convocation
de Chambres nouvelles, compétentes pour procéder à cette
revision. Peut-être faudrait-il adresser au corps électoral de
1919 le même reproche qu'à celui de 1892 : manque d'orientation sur les points à résoudre ; mais on peut, cette fois, plaider les circonstances atténuantes : les questions économiques et
de politique étrangère sont à ce point prédominantes que — le
problème du S. U. étant virtuellement résolu — la revision
constitutionnelle n'apparaît pas, à l'heure présente, comme
essentielle ou du moins comme exclusivement essentielle.

Le referendum n'a pas, jusqu'ici, été admis dans notre droit
public. Peut-être le sera-t-il bientôt ; car on en parle à la Constituante et certains textes sont soumis à revision, afin de laisser
la question ouverte. Rappelons, à ce propos, qu'en 1892, sur les
instances de Léopold II, le cabinet Beernaert proposa d'introduire, en matière législative, le « referendum royal » ; c'est-à-
dire le droit, pour le Roi, sous la garantie de la responsabilité

ministérielle, de consulter les électeurs sur un projet de loi soumis aux Chambres, peut-être même déjà voté par elles. La proposition fut aussitôt écartée comme dangereuse pour la monarchie elle-même et contraire au régime parlementaire, le droit de dissolution suffisant aux fins proposées (Chambre des Représentants, séances des 11 février 1892 et 13 juillet 1893).

III

La Question scolaire.

Ces cinquante dernières années ont vu nos luttes scolaires portées à leur paroxysme. La revision de la loi de 1842 sur l'enseignement primaire avait été longtemps l'article essentiel du programme libéral. L'école dite libre, c'est-à-dire privée et presque toujours confessionnelle, partageait avec l'école officielle, c'est-à-dire communale, les subsides publics. On la disait alors « adoptée ». L'un des soins initiaux du parti libéral, arrivé au pouvoir en 1878, fut la réforme scolaire qui priva de ces subsides l'enseignement privé (loi du 1er juillet 1879). La loi avait un caractère centralisateur et laïc, la religion ne figurant plus au programme officiel et n'étant enseignée à l'école par les prêtres, qu'aux enfants des parents qui le demandaient. L'enseignement normal officiel fut en même temps réorganisé. Le coup fut rude pour le parti catholique qui dut subvenir, par ses propres ressources, aux dépenses de ses écoles, ce qu'il ne manqua d'ailleurs pas de faire.

Pendant un temps, la lutte scolaire atteint une âpreté inouïe : les mandements épiscopaux, les prédications, les peines spirituelles n'épargnèrent personne, dans les campagnes surtout et dans les petites villes catholiques. Le « gaspillage scolaire » et « l'école sans Dieu » sont partout dénoncés à la vindicte publique. Le Gouvernement se défend par des procédés inusités : envoi de commissaires spéciaux, enquête parlementaire (1880). Tout cela ne fut pas vite pardonné aux libéraux, surtout après la rupture diplomatique avec le Saint-Siège. Celui-ci avait pris envers notre ministère des engagements, méconnus dans des instructions *assolutamente segrete* au clergé. Frère Orban ne le souffrit point et rappela le ministre belge au Vatican.

L'une des premières mesures des catholiques revenus au pouvoir fut le rétablissement du régime de l'adoption des écoles dites libres (loi du 20 septembre 1884). La religion figure de nouveau en tête du programme. Une certaine latitude est laissée à cet égard au père de famille, qui peut demander expressément pour ses enfants la dispense d'assister au cours de religion et de morale, ces deux enseignements étant censés se confondre. De plus en plus, depuis 1884, les écoles simplement « adoptables », c'est-à-dire remplissant les conditions légales de l'adoption, participent aux subsides publics. Dix ans plus tard, un pas décisif fut fait en ce sens (loi du 15 septembre 1895) : c'était l'époque d'extrême réaction dont nous avons déjà parlé. Un mot caractérise le régime scolaire depuis lors : la liberté subsidiée. Dans tous les domaines, l'enseignement privé fut mis avec l'enseignement officiel sur un pied d'égalité.

Des tentatives furent faites dans la voie de la paix scolaire. Elles échouèrent. Ce fut notamment le cas en 1911, quand fut proposé le régime du « bon scolaire » conférant une créance sur l'État, à n'importe quelle école où il plaisait au père de famille de placer son enfant. Les choses se gâtaient : on s'en tira par une crise ministérielle.

Sous la pression de l'opinion publique, le Parlement reprit la question scolaire en 1914 et fit, cette fois, de la besogne sérieuse (loi du 19 mai 1914). L'instruction obligatoire et gratuite, déjà proposée par le gouvernement libéral en 1883, peu avant sa chute, fut enfin instaurée. Il en était grand temps, les statistiques accusant un pourcentage d'illettrés, même parmi les jeunes gens, les miliciens notamment, bien au-dessus de celui des pays voisins. Nous préférons ne pas rappeler les chiffres, puisque la preuve allait être faite que l'instruction ne donne pas la mesure des vertus, ni pour les peuples, ni pour les individus. Quoi qu'il en soit, ce fut en Belgique un réconfort relatif de ne pas voir l'occupant instaurer chez elle l'enseignement obligatoire, comme il n'eût pas manqué de le faire s'il n'avait été voté peu de mois avant la guerre.

Cette même loi prolonge jusqu'à 14 ans l'âge de scolarité, grâce au 4e degré d'enseignement primaire, dont le caractère professionnel et ménager, pratique surtout, accuse les tendances pédagogiques actuelles. Quelques garanties étaient prises, en même temps, quant à la capacité du corps enseignant de toute école subsidiée.

Ce régime va sans doute être maintenu, sous certaines modifications dans le sens de la liberté de conscience. On lui reproche, notamment, à juste titre, de confondre la morale avec la religion positive et de disqualifier ainsi les enfants dont les parents ne pratiquent pas un culte déterminé. La question scolaire a d'ailleurs perdu de son âpreté, en présence de problèmes plus actuels et peut-être plus poignants.

IV

Questions financières.

Nous ne nous étendrons pas sur les questions financières. Là plus qu'ailleurs, les conceptions d'avant-guerre sont périmées, car, en cette matière, idées et chiffres se confondent. Et que sont, à nos yeux, les recettes et les dépenses effectuées jusqu'en 1914 ? Aucun pays n'a conservé aussi longtemps que le nôtre les vieux systèmes d'impôts et les vieux taux de traitements. Ce sont des lois de 1821 et de 1822 qu'appliquait encore notre Ministère des Finances en plein xxe siècle ! La crainte de mécontenter le contribuable, qui était l'électeur, retenait chacun de nos partis politiques, au moment de faire un pas décisif dans la voie des réformes nécessaires. Plutôt que d'augmenter les impôts directs, nos financiers officiels recouraient aux palliatifs antidémocratiques et souvent fallacieux des impôts indirects. Les monopoles d'État, bien que réduits aux chemins de fer, postes, télégraphes et téléphones, couvrirent pendant un temps, le déficit. L'habileté de certains ministres consista à confondre l'ordinaire et l'extraordinaire, afin de dissimuler le passif. Quand, lors de son passage au pouvoir (1878-1884), Charles Graux chercha à rétablir l'équilibre des finances par l'augmentation des impôts directs, il souleva contre son parti de formidables oppositions de droite et même de gauche : ce fut l'une des causes principales de la chute du dernier cabinet libéral. Et cependant, les « gros impôts » qu'ils avaient combattus furent maintenus ou établis par les catholiques revenus au pouvoir.

Avec certaines diversions qu'apporta le Congo à la question financière, celle-ci était encore irrésolue à la veille de la guerre. Évidemment bien des impôts nouveaux avaient été votés, d'autres sensiblement augmentés; en revanche, les dépenses s'étaient accrues dans des proportions en rapport avec les besoins modernes (notamment lois des 30 août, 1-2-3 et 5 septembre 1913, créant des ressources financières en vue des nouvelles dépenses militaires). L'emprunt, sous forme de bons du Trésor et de rente constituée, apparaissait toutefois comme le remède normal à cette maladie devenue endémique. Le service de la dette belge, qui s'élevait en 1869 à 48.800.000 francs environ (loi du 20 juin 1869), figure, au budget de 1914, pour 220.000.000 environ (loi du 25 mai 1914). Inutile d'ajouter que les besoins de la guerre, puis de la restauration nationale, ont entraîné des dépenses extraordinaires, hors de proportion avec ce chiffre. On sait grâce à quelles aides puissantes la Belgique put y faire face. Elle envisage d'ailleurs la situation nouvelle avec franchise et courage. Un système d'impôts directs (loi du 29 octobre 1919) frappant notamment les revenus, mettra, espérons-le, le pays à même de satisfaire par ses ressources ordinaires à ses dépenses ordinaires ; seuls de nouveaux emprunts continuent à répondre aux dépenses extraordinaires. Mais que voilà des mots qui sonnent faux en présence de la cherté de la vie, de la dépréciation du change, de la crise du logement et de tant d'autres phénomènes qui dominent aujourd'hui la situation économique, pour la rendre « extraordinaire » bien que tendant à se stabiliser ! Faut-il vraiment faire passer tout cela désormais à « l'ordinaire » ? Pour le moment, nous nous heurtons là à des obstacles insurmontables, aussi bien dans les budgets de l'État que dans ceux des particuliers.

Un phénomène financier nous a frappé pendant les années d'occupation. Ce n'est pas le mauvais vouloir mis par les Belges à payer les impôts : quel bonheur de pouvoir envelopper du manteau du plus pur patriotisme le geste si naturel de refuser à César ce qui est dû à Albert ! Mais c'est l'extrême facilité avec laquelle du papier-monnaie a été créé et a circulé, en quantité quasi illimitée. La Société Générale, institution privée, s'est substituée à la Banque Nationale, comme les neuf provinces se sont substituées à l'État, l'effigie de la première reine des Belges, puis de Rubens, aux vignettes officielles de nos billets de banque ; tout cela fut accepté par le public, sans la moindre hésitation, tant la foi en l'issue heureuse de la guerre demeura inébranlable dans toutes les consciences. Jamais ne s'est mieux confirmée cette vérité philologique que : « crédit » est une forme de *credo*.

V

Questions militaires.

Le problème de la défense nationale partage, avec celui des finances, le triste privilège d'avoir été dominé par des considérations extrinsèques. La neutralité garantie valait bien une armée, au point de vue international : on était coupable d'en douter et ceux qui se permettaient quelque objection technique passaient pour de mauvais Belges qui voulaient nous brouiller avec les Grandes Puissances. A l'intérieur, la garde civique, institution constitutionnelle, en harmonie avec le régime bourgeois instauré en 1830, suffisait au maintien de l'ordre, comme la gendarmerie s'était toujours montrée un auxiliaire suffisant de la justice répressive. Bien plus longtemps que dans les autres États, subsista chez nous l'odieux régime du tirage au sort et du remplacement, qui écartait de notre petite armée les classes moyennes et riches, sauf dans le cadre des officiers. En vain, les événements de 1870 avaient-ils fait pressentir le danger ; celui-ci, heureusement écarté, fut bien vite oublié. Cependant quelques hommes clairvoyants, Léopold II à leur tête, sentirent la nécessité d'assurer la défense nationale, en modernisant les fortifications d'Anvers et en augmentant la levée annuelle qui était encore, pour 1871, de 12.000 hommes, dont 1.000 de réserve (loi du 27 décembre 1870), formant un contingent d'armée de 100.000 hommes. Plus tard, le lieutenant-général Brialmont et le publiciste Emile Banning développèrent les raisons de fortifier la Meuse, raisons dont l'importance ne fut que trop clairement démontrée par la suite. Des millions furent dépensés, malgré bien des récriminations. Sur les instances du Roi, le Parlement examina enfin la question de la formation de l'armée (1900). Le résultat fut d'abord pitoyable ; on aboutit au recrutement basé sur un volontariat largement rétribué (loi du 21 mars 1902). Si ce régime a pu longtemps suffire à l'Angleterre, il n'en était pas de même chez nous où sa faillite dut être déclarée par ses auteurs mêmes, surtout après les extensions de l'enceinte d'Anvers (1906), que les effectifs d'alors eussent été insuffisants à défendre.

Ici se place un épisode qui ne manque pas de grandeur. Une loi abolissant le tirage au sort et le remplacement et instaurant le service personnel est présentée à la Chambre, en 1909. Elle risque d'échouer devant les oppositions fondées toujours sur les mêmes intérêts. Le Roi, sentant sa fin prochaine, veut cependant que la réforme, depuis si longtemps défendue par lui, s'accomplisse de son vivant. La Chambre alors vote le projet ; le Sénat se hâte d'en faire autant et Léopold II peut encore y mettre sa signature quelques jours avant sa mort (loi du 14 décembre 1909). Mais cette loi n'appelait sous les drapeaux qu'un fils par famille. Son insuffisance ne tarda pas à apparaître. Sous la pression d'événements du dehors dont la menaçante gravité s'imposait aux yeux même les moins clairvoyants, le Cabinet fit enfin voter le service général, encore mitigé par d'assez sérieuses atténuations (loi du 30 août 1913). L'incorporation n'atteignait pas la moitié des hommes, tant étaient nombreuses les exemptions (loi du 1er octobre 1913). Le contingent annuel devait être de 33.000 hommes environ, alors que peu d'années auparavant il était encore de 13.000.

Lorsque éclata la guerre qui, cette fois, ne devait plus seulement nous montrer « comment brûle la maison du voisin », tout cela apparut bien insuffisant et nous avons pu regretter que les mesures prises au milieu de difficultés et de façon forcément imparfaite, après l'invasion, n'eussent pas été réalisées quelques années auparavant. Mais à quoi bon récriminer et rechercher les responsabilités ? Mieux vaut profiter de la leçon du passé et envisager l'avenir.

VI

Question linguistique.

Longtemps la question des langues parut d'un intérêt plutôt secondaire dans nos préoccupations politiques. La révolution de 1830 avait à son programme la liberté en cette matière comme en toutes autres. Les vexations du régime hollandais entraînèrent, par voie de réaction, une prépondérance marquée pour le français, seule langue officielle de la Belgique indépendante. Les fonctions publiques étaient encore, en 1869, l'apanage de la bourgeoisie éclairée, élevée en français et ne se servant guère que de cet idiome, même dans la partie flamande du Pays.

Une réaction s'est produite depuis. Elle est due tant au réveil

des sentiments particularistes, avivés chez nous comme un peu
partout, qu'à la prépondérance de l'élément catholique, en
majorité dans les parties flamandes du pays, et à l'importance
croissante prise, dans les affaires publiques, par les classes
populaires. Celles-ci ont pour langue maternelle le flamand,
dans plus de la moitié du pays, si l'on y comprend l'agglomération bruxelloise. Certains efforts intellectuels pour élever le
niveau de la littérature flamande n'ont pas été sans résultat.
D'autre part, il est incontestable que dans les principales villes
de Flandre et à Bruxelles, le français n'a pas cessé d'être la
langue des milieux cultivés. Anvers est sans doute le grand
centre de Belgique où le flamand est le plus parlé, même dans
les familles bourgeoises.

Au point de vue législatif, bien des mesures ont, depuis 1869,
tendu à mettre le flamand sur un pied officiel d'égalité avec le
français. C'est ainsi que le texte des lois elles-mêmes est bilin-
gue et paraît sur deux colonnes du « Moniteur belge » (loi du
18 avril 1898), le flamand n'ayant plus, comme auparavant, le
caractère d'une simple traduction.

Dans l'administration, la correspondance se fait en néerlandais, dans les provinces des deux Flandres, d'Anvers, du Limbourg et dans l'arrondissement de Louvain qui fait partie du
Brabant. Ceci n'empêche pas, bien entendu, les administrés de
se servir du français, s'ils le préfèrent. Dans l'arrondissement
de Bruxelles, le français reste prédominant, mais on peut
demander que l'autorité réponde en flamand (loi du 22 mai 1878).

C'est en matière judiciaire surtout que les revendications lin-
guistiques se firent tôt sentir, trop de magistrats ayant longtemps ignoré la langue de la majorité de leurs justiciables,
dans la partie flamande du pays. On commença par les juridictions répressives ; les juridictions civiles suivirent : la loi leur
imposa des règles analogues à celles que nous venons d'indiquer
en matière administrative (lois des 17 août 1873, 3 mai 1889,
4 septembre 1891, 22 février 1908). La tendance est marquée
dans le sens de la flamandisation.

A l'armée et dans la garde civique, qui existait encore au
début de la guerre, des mesures furent prises pour assurer
l'instruction dans les deux langues (lois du 6 mai 1888, du
9 septembre 1897 et du 2 juillet 1913). La garde civique étant
organisée par communes, le commandement même s'y faisait
en flamand, dans la partie qualifiée flamande par la loi, et cette

partie comprenait quelques-uns des faubourgs de la capitale. L'unité nécessaire à l'armée y a maintenu le commandement français.

Enfin, en matière d'enseignement, la lutte n'a cessé d'être âpre; elle s'est même envenimée en ces dernières années. L'autonomie communale a prévalu longtemps en cette matière, dans l'école primaire officielle (loi du 20 septembre 1884) ; mais la loi actuelle établit en principe que « dans toutes les écoles communales, adoptées ou adoptables, la langue maternelle des enfants est la langue véhiculaire aux divers degrés de l'enseignement » (loi du 19 mai 1914). Certains tempéraments sont admis seulement pour les communes de l'agglomération bruxelloise et de la frontière linguistique où la force des choses maintient un certain « bilinguisme ».

Le flamand a pris pied de plus en plus dans l'enseignement moyen (lois du 10 avril 1890 et du 12 mai 1910), au point de devenir langue obligatoire et partiellement véhiculaire dans les établissements officiels. Les certificats nécessaires pour entrer à l'Université sans examen spécial en tiennent aussi grandement compte.

Dans l'enseignement supérieur, le flamand a fait son apparition depuis que sa connaissance est nécessaire à l'exercice de certaines fonctions. Quelques cours en néerlandais sont faits, parallèlement à ceux de langue française. C'est presque un dédoublement pour toute une partie de l'enseignement, à l'Université de Louvain. Mais là n'est pas la question de l'Université flamande. Il s'agit de créer un établissement complet de culture supérieure, en dehors des quatre universités françaises du pays. Les « flamingants » le veulent à Gand, en remplacement de l'université française de cette ville. Parmi les nombreux appuis qu'ils obtiennent pour leur programme, dans le Gouvernement, aux Chambres et dans l'opinion publique, certains leur font défaut, sur ce point particulier. D'aucuns préfèrent une université flamande, sans pour cela supprimer l'université française de Gand. Le problème est donc irrésolu, comme avant la guerre, mais il a pris un caractère plus irritant par suite de circonstances que nous aurons à relater en parlant de occupation allemande. Il devra être législativement résolu.

VII

Indigénat. — Naturalisation. — Traités.

Le droit belge sur l'indigénat a suivi les alternatives de celui des nations voisines en cette matière. Nous sommes revenus, dans une certaine mesure, du régime de la filiation, établi par le Code civil, à un régime partiellement territorial, dans certains cas du moins. Ce fut à propos de l'enfant né sur le sol belge de père et de mère inconnus, ou de nationalité indéterminée que, par voie d'interprétation, le *jus soli* fut d'abord affirmé (Code civil, art. 10, et loi interprétative du 15 août 1881).

Depuis lors, la présomption de nationalité belge existe en faveur des enfants nés de parents étrangers, dans une série de cas et moyennant certaines réserves (loi du 8 juin 1909).

Quant à la naturalisation, elle suivit aussi les courants généraux de faveur et de défaveur. Vers 1880, les idées xénophiles étaient à leur apogée; naturalisations petites et même grandes étaient accordées nombreuses et à des conditions aisées à remplir (loi du 6 août 1881). Déjà avant la guerre, une réaction s'était manifestée; elle était due sans doute à la constatation d'influences hétérogènes dans certains milieux et au besoin de faire prévaloir des intérêts strictement nationaux. Depuis l'armistice, aucune naturalisation n'a été accordée et le législateur, seul compétent en la matière (Constitution, art. 9), prendra certes des mesures restrictives et même prohibitives à l'égard des indésirables.

Des questions de ce genre, comme toutes celles qui se rapportent à l'état civil, relèvent de plus en plus du droit international privé. Aussi ne sommes-nous pas surpris d'en voir faire l'objet de traités entre États voisins ou de même civilisation. Les intermariages et les déplacements deviennent en effet trop fréquents pour que pareils problèmes ne se soient pas posés. C'est ainsi que les Conventions de la Haye, des 12 juin 1902 et 17 juillet 1905 (lois belges des 27 juin 1904, 20 avril 1909 et 31 janvier 1913), traitent divers points de statut personnel en même temps que de procédure.

Une grave question de droit parlementaire s'est posée à ce propos. De tous temps, les traités internationaux furent acceptés ou rejetés en bloc par les Chambres auxquelles était soumis un seul article de loi visant la ratification, prévue à l'article 68 de la Constitution belge. Depuis que la matière des traités peut coïncider avec celle des lois internes, un vote de ce genre est-il encore conforme à l'article 41 de la Constitution, qui statue que tout projet de loi doit être adopté article par article? Est-il conforme surtout à l'intérêt national, le droit pouvant être modifié sur des points importants et divers par un vote qui exclut le droit d'amendement,. sinon la liberté même de la représentation nationale? Jusqu'ici, l'ancienne méthode a prévalu, comme nous venons de le voir à l'occasion du Traité de Versailles (loi belge du 15 septembre 1919).

Ce qui se passe aux États-Unis à propos de cet acte est de nature à faire réfléchir les juristes et plus encore les hommes politiques. Partout un mouvement de réaction contre chaque emprise sur le régime parlementaire semble se dessiner. Les solutions entrevues sont, d'une part, la législation concordante, proposée dans divers pays sur un objet déterminé par des réunions diplomatiques entre ces pays, d'autre part, la constitution de groupements interparlementaires, de délégations si l'on préfère, recevant de la représentation nationale mission de délibérer en commun.... Mais nous voici en pleine hypothèse!

VIII

Contentieux administratif.

La période de réaction qui accompagna la revision constitutionnelle fut caractérisée par les mesures restrictives imposées à l'exercice de la plupart des libertés publiques. Grâce à leur droit de police, les bourgmestres peuvent non seulement interdire, dans certains cas, les réunions en plein air (Const., art. 19, § 2) mais réglementer, ou du moins gêner les réunions en lieux clos, l'affichage, la vente des journaux sur la voie publique, l'exhibition d'emblèmes, etc. Le principe de la séparation des pouvoirs rend à peu près illusoire le recours aux tribunaux. La mesure critiquée doit être illégale pour que le juge en refuse l'application (Const., art. 107). Aisément la pratique administrative, guidée par l'habileté politique, a su éviter l'écueil en colorant de raisons d'ordre public des mesures qu'inspirait parfois l'esprit de parti. La notion de détournement de pouvoir n'est pas encore reçue dans notre droit administratif, ou du moins n'y apparaît-elle qu'avec une extrême timidité, en rapport avec le développement rudimentaire de notre contentieux administratif lui-même.

L'établissement d'un Conseil d'État a été parfois à l'ordre du jour, sans guère sortir du domaine des discussions doctrinales. On a même vu nos principales juridictions administratives, les députations permanentes des conseils provinciaux, perdre une notable partie de leur compétence. En matières d'impôts directs, de milice et surtout électorale, elles avaient prêté le flanc à des soupçons de partialité que la passion de nos luttes politiques avait aggravés. En 1881, la législature s'est résolue à les dessaisir partiellement de cette triple compétence qui vint augmenter celle de nos cours d'appel. Les rôles de ces dernières furent ainsi encombrés de milliers d'affaires, surtout électorales, dont elles connurent après les conseils échevinaux chargés de la confection des listes et sous le contrôle de la Cour de Cassation (loi du 30 juillet 1881). Ce régime subsiste encore, mais le mal a perdu de son acuité : plus s'étend le corps électoral et moins nombreuses sont les constestations de ce genre.

Avec la revision constitutionnelle, la question de l'établissement d'un sérieux contentieux administratif ayant à sa tête un Conseil d'État est de nouveau à l'ordre du jour.

Ce qui nous a permis de nous tirer d'affaire jusqu'ici, c'est le droit accordé, dès 1830, au Pouvoir judiciaire, de connaître de la légalité des actes administratifs (Const., art. 107). Malheureusement l'interprétation donnée à la règle de la séparation des pouvoirs oppose souvent une exception d'incompétence aux procès de ce genre : des intérêts légitimes sont ainsi livrés à l'arbitraire des agents de l'autorité, sans remède juridique. Notre Cour de cassation est bien instituée juge des conflits d'attributions (Const., art. 106), mais faute d'organisation, ceux-ci ne peuvent être élevés. Sans doute une réforme amenant l'établissement d'un Conseil d'État entraînera-t-elle, comme dans bien d'autres pays, la création nécessaire d'un Tribunal des conflits, afin de régler, en dernier ressort, les délicates questions que soulèvent forcément les rapports entre la Justice et l'Administration. Ici encore, nous sommes peut-être à la veille d'une solution.

IX

Administration locale.

L'administration locale n'a subi que peu de modifications importantes, depuis les cinquante dernières années. Le régime électoral a suivi, là comme ailleurs, le mouvement démocratique; mais, bien que libéré de toute entrave constitutionnelle, il est quelquefois resté en retard sur les réformes adoptées par les Chambres. Toutefois, l'adjonction des capacités au cens figure à la loi communale depuis 1883 (loi du 24 août 1883), c'est-à-dire dix ans avant la revision constitutionnelle. Dans les années de réactions qui suivirent celle-ci, des conditions électorales moins larges qu'aux Chambres furent imposées aux conseils communaux. Rompant avec les sages traditions qui dataient du Congrès National, le législateur cessa de faire de la commune l'école politique de la Nation. L'âge électoral fut porté de 25 à 30 ans; des conditions de domicile fort rigoureuses écartèrent des urnes la population flottante des villes et des centres ouvriers; la pluralité du vote fut étendue à une 4e voix accordée au cens. D'autre part, la durée du mandat des conseillers fut de 8 ans au lieu de 6.

Une application du principe de la représentation des intérêts fut tentée dans les communes comptant plus de 20.000 habitants. Il y fut adjoint au conseil communal un certain nombre de conseillers supplémentaires nommés, moitié par les électeurs ouvriers, moitié par les électeurs chefs d'industrie (loi du 11 avril 1895). Ces qualifications se rapportent aux conditions requises pour faire partie des groupes correspondants, dans les élections aux conseils de l'industrie et du travail (loi du 16 août 1887). La loi n'atteignit point le résultat espéré : les associations politiques « firent » ces élections comme les autres; conseillers ouvriers et patrons sont donc absorbés par le parti auquel ils doivent leur siège, les intérêts professionnels étant relégués à l'arrière-plan. Il est peu probable que cette tentative survive à la prochaine réforme de notre régime communal.

L'application de la R. P. à la commune précéda celle qui en fut faite au pouvoir législatif (loi du 11 avril 1895), mais elle était incomplète et faussée de façon à en faire un instrument, non plus de justice, mais de partialité. Elle n'exclut pas, en effet, le régime majoritaire, et se substitua seulement au ballottage. La conséquence voulue par les catholiques fut de maintenir des conseils communaux homogènes dans la très grande majorité des petites communes du pays et d'obtenir des sièges dans les grandes villes et dans les centres ouvriers. Ce régime ne tarda pas à être condamné par toute la partie saine et raisonnable de la Nation. Il se maintint pourtant jusqu'à l'heure actuelle, mais sa disparition avant les prochaines élections communales est chose certaine : la R. P. intégrale sera appliquée là aussi.

A côté du bourgmestre toujours nommé par le Roi, les échevins sont, depuis 1888, élus par le Conseil communal et dans son sein. Fréquemment, dans nos grandes communes, ils appartiennent à plus d'un parti. Ce fut une leçon donnée à tous les hommes politiques qui s'obstinaient à prétendre qu'un collège exécutif doit être forcément homogène. Leur erreur est bien démontrée depuis.

Les grandes villes belges sont restées fidèles aux idées libérales, conservant leurs administrations anticléricales à travers toute la période de prépondérance catholique dans le Gouvernement. On peut voir en elles un contrepoids qui lui fait en quelque sorte équilibre et qui explique bien des choses.

Léopold II refusait de nommer des bourgmestres socialistes, ce qui créa quelques conflits dans les communes où ce parti était en majorité. La règle ne prévaut plus sous le règne actuel — est-il besoin de le dire? — quatre ministres socialistes siégeant en ce moment au Conseil.

L'intercommunalisme s'est affirmé en plusieurs domaines, surtout dans les agglomérations urbaines, comme en forment avec leurs faubourgs Bruxelles, Anvers, Charleroi, etc. La première application législative de ce principe se rapporte aux services hospitaliers (loi du 6 août 1897). Depuis lors, les régies et les concessions de gaz, d'eau, de tramways ont suivi (lois du du 18 août 1907 et du 26 août 1913, etc.)

Pendant l'occupation, le péril commun a semblé réaliser, ou à peu près, face à l'ennemi, le miracle de l'unification, tout au moins dans le grand Bruxelles. Le pouvoir allemand compta avec les représentants attitrés de près de 750.000 âmes, autrement certes qu'il ne l'eût fait avec 16 bourgmestres de la capitale et des faubourgs agissant isolément. Les services communs de ravitaillement, d'indemnité de chômage avaient à ce moment une importance plus grande que tous autres. Leur unification fut imposée aux communes par le Comité national, dont il sera question ci-après. Depuis l'armistice, les choses sont évidemment redevenues ce qu'elles étaient avant 1914; mais la leçon de la guerre n'est pas perdue, espérons-le. Il ne s'agit d'ailleurs, sur bien des points, que d'adapter le régime légal à la situation de fait. On y travaille actuellement.

X

Questions sociales.

Dans le premier demi-siècle de son indépendance, la Belgique fut un des pays où la question sociale préoccupa le moins les hommes politiques. Non qu'elle n'existât point, mais les cadres étroits de nos classes dirigeantes, la médiocrité dans laquelle vivaient nos ouvriers et surtout la patience caractéristique du peuple belge en retardèrent l'examen. Le libéralisme manchestérien, l'action du clergé, influèrent aussi sur notre vie économique, si bien qu'en cette voie aucun pas décisif ne fut fait avant 1886. Des grèves violentes, réprimées sévèrement dans le Hainaut, posèrent le problème auquel fit allusion le discours du trône qui provoqua une enquête sur les conditions du travail. Le socialisme belge était dès lors constitué. Il avait organisé de puissantes coopératives, une presse dans les deux langues et commençait à prendre part à nos luttes politiques. Le parti ouvrier eut désormais à sa tête des hommes d'action et surtout des chefs avec lesquels il fallut compter. La majorité catholique le comprit si bien qu'elle parut même parfois plus prête à composer avec leurs idées qu'avec celles des libéraux; elle s'efforça surtout de créer, de son côté, des œuvres similaires inspirées de l'esprit confessionnel, afin d'attirer à elle la classe la plus nombreuse et qui pouvait devenir la plus puissante de la population. On revit ainsi, dans le domaine social, la répétition de ce qui se passait depuis longtemps dans le domaine scolaire. Ici libéraux et catholiques, là socialistes et catholiques, rivalisent de zèle et de propagande, sans ménager leurs efforts en temps et en argent.

Les lois sociales du parti conservateur, seul au pouvoir depuis l'époque dont nous parlons jusqu'à la guerre, procèdent par étapes, en ménageant le budget et les traditions individualistes de la Nation. Elles évitent autant que possible les mesures de

contrainte et appliquent le principe de la « liberté subsidiée »
que nous avons rencontré déjà en matière scolaire. En énumé-
rant les plus importantes d'entre elles, par ordre chronologique,
nous ne croyons pas devoir en préciser les dispositions : nulle
part ailleurs l'interpénétration des idées ne se fait plus sentir;
adoptées dans certains pays, elles ne tardent pas à s'imposer
aux autres, selon le rythme plus ou moins accéléré et les
modalités plus ou moins autoritaires que commande le tempérament national.

Le *truck system* fut interdit en même temps que furent pro-
clamées l'incessibilité et l'insaisissabilité des salaires (loi du
16 août 1887); puis vinrent la création de l'inspection du travail
et des conseils de l'industrie (loi du 5 mai 1888) et bientôt après,
la réglementation du travail des femmes et des enfants (loi du
13 décembre 1889). La construction d'habitations ouvrières fut
encouragée et facilitée (loi du 9 août 1889). On peut rattacher à
cet ensemble de mesures, la répression de l'ivresse publique (loi
du 16 août 1887), mal dont n'a que trop souffert notre pays. Le
rôle du cabaret et des cabaretiers dans nos élections a été
signalé à bien des reprises. Il fallut longtemps, hélas! pour que
nos gouvernants comprissent qu'en ce domaine aucun conflit
d'intérêts ne pouvait être admis entre le Ministère de la justice
et le Ministère des finances. Notre politique fiscale fut pendant plusieurs générations une politique anti-sociale. Il fallut,
ici encore, la grande guerre pour amener les réformes radicales,
seules efficaces.

Après la révision constitutionnelle de 1893 qui, avec le suffrage universel, amena des socialistes au Parlement, les lois
ouvrières se multiplient. C'est d'abord l'établissement d'un Office
du travail qui devient bientôt un Ministère du travail (1894). La
loi facilite la création des unions professionnelles et reconnaît
leur personnalité juridique (loi du 31 mars 1898). Timidement
l'État assume, pour les ouvriers de plus de 65 ans, la charge de
pensions de vieillesse infimes; elles sont de 65 francs par an. Il
intervient assez largement par des primes accordées aux mutualistes (loi du 10 mai 1900 modifiée les 18 février et 20 août 1903
et 11 mai 1913). Pareilles mesures furent qualifiées de « lois de
façade » par l'opposition. Les quelques articles du Code civil
relatifs au contrat de travail furent remplacés par un petit Code
sur la matière (loi du 10 mars 1900). Celui-ci fut complété par
une loi sur les accidents du travail (loi du 24 décembre 1903),

que suivirent, après quelques années d'intervalle, deux lois
consacrées spécialement au travail dans les mines (lois du
31 décembre 1909 et 5 juin 1911). Ces lois méritent de nous
arrêter un instant.

.La découverte de gisements houillers dans la Campine lim-
bourgeoise, en 1901, attira l'attention des capitalistes et du
législateur sur le travail dans les mines. Un projet de loi sur
cet objet, modifiant celle de 1810 et due à l'initiative du Sénat,
provoqua en 1905 l'examen d'un point délicat de droit public :
le projet contenant des dispositions fiscales ne tombait-il pas
sous l'application de l'article 27, alinéa 2, de la Constitution
belge qui réserve à la Chambre des représentants le premier
vote de toute mesure relative aux recettes ou aux dépenses de
l'État? La réponse fut négative, la règle de l'égalité des deux
Chambres reprenant son empire dès que la loi n'a pas, par son
objet, un caractère essentiellement financier et que celui-ci est
accessoire, n'apparaissant que comme une conséquence de dispositions d'un autre ordre. La question se compliqua à propos
d'un amendement permettant la limitation des heures de travail
pour les mineurs, amendement repoussé par le gouvernement.
La loi fut votée à la Chambre, le 12 avril 1907 et deux jours
après, le *Moniteur* publiait un arrêté royal daté du 11 avril et
retirant le projet. Léopold II, qui se trouvait alors dans le Midi,
avait-il vraiment signé cet acte la veille du vote de la Chambre?
L'opinion publique n'en fut pas convaincue. Une crise ministérielle s'ensuivit ainsi qu'un ajournement du Parlement. Le
projet, tel qu'il avait été voté fut renvoyé par le Cabinet remanié
au Sénat qui l'adopta à son tour. Ce fut là une des victoires du
parlementarisme sur les velléités autocratiques qui marquent la
fin du dernier règne; nous aurons l'occasion d'en signaler
encore, à propos du Congo.

Une autre loi sociale a soulevé, elle aussi, un problème
d'ordre constitutionnel : le repos dominical pouvait-il être
imposé, en présence de l'article 15 de la Constitution portant
que « nul ne peut être contraint de concourir d'une manière
quelconque aux actes et aux cérémonies d'un culte ni d'en
observer les jours de repos ». Malgré ce texte absolu, la mesure
fut adoptée (loi du 17 juillet 1905), les motifs d'ordre économique, d'hygiène, de moralité sociale l'emportant sur les raisons
juridiques. On a pu dire, à bon droit, que seules des considérations de liberté confessionnelle avaient guidé nos Constituants

et qu'il s'agissait à présent d'une mesure sociale. D'autre part, le scrupule constitutionnel fut levé de façon quelque peu pharisaïque, par le texte qui défend non de travailler, mais de faire travailler le dimanche. L'interdiction frappe ainsi le patron plutôt que l'ouvrier; mais en fait, cela revient au même, du moins dans la grande industrie.

Une des caractéristiques de cette législation sociale encore incomplète est la latitude laissée, dans beaucoup de cas, au Gouvernement, pour l'application des principes. On l'explique par la nouveauté de ceux-ci, des dispositions rigides étant difficiles à formuler et dangereuses à imposer. Mais, d'autre part, on conçoit l'avantage qu'en peut tirer l'arbitraire administratif dans un pays d'ardentes luttes politiques comme le nôtre. Si le parlementarisme avait besoin de justifications, on en trouverait une, et non des moindres, dans le contrôle qu'il exerce à cet égard; le rôle des minorités est ici salutaire.

Le mot « arbitraire » a quelque chose en soi d'assez effrayant et pourtant, il ne peut être banni de la langue politique. En laissant parfois ses coudées franches à l'administration, on lui permet de faire le bien comme le mal; il dépend de la valeur individuelle des agents de l'autorité que ce soit le premier qui l'emporte sur le second.

XI

Droit d'association.

La vieille querelle de la mainmorte est une des plus irritantes qui ait divisé les partis politiques en Belgique. Autant la Constitution est large quant au droit d'association (art. 17), autant la loi fut rigoureuse dans l'octroi de la personnification civile. Lorsqu'en 1856, le gouvernement catholique avait voulu favoriser à cet égard les œuvres confessionnelles, il tomba au cri de : « A bas la loi des couvents ». Ces idées furent dominantes encore bien après 1869. Seules les sociétés commerciales et, d'une façon générale, les entreprises à but lucratif jouirent, en Belgique, des faveurs législatives. Les associations sans but lucratif vécurent, quant à leur patrimoine, en dehors de la loi, voire en opposition avec elle. Des procès fameux révélèrent toutes les « cavillations » auxquelles il fallait avoir recours pour dissimuler la fortune des couvents et de tant d'autres œuvres de bienfaisance, d'enseignement, des sociétés savantes ou d'agrément, qui n'étaient pas toutes cléricales, — est-il besoin de le dire? Les situations de fait s'imposèrent au point de rencontrer auprès des autorités administrative et judiciaire une indulgence légitime, allant parfois jusqu'à la complicité, sinon jusqu'à la faveur.

Un revirement d'opinions se manifeste en ces derniers temps, dans le sens de la personnification civile. Reconnaissons qu'il rétablit l'harmonie entre la réalité des choses et leur légalité. Tout le monde aujourd'hui semble approuver pareilles mesures. Après les institutions d'ordre social, tels que syndicats professionnels, mutualités, caisses de pensions, sociétés pour la construction d'habitations ouvrières, etc., dont nous avons déjà parlé, les premières à bénéficier du nouveau courant d'idées furent les deux Universités libres de Louvain et de Bruxelles (loi du 12 août 1911). Le mouvement s'est accentué depuis l'armistice, pour aider des œuvres créées à l'occasion de la guerre ou dont l'utilité sociale s'était surtout affirmée à cette époque : œuvre nationale des orphelins de la guerre, de l'enfance, des invalides de la guerre (lois des 15 juin, 5 septembre et 11 octobre 1919); œuvre du grand air pour les petits, société protectrice de l'enfance martyre (lois du 7 août 1919). Enfin une disposition plus générale permet au Gouvernement de doter de la personnalité civile les associations ouvertes aux Belges et aux étrangers dont le siège est en Belgique et dont l'administration compte un Belge au moins; il s'agit, bien entendu, d'œuvres scientifiques, philanthropiques ou sociales seulement. Les conditions et les limites de l'octroi sont réglées par arrêté royal (loi du 25 octobre 1919). Ce texte vise les associations internationales qui prendront un nouvel essor après la grande guerre et qui déjà se forment dans les pays alliés, pour poursuivre et réaliser en commun les buts élevés pour lesquels ils se sont battus. La Belgique espère voir un grand nombre de ces organismes éthiques s'établir chez elle; elle a mis sa législation en harmonie avec ce légitime désir.

L'esprit d'association s'est manifesté chez les travailleurs, au point de former l'une des caractéristiques de leur mentalité en Belgique. C'est des coopératives qu'est sorti, pour ainsi dire, notre parti ouvrier. A Gand, à Jolimont, à Bruxelles, leurs dirigeants sont devenus les *leaders* du socialisme politique. Des magasins et des imprimeries arborant le drapeau rouge exis-

taient alors qu'aucun mandataire du parti ne siégeait encore
dans nos assemblées publiques. De puissantes organisations de
ce genre demeurèrent le soutien et comme le squelette de ce
dernier. Les *Vooruit*, les *Maisons du Peuple* en sont les représentants les plus notoires.

Le droit de grève avait été reconnu dès 1867. Le Code pénal,
tout en ne punissant plus le refus de travailler, frappe encore
celui qui, « dans le but de forcer la hausse ou la baisse des
salaires ou de porter atteinte au libre exercice de l'industrie ou
du travail commet des violences, profère des injures ou des
menaces, prononce des amendes, des défenses, des interdictions
ou toute proscription quelconque, soit contre ceux qui travaillent, soit contre ceux qui font travailler. Les rassemblements près des usines ou des maisons directoriales portant
atteinte à la liberté des maîtres ou des ouvriers sont également
punissables » (art. 310).

Ce texte fut renforcé en 1892, dans la période de réaction qui
suivit les événements de 1886 et qui accompagna la revision
constitutionnelle (loi du 30 mai 1892). Une série de mesures
sévères furent d'ailleurs votées à ce moment, à la demande du
Gouvernement. Les actes d'intimidation à l'adresse de ceux qui
se rendent au travail ou en reviennent sont assimilés aux rassemblements, au même titre que des faits d'une extrême gravité,
tels qu'explosions, bris de clôtures, destructions d'outils ou
d'instruments de travail. Bien que la rigueur dans l'application
de la loi se soit depuis adoucie, l'abrogation de l'article 310 n'a
cessé de figurer au programme du parti ouvrier. La question est
à l'ordre du jour et va sans doute être résolue d'ici peu.

XII

Congo.

L'idée maîtresse du règne de Léopold II fut l'expansion économique, la création d'une plus grande Belgique, réalisable en
Afrique et en Afrique seulement. Que de fois n'a-t-on rappelé
les paroles du Duc de Brabant, au Sénat, où l'appelait une prérogative constitutionnelle (art. 58), bien avant son accession
au trône ! Ce fut en 1878 que les désirs du Roi prirent corps,
après le voyage de Stanley en Afrique centrale. Fondateur de
l'Association internationale du Congo, Léopold II travailla dès

lors à doter la Belgique d'un empire colonial. L'œuvre put être
accomplie en 1884, lorsque la Conférence de Berlin consacra
l'existence de l'État indépendant qui allait, dès l'année suivante,
prendre rang, en droit des gens, par l'Acte de Berlin du 26 février 1885, le Roi des Belges recevant d'un vote des Chambres,
en conformité de l'article 62 de la Constitution, l'autorisation de
porter le titre de Souverain de l'État Indépendant du Congo.
L'union personnelle devait, cette fois, comme il arrive souvent,
n'être qu'une forme transitoire; les intentions du Roi n'ont
jamais varié à cet égard.

Léopold II trouva, dès la première heure, des collaborateurs
dévoués pour son œuvre africaine; la plupart, mais non tous,
étaient belges. L'organisation de la colonie conçue par un
« despote éclairé » devait être centralisée et autoritaire, dominée
par les principes civilisateurs, en conformité avec l'Acte de
Berlin et l'Acte de Bruxelles (loi du 3 mars 1892), proscrivant
la traite des nègres, le trafic des spiritueux et des armes à feu.
Un ensemble de codes, d'institutions de police, une force publique bien encadrée, quelques grands travaux publics, entrepris
par des compagnies à charte, caractérisent cette période. Les
sommes qu'y consacra le Roi furent considérables.

Bientôt il fallut avoir recours au crédit de la Belgique (loi du
4 août 1890). Aussitôt l'idée d'une reprise se fit jour; elle échoua
pourtant en 1901, devant des résistances auxquelles le Roi lui-
même ne fut pas étranger. D'ailleurs, dès avant cette année,
Léopold II avait assuré, par testament, la souveraineté congo-
laise à la Belgique (acte du 2 août 1889). C'est de cette époque
que date un revirement dans la politique léopoldienne, dû sans
doute au caractère de plus en plus autoritaire du Roi. Il n'écou-
tait plus ses conseillers de la première heure, écartant ceux qui
osaient le contredire, et s'entourait de collaborateurs plus
dociles. En même temps, il semblait supporter avec peine les
entraves que le régime parlementaire mettait à ses projets
grandioses, en Belgique. Le Congo était devenu pour lui une
source de revenus abondants, grâce au Domaine de la Couronne
dont l'exploitation fructueuse en ivoire, en caoutchouc, etc.,
était conduite selon les règles d'un faire valoir auquel le travail
forcé n'était pas étranger. Le Roi consacrait à la Belgique tout
l'argent du Congo. Par des combinaisons juridiques complexes,
il essayait de mettre son œuvre à l'abri des atteintes des lois
belges, de droit privé et de droit public. Les échos s'en firent

entendre, au Palais de Justice et au Palais de la Nation (Affaires de la succession de la Reine Marie-Henriette, arrêt de Cassation du 25 janvier 1906, et de la succession du Roi Léopold II, arrêt de la Cour de Bruxelles du 2 avril 1913; donation du Roi à la Belgique, non soumise aux règles sur le disponible et dotée d'une administration spéciale, loi du 31 décembre 1903).

Une campagne fut menée contre le régime léopoldien, en Angleterre surtout. L'honneur de la Belgique semblait compromis; une enquête s'imposa. Elle eut lieu en 1905 et démontra le bien fondé de certains griefs. Une ère d'importantes réformes s'ouvrit aussitôt (décrets du 3 juin 1906). En même temps, une lettre royale fixa le pays sur les intentions généreuses du Souverain, intentions qui inquiétèrent le Parlement, parce qu'elles semblaient limiter, écarter même son contrôle dans l'avenir, sur le Congo une fois devenu colonie belge. A la suite d'une interpellation, le Ministère dut assumer la responsabilité politique de l'acte royal; les conditions incriminées furent, par un vote de la Chambre, réduites à l'expression « d'un vœu solennel ». Cette fois encore, le parlementarisme triomphait.

Désormais, la reprise ne souffrit plus de retard. Dès 1908, le fait était accompli sous forme d'un traité entre la Belgique et le Congo, celle-là obtenant la pleine souveraineté de ce qui devenait sa colonie, le Roi renonçant à la création qui lui tenait tant à cœur : la fameuse Fondation de la Couronne. Certaines compensations pécuniaires lui étaient assurées, mais toujours sans idée de lucre de sa part. Un acte additionnel fixait un grand nombre de points où d'étranges considérations personnelles se mêlent aux principes du droit public et du droit des gens.

Par application de l'article 1er de la Constitution, revisé à cette fin en 1893, seules des « lois particulières » devaient régir notre nouvelle colonie, c'est-à-dire que ni la Constitution, ni les lois belges ne lui sont de plein droit applicables. En même temps que la reprise, fut votée la Charte coloniale qui, bien que plusieurs fois amendée, est restée la base de l'organisation juridique du Congo. Des garanties d'ordre normatif y figurent à côté de l'édification des pouvoirs. Le Roi ne garde la puissance législative qu'à titre supplétoire vis-à-vis du Parlement belge et avec le concours d'un Conseil colonial dont certains membres sont choisis par la Chambre et certains par le Sénat, d'autres enfin par le Pouvoir exécutif. L'administration de la Colonie, devenue quelque peu indépendante, s'efforce de renouer les

saines traditions des premiers temps de l'État indépendant. Les
richesses économiques de cet immense Empire apparaissent de
plus en plus, même aux yeux des incrédules. L'argent dépensé
à créer des voies de communications est, comme toujours, en
pareil cas, l'argent le mieux dépensé. D'autre part, on ne signale
plus d'abus comparables à ceux que releva la commission d'enquête de 1905. Les institutions congolaises s'adaptent toujours
davantage à celles de la Belgique : un sort commun leur est
assuré par le droit des gens.

XIII

Changement de Règne.

La physionomie de Léopold II, Roi de 1865 à 1909, les modifications surtout que subit son caractère ressortent, nous semble-
t-il, des quelques pages qui précèdent. La politique personnelle
qu'il tenta parfois d'instaurer dans les derniers temps de son
règne et pour laquelle il trouva trop souvent des complaisances
jusque parmi ses conseillers, ne prévalut jamais contre le Parlement, devant l'opinion publique. La théorie strictement constitutionnelle « qu'aucun acte du Roi ne peut avoir d'effet s'il n'est
contresigné par un ministre qui par cela seul s'en rend responsable » (art. 64 de la Constitution), s'étendit aussi bien aux écrits
qu'aux paroles royales, dès qu'elles se rapportaient à la vie
publique, à la fonction du chef de l'État. La Chambre des représentants l'affirma à l'occasion de certains discours et de certaines
lettres dans lesquels Léopold II prit parti sur des questions de
politique nationale (discours sur le service personnel, en 1887
et en 1897; sur les travaux maritimes et les fortifications d'Anvers, ainsi que sur les entreprises en Extrême-Orient, en 1905
et 1909; lettre au ministre de la guerre, en 1904).

Il est probable que l'Histoire négligera bien des petits côtés
de cette grande figure pour ne retenir que la ténacité avec
laquelle le second Roi des Belges conçut et réalisa l'œuvre africaine. Il n'avait certes pas toutes les qualités qui caractérisent
son peuple, encore moins avait-il tous ses défauts. Son intelligence et sa volonté, dégagées de scrupules, ne supportaient pas
les entraves que le gouvernement de cabinet de son étroit pays
opposait à ses larges desseins.

La mort du Roi fit appliquer une seconde fois depuis 1831 la clause caractéristique de notre Constitution sur l'interrègne (art. 79). Jusqu'à la prestation de serment d'Albert, ses pouvoirs furent exercés au nom du Peuple belge, par le Conseil des Ministres et sous la responsabilité de celui-ci. Rien ne peut mieux que cette disposition, caractériser la nature juridique de la fonction royale en Belgique, représentative de la Nation souveraine, comme le sont d'ailleurs tous les pouvoirs publics (art. 25 de la Constitution). Ajoutons que cette fonction prend même un caractère contractuel par le serment imposé au Roi devant les Chambres réunies, le dixième jour, au plus tard, après le décès de son prédécesseur (art. 79 et 80).

La liste civile doit être fixée pour la durée de chaque règne (Constitution, art. 77). Elle était pour Léopold II de 3.300.000 fr. par an. En demandant le maintien d'un chiffre établi en 1865, le Roi Albert fit preuve d'un désintéressement qui peut se mesurer au renchérissement de toutes choses depuis cette date reculée. La liste civile a la charge de l'entretien des palais royaux (loi du 30 décembre 1909). Aucune autre dotation princière ne figure au budget belge. Certaines stipulations qui accompagnèrent la reprise du Congo assurent au Roi la disposition d'un fonds spécial grevé d'affectations particulières. Le même acte prévoit encore d'autres dotations du même ordre (Acte additionnel du 18 octobre 1908).

La personnalité du troisième Roi des Belges n'avait pas eu, avant la guerre, le temps de s'affirmer. Tout le monde se plaisait déjà à reconnaître son sincère désir de savoir et de bien faire. Par son caractère et sa vie, il se rapprochait du Peuple, plus que son oncle. Ce que le roi Albert fut pendant la guerre, la Belgique peut, en toute confiance, laisser aux autres Nations le soin de le dire. Reconnaissons qu'aux moments les plus graves, il n'a pas hésité. Sa destinée désormais se ressent des résolutions qu'il a su prendre et des événements historiques qui furent pour lui comme pour nous tous de grandes et d'inoubliables leçons.

XIV

Gouvernement pendant et après la guerre.

La réponse faite à l'ultimatum allemand est un des actes de conscience nationale qui mérite d'attirer le plus l'attention des historiens. Chacun savait ce qu'il signifiait et cependant, parmi ceux qui y collaborèrent comme parmi ceux qui l'acceptèrent, un sentiment unanime prévalut. Le Roi avait appelé autour de lui, non seulement son Cabinet composé tout entier de catholiques, mais aussi ses ministres d'État, dont quelques-uns appartenaient à l'opinion libérale et auxquels il adjoignit un des chefs du socialisme international. La tradition de pareils conseils de Cabinet remonte aux premiers temps du règne de Léopold Ier, mais elle ne se renouvelle que dans les moments les plus graves. Ainsi, lors de la déclaration de guerre franco-prussienne en 1870, un Conseil analogue fut tenu par Léopold II. Dans la nuit du 2 août 1914, au Palais de Bruxelles, à peine une ou deux voix — s'il faut en croire les échos parvenus au dehors — se prononcèrent contre le refus. Il est certain que celui-ci ne surprit personne et que l'émotion qu'il provoqua dans le pays fut toute d'adhésion et de sacrifice accepté.

Le jour même où son territoire était envahi, la Belgique eut conscience du sort qui lui était réservé. Dès le 4 août 1914, le Parlement prit d'urgence les dispositions que comportait la situation. Les mêmes besoins ont d'ailleurs provoqué partout les mêmes mesures : quelques libertés furent restreintes; les prérogatives du pouvoir exécutif furent étendues. Durant la guerre, le Roi put accorder des délais de paiement, limiter les retraits de fonds, faire le nécessaire pour garantir l'alimentation et la défense nationale, en prohibant certaines exportations ou l'accaparement de certaines marchandises, décréter le moratorium et suspendre l'exécution des contrats. Les règles quant aux adjudications et aux marchés publics pouvaient n'être plus observées. Le Parlement confirmait, en même temps, les arrêtés royaux du jour précédent, donnant par là, au Gouvernement, un bill d'indemnité.

D'autres lois du même jour permettent aux tribunaux d'accorder des délais de grâce; défendent les poursuites contre les citoyens sous les drapeaux; lèvent l'incompatibilité entre le service militaire et le mandat de représentant ou de sénateur. En prévision de l'imminence de l'occupation ennemie, le contrôle gouvernemental pour les actes provinciaux et communaux est suspendu ou modifié selon les nécessités du moment. Une autre loi encore renforce les pénalités pour crimes contre la sûreté extérieure de l'État. Le législateur s'occupe enfin du contingent exceptionnel et de la rémunération des miliciens.

Le Parlement ne devait plus s'assembler qu'au lendemain de

l'armistice. Le Gouvernement put encore, pendant quelques jours à Bruxelles, pendant quelques semaines à Anvers, prendre les arrêtés d'exécution que comportait cette législation de fortune..... ou plutôt d'infortune. En fait, le régime instauré en grande hâte ressemblait à l'état de siège. Nul ne songea, en ce temps, ni depuis, à réclamer l'observation de l'article 130 de la Constitution portant : « La Constitution ne peut être suspendue en tout ni en partie », article qui nous a toujours semblé exclure l'instauration de l'état de siège fictif. Les pouvoirs publics l'avaient ainsi compris en Belgique; aucune loi n'ayant jamais été votée sur cet objet. D'ailleurs, jusqu'à quel point l'état de siège était-il fictif en 1914? Cette notion qui s'oppose à l'état de siège effectif, se rapporte à des situations militaires qui ne répondent plus à la stratégie moderne. Le droit des gens ne sera pas le seul qu'il faudra refaire après la grande guerre.

Une fois transporté sur territoire étranger, le gouvernement belge continua à exercer ses fonctions, dans les mesures de la nécessité et comme le comportaient les circonstances. Dès la fin de 1914, il fallut prendre des dispositions d'ordre législatif. Dans l'impossibilité où il se trouvait de réunir les Chambres, le Roi statua par voie d'arrêtés-lois publiés au *Moniteur* qui paraissait au Havre. En assumant la responsabilité de pareils actes, le Conseil des ministres crut devoir les justifier par quelques considérations juridiques : « La Constitution est, de par la force des circonstances, non point suspendue, mais inexécutable dans certaines de ses dispositions », dit l'exposé des motifs. Et il ajoute qu'à défaut des deux autres, une seule des trois branches du pouvoir législatif subsiste : le Roi; c'est donc à lui qu'appartient le droit d'exercer cette fonction (Rapport au Roi et arrêté-loi du 26 décembre 1914). De ces deux considérations, la première nous paraît être un simple euphémisme officiel; la seconde cache une erreur juridique : elle implique, en faveur de la Royauté, un résidu de souveraineté contraire aux dispositions les plus formelles comme à l'esprit général de la Constitution (art. 25-26-67 et surtout 78). Il suffisait, nous semble-t-il, d'invoquer la suprême loi du salut public pour justifier les mesures prises.

Ce qui était vrai pour la perception des impôts et pour les dépenses en 1915, le demeura pendant tout le temps de la guerre et pour toutes les mesures en rapport avec la défense nationale. On peut dire que la permanence de la souveraineté légitime ne fut point interrompue. Aussi reprit-elle de plein droit son empire sur les territoires libérés dès que ce fut matériellement possible (arrêté-loi du 8 avril 1917).

XV

Pouvoir occupant.

Pendant l'occupation, l'autorité allemande exerça, de fait, sa puissance sur la Belgique presque entière. Nous ne croyons pas devoir ici rappeler par quels actes se caractérise cette sombre période et notamment les violations de la Convention de la Haye du 18 octobre 1907 (loi belge du 25 mai 1910). La *Zivilverwaltung* essaya de donner à ce régime tous les dehors de la légalité : organisation de bureaux, hiérarchie et recours, correspondances et enquêtes multipliées. L'absence de pouvoirs centraux belges mit surtout les autorités communales en rapport direct et constant avec l'occupant : les bourgmestres étaient, à chaque instant, appelés chez le *Kreischef*, chez le *Präsident der Provinz*, à la *Kommandantur*, au *General Gouvernement;* certains commissaires civils et certains référendaires avaient la spécialité des interrogations qui dégénéraient parfois en véritables examens. On sait le sort qui fut réservé à plusieurs chefs de nos administrations locales pour avoir résisté ou trop fièrement répondu aux injonctions de ces messieurs.

Cet appareil formaliste cachait mal la violence ou l'illégalité des actes eux-mêmes. Celle-ci fut discutée devant nos tribunaux. Sans entrer dans le détail, signalons que les débats prirent un caractère particulièrement élevé quand l'occupant changea certaines lois belges, en se prévalant de l'article 43 du Règlement, annexé à la Convention de La Haye, alors que la validité de pareils actes fut contestée, en vertu de ce texte même. La question fut portée jusqu'en cassation, à propos de l'ordonnance du 10 février 1915 instituant des tribunaux d'arbitrage en matière de loyer (arrêt du 20 mai 1916; *contra* arrêt de cassation du 16 octobre 1919).

C'est par centaines que se comptent les actes politiques de l'occupant en matières de police, de finances, de droit civil et commercial, de droit pénal, de procédure civile et pénale. Tantôt c'étaient des lois belges dont l'application était réglementée *more germanico,* tantôt c'étaient des lois elles-mêmes que venaient modifier ou abroger les ordonnances des gouverneurs généraux. L'industrie, le commerce et l'agriculture attirèrent surtout l'attention de ceux-ci, afin d'appliquer au régime du travail certaines règles du socialisme d'État bismarckien : on voulait ainsi se concilier la classe ouvrière. Mais c'était surtout grâce au système de restriction, d'interdiction, de monopolisation, de *Zentralen,* instauré prétendument dans l'intérêt de nos populations civiles, que les Allemands exploitaient le pays et en drainaient les produits. Ils percevaient ainsi des « additionnels » aux grosses contributions, aux amendes, aux réquisitions pratiquées tout le temps de la guerre. Cette règlementation forme désormais une partie de la *Pasinomie belge,* qui dut bien l'accueillir dans l'intérêt même de ses abonnés.

Le conflit le plus grave s'éleva à l'occasion de la séparation administrative. Celle-ci fut préparée dès le début de l'occupation. Des mesures de flamandisation furent prises, sous couvert de mise en vigueur de la loi organique de l'enseignement primaire, à partir de 1916. Des dispositions analogues se rapportèrent à l'enseignement moyen et normal et aux administrations dont les cadres furent flamandisés. Quant aux Universités de l'État, elles étaient restées fermées depuis les grandes vacances de 1914, comme les Universités libres d'ailleurs. Pour Liége et pour Louvain, la question ne pouvait même être pratiquement posée ; elle ne pouvait l'être moralement pour Bruxelles et pour Gand. Cette dernière université fut rouverte de force, le 15 mars 1916, mais comme université flamande. La mesure fut suivie de plusieurs autres visant à avantager le plus possible les professeurs et les étudiants qui jugèrent bon d'en profiter.

Ce fut le 21 mars 1917 que s'accomplit la division du pays en deux régions administratives, impliquant le dédoublement des ministères eux-mêmes ; Bruxelles devenait capitale de la Belgique flamande et Namur de la Belgique wallonne, ou plutôt de la Flandre et de la Wallonnie, pour nous servir des termes officiels. Le Brabant comprenant un arrondissement purement wallon, celui de Nivelles, fut démembré, Bruxelles et Louvain restant en Flandre (!), Nivelles passant en Wallonnie et faisant partie de la Province de Hainaut. D'autres modifications d'importance moindre furent apportées à notre organisation administrative, toujours en vue de la même politique séparatiste, poursuivie jusqu'à la veille de l'armistice.

Faut-il indiquer les mobiles intéressés qui guidèrent en tout

ceci les Allemands? Diviser pour régner; essayer de séduire les
Flamands et même certains Wallons; contenter les appétits
d'une foule d'individualités tarées, par l'appât de hautes fonctions et de hauts traitements; enfin faire appel aux plus basses
passions. Tout cela caractérise le régime des derniers temps de
la guerre. Seuls, un petit nombre de Belges, flétris depuis du
nom d'activistes, se laissa corrompre ou séduire, suivant qu'il
s'agit de vendus ou d'illuminés.

La Cour d'appel de Bruxelles, usant de la prérogative que lui
donne la loi du 20 avril 1810, poursuivit certains d'entre eux.
Quelques arrestations furent opérées, mais au moment où les
prévenus arrivaient au Palais de Justice, ils firent appel à la
force armée allemande et furent aussitôt remis en liberté par
elle. Ordre fut donné à la Magistrature d'avoir à cesser les
poursuites. Cette ingérence dans l'exercice de la justice belge
provoqua, de la part de celle-ci, le 7 février 1918 une « grève »
qui s'étendit bientôt au Pays entier. La Cour d'appel de Bruxelles
rendit, à ce sujet, un arrêt qui fit sensation et que confirma la
Cour de cassation, par une décision non moins notable du
11 février 1918. Aussitôt le pouvoir occupant instaura des juridictions allemandes substituées aux juridictions belges. S'il fut
impossible d'empêcher ces tribunaux répressifs de statuer sur
le sort des délinquants qui leur étaient déférés, les tribunaux
civils n'eurent à connaître que de procès auxquels étaient intéressés des ennemis de la Belgique, aucun de nos concitoyens
n'ayant porté sa cause devant ces magistrats extraordinaires.
Étrange spectacle que celui d'un pays où les rouages essentiels
de l'État sont arrêtés et qui cependant se maintient en équilibre!
Seules des circonstances anormales expliquent le phénomène.
On peut y voir une des formes de ce patriotisme et de cette
endurance qui furent prêchés au Peuple par une voix autorisée
et qui prirent des aspects, variant de l'héroïsme jusqu'à la
zwanze, auxquels il a été si souvent fait allusion, même à
l'étranger. On y peut trouver aussi confirmation d'une remarque
presque banale à propos de la Belgique : la commune y joue un
rôle si important qu'elle peut suffire un temps à répondre aux
besoins primordiaux de la solidarité sociale; dans une certaine
mesure, elle s'est substituée à l'État et donna aux citoyens
l'illusion que les pouvoirs nationaux n'avaient cessé de les gouverner.

Tel est aussi le secret du puissant mouvement d'intercommunalisme qui se manifesta durant l'occupation et sur lequel nous avons déjà appelé l'attention du lecteur. Il apparut comme la conséquence nécessaire de l'organisation du ravitaillement et de l'indemnité de chômage instaurée par le Comité National, dont l'action bienfaisante s'étendait sur la Belgique envahie et sur le Nord de la France. Ce Comité, qualifié parfois d'État dans l'État, avec qui le pouvoir occupant dut à maintes reprises traiter de puissance à puissance, était dû à l'initiative privée de quelques philanthropes et hommes d'affaires à la tête desquels se trouvait Ernest Solvay. Il fut soutenu, dès la première heure, par la *Commission for Relief in Belgium*, dirigée par Hoover, qui lui apporta le concours efficace et les immenses ressources de sa patrie, les États-Unis, et de tous les pays anglo-saxons. D'ailleurs, le gouvernement du Havre ne cessa pas de rester en contact avec le Comité National et de lui fournir aussi les moyens financiers nécessaires.

Ce fut un spectacle bien étrange de voir les dirigeants de la banque et de l'industrie belges se concerter avec les mandataires communaux pour établir des services socialisés de nourriture, de vêtement, des distributions d'argent, bientôt transformées en distributions en nature. C'est ce que, dans le langage populaire on appelait le « chômage ». A côté des magasins du Comité National ou « Magasins américains », qui vendaient des produits importés surtout du Nouveau-Monde, de puissantes coopératives intercommunales créèrent des « Magasins communaux », afin de stabiliser le prix et de mesurer la consommation des produits autochtones.

On pouvait croire la Belgique vivant partiellement en régime collectiviste et cela grâce au concours du Capitalisme et de l'Administration et sous leur égide. Les conceptions les plus hardies de certains penseurs furent dépassées par les réalisations de cette étonnante période. Les faits ont répondu de façon péremptoire aux doutes élevés à l'égard de certaines possibilités. Mais, ne l'oublions pas, les circonstances anormales ont permis, ont nécessité sans doute ce qui ne se concilierait pas avec la vie normale.

La plupart des légations des pays neutres demeurèrent à Bruxelles : phénomène nouveau en droit des gens que celui d'un corps diplomatique éloigné du gouvernement auprès duquel il est accrédité ! La présence des ministres d'Espagne, des États-Unis (jusqu'à l'entrée en guerre de ce pays), du chargé d'affaires

des Pays-Bas — pour ne nommer qu'eux — servit grandement
nos intérêts. Souvent, ils furent les porte-parole des Belges
auprès des autorités allemandes; ils avaient accepté le haut
patronage du Comité National : y toucher, c'était les atteindre !
Aussi étaient-ils devenus comme les arbitres auxquels on faisait
appel dans les cas les plus graves.

XVI

Retour à la légalité.

Les historiens à venir de la Belgique ne manqueront pas de
signaler cet événement stupéfiant entre les plus stupéfiants, qui
précéda d'un jour l'armistice du 11 novembre : la république allemande proclamée au balcon du Palais de la Nation à Bruxelles ;
les drapeaux rouges substitués aux drapeaux impériaux, aux
façades des édifices occupés par les autorités teutonnes; les officiers insultés par les soldats, la disparition subite de tous les fonctionnaires plus ou moins titrés, formant la *Zivilverwaltung*, la
Kommandantur, etc., en même temps que le Kaiser fuyait sa
résidence de Spa, pour se mettre à l'abri, sous le couvert de la
neutralité hollandaise. Mais en simple juriste, il nous suffit de
noter le fait. Passons au jour lumineux où rentrèrent dans la
capitale belge les pouvoirs publics, l'armée et son chef, escortés
par les troupes alliées, au 22 novembre 1918.

Le Roi avait quitté Bruxelles le 4 août 1914, à l'issue d'une
séance du Parlement. A son retour, il se rendit tout droit au
Palais de la Nation : ce fut, en un geste symbolique, la reprise
de la vie politique normale et constitutionnelle.

Comme au cours de l'exil, des hommes des trois partis furent
appelés au pouvoir. Cette situation s'est maintenue depuis : la
majorité catholique et les deux minorités libérale et socialiste
s'accordèrent pour confier à « un ministère d'union sacrée » la
responsabilité des affaires. Sur certains points, il était impossible de rentrer d'emblée dans la légalité. Les mandats parlementaires, provinciaux et communaux étaient expirés. Il en
était de même pour la plupart des autres fonctions électives.
Leur prorogation s'imposait; elle se compliquait d'une question
constitutionnelle plus grave, au sujet de l'électorat politique.
Nous l'avons dit : un courant irrésistible d'opinion emportait le

vote plural et imposait le suffrage universel pur et simple à 21 ans.

Les élections se firent d'après la loi nouvelle. Les Chambres issues du scrutin du 16 novembre 1919 ont, avec toutes leurs autres tâches, à accomplir celle de la revision constitutionnelle.

Les lois principales votées depuis l'armistice répondent aux besoins les plus urgents, manifestés en Belgique comme ailleurs : reconstituer l'outillage national ; assurer un sort aux combattants et à leur famille ; obvier, dans la mesure du possible, à la crise des loyers et des logements ; réorganiser les services publics que la guerre a laissés dans un état comparable à celui du front. Le problème financier est d'autant plus difficile chez nous que nous avons, à cet égard, un très grand retard à rattraper. Nos impôts d'avant-guerre étaient minimes quant à leur montant, vétustes quant à leur perception, injustes quant à leur répartition. A peine satisfaisaient-ils aux budgets de services publics mal rétribués et incomplets. Seul l'impôt sur le revenu, inconnu jusqu'ici des Belges, pouvait faire face aux besoins impérieux de l'heure présente. Il fut établi (loi du 29 octobre 1919) ; mais ce serait faire œuvre prématurée et téméraire que d'émettre, dès à présent, un jugement sur ce système dont le rendement même n'est pas encore connu. Pourtant, nous osons affirmer que s'ils paient dix fois plus de contributions que par le passé, les riches restent en Belgique relativement moins imposés, à fortune égale, que ceux des autres peuples de l'Entente, pour ne parler que des seuls vainqueurs.

XVII

Coup d'œil final.

En commençant cette esquisse, nous disions que la Belgique de 1869 ne différait pas essentiellement de celle de 1830. Nous n'en dirons pas autant pour la Belgique de 1919. Ces quelques pages suffisent sans doute à le démontrer.

La population s'était accrue au cours des quarante premières années de notre indépendance, mais elle avait été diminuée par la perte du Luxembourg et du Limbourg cédés à la Hollande en 1839. Elle atteignait, en 1869, environ cinq millions d'habitants ; en 1839, elle en comptait déjà plus de quatre millions. Elle dépassait avant la guerre sept millions et demi.

Le territoire vient de s'accroître, en vertu du Traité de Versailles, de quelques districts : Eupen, Malmédy, Moresnet-neutre ; c'est là peu de chose et encore les clauses du Traité nous obligent-elles à attendre pour connaître le sort définitif de la plupart de ces régions. C'est l'empire colonial dont elle fut dotée par Léopold II qui fait la Belgique immensément agrandie par rapport à ce qu'elle était, il y a cinquante ans.

Quant à la souveraineté, notre pays s'est affranchi des liens d'une neutralité perpétuelle que les Grandes Puissances lui avaient imposée dans leur intérêt, dès 1831. Ce n'est pas volontairement que ce système a été abandonné par nous. Du jour où deux des garants de cette neutralité l'eurent outrageusement violée, elle ne subsistait plus. Ils avaient fait de nous les alliés de nos autres garants. Comment rétablir après cela le régime d'avant-guerre ? La situation internationale de la Belgique reposait sur l'accord des Grandes Puissances de l'Europe. Cet accord, une fois rompu, la neutralité devenait impossible vis-à-vis de nos alliés d'hier et plus encore vis-à-vis de nos ennemis d'hier. Nous envisageons, bien entendu, la neutralité conventionnelle et perpétuelle.

Sans être devenue, en droit des gens, une grande puissance, la Belgique a prouvé une fois de plus le rôle essentiel qu'elle joue dans l'équilibre européen. Est-ce pour lui rendre cet hommage que l'Angleterre, la France, l'Italie et les États-Unis lui envoient désormais des ambassadeurs et reçoivent les siens ? Son action pendant la guerre a été appréciée de façon telle qu'il ne sied pas à un Belge d'en parler. La zone d'occupation réservée à nos troupes sur la rive gauche du Rhin reste comme un témoignage des Alliés en notre faveur. Espérions-nous plus et mieux ? Etait-ce tout ce à quoi nous pensions avoir droit ? Questions qui dépassent le but de cette esquisse ; mais c'est pourtant montrer encore combien la Belgique de 1919 diffère de celle de 1869 que de rappeler ses aspirations et même ses désillusions à cet égard.

Après cela, il faudrait parler encore du rôle économique joué par le pays et de sa place relativement importante dans le monde contemporain. Mais nous avons peine à le faire, toute donnée, tout chiffre datant d'avant-guerre manquant aujourd'hui de précision ; nous craignons qu'ils ne concordent plus avec la réalité. Sans doute la Belgique travaille-t-elle à sa reconstitution. Les qualités de la race nous sont un garant de succès: Depuis tant de siècles nos provinces ont été dévastées et ruinées par leurs dominateurs successifs et chaque fois elles ont pu se refaire. Le peuple retrouve en lui, au xxᵉ siècle, les anciennes vertus de patience et de labeur qui l'ont fait triompher de tous ses malheurs.

Les horizons politiques se sont élargis, surtout depuis l'entrée en scène d'un tiers parti dont les préoccupations sociales ont souvent un caractère international. Beaucoup de Belges ont fait à l'étranger des voyages d'affaires, sinon d'instruction, et ont ainsi comparé aux solutions nationales, souvent moyennes, celles qui ont prévalu dans d'autres pays, plus radicales, sinon meilleures. Si de petits conflits entre cléricaux et libéraux se sont aplanis, d'autres sont nés, dont les conséquences peuvent être plus graves. Ce sont ceux que connaissent tous les pays industriels et aussi tous les pays bilingues. Sans doute la séparation établie par la guerre entre les Belges qui sont restés et les Belges qui sont partis aura-t-elle son influence, mais il est difficile de la préciser déjà. Elle contribue à donner aux uns des clartés sur la mentalité des nations voisines, elle permet aux autres de se connaître mieux eux-mêmes. Qualités et défauts semblent s'être accentués. Si nous constatons aujourd'hui, chez nos compatriotes, une soif de jouissance, une âpreté au gain qui se manifeste par la passion des affaires et même du jeu, ce n'est pas le portrait du Belge d'après-guerre, mais de l'homme d'après-guerre que nous traçons. La génération de demain nous réserve sans doute des personnalités plus fortes que celles d'hier. Nous n'y objectons pas, faisons-lui confiance.

LA LÉGISLATION SOCIALE en BELGIQUE

1869-1919

Par Ernest Mahaim,

Professeur à l'Université de Liège, ancien ministre.

Prendre en 1869 le point de départ d'une période de l'histoire de la législation sociale en Belgique est presque une ironie. C'est le 13 janvier 1869, en effet, qu'à l'occasion de la discussion de son budget, le Ministre de l'Intérieur, M. Eudore Pirmez, répondant à des interpellateurs éloquents et convaincus, démontrait qu'il ne fallait même pas de législation protectrice des femmes et des enfants. Il admettait qu'en principe le Parlement pouvait légiférer pour les mineurs — pas pour les majeurs — mais à deux conditions : il fallait que son intervention fût à la fois indispensable et efficace, et il soutenait qu'elle n'était, en ce moment, ni l'un ni l'autre. Et pourtant, il y avait bien des années que cette intervention était réclamée par des administrations communales et provinciales, par des philanthropes, et même par des industriels à propos du travail dans les industries textiles et dans les mines.

Une Commission de fonctionnaires, nommée en 1843, avait présenté, dès 1848, un projet déjà fort complet pour l'époque, contenant tous les principes d'une législation du travail. En 1859, Rogier, Ministre de l'Intérieur, avait déposé sur le bureau de la Chambre des Représentants un projet de loi qui fut favorablement accueilli par l'opinion publique, mais ne parvint jamais au vote. Des vœux de l'Académie de Médecine et de différents Congrès l'avaient appuyé. Le grand débat de 1869, auquel nous faisons allusion plus haut, montra que rien ne pouvait fléchir la doctrine libérale, dont Pirmez était le porte-parole. Frère Orban, chef du Cabinet, soutint son collègue en alléguant que, même en Angleterre, la législation protectrice était inefficace, de même que l'inspection du travail.

La question revint cependant devant le Parlement sous le

ministère Malou. En 1878, la Chambre vota un projet interdisant le travail souterrain dans les mines aux garçons de moins de 12 ans et aux filles de moins de 13. Mais ce projet fut repoussé par le Sénat.

C'est en 1884 qu'un arrêté royal du 28 avril, signé d'un ministre libéral, M. Sainctelette, interdit ces travaux aux garçons de moins de 12 et aux filles de moins de 14 ans. Modeste mesure administrative qui commence enfin la série des interventions publiques pour protéger la santé, la sécurité et le bien-être de la classe ouvrière.

En 1886, des grèves sanglantes et incendiaires dans le pays de Charleroi et celui de Liége vinrent brusquement ébranler la quiétude de l'opinion publique. C'est l'honneur de M. Beernaert d'avoir compris alors qu'il fallait rompre avec le passé. A la suite des travaux d'une grande Commission extraparlementaire sur les conditions du travail, une série de lois furent adoptées par le Parlement.

La première en date est celle du 16 août 1887, sur le paiement des salaires aux ouvriers, qui interdit le *truck-system*. Elle exige que les salaires soient payés en monnaie métallique ou fiduciaire ayant cours légal, détermine les fournitures que le patron peut imputer sur le salaire, soumet à l'autorisation de la députation permanente du Conseil provincial l'établissement d'économats patronaux où les denrées doivent être vendues à prix de revient. Elle limite également les retenues qui peuvent êtré faites sur le salaire. Cette loi, qui est encore en vigueur, a été complétée, en 1904, par une loi sur le mesurage du travail, qui impose l'emploi d'unités et d'appareils rigoureusement contrôlés.

Une autre loi de la même date, 16 août 1887, institue les Conseils de l'industrie et du travail. Ces Conseils composés en nombre égal de patrons et d'ouvriers, élus pour trois ans par leurs pairs, ont pour mission de délibérer sur les intérêts communs des patrons et des ouvriers, de prévenir et au besoin d'aplanir les différends qui pourraient naître entre eux. La loi est due à l'initiative de Frère Orban; c'est une tentative d'organisation du travail qui n'a pas réalisé l'espoir qu'on avait fondé en elle. Les raisons en sont difficiles à dégager. Est-ce l'étroitesse du corps électoral (les ouvriers électeurs sont les mêmes qui élisent les Conseils de prud'hommes), ou la difficulté de répartir géographiquement les industries représentées, toujours est-il que les Conseils ne constituent pas des corps vraiment représentatifs des diverses professions. On ne peut pas dire qu'ils n'ont pas rendu de services au début, mais aujourd'hui ils ont perdu toute efficacité.

Le 18 août 1887 fut promulguée la loi rendant les salaires incessibles pour plus des deux cinquièmes et insaisissables pour plus d'un cinquième.

Ces réformes législatives, est-il besoin de le dire, ne soulevaient aucune question de doctrine et ne rencontraient point d'opposition, pas plus que la loi du 5 mai 1888 donnant aux inspecteurs du travail libre entrée et droit de verbaliser dans les établissements dangereux, insalubres ou incommodes, ni la loi du 31 juillet 1889, organique des Conseils de prud'hommes.

La loi du 9 août 1889 sur les habitations ouvrières est intéressante à plus d'un titre. Elle a eu une influence sociale considérable, parce qu'elle s'adaptait admirablement à certaines dispositions d'esprit des Belges, et elle offre un exemple remarquable de ce fait, fréquent en matière législative, que les conséquences indirectes et imprévues de la loi ont souvent plus d'importance que les conséquences directes. Les dispositions de la loi du 9 août 1889 se bornent essentiellement, d'une part, à instituer des Comités de patronage des habitations ouvrières et des institutions de prévoyance, et d'autre part, à accorder des exemptions ou des réductions d'impôts aux ouvriers qui acquéreraient des terrains pour se bâtir une maison d'habitation ou une telle maison, ou qui emprunteraient des fonds dans ce but. Les Comités de patronage, composés de philanthropes, d'hommes d'œuvres, bourgeois et ouvriers, se sont montrés à la hauteur de leur tâche et n'ont pas tardé à occuper une situation remarquable dans l'administration du pays. Les faveurs fiscales ont agi comme une réclame extraordinairement efficace pour la bâtisse des maisons. On s'attendait à la création de nombreuses sociétés coopératives de construction. Mais il ne s'en forma aucune. Le Belge, individualiste, préféra la libre disposition de ses épargnes. Par contre, un article de la loi, que l'on considérait comme accessoire, eut un effet considérable. C'est celui autorisant la Caisse générale d'Épargne et de Retraite sous la garantie de l'État à traiter des opérations d'assurance mixte sur la vie ayant pour but de garantir le remboursement à une échéance déterminée — ou à la mort de l'assuré si elle survient avant cette échéance — des prêts consentis pour la construction ou l'achat d'une habitation. En outre, la Caisse d'Épargne était autorisée à employer une partie de ses fonds disponibles en prêts faits en faveur de la construction de maisons ouvrières. Cette faculté fut largement utilisée et les contrats d'assurance-vie se lièrent très généralement aux emprunts des ouvriers. Les Sociétés de crédit se multiplièrent, l'esprit de parti éveilla la concurrence entre elles, et l'on vit la Belgique se couvrir de maisons ouvrières, appartenant en propriété à leurs occupants. La loi du 9 août 1889 est restée en vigueur jusqu'à la guerre et a favorisé la construction de plus de 100.000 maisons ouvrières, dont 60.000 à l'intervention de la Caisse d'Épargne.

Cette loi sur les habitations ouvrières rentre dans le système de la « liberté encouragée ». Avec la loi sur le travail des femmes et des enfants, qui porte la date du 13 décembre 1889, la législature entrait dans la véritable législation protectrice du travail.

Il y avait bien eu l'année précédente une loi protégeant les enfants employés dans les professions ambulantes d'acrobates, de saltimbanques, etc. Mais c'était encore là une œuvre d'humanité pure plutôt qu'un acte de protection du travail proprement dit. La loi réglementant le travail des femmes et des enfants s'appliquait à une série d'établissements industriels, aux transports par terre et par eau, au travail dans les ports, débarcadères et stations, sans aucune limitation du nombre de personnes occupées. Etaient exemptés les ateliers de famille, sauf ceux classés comme établissements dangereux, insalubres ou incommodes, ou ceux dans lesquels étaient employés des chaudières à vapeur ou des moteurs mécaniques. L'âge d'admission des enfants était 12 ans. Le Gouvernement pouvait interdire les travaux dangereux, insalubres ou excessifs; il pouvait réglementer les autres. La classe ouvrière protégée était définie : les adolescents âgés de moins de 16 ans, et les filles ou femmes âgées de plus de 16 ans et de moins de 21 ans. Les femmes majeures restaient en dehors de la loi. Toutefois, une disposition interdisait d'employer les femmes pendant les quatre semaines qui suivent leur accouchement — sans stipuler d'indemnité d'ailleurs. Le travail de nuit, c'est-à-dire après 9 heures du soir et avant 5 heures du matin, était interdit à la population protégée. Mais des exceptions pouvaient toujours être accordées par les autorités. D'autre part, les arrêtés ne devaient être pris qu'après l'avis du Conseil de l'industrie et du travail, de la députation permanente du Conseil provincial et du Conseil supérieur d'hygiène publique.

Cette loi, modeste et timide, fut longuement discutée; les questions de principes furent de nouveau copieusement agitées, et le vote eut lieu droite contre gauche, à trois exceptions près.

Cette époque est celle où l'on commence à se préoccuper de la réparation des accidents du travail. Les lois allemandes font l'objet de controverses. Les juristes inventent des systèmes — entre autres le « renversement de la preuve » dû à Sainctelette — qui ont pour but d'éviter de nouvelles lois, et il va falloir attendre jusqu'en 1903 pour avoir une législation en la matière. Cependant, à l'occasion du 25e anniversaire de l'avènement au trône du Roi Léopold II, celui-ci refusa le monument qu'on voulait élever par souscription publique, et la loi du 21 juillet 1890 créa, avec une dotation de 2 millions, une caisse de prévoyance et de secours, destinée à encourager l'assurance et à donner des allocations aux victimes d'accidents du travail. Simple palliatif en attendant une réforme efficace.

Toutes les lois sociales de cette période ne sont pas cependant des lois de faveur.

Le 26 mai 1890 était promulguée une loi répressive importante, celle qui renforçait et aggravait l'article 310 du Code pénal punissant les atteintes à la liberté du travail. On visait non seulement les violences, injures et menaces et les interdictions ou proscriptions, mais les simples rassemblements autour des usines et les actes d'intimidation. Loi de classe qui ne fut jamais appliquée que contre les ouvriers et que le Parlement d'aujourd'hui est occupé à abolir.

Avec la loi du 15 juin 1896 sur les règlements d'ateliers commence une ère de réforme plus active, due en grande partie à l'action du premier ministre du travail, M. Nyssens.

La loi de 1896 impose aux entreprises industrielles et commerciales employant cinq ouvriers au moins l'obligation d'avoir un règlement écrit, déterminant un certain nombre des conditions principales du travail. Le règlement est l'œuvre unilatérale de l'employeur, mais il doit être porté à la connaissance des ouvriers par voie d'affiches. Les ouvriers, pendant huit jours, ont le droit de présenter leurs observations et d'en appeler à l'inspecteur du travail, qui ne peut d'ailleurs que transmettre leurs observations au chef d'entreprise. La loi stipule que les règlements lient les parties pour toute la durée de l'engagement. C'était, en somme, le commencement de la reconnaissance par le législateur de la nécessité de mettre de la clarté dans les rapports juridiques des patrons et des ouvriers.

La loi du 11 avril 1897, instituant des délégués ouvriers à l'inspection des mines, reconnaissait que l'ouvrier devait participer aux mesures de sécurité édictées en sa faveur.

L'année suivante, le 31 mars 1898, se place l'importante loi sur les unions professionnelles, inspirée en grande partie par la loi française de 1884, due à Waldeck-Rousseau. Elle accordait la reconnaissance légale et la personnalité civile aux unions qui répondaient aux conditions de publicité qu'elle imposait. Elle eut, en somme, une destinée analogue à celle de la loi française. Repoussée par les socialistes comme une loi « policière » et de défiance, elle n'eut de succès que chez les ouvriers chrétiens et chez les paysans.

Il faut dire que la liberté absolue d'association, inscrite dans la Constitution belge, permettait aux ouvriers de constituer des unions sans autorisation.

La loi du 2 juillet 1899, concernant la sécurité et la santé des ouvriers employés dans les entreprises industrielles et commerciales, ne contient que trois articles ; elle autorise le gouvernement à prendre toutes les mesures appropriées à son but, réserve l'avis de collèges administratifs et des conseils supérieurs, et donne aux inspecteurs du travail le droit de visite et d'information. Le Gouvernement a usé de ces pouvoirs en édictant, par arrêté royal, une série de prescriptions très judicieuses et efficaces, qui, on peut le dire, ont occasionné la transformation de beaucoup d'ateliers et attiré l'attention des chefs d'entreprise sur la prévention des accidents du travail.

En 1900, se placent trois lois caractéristiques du souci du législateur de l'époque. La loi du 10 février 1900, très remarquablement étudiée et rédigée, protège l'épargne de la femme mariée et du mineur, mais limite sa protection aux livrets de la Caisse d'Épargne. Celle du 10 mars 1900 sur le contrat du travail comble une lacune du Code civil en déterminant les droits et obligations des parties au contrat et en substituant des textes précis à l'application exclusive des usages locaux. Simple loi de droit civil, elle n'est pas une véritable réglementation du travail, mais elle innove en certains points, d'une façon importante : elle attribue, par une présomption *juris et de jure* aux

chefs de brigade la qualité de mandataires du chef d'entreprise,
institue des règles nouvelles pour l'admissibilité de la preuve
testimoniale et la prescription des actions, limite les retenues à
opérer sur le salaire du chef de malfaçon, proclame l'obligation
du patron de veiller, nonobstant toute convention contraire,
à ce que le travail s'exécute dans des conditions convenables au
point de vue de la santé et de la sécurité de l'ouvrier, élargit la
capacité de la femme mariée et du mineur d'engager leur
travail et d'en toucher le salaire.

La loi du 10 mai 1900 sur les pensions de vieillesse donna lieu
à des discussions passionnées entre les partisans de l'obligation
et ceux de la liberté. Le Gouvernement se rallia au système
de la « liberté subsidiée », en se bornant à accorder des
primes d'encouragement aux affiliés à la Caisse de retraite. Il
est vrai qu'il accordait en outre une allocation annuelle de
65 francs à tout ouvrier ou ancien ouvrier âgé de 65 ans, et
se trouvant dans le besoin. Un fonds spécial de 12 millions
d'abord, ensuite de 15 millions, fut constitué dans ce but. On
peut dire que ce système se montra pratiquement inefficace.
On avait fondé des espoirs illusoires sur l'encouragement à la
prévoyance. Le nombre d'affiliés à la Caisse s'accrut bien considérablement, mais l'effort d'épargne se borna à des sommes
insignifiantes. Dix ans après, on reconnaissait généralement
que le système avait fait faillite.

La loi du 24 décembre 1903, sur la réparation des dommages
résultant des accidents du travail, est encore en grande partie
l'œuvre de M. Nyssens, bien qu'elle fût promulguée sous le
règne de son successeur, M. Francotte.

Elle ne réalise pas le système de l'assurance obligatoire,
comme la loi allemande, mais elle fait aux chefs d'entreprises
une obligation de réparer, à forfait, tous les accidents du travail
survenus aux ouvriers, même par suite d'une faute lourde. La
réparation comprend une indemnité pécuniaire, représentant
une fraction du salaire, ainsi que les frais médicaux et pharma-
ceutiques. Cette indemnité est allouée sous forme de rente
viagère ou temporaire.

La réparation est individuellement à la charge du chef d'entreprise, qui doit constituer un capital pour la garantie de la
rente. Toutefois les chefs d'entreprises ont la faculté de s'exonérer de leurs obligations en en transférant la charge à un
établissement d'assurance reconnu par l'État. Les entreprises

assujetties sont toutes celles appartenant à la grande, la moyenne et la petite industrie, énumérées par la loi ; puis celles non énumérées comprenant 5 ouvriers au moins, enfin les exploitations agricoles et commerciales employant 3 ouvriers. Les ouvriers assurés sont ceux auxquels s'appliquent la loi de 1900 sur le contrat du travail, et gagnant moins de 2.400 francs.

Tous les accidents donnent lieu à réparation, même en cas de faute lourde du patron ou de l'ouvrier, sauf ceux provoqués intentionnellement. Les indemnités dues en cas d'incapacité de travail représentent la reconstitution des 50 0/0 du salaire. Elles sont dues à partir du huitième jour. La loi stipule minutieusement les conditions du versement de la rente, sa transformation en capital, en certains cas, les droits du conjoint et des héritiers, enfin toutes les mesures de procédure et d'exécution. Elle laisse la juridiction aux mains du juge de paix. Dans son ensemble la loi n'a pas été défavorablement jugée. Toutefois, elle a été, dès 1905, jugée insuffisante, notamment par les mutualistes, qui réclamaient un taux plus élevé de réparation, la suppression de la carence de huit jours et le libre choix du médecin. Elle a atteint son but en limitant les contestations. Le plus grand reproche qu'on peut lui faire est d'avoir maintenu le système de l'assurance par des compagnies privées qui restent tracassières et lésineuses.

En 1905, la loi sur le repos du dimanche, du 17 juillet, fut l'aboutissement de projets qui avaient été déposés déjà dix ans auparavant. Elle donna lieu à de vives discussions entre catholiques et libéraux, ceux-ci soutenant notamment que la loi était contraire à la Constitution. Elle interdit d'employer plus de six jours par semaine les personnes autres que les membres de la famille du chef d'entreprise, habitant avec lui, et ses domestiques ou gens de maison, et elle prescrit que le jour de repos hebdomadaire est le dimanche. Elle excepte de l'interdiction une série de travaux urgents ou nécessaires et énumère les entreprises où les ouvriers peuvent être employés 13 jours sur 14 ou 6 jours et demi sur 7, laissant d'ailleurs au Gouvernement une certaine latitude dans l'extension ou la restriction des repos. La loi s'étend aux entreprises commerciales comme aux entreprises industrielles. Aujourd'hui, les discussions auxquelles cette loi donne lieu sont singulièrement apaisées, et l'on peut dire qu'elle est entrée dans les mœurs.

La loi du 25 juin 1905, prescrivant de mettre des sièges à la disposition des employées de magasin, n'est qu'une œuvre d'humanité analogue à celle qui a été édictée dans beaucoup de pays.

Il en est de même de la loi du 30 avril 1909, concernant le logement des ouvriers employés dans les briqueteries et sur les chantiers, qui donne au Gouvernement le droit de prescrire les mesures propres à assurer la salubrité, la sécurité et la décence dans ces logements.

Par la loi du 31 décembre 1909, fixant la durée de la journée de travail dans les mines, le législateur belge entrait enfin dans la voie de la réglementation du travail des ouvriers majeurs, mais il ne visait encore que les travaux souterrains des mines de houille.

La journée normale était fixée à 9 heures pour chaque équipe entre l'entrée dans le puits des premiers ouvriers descendant et l'arrivée au jour des premiers ouvriers remontant. La descente de l'équipe ne pouvait être prolongée au delà du temps raisonnablement nécessaire, et le temps total de la montée ne pouvait excéder de plus d'une demi-heure le temps total de la descente. Mais la durée de la journée pouvait être augmentée d'une heure en plus pour les ouvriers préposés à la surveillance et aux machines, les accrocheurs au puits, et les conducteurs de chevaux. Par contre, elle pouvait être réduite pour les ouvriers travaillant dans des chantiers insalubres, notamment par suite de la chaleur ou de l'humidité. En outre, les cas de force majeure ou de nécessité imprévue étaient réservés.

Cette loi, dont le premier projet date de 1902, n'était qu'un premier pas qui devait être suivi plus tard d'autres dispositions plus radicales.

La même année, le 20 août 1909, se place l'interdiction de l'emploi de la céruse en poudre, en morceaux ou en pains dans les travaux de peinture. Le travail à sec au grattoir et le ponçage à sec des surfaces enduites au blanc de céruse étaient également interdits. On n'a pas voulu aller jusqu'à l'interdiction complète : la céruse peut être vendue et employée sous forme de pâte broyée et malaxée au moyen d'huile.

En 1910, le 15 mai, se place une revision de la loi organique des Conseils de prud'hommes, qui était demandée depuis longtemps, mais qui n'en modifiait pas profondément l'organisation. Elle étend leur juridiction aux employés et institue des Conseils d'appel.

La loi du 5 juin 1911 sur les mines vint compléter et modifier la loi de 1810 qui était encore en vigueur. Elle modernise la législation napoléonienne, sans en altérer cependant les principes, en ce qui concerne les droits des propriétaires, des concessionnaires et de l'État. Elle interdit les travaux du fond aux femmes et aux enfants de moins de 14 ans, et impose aux concessionnaires des obligations au profit de leur personnel ouvrier.

Une autre loi de la même date instituait des pensions de vieillesse pour les ouvriers mineurs. Le principe de l'obligation était enfin consacré. L'État accordait des subsides aux Caisses de prévoyance, et la pension était portée à 360 francs par an. La pension était allouée aux ouvriers ayant 60 ans d'âge, ou ayant 55 ans et trente ans de service dans les travaux souterrains.

La loi du 10 août 1911 sur l'interdiction du travail de nuit des femmes n'était que l'exécution de la Convention internationale de Berne de 1906, dont elle reproduit les termes. On sait que des délais considérables avaient été accordés par cette Convention aux États contractants pour mettre leur législation en harmonie avec elle. Les exceptions prévues pour le peignage et la filature de laine jusqu'en 1920 étaient maintenues.

En 1912, nous ne voyons à signaler que la loi du 5 mai accordant des primes aux caisses mutualistes d'invalidité, et la loi du 11 mai sur les pensions de vieillesse. C'est la dernière manifestation du système de la « liberté subsidiée » dont tout le monde, même le Gouvernement, prévoyait la fin en avouant son insuffisance.

Le 26 mai 1914, une loi venait mettre la législation sur le travail des femmes et des enfants en concordance avec la loi sur l'instruction obligatoire récemment adoptée.

L'âge d'admission des enfants était porté à 14 ans, sauf pour les enfants porteurs d'un certificat d'études primaires, qui pouvaient être employés dès 13 ans. Le travail de nuit était interdit aux femmes d'une façon absolue, et non plus seulement à celles occupées dans les établissements ayant 10 ouvriers. Des restrictions étaient apportées au travail des adolescents.

Pendant l'occupation allemande, le Gouvernement général se fit un malin plaisir de mettre en vigueur la loi sur l'instruction obligatoire et la loi sur le travail des femmes et des enfants, sans y rien changer d'ailleurs, mais en ayant soin de proclamer que c'était à l'Allemagne que la Belgique devait ces deux réformes. Ces ordonnances tombèrent, comme toutes les autres, à l'armistice, mais un arrêté royal du 28 février 1919 coordonna la législation en la matière.

L'année 1919 est celle où la législature est absorbée par le travail de reconstitution du pays. Nous y trouvons une loi du 27 août modifiant, en raison des événements de guerre, la loi sur les accidents de travail. On y détermine comment le salaire de base doit être fixé dans les entreprises atteintes de chômage intermittent, par suite de la guerre, et l'on porte à 4000 francs la limite du salaire minimum donnant droit à la réparation forfaitaire.

Le 30 août 1919, une loi vient interdire la fabrication, l'importation, la vente et la détention des allumettes contenant du phosphore blanc — exécution tardive de la convention internationale de Berne en 1906.

La loi du 5 septembre 1919, instituant l'Œuvre nationale de l'Enfance, mérite d'être mentionnée parce qu'elle a pour but d'assurer la santé des mères et des enfants. Elle encourage par des subventions des pouvoirs publics les œuvres locales et régionales de l'enfance.

Une mention encore pour la loi du 11 octobre 1919 instituant une Société Nationale des Habitations et des Logements à bon marché. Mais elle n'a été publiée et mise à exécution qu'en 1920.

On attend de ces deux lois des effets sociaux considérables. Il en est de même de la reprise par l'État des engagements du Comité National de Secours, qui fonctionna pendant l'occupation, en ce qui concerne le service médico-pharmaceutique des sociétés de secours mutuels.

Enfin, le 24 octobre, une loi assura aux travailleurs mobilisés la conservation de leur emploi.

Nous arrêtons ici, conformément au programme de cette étude, la revue de la législation sociale belge. C'est surtout à partir de 1920 qu'elle a pris un nouvel essor, sous l'influence des modifications profondes que la guerre avait produites dans la mentalité générale.

ORIGINE ET ÉVOLUTION DES LOIS FRANÇAISES
AU CANADA EN MATIÈRE CIVILE (1869-1919)

Par M. Jean Désy, *avocat*.

Des neuf provinces de la Confédération canadienne, le Québec seul possède un code de lois civiles. Ces lois sont d'origine française. Celles des autres provinces sont inspirées du droit anglais. Avant d'examiner comment le vieux droit français a survécu à la conquête anglaise et a évolué, il importe de rechercher comment la législation de l'Ancien Régime a été introduite dans la Nouvelle-France.

Depuis la découverte du Canada jusqu'à la création du Conseil Souverain, en 1663, les gouverneurs généraux rendirent la justice suivant les règles du bon sens et de la loi naturelle. Il n'y avait pas de tribunaux organisés. Les colons devaient se conformer aux ordonnances royales et à celles des gouverneurs. La Compagnie des Cent-Associés et, plus tard, celle de la Nouvelle-France administraient le pays « en toute propriété, justice et seigneurie ». Cependant certains actes signés par les colons, notamment la concession de l'Ile de Montréal du 17 décembre 1640, indiquent que la Coutume de Paris « était observée et gardée ».

Par son édit d'avril 1663, Louis XIV retira aux Cent-Associés les privilèges dont ils avaient fait un triste usage et établit le Conseil Souverain de Québec qui, après 1704, porta le nom de Conseil Supérieur. Chargé de l'administration, du commerce, des finances, ce Conseil avait, en outre, des pouvoirs judiciaires et législatifs. Tribunal d'appel, il connaissait de toutes les causes civiles et criminelles, jugeait souverainement et en dernier ressort selon les lois et ordonnances du royaume, procédait autant que possible en la forme « gardée dans le ressort du Parlement de Paris ».

En mai 1664, un nouvel édit créa la Compagnie des Indes Occidentales et introduisit la Coutume de Paris : « Seront les juges établis en tous les dits lieux tenus de juger suivant les lois et ordonnances du royaume, et les officiers de suivre et se conformer à la coutume de la prévôté et vicomté de Paris, suivant laquelle les habitants pourront contracter sans que l'on y puisse introduire aucune coutume pour éviter la diversité ». Cette Coutume devint la loi fondamentale du pays jusqu'à la codification. La Compagnie des Indes Occidentales fut révoquée au bout de dix ans et les pays qui lui avaient été concédés réunis au domaine royal.

La discipline et la procédure du Conseil Souverain étaient assimilées à celles du Parlement de Paris. Or, en France, les édits et ordonnances royaux n'acquéraient force de loi que par la publication au Parlement et la transcription sur les registres de la cour. Le Conseil Souverain jouissait-il des mêmes droits que les cours souveraines de France, devait-il enregistrer les ordonnances, édits, déclarations et lettres patentes qui lui étaient adressés pour leur donner force de loi en Canada?

La question a été vivement discutée. Elle n'est pas encore résolue. La controverse offre plus qu'un intérêt historique. De l'une ou de l'autre solution dépend l'existence ou la non-existence, dans la colonie, des ordonnances qui étaient la base même de l'ancien droit français.

Les partisans de la nécessité de l'enregistrement au greffe du Conseil de Québec prétendent que ce Conseil possédait tous les droits et toutes les attributions du Parlement de Paris. En ce cas, l'Ordonnance 1667 sur la procédure civile, enregistrée en 1678, aurait pu, seule, s'appliquer à notre pays.

Les partisans de la théorie opposée soutiennent que les édits et ordonnances que le roi faisait pour la Nouvelle France devaient être enregistrés au Conseil Souverain, mais que les ordonnances générales s'appliquant à tout le royaume n'étaient pas soumises à cette formalité pour devenir obligatoires. L'enregistrement au Parlement de Paris était suffisant. En second lieu, Louis XIV donna, le 5 juin 1675, une Commission au sieur Duchesneau par laquelle il le constitua son procureur dans toute l'étendue de la Nouvelle France, lui enjoignant de faire observer les édits et ordonnances en vigueur dans le Royaume.

Si l'on admet la nécessité de l'enregistrement, on enlève aux colons français le droit de recourir aux ordonnances sur les affaires criminelles, commerciales, maritimes et ecclésiastiques. Qu'ils en aient eu ou non le droit, ils y ont recouru. Un jugement du 7 février 1738 condamnait Blain-Duvergier à payer le montant d'une lettre de change, suivant l'ordonnance du Commerce de 1673. En 1710, Étienne Dion-Frenoit payait une amende pour n'avoir pas mis son vaisseau sur quatre amarres, ainsi que l'exigeait l'ordonnance de la Marine de 1681.

A côté des lois générales observées dans tout le Royaume, les Rois de France publièrent des lois particulières à la colonie. Il y a, par exemple, des déclarations sur le jugement des causes de récusation, des requêtes civiles, des oppositions; des arrêts concernant les notaires, les actes notariés, les tuteurs, les ordres religieux et les gens de main-morte.

Depuis l'année de sa création jusqu'à la Cession, le Conseil Souverain adopta des arrêts et règlements d'un caractère tantôt public, tantôt privé. Il donna plein effet aux contrats de mariage contenant un don mutuel, malgré le défaut d'insinuation, vu qu'il n'existait pas au Canada de chancellerie. L'absence de bornes avait donné lieu au défrichement de terres qui n'appartenaient pas à ceux qui les défrichaient. Le Conseil obligea au délaissement, sans dédommagement, ceux qui avaient joui, pendant six années, d'une terre dont ils n'étaient pas propriétaires et ordonna, pour l'avenir, le bornage de toutes les concessions. En 1708, il mit fin aux récusations pour cause d'alliance spirituelle, l'Ordonnance de 1667 étant muette sur ce point. Puis, ce sont des arrêts relativement aux registres de baptêmes, mariages et sépultures. Contre une donation mutuelle et autres stipulations préjudiciables portées dans un contrat de mariage il devra être expédié des lettres de restitution en entier. La destitution des tuteurs sera faite selon certaines formes prévues. Enfin, le Conseil Supérieur annule les mariages des mineurs faits sans le consentement de leurs parents et enjoint aux curés d'observer les ordonnances canoniques concernant la publication et la dispense des bans, « laquelle dispense ne pourra être accordée pour marier des mineurs sans le consentement des père et mère, tuteurs ou curateurs ou sans un jugement rendu en connaissance de cause sur les oppositions ou défaut de consentement des dits père, mère, tuteurs ou curateurs ».

Conformément à l'édit de 1663, la Nouvelle France était administrée par deux officiers principaux : le gouverneur et l'intendant. Le premier exerçait les pouvoirs militaires, le second était chef de la justice et de la police. Il pouvait évoquer devant lui toutes les affaires tant civiles que criminelles et remplissait les fonctions de juge-consul. Par des ordonnances, obligatoires dans toute la colonie, l'intendant avait un pouvoir souvent plus considérable que celui du Conseil Supérieur. Il avait la haute main sur les finances, faisait des règlements pour la perception des droits de douane. Juge souverain et permanent, législateur délégué, ses ordonnances avaient la même force que des arrêts de règlement. Quelques-unes d'entre elles ont été refondues et incorporées dans les actes de la législature du Bas-Canada. Talon traita longuement de l'administration de la justice dans des projets de règlements. Il désirait restreindre les procédures, diminuer le nombre des procès, faire adopter « la voie de la composition à l'amiable ». Cette idée fut reprise, en 1899, à l'Assemblée législative de Québec. A plus de deux siècles de distance, l'intendant du roi et le représentant du peuple se rencontrent dans une pensée commune. Ces projets furent communiqués au Conseil Souverain et enregistrés « pour être observés suivant leur forme et teneur ».

A la fin de la domination française, la Nouvelle France, au point de vue du droit civil, était régie par la Coutume de Paris, les arrêts du Conseil d'État du Roi de France rendus pour le Canada, les ordonnances, déclarations et édits royaux rendus pour tout le Royaume depuis 1663, les arrêts du Conseil Souverain et les ordonnances des intendants.

Après la bataille des plaines d'Abraham, le vainqueur n'allait-il pas tenter de faire disparaître les lois françaises pour imposer les siennes à ses nouveaux sujets? Aucun des onze articles de la Capitulation de Québec ne mentionne le maintien de notre droit civil. A l'article 42 de la Capitulation de Montréal : « Les Français et Canadiens continueront d'être gouvernés suivant la Coutume de Paris et les lois et usages établis pour ce pays ; et ils ne pourront être assujettis à d'autres impôts qu'à ceux qui étaient établis sous la domination française », le général Amherst répond : « Ils deviennent sujets du Roi ». Certains historiens se sont appliqués à démontrer que la réponse ne s'appliquait qu'à la dernière partie de l'article. Il est difficile d'admettre cette hypothèse. En vertu de quelle règle d'interprétation pouvons-nous circonscrire à la question des impôts une formule dont le général anglais ne limitait pas l'application? Nous le pouvons d'autant moins qu'Amherst avait scindé ses réponses à plusieurs autres articles. S'il ne l'a pas fait à l'article 42 c'est qu'il considérait que, pour leur système de lois comme pour leur système d'impôts, les Canadiens, devenus sujets du Roi, ne pouvaient espérer un autre traitement que celui auquel leur donnerait droit leur nouvelle qualité de sujets britanniques. Quant au Traité de Paris de 1763, il ne renferme qu'une garantie : celle de la liberté religieuse.

Une proclamation royale du 7 octobre 1763 semble annoncer l'introduction des lois anglaises au Canada : « Nous avons donné aux gouverneurs de nos colonies, sous notre grand sceau, le pouvoir de créer et d'établir, de l'avis de nos conseils, des tribunaux civils et des cours de justice publique dans nos dites colonies pour entendre et juger toutes les causes aussi bien criminelles que civiles, suivant les lois et l'équité, conformément autant que possible aux lois anglaises. »

A la fin de novembre de la même année, une Commission royale nommait James Murray capitaine général et gouverneur en chef de Québec et lui donnait l'ordre d'établir des tribunaux pour administrer la justice. Conformément à la Commission royale et aux termes de la proclamation, le Conseil de Murray adoptait une ordonnance, le 17 septembre 1764, qui établissait une cour supérieure et une cour du Banc du Roi pour entendre et juger les causes civiles et criminelles « suivant les lois d'Angleterre ». Les lois françaises étaient abrogées.

Les classes dirigeantes du pays s'émurent en présence des actes officiels. Elles comprirent que la proscription du droit civil ferait disparaître quelque chose de l'âme française, quelque chose de leur héritage spirituel. L'invasion du droit anglais constituait pour la nationalité française une nouvelle défaite et un nouveau recul. La langue française cessait d'être la langue juridique et de contribuer au maintien de l'esprit national.

Durant l'automne de 1764, les Canadiens adressèrent au Roi d'Angleterre une pétition où ils invoquèrent la justice et la raison, le droit naturel et l'intérêt social. Ils firent valoir l'iniquité qui serait commise si le fanatisme d'une trentaine de négociants britanniques devait l'emporter sur les intérêts de dix mille chefs de famille français. Cette pétition fut accompagnée d'une lettre du gouverneur dans laquelle ce haut fonctionnaire exprimait son désir de voir rendre justice aux Canadiens.

Ces deux communications auxquelles il faut joindre une nouvelle lettre de Murray à Lord Shelburne créèrent une grande impression sur les ministres anglais. Ils ordonnèrent une enquête. Le procureur général, Charles Yorke, et le solliciteur général, William de Grey, en furent chargés. Leur rapport, soumis au gouvernement en avril 1766, met en doute la légalité de la proclamation de 1763. Légale ou illégale, elle n'en avait pas moins institué un régime que devaient subir les Canadiens. Ce régime devait-il être conservé? Les rapporteurs abordèrent franchement la question et déclarèrent : « Les conquérants sages... permettent à leurs sujets conquis de conserver leurs coutumes locales, inoffensives de leur nature, et qui ont été établies comme règles à l'égard de la propriété ou qui ont obtenu force de loi. Il est essentiel d'en agir ainsi à l'égard du Canada.... » Ce rapport marque une première étape de la lutte entreprise par les anciens sujets français pour la conservation de leurs lois. Une nouvelle enquête s'ouvrit, en 1767. Francis Masères, procureur général du Canada, rédigea, avant son départ pour le pays, un mémoire important « sur la nécessité de faire voter un acte du Parlement pour régler les difficultés survenues dans la province de Québec ». Pour maintenir la paix et l'harmonie, le gouvernement devrait favoriser, par des lois constitutionnelles, la fusion des deux races. Un peu plus tard, Masères présenta au nouveau gouverneur général, Guy Carleton, un projet de rapport au sujet des lois et de l'administration de la justice. Le rétablissement des lois françaises ne lui paraissait pas recommandable. Le gouverneur qui avait pris intimement contact avec la population canadienne et avait étudié la situation n'admit pas les conclusions de Masères. Il fit préparer un autre rapport d'où il ressortait que la seule mesure équitable était de remettre en vigueur toutes les lois civiles françaises en usage avant la conquête et de ne retenir que les lois criminelles anglaises.

Pendant une dizaine d'années, la Métropole ajourna la solution du problème canadien, s'éternisa en atermoiements et en délibérations. Ce n'est qu'en 1770 que le gouvernement, sous la présidence de lord North, confia à l'avocat général Marriott, au solliciteur général Wedderburn, au procureur général Thurlow la rédaction d'un rapport qui servirait de base à une législation opportune. Wedderburn et Thurlow se prononcèrent en faveur du rétablissement des lois françaises.

Les réclamations des Canadiens devenaient plus pressantes de jour en jour. Une pétition de 1773 demandait « comme une grâce et un acte de justice » la conservation des anciennes lois, coutumes et privilèges dans leur entier.

Enfin, le Parlement anglais vota, en 1774, l'Acte de Québec. L'article 4 révoquait et annulait : la proclamation du 7 octobre 1763,

les commissions du gouverneur et des juges, les ordonnances
relatives au gouvernement civil et à l'administration de la justice
adoptées depuis 1764. L'article 8 rétablissait dans une large
mesure l'état de choses antérieur à la proclamation et assurait
aux Canadiens la jouissance du vieux droit civil français. Ce droit
devait régner sur toute l'étendue d'un pays qui allait de la baie
d'Hudson au Niagara, de la baie des Chaleurs au Mississipi. La
loi constitutionnelle de 1791 restreignit ce territoire. Elle divisa
le Québec en deux provinces : le Haut-Canada, aujourd'hui
l'Ontario, et le Bas-Canada, aujourd'hui le Québec. Un article
décrétait que les lois existantes resteraient en vigueur, mais il
réservait au Parlement de chacune des provinces la faculté d'en
décider autrement. Le Haut-Canada, dès l'année 1792, adopta
les lois civiles anglaises. Les deux provinces furent réunies par
l'Acte d'Union de 1840. Le Haut-Canada conserva le droit anglais.
Les autres provinces qui se constituèrent par la suite se soumi-
rent à la législation civile anglaise. La loi impériale de 1867
créa la Confédération canadienne et assura aux provinces fédérées
l'usage de leurs lois. Le droit français est donc enclavé dans
cette province de Québec qui va de l'État du Maine à la baie
d'Hudson, du Labrador à la province d'Ontario. Il régit une
population de deux millions et demi d'habitants dont plus de
deux millions sont d'origine française.

Depuis 1763, le droit français a subi des transformations
nécessitées par la situation et les mœurs du pays. Quelques-unes
ont été empruntées au droit anglais : la preuve en matière commerciale, et le jury, en matière civile, sont l'objet d'une ordonnance du Conseil Législatif de 1785 ; la liberté illimitée de tester,
introduite en 1774, est complétée en 1801 ; l'enregistrement des
droits réels, privilèges et hypothèques est réglé par des lois de
1841 et de 1860 ; la loi sur les lettres de change, billets et
chèques, adoptée par le Parlement Uni, est augmentée par le
Parlement fédéral, en 1890.

Sous le régime de l'Union, le besoin se fit sentir d'un recueil
complet de nos lois. Les commentaires antérieurs au Code
Napoléon devenaient rares. Le texte de nos lois françaises était
aussi inintelligible aux Anglo-Canadiens habitant le Bas-Canada
que l'était aux Franco-Canadiens celui des lois anglaises introduites après la Cession.

Le parlement confia, en 1857, la codification des lois civiles
du Bas-Canada à trois commissaires. Leur mission n'était pas

de rédiger des lois nouvelles, mais de réunir, de grouper, de classer celles qui existaient en prenant pour modèle le Code Napoléon. Tout changement, toute disposition nouvelle devaient être soumis au Parlement qui se prononcerait sur l'adoption ou le rejet de la proposition des codificateurs. Ainsi notre code présente un trait particulier; il ne constitue pas un droit nouveau. Il continue et perfectionne le droit coutumier de la France en y introduisant des dispositions suggérées par les jurisconsultes romains, le Code Napoléon et ses commentateurs.

Le rapport des codificateurs fut soumis au Parlement en 1866 et adopté. A partir de ce moment, Québec possède un recueil de lois qui offre plusieurs points de ressemblance avec le code français. Les plus caractéristiques sont celles que nous trouvons aux chapitres des successions, des donations, de la vente. Notre code reproduit l'article 752 du code français : « La loi ne considère ni l'origine ni la nature des biens pour en régler la succession » et il ajoute : « Tous ensemble ils ne forment qu'une seule et unique hérédité qui se transmet et se partage d'après les mêmes règles ou suivant qu'en a ordonné le propriétaire. » Le législateur canadien a suivi l'exemple du Code Napoléon en écartant le système de l'ancien droit qui considérait la nature et l'origine des biens pour en régler la succession. Il a adopté, dans les grandes lignes, les divers ordres de succession reconnus en France : les descendants, les ascendants privilégiés, les collatéraux privilégiés, les ascendants ordinaires, les collatéraux ordinaires. Cependant un ascendant privilégié, lorsqu'il est seul, prend, d'après notre code, toute la succession. Il concourrait, en France, avec un ascendant ordinaire ou, à son défaut, avec un collatéral ordinaire de l'autre ligne. A l'instar du Code Napoléon, notre Code affirme que le contrat de vente d'une chose certaine et déterminée rend l'acquéreur propriétaire de la chose par le seul consentement des parties, quoique la tradition actuelle n'ait pas lieu. Ce principe s'applique à la donation et à la vente. La tradition n'est plus nécessaire.

A plusieurs reprises, notre Code délaisse le droit coutumier pour accueillir, comme l'avaient fait les jurisconsultes français de 1804, des systèmes plus conformes aux idées modernes. La durée de l'absence est limitée à cinq ans au bout desquels les héritiers présomptifs peuvent se faire envoyer en possession provisoire. Le Parlement de Paris exigeait dix ans. Les sommations respectueuses aux père et mère sont abolies, au titre du mariage. Le mariage ne sera plus attaqué pour cause d'erreur ou défaut de consentement s'il s'est écoulé six mois sans réclamation. Le jugement en séparation de corps prononcé, la femme peut vendre ses immeubles avec la permission du juge, sans le consentement de son mari. L'acceptation ou la répudiation des successions faites par le tuteur au nom des mineurs ont maintenant un caractère permanent. Deux tutelles dispensent d'une troisième. Les mineurs ne possèdent plus le bénéfice de restitution contre les conventions matrimoniales, faites avec le consentement et l'assistance de ceux dont le consentement est requis pour la validité du mariage. L'acceptation de la communauté par la femme mineure est irrévocable si elle est faite avec l'assistance de son curateur et l'autorisation du juge, sur avis du conseil de famille. Dans une donation, le défaut d'accomplissement des charges n'emporte pas la révocation du don de plein droit et sans stipulation. Il en est ainsi de la résolution de la vente faute de payement du prix. Le droit de résolution, comme la faculté de réméré, ne peut être stipulé pour plus de dix ans.

Entre les deux codes canadien et français il y a des différences qui s'expliquent par les croyances catholiques, les traditions coutumières de la population québecquoise et le voisinage du droit anglais. Notre Code n'admet pas le divorce et ne reconnaît que la séparation de corps. Nous n'avons rien qui corresponde à l'adoption et à la tutelle officieuse. En revanche, nous avons laissé subsister l'emphythéose et les corporations dont ne parle pas le Code Napoléon. Le douaire remplace, chez nous, le régime dotal. D'après notre droit, la liberté des conventions est presque absolue; liberté de disposer entre vifs ou par testament, liberté pour les parties de stipuler l'intérêt qui leur convient, sauf la loi fédérale sur l'usure, liberté pour le créancier gagiste de se réserver le droit de disposer du gage. Si la liberté des conventions est plus grande ici qu'en France, celle des incapables l'est moins. La femme est placée sous la dépendance de son mari d'une manière assez rigoureuse. La nullité des contrats qu'elle fait sans l'autorisation de son mari, lorsque cette autorisation est requise, est une nullité absolue dont peuvent se prévaloir tous ceux qui y ont un intérêt né et actuel. Même avec cette autorisation, elle ne peut s'obliger pour son mari qu'en qualité de commune. Cette prohibition est tirée du sénatus-consulte Vélléien, abrogé, en France, sous le règne de Henri IV. Enfin, notre Code a conservé les substitutions à deux degrés telles qu'elles existaient dans le dernier état du droit coutumier. Pas plus que le Code Napoléon, notre Code n'a prévu le contrat de travail.

La fiducie, connue de notre ancien droit et admise en France, est d'un usage très répandu dans Québec. Une loi provinciale de 1879 inséra dans notre code une série d'articles copiés plus ou moins fidèlement sur la loi anglaise du trust. Nous rejetons toutefois le système anglais qui voit dans le fiduciaire le propriétaire légal, privé de l'utilité de la chose, pour admettre le système de Troplong et de Laurent qui considère le fiduciaire comme un administrateur. Le véritable propriétaire des biens est le légataire ou le donataire désigné pour les recevoir. Lorsqu'elle est créée par une donation, la fiducie est parfaite par l'acceptation du fiduciaire et ne peut être révoquée par le donateur; l'acceptation du bénéficiaire est présumée. Lorsqu'elle est créée par un testament, le lien de droit entre le fiduciaire et le bénéficiaire s'établit par leur acceptation qui remonte au jour de l'ouverture de la succession. Les fiduciaires sont liés envers le déposant comme envers les bénéficiaires et responsables envers ces derniers de leur négligence. Ils exécutent la fiducie d'après les termes du document qui l'institue ou d'après la loi. Dans ce cas, ils peuvent disposer des biens qui leur sont confiés dans l'intérêt des bénéficiaires. Sous la rubrique : « Placement des biens appartenant à autrui », la loi interdit aux tuteurs, curateurs, exécuteurs testamentaires, grevés de substitution, fiduciaires de placer les fonds commis à leur garde dans les compagnies financières, commerciales ou industrielles, à cause des risques de l'entreprise. Un pareil placement engage la responsabilité de l'administrateur qui est tenu d'indemniser le propriétaire « de la dépréciation des garanties sur lesquelles le placement est fait ».

La loi française du 22 juillet 1867 abolit la contrainte par corps en matière civile, commerciale et contre les étrangers. Notre Code la laisse subsister contre les tuteurs, curateurs, grevés de substitution, fiduciaires, exécuteurs testamentaires, à raison de leur administration; contre les cautions judiciaires; contre les personnes reconnues, par un jugement, coupables de diffamation; contre les débiteurs soupçonnés de fraude, etc.

Un chapitre entier a été ajouté à notre code civil en 1911, intitulé : « De la vente en bloc ». Celui qui vend un fonds de commerce ou de marchandises est obligé de remettre à l'acheteur une déclaration, faite sous serment, contenant les noms de tous ses créanciers. L'acheteur est, de son côté, tenu de payer à même le prix de vente les créanciers du vendeur. S'il ne le fait pas, la vente est nulle.

Depuis 1866, la pensée juridique française a rayonné sur notre législation. Elle a présidé à son évolution. Nos codificateurs avaient maintenu la continuation de communauté de l'ancien droit. L'expérience démontra que les rédacteurs du Code Napoléon avaient été plus avisés que les nôtres. En 1897, la Législature de Québec remplaça la continuation de communauté par l'usufruit légal du conjoint survivant. Jusqu'en 1906, la mort civile pouvait être encourue par les condamnés à la mort naturelle ou à certaines peines afflictives. La dégradation civique, copie de la loi française, la remplaça. Notre loi des Accidents du Travail de 1909 admet le risque professionnel et se montre de plus en plus favorable à l'ouvrier. Celui-ci n'est pas obligé de prouver la faute. L'indemnité, en cas de mort, a été portée de deux mille à deux mille cinq cents et à trois mille dollars. L'allocation, en cas d'incapacité temporaire absolue, est payée à compter de l'accident. L'ordre des successions fut modifié en 1915. Les amendements s'inspirèrent du principe auquel avait obéi le législateur français. Le conjoint survivant fut inscrit parmi les héritiers du conjoint prédécédé.

Un amendement a ajouté aux causes d'interdiction reconnues par le droit français l'abus des boissons enivrantes et des narcotiques. Un autre donne à l'aubergiste un droit de rétention sur les bagages de ses pensionnaires et, à défaut de paiement, la faculté de les vendre aux enchères. Des lois récentes accordent un privilège sur les immeubles au journalier, à l'ouvrier, à l'architecte, au constructeur, au fournisseur de matériaux (1).

La race franco-canadienne a lutté pour faire respecter ses lois civiles par le conquérant et pour maintenir l'usage de la langue française dans le domaine juridique. Depuis le dix-huitième siècle, la lutte a changé de caractère et les défenseurs du génie de la France, sur ce coin de terre américaine, n'ont pas ralenti leur vigilance. Leurs efforts n'ont pu réussir à écarter les menaces de submersion progressive ou brusque. L'Acte de la Confédéra-

(1) V. sur tous ces points le Code civil de la province de Québec, édition Derais et Derais, 4e éd., revue et mise à date par A. S. Deguise du barreau de Montréal. Wilson et Lafleur, 1919. Ce volume vient d'être offert à notre Bibliothèque par M. le juge Surveyer et M. Désy (*Note de la Rédaction*).

tion de 1867 offrit indirectement au corps législatif fédéral l'occasion de pénétrer sur le terrain du droit civil et de porter atteinte à son intégrité. Cet Acte réserva aux législatures provinciales le pouvoir de légiférer en matière civile, mais il accorda en même temps au parlement central celui de voter des lois relatives aux banques, aux lettres de change, aux offres légales, à la banqueroute, à la faillite, au mariage, au divorce. Le danger apparut lorsque la loi de 1890 sur les lettres de change vint abolir, d'un seul coup, cent articles de notre Code. La création d'une Cour Suprême d'Appel, siégeant à Ottawa, permit à certains juges de langue anglaise d'appliquer aux causes civiles instruites dans le Québec les principes de la Common Law. Cette tendance se révèle également dans notre province où plaideurs et magistrats anglais basent souvent leurs prétentions sur les décisions des cours d'équité anglaises ou des tribunaux américains. Ainsi s'introduisent dans notre jurisprudence des éléments étrangers dont l'envahissement pourra être funeste à l'harmonie de notre système de lois.

Notre droit public, administratif et constitutionnel, est anglais. Notre code pénal reproduit le projet de code pénal anglais de 1882. Aux yeux de plusieurs, nos lois civiles françaises mettent une note discordante sur ce fond de législation anglo-saxonne. L'unification du droit canadien la ferait disparaître. Elle ferait disparaître également l'influence de la doctrine et de la jurisprudence françaises. Elle interdirait à nos hommes de loi de puiser leur inspiration dans les travaux des interprètes du Code Napoléon et des commentateurs du droit coutumier de la Vieille-France. Elle enlèverait aux descendants des fondateurs de la Nouvelle-France l'un des principaux éléments de la permanence de leur nationalité.

LE DROIT COMMERCIAL AU CANADA

RAPPORT RÉDIGÉ POUR LE CINQUANTENAIRE

DE LA

SOCIÉTÉ DE LÉGISLATION COMPARÉE

Par John Delatre Falconbridge, M. A., L. L. B.

Professeur à l'Ecole de Droit de Toronto.

1. — Système fédéral du Canada.

(a) *Préliminaire.*

Dans un rapport ayant trait au droit commercial, il serait mal à propos de discuter en détail le système fédéral du Canada. Néanmoins, dans le but de rendre plus clair cet exposé, il importe de constater certains effets du système fédéral en ce qui concerne la législation et la juridiction législative au Canada.

Vers 1867, une union fédérale devenait inévitable au Canada parce que cette forme d'union semblait fournir le seul moyen pratique de résoudre le conflit existant entre deux peuples de langues différentes et jouissant de deux systèmes de droit, — sans parler des différences de religion et de culture.

Depuis 1840, le Haut-Canada (plus tard nommé Ontario) et le Bas-Canada (plus tard Québec) étaient liés par une union législative contre nature. En 1867, les représentants de ces deux provinces et d'autres provinces britanniques de l'Amérique du Nord consentirent à un compromis d'après lequel il devait y avoir uniformité de législation et d'administration à l'égard des questions nationales, tout en laissant à chaque province de la confédération la liberté de légiférer comme elle jugerait à propos à l'égard des questions locales.

Ce compromis fut incorporé dans la loi constitutive de la confédération canadienne (*The British North America Act,* 1867) —
loi qui, en droit et en théorie, émane du parlement britannique
agissant comme législature suprême, mais qui, en fait, a simplement sanctionné un pacte conclu entre les diverses provinces
qui devaient composer la Puissance (Dominion) du Canada.

(b) *Les deux juridictions.*

D'après la loi décrétant la confédération, le domaine législatif
se divise en deux catégories. Un groupe de matières est attribué
aux législatures provinciales, l'autre au parlement fédéral. La
loi a tracé avec précision les limites de ces domaines respectifs.

Si une matière est du ressort fédéral et que le parlement légifère à son sujet, il en résulte que les lois relatives à cette
matière sont, — à quelques exceptions négligeables près, —
uniformes d'un bout à l'autre du Canada, et ceci, bien que, hors
le cas de législation nouvelle, le droit du Québec soit basé sur le
droit français et le droit des autres provinces sur le droit
anglais.

A l'égard des matières qui sont du ressort des provinces, la
situation est bien différente. Non seulement la législature du
Québec, se trouvant en présence du droit français établi, s'inspire dans la confection de ses lois de l'esprit et des principes
de ce droit, non seulement les législateurs des autres provinces
s'inspirent du droit anglais sur lequel leurs lois reposent, mais
encore dans les provinces de droit anglais, il n'y a rien qui
oblige les diverses législatures à conserver une uniformité de
droit quelconque. Il en résulte une diversité de législation qui
est de nature à décourager les jurisconsultes, mais qui semble
être le prix de l'autonomie locale consacrée par la loi constitutive de la Confédération.

Depuis 1918, des conférences annuelles de commissaires provinciaux ont eu lieu dans le but d'amener une plus grande uniformité de lois provinciales, surtout dans le domaine du droit
commercial; mais, naturellement, il n'est pas à espérer que les
diverses législatures soient jamais parfaitement d'accord l'une
avec l'autre sur toutes les matières.

2. — JURIDICTION DES PROVINCES.

(a) *Juridiction législative provinciale.*

L'article 92 de la loi de 1867 est ainsi conçu :

« *Art.* 92. — Dans chaque province la législature seule pourra
« faire des lois relatives aux matières appartenant aux catégories
« de sujets ci-dessous énumérées, savoir : »

. . . .

« 13° La propriété et les droits civils dans la province; »

. . . .

. . . .

« 16° D'une manière générale, toutes les matières d'ordre
« purement local ou privé dans la province. »

(Les alinéas 1 à 12, 14 et 15 sont importants, mais ils n'ont
pas trait au droit commercial.)

L'acception générale des termes de l'article 92 est limitée par
les dispositions de l'article 94, d'après lequel la juridiction législative à l'égard de certaines matières appartient exclusivement
au parlement du Dominion. Quelques-unes de ces matières
seront mentionnées dans une partie subséquente de ce rapport.
Il résulte cependant de l'article 92 qu'un domaine législatif très
étendu est attribué aux provinces, et qu'il ne s'agit pas de
simples départements administratifs, mais d'États jouissant à
bien des égards d'une vraie autonomie.

(b) *Étendue du domaine provincial.*

Pour montrer l'étendue du domaine provincial en matière de
droit commercial, il suffira de mentionner qu'en vertu des dispositions générales de l'article 92 déjà cité, les provinces possèdent une juridiction législative exclusive à l'égard des sujets
suivants :

Les obligations.	Le mandat.
La vente.	Le prêt.
L'échange.	Le dépôt.
Le louage.	La société.

Le cautionnement.	L'enregistrement des droits
Le nantissement.	réels.
Les privilèges et hypothèques.	L'assurance.
La prescription.	L'affrètement.

En composant cette liste, je n'ai pas pris soin de me limiter à des matières qui appartiennent au droit commercial dans le sens le plus étroit. J'ai tenu plutôt à montrer que le domaine provincial s'étend à la plupart des matières auxquelles peuvent s'intéresser les commerçants. Pour éviter toute ambiguïté, j'ai emprunté mes termes juridiques au Code civil du Bas-Canada. Bien que, hors de la province de Québec, la classification et la terminologie du droit soient différentes de celles du droit français, les termes ci-dessus employés désignent assez clairement, il me semble, des matières qui ont une place dans le droit anglais comme dans le droit français.

Je ne parle pas des biens, des immeubles et des meubles, de la propriété et de ses différentes modifications, des successions, des donations entrevifs et testamentaires, de l'effet du mariage sur les biens des époux, — matières qui appartiennent également au domaine provincial, mais qui n'ont pas trait au droit commercial.

(c) *Droit civil anglais au Canada.*

En dehors de la province de Québec, le droit relatif aux matières ci-dessus mentionnées est basé sur le droit commun anglais. Ce droit, non codifié, comme on le sait, se trouve en grande partie épars dans les décisions des cours provinciales, dans celles de la Cour Suprême du Canada, dans celles des cours anglaises, ainsi que dans celles de la Chambre des Pairs et du Conseil Privé britannique. Dans chaque province, il est subordonné en tout cas aux lois adoptées par la législature provinciale.

En Angleterre, les tentatives de codification du droit civil ont été limitées à quelques matières isolées, surtout aux matières intéressant les commerçants. Ces codes particuliers anglais ont eu beaucoup de succès, et les provinces anglaises du Canada,

profitant du travail accompli dans la mère-patrie, les ont
adoptés, mais ni en Angleterre, ni au Canada on n'a essayé de
codifier le corps entier du droit civil anglais.

Deux de ces codes anglais méritent une mention spéciale dans
un rapport sur le droit commercial. Ce sont la loi sur la vente
(*The Sale of Goods Act*) et la loi sur les sociétés (*The Partnership
Act*).

(d) *Loi sur la vente.*

La loi sur la vente adoptée en Angleterre en 1893 fournit en
premier lieu une codification du droit anglais relatif à la vente
des choses mobilières; mais on a su rendre les dispositions de
ce code, à quelques exceptions près, applicables aussi à l'Écosse,
dont le droit est fondé sur le droit romain. Ce fut un exploit
remarquable que de combler les différences existant entre les
deux grands systèmes de droit romain et anglais, et le succès
de l'expérience est une preuve de la similitude essentielle des
principes de la vente dans ces deux systèmes.

L'une après l'autre, les diverses provinces du Canada ont
adopté la loi anglaise de 1893 qui est actuellement en vigueur
partout, excepté dans la province de Québec.

La loi sur la vente est supplémentée en Angleterre par la loi
des facteurs (*The Factors Act*) qui a pour but de protéger un
tiers qui achète une chose de bonne foi d'un mandataire apparent. Le propriétaire d'une chose qui la confie à un agent commercial ne peut contester vis-à-vis des tiers le droit de l'agent
d'effectuer la vente de cette chose, c'est-à-dire que l'acquéreur
de bonne foi a la préférence et devient propriétaire. Cette loi
aussi a été adoptée dans les provinces anglaises du Canada. Le
droit anglais permet qu'un vendeur, tout en effectuant la livrai-
son d'une chose, puisse, en vertu d'un contrat dit *conditional
sale*, s'en réserver la propriété pour se garantir le paiement du
prix. Il est évident cependant qu'une personne qui achète dans
ces circonstances devient le propriétaire apparent, et toutes les
provinces de droit anglais ont adopté des lois qui ont pour but
de protéger un tiers de bonne foi à qui l'acheteur vend une
chose dont il a la possession, mais non pas la propriété. Si le
premier vendeur veut conserver ses droits envers les tiers, il est
obligé de rendre son titre public par la voie de l'enregistrement.

Réciproquement, le droit anglais permet que le propriétaire

13

d'une chose la vende par un contrat dit *chattel mortgage* sans en livrer la possession à l'acheteur ou au créancier. Toutes les provinces de droit anglais ont adopté des lois, au bénéfice des tiers, qui exigent que l'acheteur qui laisse le vendeur en possession, ou le créancier qui laisse le débiteur en possession, rende son titre public par l'enregistrement.

(e) *Loi sur les sociétés.*

Les provinces du Canada ont adopté des lois touchant trois formes diverses du droit en matière de société, savoir : les sociétés en nom collectif, les sociétés en commandite et l'enregistrement des sociétés.

1° En Angleterre, on a adopté, en 1890, la loi sur les sociétés (*The Partnership Act*) dans le but de codifier le droit relatif aux sociétés en nom collectif; et cette loi a été subséquemment adoptée dans les provinces de droit anglais.

D'après la loi sur les sociétés, qui diffère du droit français à cet égard, la société n'est pas un être moral distinct des membres qui la composent. En d'autres termes, la raison sociale n'est qu'une méthode commode d'indiquer les individus qui composent la société.

Le droit anglais diffère encore du droit français, en ce que les associés, même dans une société commerciale, ne sont obligés que conjointement et non pas solidairement. Sous les autres rapports, le droit anglais sur les sociétés en nom collectif ne diffère pas substantiellement du droit français.

2° Le droit commun anglais ne connaît pas les sociétés en commandite; mais, en Angleterre, on a adopté, en 1907, une loi (*The Limited Partnership Act*) qui autorise la formation de sociétés de ce genre. Déjà, il y a bien des années, toutes les provinces du Canada avaient adopté des lois dans le même but. D'après ces lois, il est exigé qu'une déclaration par écrit soit signée par les associés et rendue publique par l'enregistrement.

3° En ce qui concerne les sociétés ordinaires formées pour des fins de commerce, toutes les provinces ont aussi adopté des lois qui exigent qu'une déclaration par écrit soit signée par les associés et enregistrée dans un bureau public. Le but de ces dispositions relatives à l'enregistrement d'une déclaration est de protéger les tiers, en les mettant à même de s'informer de la constitution de la société.

3. — JURIDICTION DU DOMINION.

(a) *Pouvoir du Parlement fédéral.*

L'article 91 de la loi de la confédération (*The British North America Act*, 1867), dit :

Art. 91. — Il sera loisible à la Reine, de l'avis et du consentement du Sénat et de la Chambre des Communes, de faire des lois pour la paix, l'ordre et le bon gouvernement du Canada, relativement à toutes les matières ne tombant pas dans les catégories de sujets par le présent acte exclusivement assignés aux législatures des provinces ; mais, pour plus de garantie, sans toutefois restreindre la généralité des termes ci-haut employés dans cette section, il est par le présent déclaré que (nonobstant toute disposition contraire énoncée dans le présent acte) l'autorité exclusive du parlement du Canada s'étend à toutes les matières tombant dans les catégories de sujets ci-dessous énumérés, savoir :

2. La réglementation du trafic et du commerce ;
10. La navigation et les bâtiments ou navires ;
14. Le cours monétaire et le monnayage ;
15. Les banques, l'incorporation des banques et l'émission du papier-monnaie ;
16. Les caisses d'épargne ;
17. Les poids et mesures ;
18. Les lettres de change et billets à ordre ;
19. L'intérêt sur l'argent ;
20. Les offres légales ;
21. Les banqueroute et faillite ;
22. Les brevets d'invention ;
23. Les droits d'auteur.

« Et aucune des matières énoncées dans les catégories de sujets énumérés dans cette section ne sera réputée tomber dans la catégorie des matières d'une nature locale ou privée comprise dans l'énumération des catégories de sujets exclusivement assignés, par le présent acte, aux législatures des provinces. »

(Les alinéas 1, 3 à 9, 11 à 13, 24 à 29, omis ci-dessus, comprennent des sujets d'importance nationale, mais ils n'ont pas trait spécialement au droit commercial. Les attributions du parlement s'étendent à tout ce qui concerne la confédération; douanes, pêcheries, postes, communications, armée et marine, sauvages, droit pénal, recensement, naturalisation, immigration, etc.)

Il est à peine nécessaire de dire que l'article 91, en indiquant qu'il sera « loisible à la Reine » (ou au Roi) de faire des lois, se sert d'une façon de parler purement fictive qui est bien comprise au Canada. Toute loi est censée être faite par Sa Majesté, mais, à peu d'exceptions près, le gouverneur-général, qui doit donner son assentiment à une loi au nom du Roi, n'a garde de s'opposer à une résolution déjà prise par le Sénat et la Chambre des Communes.

(b) *Étendue des attributions du Parlement fédéral.*

Il est évident que les matières qui appartiennent au domaine fédéral sont des matières qui ont une portée nationale ou des matières à l'égard desquelles il importe que la législation soit uniforme dans toutes les parties du Canada.

La loi prévoit l'exclusion de ces matières des catégories de sujets d'ordre local qui sont attribuées aux provinces. Il est incontestable que la plus grande partie du droit relatif aux opérations commerciales est basée sur des lois provinciales, comme je l'ai déjà expliqué; et que la juridiction fédérale à l'égard de certaines branches du droit commercial doit être considérée comme une exception, la juridiction provinciale s'étendant à d'autres égards à la presque totalité du droit commercial. La juridiction fédérale est cependant considérable au point de vue du nombre des matières attribuées au parlement, mais surtout au point de vue de l'importance de ces matières elles-mêmes.

Les titres de quelques-unes des lois fédérales qui ont trait plus ou moins au droit commercial, donneront quelque idée de la juridiction législative du parlement fédéral — par exemple, les lois suivantes :

Loi relative aux cours monétaires;

Loi relative aux billets de banque de l'État ;
Loi sur les banques ;
Loi sur les caisses d'épargne ;
Loi sur les chemins de fer ;
Loi sur les douanes ;
Loi sur les brevets d'invention ;
Loi sur les droits d'auteur ;
Loi sur les marques de commerce et des dessins de fabrique ;
Loi sur la marine marchande ;
Loi sur les lettres de change ;
Loi réglementant l'intérêt ;
Loi sur la faillite.

Il suffira de résumer trois lois importantes, savoir :

1. La loi sur les banques ;
2. La loi sur les lettres de change, et
3. La loi sur la faillite.

(c) *Loi sur les banques.*

Avant 1871 chaque banque canadienne fonctionnait en vertu des pouvoirs définis par la loi particulière qui la constituait ; mais, en 1871, le parlement adopta une loi fédérale applicable aux banques existantes ainsi qu'aux banques qui seraient établies à l'avenir.

La loi de 1871 prévoyait que l'existence de toutes les banques prendrait fin en 1881, et depuis cette époque le parlement a continué à obliger les banques à demander un renouvellement de leur charte tous les dix ans. La conséquence a été que la loi des banques a été discutée et revisée périodiquement par le parlement, la dernière revision datant de 1913.

Une nouvelle banque ne peut être établie qu'en vertu d'une loi particulière du parlement, mais cette loi constate simplement le capital autorisé de la banque, son nom, son siège social, et les noms des membres de son conseil d'administration provisoire. La nouvelle banque ainsi constituée en corporation tombe sous le coup de la loi des banques.

Il s'ensuit que toutes les banques canadiennes sans aucune exception ont les mêmes pouvoirs et sont assujetties aux mêmes restrictions. Nous n'avons donc qu'à noter quelques-unes des dispositions saillantes de la loi générale sur les banques.

Le capital social ne doit pas être inférieur à cinq cent mille dollars et doit être divisé en actions de cent dollars chacune.

Les administrateurs provisoires d'une nouvelle banque peuvent faire ouvrir des livres d'actions où sont inscrites les souscriptions des personnes qui désirent devenir actionnaires. Aussitôt qu'il a été souscrit de bonne foi une somme de cinq cent mille dollars au moins du capital social, et que les souscripteurs ont versé à la banque une somme de deux cent cinquante mille dollars au moins et que les administrateurs provisoires ont, à même cette somme, versé au ministre des finances du Canada la somme de deux cent cinquante mille dollars, les administrateurs provisoires peuvent convoquer une assemblée des souscripteurs. A cette assemblée les souscripteurs peuvent élire un conseil d'administration pour remplacer les administrateurs provisoires et fixer le jour auquel l'assemblée annuelle des actionnaires doit avoir lieu, mais la banque ne doit pas émettre de billets ni commencer ses opérations de banque avant d'avoir obtenu du conseil de la Trésorerie du Canada un certificat qui l'y autorise. Ce conseil ne doit pas accorder ce certificat avant d'avoir constaté que toutes les prescriptions de la loi ont été remplies.

Lors de l'émission du certificat le ministre doit remettre à la banque le montant versé entre ses mains, après en avoir déduit la somme de cinq mille dollars dont le dépôt est requis pour la garantie des billets émis par la banque.

Ayant obtenu le certificat du conseil de la Trésorerie, la banque peut commencer ses opérations. Les affaires de la banque sont administrées par un conseil dont les membres sont élus chaque année à l'assemblée générale des actionnaires. Chaque actionnaire a droit à un vote par action pourvu qu'il l'ait possédée depuis au moins trente jours avant le jour de l'assemblée.

Le capital social de la banque peut être augmenté ou réduit en vertu d'une délibération des actionnaires, mais aucune délibération à cet effet ne doit entrer en vigueur tant qu'un certificat l'approuvant n'a pas été émis par le conseil de la Trésorerie.

A chaque assemblée générale annuelle des actionnaires, les administrateurs sortant de charge doivent présenter un état clair et complet des affaires de la banque, montrant d'un côté le passif de la banque et de l'autre l'actif et les ressources dont elle dispose. Les administrateurs doivent aussi soumettre aux actionnaires tout état supplémentaire des opérations de la banque qu'exigent ceux-ci.

La loi prévoit spécialement une vérification indépendante des états soumis aux actionnaires par le conseil d'administration et des affaires de la banque. Cette disposition a pour but de prévenir la maladministration du gérant et des administrateurs eux-mêmes.

Les actionnaires doivent à chaque assemblée générale annuelle nommer un ou plusieurs vérificateurs, qui ne peuvent être ni administrateurs, ni employés de la banque, et qui demeurent en fonctions jusqu'à l'assemblée annuelle suivante. Il est dû devoir des vérificateurs de contrôler la caisse et de vérifier les valeurs de la banque au siège social en se basant sur les écritures qui s'y rapportent dans les livres de la banque, et, s'ils le jugent à propos, de contrôler et de vérifier de la même manière la caisse et les valeurs de toute succursale ou agence.

Une banque peut émettre et réémettre ses billets payables au porteur et destinés à la circulation, mais aucun de ces billets ne doit être de moins de cinq dollars ni d'une somme qui ne soit pas un multiple de cinq dollars. Le chiffre total des billets en circulation régulière d'une banque ne doit pas dépasser l'ensemble du montant du capital versé et intact de la banque et du montant de la monnaie d'or en cours et des billets de l'État déposés par la banque dans le fonds de réserve prévu par la loi. Ce fonds est détenu par des fiduciaires nommés par l'association des banquiers canadiens et le Ministre des finances.

Durant la saison du transport des récoltes, c'est-à-dire du 1er septembre au 1er mars, une banque peut émettre un supplément de billets jusqu'à concurrence d'une somme n'excédant pas quinze pour cent du chiffre total de son capital versé et intact de sa réserve.

Pour garantir le paiement des billets émis par toutes les banques, il existe un fonds appelé fonds de rachat du cours des banques, détenu par le Ministre des finances et auquel chaque banque doit contribuer par le versement d'une somme égale à cinq pour cent du cours moyen des billets de cette banque. Le fonds est détenu à seule fin de payer, advenant le cas où une banque deviendrait insolvable, les billets émis par cette banque et alors en cours de circulation. Tous paiements faits à même le fonds de rachat doivent être effectués sans égard au montant versé à ce fonds par la banque pour les billets de laquelle les paiements sont effectués.

La loi confère à l'association des banquiers canadiens le droit de surveiller la confection des billets de banque destinés à la circulation, leur remise aux banques, l'emploi de ces billets par les banquiers et la destruction des billets de banque.

En outre, la loi prévoit qu'en cas d'insolvabilité d'une banque les billets émis par celle-ci, et destinés à la circulation et alors en cours, doivent être payés par privilège sur l'actif de la banque.

Il est résulté de ces diverses dispositions relatives à l'émission de billets de banque que depuis l'établissement du fonds de rachat en 1890, les billets d'une banque insolvable ont toujours été rachetés. Chaque banque doit prendre les mesures nécessaires pour assurer le cours au pair dans toute partie du Canada de tous les billets émis par elle, et en fait les billets de toutes les banques en opération circulent toujours au pair.

Les termes de la loi semblent garantir une protection suffisante aux porteurs de billets de banque tout en permettant à une banque d'émettre une quantité considérable de billets sans qu'il lui soit besoin de conserver dans ses caisses ou de déposer une somme correspondante en or ou en billets du Dominion. Ceci permet aux banques de fournir au public une circulation élastique de papier-monnaie, dont le volume croît ou diminue au jour le jour, suivant les besoins du pays.

En ce qui concerne les opérations et pouvoirs d'une banque, l'article 76 de la loi sur les banques est important :

Art. 76. — 1. La banque peut :

A) Ouvrir des succursales, agences et bureaux ;

B) Faire le commerce des espèces et lingots d'or et d'argent ;

C) Faire le commerce de l'argent en escompte et en prêter, et faire des avances sur la garantie de lettres de change, billets à ordre ou au porteur, d'autres effets négociables, ou sur la garantie d'actions, obligations de corporations municipales et autres, qu'elles soient garanties par hypothèques ou autrement, ou sur celle de titres d'emprunts gouvernementaux du Canada, des provinces, du Royaume-Uni ou de l'étranger ; et

D) Faire telles autres opérations qui se rattachent en général au commerce de banque.

2. Excepté dans la mesure où l'autorise la présente loi, la banque ne doit ni directement ni indirectement :

A) Acheter, vendre ni échanger des effets, denrées ou marchandises, ni s'engager, ni être engagée dans aucune industrie ni commerce quelconque ;

B) Acheter ses propres actions ni en faire commerce, ni prêter de l'argent, ni faire des avances sur la garantie ou le nantissement d'aucune action de son propre capital social, non plus que de celui d'aucune autre banque.

C) Faire des prêts ou des avances sur l'hypothèque de terres, maisons ou propriétés foncières ni sur la garantie d'aucun navire ou bateau quelconque, ni sur la garantie d'effets, denrées ou marchandises d'aucune espèce.

La prohibition du paragraphe 2 de l'article 76 est sujette, d'âprès les dispositions de plusieurs autres articles suivants, à des exceptions importantes. Une banque ne peut pas prêter de l'argent sur l'hypothèque d'un immeuble ni sur la garantie d'une chose mobilière ni sur celle d'un vaisseau, mais si une dette est déjà contractée envers la banque, elle peut prendre une hypothèque ou un gage par mesure de garantie supplémentaire.

D'après l'article 86, une banque peut également acquérir un récépissé d'entrepôt ou connaissement à titre de garantie supplémentaire du paiement d'une dette contractée envers elle.

De plus, l'article 88 prévoit que :

Art. 88. — 1. La banque peut faire des prêts à tout acheteur, expéditeur ou marchand en gros de produits de la ferme, des forêts, carrières et mines, ou de produits de la mer, des lacs et des rivières, ou à tout acheteur, expéditeur ou marchand en gros d'animaux vivants ou morts, ou de leurs produits sur la garantie de ces produits, ou sur celle de ces animaux vivants ou morts ou de leurs produits.

2. La banque peut faire des prêts à un cultivateur sur la garantie de son grain battu, récolté sur la ferme.

3. La banque peut faire des prêts à toute personne qui fait affaires en qualité de fabricant en gros d'effets, denrées et marchandises sur la garantie des effets, denrées et marchandises qu'elle fabrique ou qu'elle acquiert pour cette fabrication.

Les privilèges conférés à une banque, d'après les dispositions des articles 86 et 88, sont cependant assujettis à des conditions qu'il est impossible d'indiquer d'une manière sommaire. Qu'il suffise de dire ici que le but de la loi est de veiller à ce que le débiteur emploie l'argent prêté à la seule fin de faire compléter la fabrication des « produits » ou des « effets, denrées et marchandises ». En d'autres termes, c'est seulement par exception et dans un but spécial que la loi permet qu'une banque prête de l'argent sur la garantie du nantissement de produits et autres choses mobilières.

Des dispositions de l'article 76 déjà citées, il ressort qu'un des principes fondamentaux de la loi consiste à interdire à une banque toute opération qui en ferait une société de prêts hypothécaires ou une société commerciale. Son actif ne doit pas être immobilisé en grande partie par des prêts sur immeubles ou sur marchandises, mais doit être autant que possible placé en valeurs liquides pouvant être réalisés rapidement, pour que la banque puisse faire face aux demandes de ses déposants. Il n'est pas suffisant, naturellement, que l'actif d'une banque excède son passif. Elle doit être à même, en tout temps, de payer ses créanciers sur demande.

La loi contient, de plus, d'autres dispositions destinées à définir les pouvoirs d'une banque et à fournir plus de sécurité au public. Il convient de mentionner une autre disposition spéciale. C'est la « double responsabilité » des actionnaires dans le cas de la faillite de la banque. La loi prévoit que s'il arrive que les biens et l'actif de la banque ne suffisent pas à payer ses dettes et à éteindre ses engagements, chaque actionnaire doit être responsable du déficit, pour une somme égale à la valeur au pair des actions qu'il possède en sus de toute somme par lui non versée sur ses actions.

(d) *Loi sur les lettres de change.*

En 1882 on adopta en Angleterre la loi sur les lettres de change (*The Bills of Exchange Act*, 1882), qui a été la première tentative de codification faite en Angleterre. Cette loi a substitué un code méthodique et soigneusement rédigé au droit commun anglais, mais en améliorant la forme du droit la loi n'en a pas beaucoup changé la substance.

Avant la Confédération du Canada en 1867, le droit régissant les lettres de change dans les provinces de langue anglaise, était basé sur le droit commun anglais et on n'avait fait aucune sérieuse tentative de légiférer à cet égard. Dans lo Bas-

Canada, au contraire, on avait adopté en 1849 une loi d'une
portée considérable qui avait pour but d'introduire dans cette
province les principes les plus saillants du droit anglais en mâ-
tière de lettres de change; et cette loi a été incorporée plus tard
dans le Code civil du Bas-Canada de 1866.

Il s'ensuit que, quand les provinces canadiennes se sont
réunies en une confédération en 1867, il ne restait aucun
obstacle sérieux à l'unification du droit canadien, en matière de
lettres de change. La loi de confédération, d'ailleurs, a fourni le
moyen d'accomplir cette unification en attribuant au parlement
du Dominion le pouvoir exclusif de faire des lois relativement
aux lettres de change et billets à ordre. Le Parlement n'a pas
agi à la hâte à cet égard et le droit régissant les lettres de change
est resté le même pendant vingt-trois ans. A la fin cependant
l'attention des législateurs canadiens a été attirée sur la loi
anglaise de 1882, et on l'a adoptée au Canada en 1890.

Avant d'être adopté le projet de loi canadien a subi quelques
changements. Tout en se basant principalement sur le texte de
la loi anglaise, le parlement du Canada s'en est éloigné à
quelques égards pour sanctionner quelques usages particuliers
déjà établis au Canada. Par exemple, en Angleterre, des lettres
payables « à vue », « à présentation », « sur demande », sont
identiques. Au Canada, une lettre payable « à vue » n'est pas
payable littéralement à vue, mais trois jours plus tard — on
ajoute ces trois jours dits « jours de grâce ». Il n'y a cependant
que sept ou huit dispositions de la loi canadienne qui s'écartent
de celles de la loi anglaise, et il est exact de dire qu'en général
le droit, en matière de lettres de change, est le même en Angleterre et au Canada. Il en résulte qu'il n'est pas nécessaire dans
ce rapport de faire un exposé plus détaillé des dispositions de la
loi sur les lettres de change.

Comme je l'ai déjà indiqué, même avant l'adoption de cette
loi au Canada, le droit français en matière de lettres de change
avait été en grande partie remplacé dans la province de Québec
par le droit anglais. La loi a porté plus loin l'assimilation du
droit du Québec à celui des autres provinces, et les différences
encore conservées dans la loi sont presque négligeables. Les
habitants du Bas-Canada jouissent d'un plus grand nombre de
jours de fêtes légales ou jours non juridiques. C'est un avantage
au point de vue d'un débiteur, puisque, si le dernier jour de
grâce se trouve être un jour non juridique, la lettre de change

n'est payable que le jour ouvrable suivant. La loi conserve également dans la province de Québec l'usage du droit français d'après lequel le défaut de protêt, faute d'acceptation ou de paiement libère les parties engagées par la lettre, autres que l'accepteur. Dans les autres provinces, dans le cas d'une lettre de change « intérieure », c'est-à-dire une lettre tirée et payable en Canada ou tirée en Canada sur une personne qui y réside, il suffit de donner un avis du refus d'acceptation ou de paiement au tireur et aux endosseurs, et ce n'est que dans le cas d'une lettre de change étrangère qu'il faut la faire protester.

(e) *Loi sur la faillite.*

La loi de 1867, créant la confédération canadienne a attribué au parlement du Canada le pouvoir exclusif de légiférer sur la faillite, et en 1869, le parlement a adopté une loi de faillite, pour remplacer une loi passée en 1864 qui était en vigueur dans l'ancienne province du Canada (comprenant l'Ontario et le Québec). Cette loi de 1869, amendée par la suite, a été, à son tour, remplacée par une nouvelle loi revisée en 1875.

Cette loi de 1875 même n'a joui d'une existence ni longue ni prospère. On prétextait les grandes dépenses qu'occasionnait sa procédure et on alléguait qu'elle tendait à diminuer la moralité commerciale en offrant une trop facile libération aux commerçants faillis. Le Parlement a abrogé la loi en 1880, et à partir de cette année jusqu'en 1919, le Canada s'est passé de loi sur la faillite.

Il est vrai que, pendant cette période de quarante ans, les diverses provinces ont adopté des lois pour combler le vide créé par l'inaction du Parlement Fédéral, mais forcément ces lois provinciales ont été défectueuses, les provinces n'ayant pas de juridiction législative en matière de faillite. Si un commerçant devenait incapable de faire honneur à ses obligations, une province pouvait l'encourager à faire une cession de ses biens dans l'intérêt général de ses créanciers, en pourvoyant une procédure à cette fin, mais une province ne pouvait pas l'obliger à faire une telle cession (1) et ne pouvait pas offrir à un débiteur hon-

---

(1) Dans la province de Québec seule, un commerçant qui a cessé ses paiements pouvait être requis par un créancier chirographaire de deux cents dollars ou plus, de faire cession de ses biens.

nête, sans le consentement de tous ses créanciers, une libération pour le mettre à même de recommencer un commerce en son propre nom. Il s'ensuit que la législation provinciale n'a pu avoir le caractère d'une vraie loi sur la faillite.

Après plusieurs tentatives infructueuses, le Parlement finit par céder à la demande des commerçants qui sentaient le besoin d'une législation fédérale à cet égard, et a adopté en 1919 une nouvelle loi sur la faillite, qui doit entrer en vigueur le 1er juillet 1920. Cette loi est basée en partie sur la loi anglaise sur la faillite, mais elle est différente de la loi anglaise à bien des égards. Pour les fins de ce rapport, il reste à faire un résumé de ses dispositions les plus importantes.

D'après cette loi, le gouverneur en conseil, c'est-à-dire le conseil des Ministres, doit nommer un nombre suffisant de personnes compétentes et ayant les qualités voulues pour être syndics de faillite, et tout syndic ainsi nommé doit donner une garantie par des cautionnements ou autrement qu'il paiera et transmettra tous les deniers et biens reçus par lui en sa qualité de syndic, et en rendra fidèlement compte.

La loi autorise soit des cessions de biens par les débiteurs, soit des ordonnances de séquestre contre les débiteurs.

Tout débiteur insolvable dont les obligations envers ses créanciers dépassent cinq cents dollars peut, en tout temps avant qu'il soit rendu une ordonnance de séquestre contre lui, faire à un syndic autorisé cession de tous ses biens au profit général de ses créanciers, et une cession faite dans la forme prescrite saisit le syndic de tous les biens du cédant, lors de la cession, sauf les biens qu'il peut détenir en fiducie pour le compte d'une autre personne, et sauf encore la partie de ses biens qui est exempte de saisie d'après les lois de la province où les biens sont situés et où le débiteur a son domicile.

Si un débiteur, autre qu'un employé salarié, ou un agriculteur de profession, commet un « acte de faillite », un créancier peut, dans un délai de six mois, présenter au tribunal une demande en déclaration de faillite. La dette contractée envers le créancier pétitionnaire, ou le montant réuni des créances de divers pétitionnaires, doit s'élever à cinq cents dollars. Ce que c'est qu'un « acte de faillite » est défini en détail dans la loi.

Un débiteur est censé commettre un « acte de faillite » s'il fait une cession de ses biens à un syndic au bénéfice de ses créanciers; s'il fait un don ou transport frauduleux de tout ou partie de ses biens; si, avec l'intention de frustrer ses créanciers ou de retarder leur paiement, il quitte le Canada ou reste en dehors du Canada, ou quitte son domicile ou s'enferme dans sa maison; s'il exhibe à une réunion de ses créanciers un bilan établissant qu'il est insolvable ou présente à cette réunion un aveu par écrit du fait qu'il est incapable de payer ses dettes: s'il soustrait, enlève, cache ou aliène tout ou partie de ses biens avec intention de frauder ou frustrer ses créanciers; s'il fait une vente en bloc de ses biens sans observer les dispositions de la loi sur ce sujet en vigueur dans la province où il fait des affaires ou dans lesquelles se trouvaient ces biens lors de cette vente en bloc; ou si une exécution, ou autre procédure contre lui et en vertu de laquelle tout ou partie de ses biens sont saisis, reste sans effet, ou si l'huissier préposé à l'exécution de la procédure ne peut trouver de biens saisissables.

A l'instruction, le tribunal peut déclarer que le débiteur est en faillite et rendre une ordonnance de séquestre pour la protection de ses biens. Quand il est rendu une ordonnance de séquestre, les biens du débiteur passent immédiatement au syndic mentionné dans l'ordonnance et lui sont dévolus, et nul créancier ne peut avoir aucun recours contre les biens ou la personne du débiteur, ni intenter de poursuite à moins d'en avoir obtenu la permission de la cour. Cependant la loi ne diminue pas le pouvoir que possède tout créancier garanti de faire valoir sa créance par les moyens à sa disposition.

Lorsqu'un débiteur insolvable a l'intention de faire une proposition de concordat pour l'acquittement de ses dettes ou de demander une prorogation de délai de paiement de ses dettes ou de proposer une entente avec ses créanciers, il peut demander au syndic mentionné dans la cession ou l'ordonnance, s'il y en a une (ou à un syndic autorisé quelconque, s'il n'y a pas de cession ni d'ordonnance), de convoquer une assemblée des créanciers en vue d'étudier cette proposition. Si, à cette assemblée, la majorité en nombre des créanciers représentant les deux tiers du montant des dettes établies, décide d'accepter la proposition, cette proposition est censée être régulièrement acceptée par les créanciers, et si elle est approuvée par le tribunal, elle lie tous les créanciers. Le tribunal doit cependant refuser d'approuver la proposition à moins qu'il ne soit fourni des garanties raisonnables pour le payement d'un minimum de 50 pour 100 des créances chirographaires.

Aussitôt que possible après qu'il a été rendu une ordonnance de séquestre contre un débiteur ou après qu'un débiteur a fait une cession, il doit être tenu une assemblée de ses créanciers pour considérer l'état des affaires du débiteur et pour donner des instructions au syndic sur la façon de disposer des biens délaissés. Le syndic peut, en tout temps, convoquer une assemblée des créanciers et il doit le faire chaque fois qu'il en est requis par écrit par 25 pour 100 en nombre des créanciers représentant 25 pour 100 du montant des créances.

A la première assemblée ou à une assemblée subséquente, les créanciers doivent nommer un ou plusieurs inspecteurs (le nombre maximum est de cinq), pour surveiller l'administration des biens du débiteur par le syndic. Les créanciers peuvent, à toute assemblée, révoquer l'un des inspecteurs et lui nommer un remplaçant.

La majorité en nombre des créanciers, détenant la moitié ou plus du montant des créances de vingt-cinq dollars ou davantage, peuvent à leur discrétion, à toute assemblée de créanciers, substituer tout autre syndic au syndic nommé dans l'ordonnance de séquestre ou entre les mains duquel une cession a été faite. Le tribunal peut aussi révoquer un syndic et lui en substituer un autre, ou nommer un syndic supplémentaire.

Le syndic doit, le plus tôt possible, prendre possession des titres, livres, documents et autres biens du débiteur. Il peut donner des reçus pour toute somme perçue par lui, lesquels reçus libèrent effectivement les personnes qui font les payements de toute responsabilité relative à la manière dont cet argent est employé. Il peut, avec la permission par écrit des inspecteurs, vendre les biens du débiteur; continuer le commerce du débiteur en tant que cela peut être nécessaire pour la liquidation avantageuse de ce commerce; intenter ou contester toute action ou autre procédure judiciaire relative aux biens du débiteur, etc.

Tout transport ou transfert de biens, ou charge grevant ces biens, tout payement fait, toute obligation contractée par une personne insolvable en faveur de l'un de ses créanciers, dans le but de donner à ce créancier une préférence sur les autres créanciers, ou visant à cet effet, est censé être frauduleux et nul; et le syndic peut le faire annuler si la personne insolvable est déclarée en faillite sur une pétition présentée dans les trois mois ou si elle fait une cession de ses biens dans les trois mois à compter de la date du transport, transfert, charge, ou payement.

Le tribunal peut ordonner l'arrestation d'un débiteur et la mise sous saisie de tous les livres, documents, argent et effets en sa possession si le débiteur soustrait une partie des marchandises en sa possession pour une valeur dépassant vingt dollars ou si le tribunal décide qu'il y a raison probable de croire que le débiteur se cache, est sur le point de s'enfuir dans le but d'éviter, retarder, ou gêner les procédures en faillite engagées contre lui, ou qu'il est sur le point d'enlever ses effets ou qu'il a caché ou qu'il est sur le point de cacher ou de détruire une partie de ses effets ou de ses livres, documents ou écrits qui pourraient servir au syndic ou aux créanciers au cours des procédures de faillite.

Après l'adoption d'une délibération des créanciers réunis en assemblée ou sur la demande ou délibération par écrit de la majorité des inspecteurs, le syndic peut interroger sous serment le débiteur ou toute personne qui est ou a été mandataire, commis, serviteur, fonctionnaire, administrateur ou employé du débiteur, concernant le débiteur, son commerce ou ses biens.

Chaque créancier doit faire la preuve de sa créance, en envoyant au syndic une déclaration sous serment contenant un état de compte en y renvoyant, énonçant les détails de la créance et spécifiant les pièces justificatives, s'il en est, par lesquelles la créance peut être prouvée. Le syndic peut, à toute époque, exiger la production des pièces justificatives. La déclaration doit dire si le créancier est un créancier garanti ou non.

Si un créancier garanti remet sa garantie entre les mains du syndic pour l'avantage des créanciers en général, il peut établir la preuve de sa créance entière, ou, s'il réalise le montant de sa garantie, il peut faire la preuve du reliquat de ce qui lui est dû, après avoir déduit la somme nette de ce qui a été réalisé.

Si un créancier garanti ne réalise ni ne remet sa garantie, il doit déposer entre les mains du syndic une déclaration sous serment, y énonçant les détails complets de sa garantie et l'estimation de la valeur de ladite garantie. Il ne doit être admis à recevoir un dividende que relativement au reliquat qui lui est dû après déduction faite de la valeur ainsi fixée.

Lorsqu'une garantie est ainsi estimée, le syndic peut, à toute époque, la racheter sur payement au créancier de la valeur y attribuée. Si le syndic n'est pas satisfait de l'estimation d'une garantie, il peut exiger que les biens qui forment l'objet d'une garantie soient offerts en vente. Si la vente est faite par encan public, le créancier ou le syndic peut enchérir ou acheter. La somme nette réalisée doit être payée au créancier garanti, et le créancier peut établir la preuve du reliquat de sa créance.

Le syndic doit examiner chaque preuve et les causes de la créance, et il peut exiger des preuves supplémentaires pour l'appuyer. Il peut rejeter une réclamation en tout ou en partie, et il doit, dans ce cas, donner avis du rejet au réclamant. Ce rejet est définitif et péremptoire à moins que dans les trente jours après la signification de l'avis, ou dans toute autre période ultérieure que le tribunal peut accorder, le réclamant n'interjette appel au tribunal de la décision du syndic.

Lorsque le failli ou le cédant est un locataire ayant des biens ou effets mobiliers sur lesquels le propriétaire a opéré une saisie ou aurait droit d'opérer une saisie pour loyer, le syndic doit payer au propriétaire, de préférence à toutes autres créances, une somme n'excédant pas la valeur des biens saisissables et n'excédant pas trois mois de loyer échus avant la date de l'ordonnance de séquestre ou de la cession de biens, et les frais de saisie, s'il en est. Le propriétaire peut, à titre de créancier ordinaire, établir une preuve pour tout excédent de loyer échu payable à la date de l'ordonnance ou de la cession, et pour tout loyer auquel il peut avoir droit par anticipation, en vertu de son bail, n'excédant pas une somme égale à trois mois de loyer.

Sous la réserve des dispositions relatives au loyer, doivent être payés suivant l'ordre de priorité :

1. Les honoraires et frais du syndic ;

2. Certains frais de créanciers exécutants ou saisissants ;

3. Tous gages, salaires, commission ou rémunération de tout commis, domestique, voyageur de commerce, journalier ou ouvrier, pour services rendus au failli ou cédant durant trois mois avant la date de l'ordonnance de séquestre ou de la cession de biens.

Sauf toutes dispositions de la loi à ce contraires, les créances établies dans une faillite ou dans une cession de biens doivent être acquittées *pari passu*.

Un débiteur peut demander au tribunal une ordonnance de libération.

Dans certaines circonstances, le tribunal doit refuser la libération, par exemple, si le failli ou le cédant a commis une infraction aux termes de la loi sur la faillite ou une infraction se rattachant à sa faillite ou à sa cession ou aux procédures instituées sur icelle, à moins que, pour des raisons spéciales, le tribunal n'en décide autrement.

Dans les circonstances ci-dessous indiquées le tribunal doit :

1. Refuser la libération ; ou

2. Suspendre la libération pour une période indéterminée; ou

3. Suspendre la libération jusqu'au payement d'un dividende d'au moins cinquante pour cent aux créanciers; ou

4. Exiger comme condition de la libération du failli ou du cédant, qu'il consente à ce qu'un jugement soit prononcé contre lui par le syndic pour tout solde ou partie de solde de ses dettes, ce solde ou cette partie de solde des dettes devant être acquitté à même les futures recettes du failli ou du cédant ou les biens dans la suite acquis par lui.

Ces circonstances sont les suivantes :

1. La valeur de l'actif du failli ou du cédant n'est pas égale à cinquante pour cent de ses obligations non garanties, à moins qu'il ne prouve que ce fait provient de circonstances dont il ne peut, raisonnablement, être tenu responsable;

2. Le failli ou le cédant a omis de tenir les livres de comptes ordinaires et réguliers dans l'exercice de son commerce et qui révèlent suffisamment ses opérations commerciales et sa situation financière durant les trois années précédant immédiatement sa faillite ou sa cession;

3. Il a continué son commerce après avoir connu son état d'insolvabilité;

4. Il a négligé de rendre un compte satisfaisant de toutes pertes d'actif ou de tout déficit;

5. Il a occasionné sa faillite ou sa cession, ou y a contribué, par des spéculations téméraires et hasardées, ou par une extravagance injustifiable dans son genre de vie, ou par le jeu, ou par négligence coupable de ses affaires commerciales;

6. Il a occasionné à quelqu'un de ses créanciers des frais inutiles en présentant une défense futile ou vexatoire dans toute action régulièrement engagée contre lui;

7. Il s'est rendu coupable de fraude ou d'abus frauduleux de confiance;

8. Dans les trois mois qui ont précédé la date de l'ordonnance de séquestre ou de la cession, il a encouru des frais injustifiables en intentant une action futile ou vexatoire, ou a accordé une

préférence injuste à quelqu'un de ses créanciers, alors qu'il ne pouvait pas acquitter ses dettes à leur échéance, ou a contracté des obligations en vue de porter son actif à cinquante pour cent du montant de ses obligations non garanties; ou

9. Il a, dans une occasion antérieure, été déclaré en faillite, ou a fait une cession de ses biens, ou a obtenu une prorogation de délai ou conclu un accord avec ses créanciers.

A quelques exceptions près, une ordonnance de libération doit libérer le failli ou le cédant de toutes les dettes prouvables sous le régime d'une faillite ou d'une cession. L'ordonnance est une preuve concluante de la faillite et de la validité des procédures à cet égard, et dans toute procédure qui peut être instituée contre un failli qui a obtenu une ordonnance de libération, relativement à toute dette dont il est libéré par l'ordonnance, le failli peut plaider que la cause de la poursuite est survenue antérieurement à sa libération.

LA LÉGISLATION EN VIGUEUR

EN ALBANIE

Par le Colonel L. LAMOUCHE

L'Etat albanais doit son origine à la guerre balkanique de 1912. La politique d'assimilation, maladroitement adoptée par les Jeunes-Turcs, avait soulevé contre eux toutes les nationalités non turques de l'Empire et notamment les albanais qui, par leurs révoltes successives en 1910, 1911 et 1912, avaient fait paraître au grand jour la faiblesse de l'organisme ottoman. Dès le 28 novembre 1912, une assemblée réunie à Avlona (Vallona), proclamait l'indépendance de l'Albanie.

Le 20 décembre de la même année, la Conférence des Ambassadeurs siégeant à Londres pour étudier les conditions de la paix entre la Turquie et les États balkaniques, admit le principe d'un État albanais indépendant, mais c'est seulement le 29 juillet 1913 que furent adoptées les dispositions définitives du statut aux termes duquel le nouvel État devrait être une principauté héréditaire, indépendante et neutre sous la garantie des puissances.

Une *commission de contrôle*, composée d'un délégué de chacune des grandes puissances et d'un membre albanais, était chargée d'administrer le pays jusqu'à l'arrivée du Prince et d'élaborer les règlements concernant les diverses branches de l'administration.

On sait que le choix des puissances se porta sur le Prince *Guillaume de Wied*, membre d'une famille médiatisée de la Prusse rhénane et neveu de la reine Elisabeth de Roumanie.

L'organisation de la gendarmerie, prévue par le statut, fut confiée à des officiers hollandais.

La détermination des frontières donna lieu à de longues discussions, notamment pour la partie méridionale dont le tracé ne fut arrêté que le 19 décembre 1913 par le protocole de Florence.

Le Prince de Wied débarqua le 7 mars 1914 à Durazzo, choisie comme capitale provisoire.

Son règne, agité par les rivalités entre les personnages locaux et les puissances intéressées, fut de courte durée. Le 3 septembre, le Prince quittait l'Albanie sur un bâtiment italien.

Le pays tomba alors dans une anarchie complète qu'accrut encore l'intervention des puissances belligérantes à la suite de la retraite serbe.

Dès le 27 octobre 1914, l'Italie, encore neutre, avait occupé Avlona, en expliquant cette mesure, qui ne devait, d'ailleurs, être que provisoire, par la nécessité de porter secours à la population de la ville et aux nombreux réfugiés menacés par la famine, ainsi que par le désir de défendre l'Albanie contre toute ingérence ou animosité de la part d'une autre puissance, et de lui garantir la pleine disposition d'elle-même. Le 4 juin 1917, le général Ferrero promettait encore, au nom du roi d'Italie, l'unité et l'indépendance de toute l'Albanie.

Bien que complètement étrangères à la guerre, les populations albanaises ont eu pendant toute la durée de celle-ci une attitude favorable à l'Entente. Oubliant de légitimes ressentiments, elles ont facilité le passage des troupes serbes en retraite vers l'Adriatique ; elles ont coopéré avec l'armée française dans la région de Koritsa et avec les forces italiennes dans le centre et le nord du pays.

Il semblerait donc qu'au point de vue du droit international, l'existence de l'Albanie, dans les limites fixées en 1913 et 1914 par la Conférence de Londres, doive être un fait incontestable. Et pourtant, dans la réalité, l'Albanie a été traitée comme un bien sans maître, dont on peut disposer librement, que l'on peut morceler à volonté pour établir des compensations et satisfaire des convoitises.

Le *Pacte de Londres*, du 26 avril 1915, qui précéda l'entrée en guerre de l'Italie, promettait à cette puissance l'entière souveraineté sur Vallona et le territoire voisin et prévoyait la cession à la Serbie, au Monténégro et à la Grèce, des districts septentrionaux et méridionaux de l'Albanie.

Celle-ci se trouvait réduite à *un petit État autonome* dont l'existence était même indiquée sous une forme dubitative (*si la partie centrale de l'Albanie est réservée pour la constitution d'un petit État autonome neutre, ..., art. 7*), et qui dans tous les cas devait être placé sous le protectorat de l'Italie, investie de la mission de le représenter dans ses relations avec l'étranger (art. 7). Un passage de l'article 5 le qualifiait d'*État musulman*.

Plus tard, le memorandum du 9 décembre 1919, relatif à la question de l'Adriatique, prévoit la concession à l'Italie du mandat d'administrer l'État albanais et admet, au sud, une modification importante, au profit de la Grèce, de la frontière de 1913. Enfin, le memorandum du 14 janvier 1920 propose la cession à l'État Slave du Sud de toute la région au nord du Drin avec la ville de Scutari.

Ces menaces contre l'intégrité et l'indépendance de l'Albanie eurent pour résultat de faire disparaître les dissensions internes et d'unir tous les Albanais pour la défense de leur liberté nationale.

On sait que ce mouvement fut couronné de succès et aboutit à un accord avec l'Italie d'après lequel celle-ci reconnaît l'indépendance absolue de l'Albanie dans les limites de 1913, et s'engage à évacuer son territoire en conservant seulement l'île de Saseno en face de la baie d'Avlona et deux points sur la côte à l'entrée de cette baie.

On comprend que, au cours d'une période si troublée, aucune activité n'ait pu être déployée, ni par le Sénat élu par l'Assemblée provisoire d'Avlona, ni par le gouvernement du Prince de Wied, et encore moins dans l'état d'anarchie complète qui suivit le départ de ce souverain éphémère.

Un gouvernement provisoire résidant à *Tirana* a été constitué au mois de janvier dernier. Nous exposerons sa composition et nous donnerons quelques indications sur le fonctionnement des services publics et la législation en vigueur, laquelle, en général, est restée telle qu'elle était sous la domination turque (1).

Droit politique. — L'organisation actuelle du gouvernement albanais a été décidée dans un Congrès tenu du 21 janvier au 2 février 1920 à *Louchnia* (au S.-O. d'Elbassan). Ce Congrès était composé de députés élus à raison de deux par *haza* (arrondissement); cinquante-deux d'entre eux prirent effectivement part aux délibérations.

Ces députés avaient été choisis par des collèges électoraux

(1) La plus grande partie des renseignements qui suivent nous ont été donnés par M. Midhat Frachéri, membre de la Délégation albanaise près la Conférence de la Paix.

composés des membres des municipalités des villes et villages, complétés par un certain nombre de notables appelés par les municipalités elles-mêmes.

Le Congrès de Louchnia a voté une constitution provisoire qui confie le pouvoir exécutif à un *Conseil suprême* (Këshilla e Naltë) (1), composé de quatre membres, et à un cabinet comprenant six ministres, le président du Conseil, sans portefeuille, et les ministres de la Justice, de l'Intérieur, des Affaires Etrangères, des Finances et de l'Instruction Publique; des directeurs généraux sont chargés des Travaux Publics et des Postes et Télégraphes.

Le pouvoir législatif appartient à une *Assemblée nationale* (Këshilla e Kombit), composée de 37 membres.

C'est le Congrès qui a procédé à l'élection du Conseil suprême (2), du Ministère et de l'Assemblée nationale. En cas de crise ministérielle, le nouveau président du Conseil serait désigné par le Conseil suprême et choisirait lui-même ses collègues.

Les projets de lois, élaborés par le ministère, sont discutés et votés par l'Assemblée nationale et sanctionnés par le Conseil suprême.

D'après la constitution provisoire, en cas de non approbation par l'Assemblée nationale d'un acte du ministère, celui-ci doit donner sa démission; si le même conflit se renouvelle avec deux autres ministères successifs, le Conseil suprême doit convoquer le Congrès national qui prononce, soit en prescrivant la formation d'un nouveau cabinet, soit en dissolvant l'Assemblée nationale et en procédant à de nouvelles élections.

Ces dispositions, dont la précision rend l'application assez compliquée, paraissent avoir été inspirées par certaines modifications introduites dans la Constitution ottomane après les événements de 1909.

Lorsque l'indépendance de l'Albanie dans ses limites de 1913 aura été définitivement reconnue par les Puissances, l'Assemblée nationale sera réputée dissoute et le Conseil suprême convoquera une Assemblée constituante qui déterminera la forme du gouvernement et élaborera la Constitution définitive.

(1) Le signe *ë* représente l'*e* sourd du français dans *je, me*; *sh* se prononce comme *ch* dans *cheval*.

(2) Les membres du Conseil suprême sont : le Dr Tourtoulis (orthodoxe), Mgr Bumçi, évêque catholique d'Alessio, Akif pacha Elbassani et Abdi bey Toptani (musulmans).

Organisation administrative et judiciaire. — L'organisation administrative ottomane divisant le pays en *sandjaks* (départements) et *kazas* (arrondissements) a été maintenue; ces circonscriptions ont reçu, en albanais, les dénominations de *prefekturë*, et *nënëprefekturë* (sous-préfecture). Auprès des préfets et des sous-préfets siègent des Conseils administratifs (këshilla administrorë), composés des principaux fonctionnaires de la circonscription, des chefs des communautés religieuses et de membres élus. Les attributions de ces Conseils rappellent celles de nos Conseils de préfecture et des Commissions départementales des Conseils généraux.

Le groupement des sandjaks en *vilayets* (gouvernements généraux) a disparu de l'Albanie, l'étendue du pays ne le justifiant plus (1).

Les communes urbaines sont administrées par un conseil municipal, dont le président remplit les fonctions de maire.

Les villages ont un chef de village (*moukhtar*) et un conseil des anciens. Quatre à six villages sont groupés en une commune collective (*primari*) correspondant à la *nahié* (canton administratif) telle que le prévoyaient des lois turques qui n'avaient jamais été appliquées d'une façon complète.

Les conseils des anciens et les conseils municipaux de chaque arrondissement se réunissent périodiquement à la sous-préfecture pour y exposer la situation de leurs communes et délibérer sur les mesures intéressant l'arrondissement.

L'organisation judiciaire comporte un tribunal de 1re instance par arrondissement, quatre cours d'appel et une cour de cassation.

Le code pénal et les codes de procédure sont ceux de l'Empire ottoman. On a, cependant, introduit l'institution du jury, qui n'existait pas en Turquie et généralisé celles des juges de paix qui, en 1912, venait d'y être inaugurée et seulement dans une mesure restreinte.

Droit civil. — Le code civil ottoman (*Médjellé*), basé principalement sur le droit coranique, mais cependant applicable à tous les sujets de l'Empire sans distinction de culte, est resté en vigueur en Albanie.

(1) Le territoire de l'État albanais comprend l'ancien vilayet de Scutari et une partie de ceux de Ianina et de Monastir.

Les questions intéressant le statut de la famille, telles que mariages et divorces, rentrent dans la compétence des tribunaux religieux de chaque culte, tribunaux *chéri'é*, présidés par le *kadi*, pour les musulmans, officialité, tribunaux diocésains, pour les chrétiens, jugeant d'après le droit coranique ou le droit canonique.

La législation foncière ottomane est également restée en vigueur.

La situation des étrangers, qui, en Turquie, jouissaient, grâce aux capitulations, de privilèges considérables, notamment d'une exemption complète de la juridiction locale, donnera lieu certainement à des discussions, et il sera nécessaire que l'acte qui réglera définitivement la situation internationale de l'Albanie, mentionne expressément l'abolition des capitulations ou la mesure dans laquelle elles seraient maintenues.

Droit fiscal. — Les impôts perçus sous le régime ottoman ont été conservés, les principaux sont : la *dîme*, perçue en nature et représentant le dixième de la récolte, la taxe sur les moutons et les chèvres, l'impôt foncier, les patentes.

Le gouvernement albanais a augmenté les droits de douane sur certains articles et a établi des centimes additionnels au principal des taxes perçues au profit de la Dette publique Ottomane (taxes sur le sel, la soie, les pêcheries, les spiritueux, permis de chasse, timbres fiscaux).

Ces centimes additionnels sont destinés à gager un emprunt intérieur que le gouvernement de Tirana vient de contracter.

C'est seulement quand la situation internationale de l'Albanie aura été définitivement réglée, quand l'ordre intérieur aura été rétabli, quand ses frontières seront garanties contre les convoitises de ses voisins, que les représentants du peuple albanais pourront entreprendre utilement la revision des lois ottomanes restées en vigueur, leur adaptation à l'état de choses actuel ou leur remplacement par de nouvelles dispositions plus conformes aux besoins de la nation et à la nature du pays.

LE DROIT CIVIL GREC DE 1869 A 1919

Par M. C. D. TRIANTAFYLLOPOULOS

Professeur de droit civil a l'Université d'Athènes.

A

La période qui va de 1869 à 1919 et embrasse cinquante années de mouvement législatif peut être divisée à ce dernier point de vue en deux périodes : de 1869 à 1909, de 1909 à nos jours.

La première de ces deux périodes fait partie d'une longue série d'années, dont le point de départ est 1834, et qui est elle-même immédiatement précédée des années 1821 à 1834, dont l'intérêt historique et social est d'autant plus grand qu'elles correspondent aux diverses phases de la guerre d'indépendance.

Dès 1821 et 1822, la première Assemblée nationale grecque vota une constitution démocratique inspirée évidemment des principes de la Révolution française, qui sans aucun doute contribua à accélérer l'explosion de la lutte contre l'esclavage turc.

Quant à la législation tant Civile et Commerciale que Pénale, on trouve la disposition suivante dans les constitutions de 1822 et de 1823 : « Jusqu'à ce que des Lois pénales, civiles et commerciales soient rédigées, les lois de nos ancêtres les Empereurs de Constantinople resteront en vigueur quant au droit civil et pénal, et le Code de commerce français quant au droit Commercial. »

L'introduction du droit romain-byzantin, bien que provisoire, était due surtout au fort esprit nationaliste qui déjà au xvie et surtout au xviie siècle, à une époque où en Occident le principe des nationalités était encore presque ignoré, donna naissance à la grande insurrection de 1821.

Le fait que la législation du Bas-Empire était généralement considérée comme le lien par lequel la Grèce renaissante se rattachait à l'ancien centre de l'Empire Grec est aussi confirmé par la tentative des hospodars grecs de la Moldovalachie qui, lorsqu'ils entreprirent en 1817 la codification du droit civil, essayèrent de donner à ces Codes un caractère byzantin-romain.

Bien que provisoire, cette législation devait pourtant durer longtemps.

En 1827, la troisième Assemblée nationale, comprenant que ce droit du Bas-Empire ne saurait suffire aux conditions modernes de la vie, décréta la codification de tout le droit sur la base des Codes français. Mais cette tentative ne réussit qu'en partie et seulement lorsque le roi Othon, avec le consentement de la Russie, de la France et de l'Angleterre, monta sur le trône. Ce prince bavarois était accompagné lors de son arrivée en Grèce par le jurisconsulte Georges Maurer qui entreprit cette codification, avec l'aide de juristes grecs, dont plusieurs avaient fait leurs études en Occident (tel Clonaris, ancien étudiant de la Faculté de droit de Paris, qui avait publié en 1820 un travail sur le droit en Grèce sous la domination turque dans le premier tome de « Thémis », mais sans signature de peur qu'il ne passât par la guillotine, une fois rentré à Constantinople, sa ville natale).

Maurer parvint au bout de deux ans à peu près (1833-1835) à terminer la rédaction de trois codes complets : code pénal, procédure pénale, procédure civile, organisation des tribunaux et notaires. Il maintint le Code de commerce français, déjà en vigueur avant 1821 dans les rapports entre commerçants hellènes. Les autres Codes, surtout celui de procédure, furent rédigés sur la base de la législation française.

Le seul Code que Maurer n'essaya pas de rédiger est le Code civil ; cela est dû, à mon avis, au fait que Maurer appartenait à l'école historique, dont l'antipathie pour la codification du droit civil est universellement connue.

Après le départ de Maurer, le Gouvernement fit procéder à la traduction officielle du Code civil français, et institua une commission chargée de rédiger un Code civil grec.

Mais le travail n'avançait pas beaucoup. Il eut été facile d'arranger une traduction du Code français, en l'adaptant aux besoins du pays. (Les Roumains par exemple, en 1856, rédigèrent un Code civil dans un délai de deux mois), mais dès ces temps l'école historique jouissait d'une préférence très marquée auprès des jurisconsultes chargés de la codification ; et c'est là la raison principale de ce qu'aujourd'hui encore un Code civil complet n'est pas encore achevé. Pourtant plusieurs titres en ont déjà vu le jour, calqués sur les parties correspondantes du Code français et parfois du Code autrichien.

C'est ainsi qu'en 1836 entra en vigueur une loi sur le gage et les hypothèques, en 1856 une autre sur la transcription immobilière, la même année toute la première partie du Code civil, 94 articles en tout, comprenant des dispositions sur la mise en vigueur des lois, sur le droit international privé, sur le domicile, la nationalité, les actes de l'état civil, etc.; en 1861, fut votée une autre partie comprenant 134 articles qui se refèrent aux mineurs, à la tutelle et curatelle, à l'émancipation ; enfin, en 1861, nous rencontrons une loi sur les mines et, en 1867, une autre sur le système monétaire.

En 1874, le projet du Code, ayant été entièrement achevé, fut déposé sur le bureau de la Chambre. Mais la constitution ne permettant pas à cette époque là le vote d'un projet de Code en bloc, il fut impossible d'obtenir avec succès le vote par article. Depuis lors, à cause des difficultés politiques, on n'y revint plus d'une façon sérieuse qu'en 1911.

Le projet de 1874 était surtout basé sur le Code français, en tenant compte des modifications qui y furent faites par le Code italien ; en plusieurs de ses parties pourtant il empruntait des dispositions au Code saxon.

C'est ainsi que la Grèce entre dans la période des dernières cinquante années ayant encore en vigueur le droit byzantin-romain, excepté les lois postérieures susmentionnées, la loi sur les testaments de Capodistrias et quelques autres moins importantes. Mais les Iles Ioniennes conservèrent après leur union à la Grèce (1864) le Code ionien de 1841, qui est surtout fondé sur le Code français et sur quelques statuts vénitiens.

La période qui va de 1869 à 1909 autant en Grèce qu'en Europe Occidentale est pauvre au point de vue de la production législative. Nous citerons les principales lois publiées en ces années :

Loi sur les intérêts moratoires (1881). Jusqu'à ce jour l'intérêt moratoire est régi par la coutume, suivant le droit romain. La loi de 1881, dans son article premier, calqué sur l'article 1153 du Code civil français, fixe l'intérêt moratoire annuel à 8 0/0 pour les dettes civiles et 9 0/0 pour les dettes commerciales. L'article 2 correspond aux articles 1154 et 1155 du Code civil français avec la différence que non seulement les intérêts mais aussi les revenus échus doivent être dus pour une année entière pour produire des intérêts. Il n'est pas improbable que la différence provient d'une interprétation inexacte du texte français.

Lois sur les titres au porteur (1885). Jusqu'à cette date ces titres pouvaient être revendiqués en leur qualité de meubles par le propriétaire contre le possesseur même de bonne foi, à moins que ce dernier n'eût acquis la propriété par prescription au bout de trois ans. La loi précitée applique par son article 1 aux titres au porteur le système français (art. 2278 § 1er et art. 1141 du Code français); ainsi, dorénavant, le tiers acquéreur de bonne foi devient propriétaire même s'il a acquis le titre d'un *non dominus*. Mais immédiatement l'article 2 de la dite loi (imitant sur ce point l'art. 57 du Code de commerce italien) apporte une modification considérable en ce que le droit de revendication n'est réservé au propriétaire que contre celui qui a volé, enlevé de force ou trouvé des titres perdus et contre celui qui a eu connaissance de ces vices et acquis les titres en question.

Loi du 15 février 1893 sur la protection des marques de fabrique et de commerce, inspirée par la législation française. (Loi du 29 juin 1873, etc.)

Loi du 16 mars 1903, article 5, sur les dépôts à la Banque Nationale sous condition d'inaliénabilité. Tout acte de disposition d'un tel dépôt est nul même envers les tiers.

B

En 1909 éclata une véritable révolution sociale en Grèce, qui se termina au point de vue du droit public par la revision de la Constitution, en 1911.

A partir de ce moment nous voyons se suivre une série de réformes et de transformations sociales qui, c'est naturel, se traduisirent par un grand nombre de mesures législatives, portant sur tous les domaines du droit. C'est là le caractère très marqué de cette période, car la transformation n'a pas eu lieu lentement et progressivement, comme précédemment, mais elle fut le résultat direct de l'état social anormal qui suivit le mouvement révolutionnaire.

Si l'on veut comparer le nombre des lois votées avant et après 1909, l'on verra que de la fondation du Royaume jusqu'à cette date furent promulguées environ 3.400 lois, pendant un

délai de dix ans seulement, c'est-à-dire de 1909 à aujourd'hui, il
y en a eu 2.500. La plus grande partie en est de nature administrative. Mais cela n'empêche point qu'il n'y ait pas une seule
branche de la législation judiciaire à laquelle la réforme n'ait
touché. C'est ainsi que des modifications ont été apportées à la
procédure civile et pénale, au Code pénal, qu'une large révision
eut lieu en matière de droit commercial, suivant le système
de la législation commerciale italienne. Nous ne saurions nous
étendre ici sur toutes ces réformes, pas plus que sur toutes les
lois transitoires, résultat de la guerre mondiale, dont nous nous
bornerons à citer la loi sur l'interdiction du commerce avec les
pays ennemis et la riche législation sur la spéculation et plus
spécialement la loi sur la prolongation des baux; nous en
séparons aussi la législation sur le travail, fort nombreuse,
dont il sera question dans l'aperçu consacré spécialement à cette
matière.

Passant à l'examen des principales lois concernant le droit
civil nous adopterons le système, suivi en Grèce, de la division
du droit civil en cinq parties :

I. — Dispositions générales.

Loi du 5 janvier 1914 sur la législation à appliquer dans les
nouvelles provinces (annexées en 1913). Le droit Civil romain
fut introduit en principe dans ces provinces. Pourtant la législation locale y fut maintenue en partie à titre exceptionnel :

Dans l'île de Samos, le Code civil de 1900, rédigé suivant le
projet de loi de 1874, cité ci-dessus.

En Crète, le Code civil de 1903, ne comprenant d'ailleurs que
les dispositions générales, le droit des obligations et le droit réel,
rédigé d'après le même projet de 1874 et le Code allemand de
1896.

Si l'on ajoute le Code Ionien de 1841, toujours en vigueur aux
Iles Ioniennes, on verra qu'en Grèce sont en vigueur :

1° Trois Codes locaux; 2° un droit commun, le droit romain;
enfin 3° un droit Civil général comprenant les lois civiles qui
ont été mises en vigueur dans toute la Grèce, abrogeant le
droit commun ainsi que les codes locaux. Telles sont presque
toutes les lois de la présente période.

Le conflit de lois entre des droits locaux entre eux et vis-à-vis du droit commun est réglé comme suit par l'article 3 de la loi précitée du 5 janvier 1914. Le conflit est résolu d'après les principes régissant les conflits de lois en droit international privé, avec la différence que là où en droit international on tient compte de la nationalité, ici l'on tient compte du domicile.

Enfin le droit musulman régit le mariage et le divorce des Musulmans, et le droit israélite est en vigueur quant au mariage et au divorce des Israélites (le mariage religieux est le seul que connaisse la législation grecque).

Loi du 21 juin 1914 sur les Associations. Jusqu'alors le droit romain en vigueur connaissait deux sortes de personnes morales à savoir les associations et les fondations. Les associations pouvaient être créées sans aucune autorisation. Aujourd'hui la loi distingue les associations reconnues, les seules qui jouissent de la personnalité morale et les associations non reconnues. Pour obtenir la reconnaissance elles doivent remplir certaines conditions prescrites par la loi. Pour ce qui concerne le but on distingue en général les associations mutuelles, professionnelles, et autres.

Le règlement des associations professionnelles contribua à l'organisation des ouvriers de l'industrie proprement dite. Quant aux associations non reconnues, leur situation n'est pas très nette. Le rapport présenté à la Chambre des députés les met sur le même pied que les sociétés civiles, qui en Grèce ne jouissent pas de la personnalité morale. Mais la loi paraît les avoir placées entre ces dernières et les associations reconnues. En outre la loi reconnaît notamment comme valables les contrats collectifs de travail.

Loi du 31 décembre 1914 sur les coopératives. — Cette loi règle notamment la personnalité morale des coopératives. Inspirée de la législation autrichienne, cette loi contribua à augmenter le nombre des coopératives en Grèce.

Loi du 27 septembre 1914 sur l'absence, calquée sur le Code civil Suisse (art. 35-38, 102).

Loi du 27 novembre 1909 sur les courtes prescriptions et loi du 24 mars 1910 sur la prescription en général. — Toutes les deux sont rédigées d'après les articles 196, 197 (prescription quinquennale), 201, 206, 207, 211, 212, 218, du Code civil allemand.

Loi du 6 octobre 1912 sur la suspension des prescriptions et des délais. — La loi décide qu'en cas de mobilisation un décret

peut suspendre non pas le délai de prescription, mais seulement
son expiration, c'est-à-dire que les prescriptions ne courent pas,
seulement si elles se terminent pendant la durée de la suspension.

II. — Droits réels.

Loi du 11 décembre 1909 sur les droits d'auteurs d'œuvres
théâtrales. La protection dure toute la vie de l'auteur et 40 ans
après sa mort.

Un projet de loi générale sur la propriété intellectuelle, littéraire et artistique, rédigé d'après la législation française (qui va
du décret de 1793 à la loi de 1910), est en ce moment déposé sur
le bureau de la Chambre.

Loi du 18 avril 1918 sur les objets perdus, d'après le Code
civil allemand (art. 965, etc.)

Loi du 13 janvier 1910 sur les mines, remplaçant la loi
de 1861.

Loi du 21 avril 1918 sur l'utilisation de la houille blanche.

Loi de 1917 sur l'expropriation forcée ; cette loi résout enfin,
après de longues luttes, la question agraire.

III. — Droit des obligations.

Loi du 23 juillet 1911 sur l'intérêt conventionnel, l'usure et la
spéculation illicite, d'après la loi autrichienne du 28 mai 1881.

Les dispositions limitatives du droit romain sur l'intérêt conventionnel étaient considérées comme ayant été abolies par la
coutume. Sous l'influence des idées individualistes sur la liberté
absolue des conventions, l'intérêt conventionnel restait illimité.
Ce n'est que vers la fin du siècle dernier que la jurisprudence
de la Cour de Cassation déclara immorales et nulles les conventions fixant l'intérêt au delà de 12 0/0. Aujourd'hui la loi fixe
comme limite maxima 9 0/0. Le fait de stipuler ou de recevoir
un intérêt supérieur aux taux légaux maxima est nul et usuraire,
tombant comme tel sous le coup de la loi pénale.

La même loi déclare nulle et punit la spéculation illicite dans
les conventions à crédit, sous des conditions analogues à celles
comprises dans la loi autrichienne, citée ci-dessus (art. 1er).

Comme une sorte de compensation à cette loi nous rencontrons la loi du 30 novembre 1911 sur la protection des

créanciers contre les débiteurs frauduleux. La principale disposition de cette loi, d'origine pour la plupart grecque, consiste dans l'interdiction sanctionnée par des peines, de détruire sa propre chose au détriment du créancier ou de disposer de sa chose sans juste compensation. L'acte pourtant n'en reste pas moins valable, la loi est muette à ce sujet; il me semble qu'à ce sujet, les dispositions de l'action paulienne continuent à être en vigueur.

Loi du 6 juin et loi du 23 juillet 1911, abrogeant la lex Anastasiana et le Senatus Consulte Velléien avec la Novelle 134 de Justinien.

Loi du 17 avril 1910 sur le contrat d'assurance, qui forme une section spéciale du Code de commerce (cette loi est en grande partie fondée sur le Code de commerce italien, art. 417 à 453).

Loi du 16 avril 1918 sur les Bourses. L'article 8 de cette loi, comprenant 12 alinéas, règle la manière dont sera protégé le possesseur d'un titre au porteur qui en est dépossédé, ou dont les titres furent détruits (cas qui, en France, est réglé par l'art. 1348, al. 4. c. c.). Cette loi fut rédigée d'après l'article 12 de la loi française du 15 juin 1872, mais étant donné que l'article 12 de la loi française y fut omis, la protection devient problématique.

Loi du 26 décembre 1913 sur la concurrence déloyale, pour la plupart inspirée de la loi allemande.

Loi du 31 décembre 1911 sur les accidents du travail et le risque professionnel (v. l'aperçu spécial en la matière).

Loi du 4 décembre 1911 sur la responsabilité civile et pénale dans les accidents d'automobile. Cette loi accorde sous certaines conditions, au propriétaire de l'automobile, la faculté alternative de se libérer de l'obligation d'indemniser la victime en lui abandonnant l'automobile. Malheureusement elle ne contribua pas à diminuer les accidents de ce genre, qui sont relativement beaucoup plus nombreux à Athènes que dans d'autres grandes villes.

Loi du 18 avril 1918 sur le chèque. En voici les dispositions les plus importantes :

Le chèque ne peut être tiré que sur un banquier ou une personne morale du droit public, notamment une caisse d'épargne postale (cf. Loi française du 14 juin 1865, art. 8. Loi du 30 décembre 1911). Le chèque ne peut être tiré qu'à vue ; il peut être au profit d'une personne dénommée ou à ordre; il peut être transmis par voie d'endossement. Il ne peut être au porteur que dans le cas où étant émis à l'étranger il est payable en Grèce ou réciproquement. Celui qui de mauvaise foi émet un chèque sans qu'il y ait provision disponible ou qui revêt de sa signature un chèque postdaté en connaissance de cause, est passible d'une peine d'emprisonnement (cf. Loi française du 19 février 1874, art. 6. Loi du 2 août 1917). Les rapports qui naissent à l'occasion d'un chèque sont considérés être des actes de commerce.

Loi du 24 décembre 1918 sur l'indemnité morale. En matière d'actes délictuels un droit à réparation pécuniaire pour le préjudice même moral subi naît en faveur de la victime, selon l'appréciation du Tribunal.

IV. — Droit de famille.

Loi du 18 avril 1918 sur l'aliénation des immeubles dotaux.

Jusqu'à cette date l'interdiction du droit romain en cette matière subsistait intacte. Bien que la dot appartînt au mari, celui-ci ne pouvait aliéner les immeubles, non estimés dans un contrat de mariage, même avec le consentement de la femme. La loi nouvelle permet l'aliénation avec le consentement de la femme et l'autorisation du Tribunal en cas de besoin (la loi cite quelques exemples) ou de profit évident. C'est le système du Code civil italien, articles 1405 et 1406 et du Code civil français, articles 1555, 1556, 1558.

Un projet de loi sur le divorce se trouve déjà déposé sur le bureau de la Chambre. Aujourd'hui encore ce sont les Novelles 117 et 134 de Justinien qui sont en vigueur en cette matière. Le nouveau projet introduit les mêmes causes de divorce pour les deux époux en les plaçant sur un pied d'égalité parfaite, d'après le Code suisse (notamment art. 102, 137 et s.); il y a pourtant une différence, c'est que, d'après le projet grec, il faut toujours, sauf le cas d'aliénation mentale, qu'il y ait faute de la part de l'un d'eux (v. en sens différent l'art. 142, al. 1 du Code suisse). La séparation de corps est ignorée en Grèce et continuera à l'être même avec le vote du nouveau projet.

V. — Droit successoral.

Loi du 14 mai 1911 sur les testaments. Jusqu'en 1911 c'était le décret de Capodistrias de 1830 qui était en vigueur. La loi nouvelle contient des dispositions sur la capacité de disposer par testament ou donation *mortis causa*, sur la forme des testaments (continuant à reconnaître le testament olographe) et des codicilles ainsi que sur leur révocation. Cette loi suit les principes de la législation française, allemande et italienne.

Loi du 20 avril 1918 sur le droit successoral de l'État. Jusqu'alors l'État ne succédait (suivant le droit de Justinien) qu'en l'absence de collatéraux, sans limite de degré, et de l'époux survivant. La loi nouvelle appelle l'État à succéder à défaut de collatéral, au delà du 4e degré, ou d'époux survivant.

D'ailleurs, déjà depuis 1914, un impôt lourd frappe les successions, auquel n'échappent même pas les enfants du *de cujus*.

Enfin un récent projet de loi sur la succession *ab intestat* améliore surtout la situation du conjoint survivant, car, jusqu'à aujourd'hui, tant qu'il existe des parents au 4e degré, le mari en est exclu, tandis que la femme ne concourt que pour une petite quote-part, et seulement si elle est indigente ou sans dot suivant les dispositions des Novelles 53 et 117 de Justinien et la Novelle 106 de Léon le Sage.

Le même projet abolit la préférence établie par le Code Ionien en faveur des mâles qui viennent avant les femmes dans la succession *ab intestat*. Il abolit aussi les pénalités des secondes noces.

Un autre projet de loi, encore pendant devant la Chambre, abroge la loi Falcidienne, qui avait déjà perdu son caractère obligatoire avec la Novelle 1ere de Justinien.

Et c'est ainsi que nous arrivons à l'innovation la plus importante qui est en train de se préparer, nous voulons parler du projet de Code civil. C'est depuis 1911 qu'une commission nommée *ad hoc* travaille à un avant-projet de Code civil complet et uniforme pour toute la Grèce qu'elle doit terminer en 1921. Le travail se fait d'après une décision approuvée en 1911 par le Gouvernement; c'est surtout le Code allemand, à cause de ses affinités avec le droit romain en vigueur en Grèce, qui a servi comme modèle. Mais le projet entier, qui suit d'ailleurs en plusieurs matières la législation française, italienne, suisse et surtout le projet hongrois de 1913, sera très probablement orienté, lors de sa revision, vers le projet de Code des obligations, rédigé par le « Comité pour l'Union législative entre les Nations Alliées et Amies » auquel participe aussi la Grèce.

Ce sont là les principales réformes de droit civil accomplies
ou à l'étude pendant les dix dernières années.

C

Au point de vue de la forme, ce travail législatif des dix dernières années n'a pas eu un résultat tout à fait satisfaisant.
Notamment les lois qui sont nées dans les bureaux ministériels,
à la hâte, et sans le concours de spécialistes en chaque matière,
présentent malheureusement des vides ou laissent des points
obscurs et surtout ne s'adaptent pas toujours au droit existant.
Il faut pourtant leur rendre cette justice que cette adaptation
est des plus difficiles et parce que le même texte doit s'adapter
en même temps au droit romain et à trois codes locaux.

Au point de vue du fond, toutes ces lois ont un caractère très
différent du droit préexistant.

Jusqu'alors la législation civile grecque avait revêtu un caractère individualiste. — En effet, avec l'interprétation donnée au
droit de Justinien par l'école historique qui eut une si grande
influence en Grèce, — ce droit suit à peu près la même direction que le Code napoléonien. Les deux législations ont découlé
de conditions économiques à peu près similaires, de la liberté
des échanges et de l'économie monétaire, ne protégeant par
conséquent que la propriété acquise, se souciant peu ou pas du
tout — comme le droit de Justinien — du principal agent de la
production, qui est le travail.

Les répercussions de cette législation purement individualiste
se firent sentir en Grèce sous deux différents aspects. Au début,
c'est-à-dire jusqu'un peu au delà du milieu du siècle passé, ce
caractère individualiste de la législation était en opposition avec
la forme patriarcale de la famille agricole, prédominante en
Grèce, qui formait un organisme social serré et autonome sous
le pouvoir absolu du chef, excluant la volonté individuelle libre,
telle que les textes législatifs avaient voulu l'établir. Lorsque
plus tard, à la suite des progrès sociaux et des transformations
économiques, ce caractère patriarcal s'éclipsa peu à peu, surtout dans les centres commerciaux, industriels ou maritimes, la
protection exclusive de la propriété acquise eut pour conséquence
des résultats encore plus fâcheux au détriment des classes les
plus faibles au point de vue économique.

Cette direction donnée à la législation ne fut pas moins favorisée en Grèce que dans le reste du continent européen par la méthode exégétique basée exclusivement sur les textes, et des textes souvent anciens. Cette méthode devint en Grèce plutôt malheureuse à raison d'une néfaste procédure civile exclusivement formaliste et d'une complication extrême dans laquelle souvent se noyaient les faibles avec leurs droits.

En face d'une telle situation le mouvement législatif des dix dernières années présente une différence énorme. Les trois libertés fondamentales du droit individualiste du siècle dernier subirent une amputation importante.

D'abord le principe de la liberté dans les contrats trouva ses limites dans la législation ouvrière, la limitation de l'intérêt et la loi sur la spéculation illicite.

Puis le principe de l'inviolabilité de la propriété par la loi sur l'expropriation forcée en faveur des cultivateurs non propriétaires et par les lois sur la prolongation des baux.

Enfin le principe du droit à succéder par la limitation de la succession *ab intestat* au 4e degré et par le lourd impôt sur les successions et les legs.

Si l'on veut maintenant jeter en arrière un coup d'œil général sur toutes les lois des dix dernières années, on se rendra facilement compte que presque toutes, non seulement en matière de droit privé, mais aussi en matière de droit pénal et de procédure, sont inspirées de la même idée directrice, nous voulons dire du principe de solidarité sociale et d'une tendance très marquée vers la protection des éléments les plus faibles, de l'introduction enfin dans le droit de courants moraux supérieurs.

Parallèlement au caractère radical que revêt la législation de cette période — caractère qui, il est à noter, ne manqua pas de rencontrer et rencontre encore une vive opposition — la méthode exégétique subit à son tour une influence bienfaitrice. Le mouvement libéral dans l'interprétation des textes, qui se développa dans l'Europe Occidentale depuis la fin du siècle dernier, trouva un terrain propice en Grèce justement pendant cette période décennale et influa tant sur la doctrine que sur la jurisprudence, notamment celle des tribunaux inférieurs.

LA LÉGISLATION SOCIALE EN GRÈCE
DE 1869 A 1919

Par M. LAMPIRIS, avocat à Athènes,

SECRÉTAIRE GÉNÉRAL DE LA COMMISSION SUPÉRIEURE HELLÉNIQUE
POUR L'APPLICATION DES TRAITÉS DE PAIX.

L'histoire de la législation sociale et ouvrière en Grèce commence à vrai dire depuis 1909, date importante dans la vie nationale; un mouvement militaire approuvé et applaudi par le peuple et accompli sans aucune résistance (tant il est vrai que l'idée de réformes radicales dans le système administratif, judiciaire et politique du pays avait mûri dans la conscience populaire) est le point de départ de l'évolution rapide de l'État hellène dans le sens d'une adaptation aux nouvelles conditions de la vie sociale du pays.

Avant 1909 une législation ouvrière proprement dite n'existait pas en Grèce.

Pays par excellence agricole (1), la Grèce ne connaissait pas la question sociale telle qu'elle naquit en Europe occidentale à la suite de la révolution économique qui marqua la seconde moitié du XIXᵉ siècle.

Depuis l'annexion de la Thessalie à la Grèce en 1882, la question agraire était la question sociale par excellence qui agitait le pays et préoccupait les Gouvernements (2). Mais aucune tentative sérieuse en vue de sa solution ne fut entreprise jusqu'en 1909.

La seule loi qui mérite d'être citée ici avant cette date est la loi de 1907 complétée par celle du 14 mai 1908 « sur la colonisation des réfugiés grecs », victimes des progroms bulgares : les

(1) Voir TSOUDEROS, *Le relèvement economique de la Grèce*. Berger-Levraut, Paris, 104 pages.

(2) Sur la question agraire, les grandes propriétés (tsifliks) et le sort malheureux des cultivateurs. V. mon rapport dans l'*Annuaire* (1917-1918).

réfugiés, agriculteurs pour la plupart, furent installés dans de grandes propriétés en Thessalie, achetées par l'État (sans expropriation forcée). Il a fallu des efforts tenaces et continus pour arriver une dizaine d'années après, en 1917, à la seule solution radicale du problème agraire : l'expropriation forcée des grandes propriétés et la transformation des cultivateurs en petits propriétaires autonomes (1).

Étant donné que la Grèce est un pays surtout agricole, sans une industrie développée, il n'est pas extraordinaire que la nécessité d'une législation visant à la protection préventive et à l'assurance des ouvriers ne se fît pas sentir trop tôt. Là, au contraire, où le besoin de l'intervention du législateur à cause des conditions spéciales du pays était presque impérieux, cette intervention se réalisa de très bonne heure : dès « 1836 » une caisse de retraite des gens de mer a été créée. La loi de 1861 a réorganisé ce service et la loi de 1907 l'a complété en lui donnant sa forme actuelle. Ce qu'il faut retenir de cette dernière loi, c'est que le droit à la pension existe non seulement au profit du marin (civil ou militaire) qui a exercé pendant 25 ans le métier maritime, mais encore au profit de celui qui, à cause d'un accident fortuit, est devenu, entièrement ou en partie, incapable de continuer son métier.

Le droit à pension existe aussi sous réserve de quelques conditions, au profit de la veuve, des enfants et des parents indigents du marin. Il est en outre à noter que la pension est due même si l'accident peut être imputé à une négligence de la part de la victime. A part cette loi, les lois sur les mines avaient de très bonne heure pris des mesures, quoique insuffisantes, pour éviter aux ouvriers des mines les accidents inhérents à la nature dangereuse de leur travail et pour leur assurer en cas d'accident une indemnité raisonnable. Le décret royal en date du 31 mai 1882, rendu en exécution de la loi sur les mines de 1861, a organisé la première caisse en faveur des mineurs. Mais la loi BOMA de 1901, « sur l'assistance aux victimes des travaux de mines et à leur famille », calquée pour la plupart sur la loi française de 1898 et modifiée par la loi 3981 de 1912 est celle qui a pu créer pour les ouvriers un régime d'assurance plus avantageux. L'article 1er de cette loi prescrit que les ouvriers ou les employés des mines et des usines métallurgiques qui dans

____

(1) V. mon rapport sur la législation en Grèce dans l'*Annuaire* 1919.

l'exercice de leur travail ou à l'occasion du travail ont été victimes d'un accident ont droit à une indemnité ou pension si l'incapacité qui en est résultée a duré plus de 4 jours, sauf le cas *où l'ouvrier a intentionnellement provoqué l'accident.*

Si l'incapacité a duré trois mois au plus, le patron est obligé de verser à la victime une indemnité évaluée en raison de la moitié de son salaire lors de l'accident.

Si l'incapacité a duré plus de trois mois, le patron est obligé de servir à la victime la moitié de la pension, dont l'autre moitié est servie par la « Caisse des mineurs ». Le montant de la pension varie suivant la gravité de l'accident sans dépasser toutefois la moitié du salaire moyen gagné par la victime. La nationalité étrangère n'exclut pas l'allocation de la pension, tant que l'ouvrier réside en Grèce. Les revenus de la « Caisse des mineurs » consistent notamment à un tantième du revenu net des mines et aux amendes imposées en vertu de la loi sur les mines.

Il importe de souligner l'article 42 de cette loi qui crée une sorte d'*assurance obligatoire des ouvriers contre la vieillesse, la maladie ou le surmenage* en imposant à tout entrepreneur (mines, métallurgie, carrière) l'obligation de constituer une caisse de secours mutuel en prélevant sur le salaire des ouvriers un tantième fixe. Les caisses ainsi créées sont des personnes juridiques administrées conformément aux dispositions du droit des associations.

On ne doit pas omettre encore les lois qui ont organisé les pensions des fonctionnaires publics, et des employés de services publics (Loi de 1907 sur la caisse des retraites du personnel des chemins de fer de Péloponèse, qui a servi de modèle pour des caisses analogues en faveur du personnel des autres Sociétés des chemins de fer).

Quant à la réglementation du contrat de travail pendant la période qui nous occupe, aucune restriction sérieuse ne liait les parties. Le régime individualiste de la liberté des contrats privés consacré dans le droit des obligations en vigueur (comme d'ailleurs dans le Code Napoléon) s'appliquait avec tous les inconvénients qu'il comporte en l'espèce.

La durée du travail était presque illimitée (1).

---

(1) Un décret royal, en date du 24 octobre 1835, imposait la fermeture des magasins le dimanche jusqu'à la fin de la messe.

1909-1920.

La période qui suivit le mouvement révolutionnaire, dont il a été question au début du présent rapport, marque une orientation nouvelle de l'Etat. Un interventionisme de plus en plus prononcé a été instauré par une législation riche et hardie.

La création du ministère de l'Economie nationale en 1910, comme celle du ministère du Travail en France (1906) a été avec raison saluée comme le point de départ de la nouvelle période de la législation sociale et ouvrière. La Section du travail et de la prévoyance sociale organisée par la loi 3932, le service spécial de l'inspection qui en dépend, ainsi que le Conseil suprême du Travail dans lequel sont représentés les ouvriers comme les patrons par un nombre égal de mandataires, sont les rouages les plus importants dans l'introduction et l'application des mesures tendant à protéger et assurer le travailleur.

Il serait injuste de ne pas citer les noms de M. Vénizélos et de M. Michalacopoulos (ministre de l'Economie nationale pendant longtemps) auxquels appartient l'honneur de l'initiative dans une large mesure de la législation ouvrière, ainsi que les noms de M. Milonas, Secrétaire général au ministère de l'Economie nationale durant cinq années et des chefs de Section du Travail, MM. Coronis, actuellement secrétaire général au ministère des Communications, et Svolos, professeur agrégé à la Faculté de droit à Athènes, qui tous ont contribué non seulement à la création de cette législation, mais aussi à la tâche beaucoup plus difficile de son application dans un milieu où les résistances venaient quelquefois même de la part des ouvriers.

Limites légales de la durée du travail.

Loi 3455 sur le repos dominical de 1900 complétée postérieurement par d'autres lois. Le repos hebdomadaire dominical a été érigé en principe fondamental; des exceptions ont été permises pour quelques entreprises en vertu desquelles un autre jour de repos est accordé aux ouvriers (D. R. de 1914 en exécution de la loi 3455 et art. 7 de la loi 3455). Le contrevenant aux dispositions de la loi est puni d'une amende de 25-500 dr. et d'une détention de 6-60 jours ou de l'une de ces peines.

Le repos dominical est obligatoire dans les grandes villes (Athènes, Pirée, Volos, Patras); à la demande du Conseil municipal ou communal respectif, il peut être étendu aussi dans d'autres villes. Le repos dominical pour les enfants âgés de moins de 16 ans et les femmes est complet même dans les villes où la loi sur le repos dominical ne s'applique pas.

La loi 3924 de 1911 « sur l'hygiène des ouvriers et les heures de travail » a prescrit que des décrets Royaux rendus sur la proposition du Conseil suprême du travail devraient réglementer les heures du travail pour chaque branche d'industrie.

C'est ainsi qu'un décret royal, en date de septembre 1912, sur la durée du travail dans les boulangeries des villes d'Athènes et du Pirée, prescrit que la durée du travail effectif, suspensions journalières déduites, ne peut dépasser 8 heures dans les boulangeries mécaniques et 9 heures pendant l'été ou 10 heures pendant l'hiver dans les boulangeries ordinaires.

Le décret Royal de 1914 sur les heures de travail dans les dépôts et fabriques de tabacs prescrit que la durée du travail effectif ne peut dépasser 8 heures par jour pendant l'hiver et 9 heures 1/2 pendant l'été. Le même décret prescrit que dans les manufactures de tabacs la durée du travail effectif ne peut dépasser 9 heures par jour pendant l'hiver et 9 heures 1/2 pendant l'été.

Le décret Royal du 8 mars 1919 sur la durée du travail dans les tanneries prescrit que la durée du travail effectif ne peut dépasser 8 heures, du 1er octobre au 31 décembre, 9 heures 1/4 du 1er janvier au 31 mars; 10 heures 1/4 du 1er avril au 30 juin; 10 heures 1/2 du 1er juillet au 30 septembre. La durée moyenne du travail effectif serait donc de 8 heures 35 minutes pendant l'automne et l'hiver et de 10 heures 1/2 pendant le printemps et l'été.

Les contraventions aux dispositions ci-dessus sur la durée du travail sont punies d'une amende de 10-50 dr. pour chaque ouvrier employé en sus de la durée légale; mais les amendes accumulées imposées par une décision ne peuvent pas dépasser les 500 dr. Le règlement sur les travaux des mines en Grèce a fixé comme durée journalière maxima du travail effectif 8 heures pour les travaux souterrains et 10 heures pour les travaux à la surface.

Les règlements sur les chemins de fer et les tramways fixent en principe la durée maxima des ouvriers et employés à 10 heures.

La loi 4029 sur le travail des femmes et enfants, dont il sera question ultérieurement, dans son article 2, prescrit que la durée du travail des enfants âgés de moins de 14 ans ne doit pas dépasser 6 h. par jour, et celle des enfants ayant atteint l'âge de 18 ans révolus et des femmes ne doit pas dépasser les 10 h.

La loi 271 de 1915 sur la durée du travail dans les magasins et salles de vente de toutes sortes a prescrit qu'aux employés de ces entreprises est accordé un repos de nuit consécutif de 10 h., sauf pour les épiceries et autres magasins de denrées de toutes sortes, où le repos de nuit est fixé à 9 h. Aux mêmes personnes est accordée une suspension du travail de 2 h. pendant l'été et 1 h. 1/2 pendant l'hiver.

Seulement, cette loi n'est applicable que dans les villes dont la population dépasse le nombre de 15.000 habitants. D'autre part, dans les villes d'Athènes, Pirée, Volos, Patras, Syros, les magasins sont ouverts à 7 h. du matin et fermés à 8 h. du soir pendant l'été et à 8 h. 1/2 pendant l'hiver; ils restent aussi fermés à partir de 1 h. à 3 h. de l'après-midi.

Hygiène et sécurité des ouvriers, mesures préventives.

La loi 3934 de 1911 sur l'hygiène et la sécurité des ouvriers et les décrets en son exécution ont rigoureusement imposé aux entrepreneurs de prendre des mesures efficaces, énumérées dans les règlements respectifs, en vue de diminuer les dangers inhérents aux divers travaux industriels et menaçant la vie, l'intégrité corporelle ou la santé. (Propreté, aération nécessaire, éclairage suffisant, mesures de précaution contre les volants, courroies, et autres machines et outils.) Le contrevenant aux dispositions de la loi est puni d'une amende de 10-50 dr. pour chaque contravention, à moins qu'une punition plus sévère ne soit imposée par le code pénal.

Protection des femmes et des enfants.

La loi fondamentale qui a fixé les conditions d'emploi des femmes et des enfants est la loi 4029 « sur le travail des femmes et des enfants » ; elle a été inspirée surtout des dispositions des conventions de Berne de 1906.

L'emploi des enfants n'ayant pas atteint l'âge de 12 ans est interdit dans les établissements industriels, travaux de construction, entreprises de transport, magasins et salles de vente, restaurants, hôtels et autres établissements analogues. Une exception est consacrée pour les enfants âgés de plus de 10 ans et employés à des travaux où sont occupés des membres d'une même famille ; mais l'exception ne s'applique pas en ce qui concerne les travaux qualifiés de dangereux ou insalubres, ou les travaux où l'on emploie des forces mécaniques.

En tout cas, l'emploi des enfants, lorsqu'il est permis, ne doit pas empêcher leur instruction primaire.

L'emploi des enfants âgés de moins de 18 ans et des femmes est limité quant à la durée, selon les cas, de 6 à 10 heures.

Comme il a été déjà noté, le repos pendant le dimanche et quelques jours fériés est assuré pour les enfants et les femmes dans des conditions plus rigoureuses que pour les autres ouvriers.

Le travail de nuit des mineurs âgés de moins de 18 ans et des femmes sans distinction d'âge est, en principe, interdit.

L'emploi des femmes et des mineurs âgés de moins de 15 ans dans des travaux des carrières et des travaux miniers souterrains est absolument interdit.

Dans les travaux qualifiés d'insalubres, ou particulièrement dangereux, l'emploi des femmes et des mineurs est également absolument interdit.

Le décret royal du 14 août 1913, rendu en exécution de la loi organique 4020 dans ses articles 33, 36 et 37, énumère les entreprises insalubres ou dangereuses.

L'emploi des femmes, huit semaines avant et après leurs couches, est interdit ; pendant ce temps, les ouvrières sont considérées en congé, leur remplacement définitif n'étant pas permis (art. 13 de la loi organique 4029) ; mais il n'est pas assuré à l'ouvrière, pendant cette période, une allocation équitable, ce qui constitue une lacune regrettable de notre droit ouvrier. Il est bien entendu que ces ouvrières peuvent profiter de l'assistance générale accordée par les établissements d'utilité publique ; il est toutefois à remarquer que cette dernière laisse à désirer en ce qui concerne surtout les crèches communales.

Dispositions relatives au salaire.

L'intervention du législateur en Grèce, comme ailleurs, n'a pas été jugée utile en matière de fixation du salaire. On s'est contenté d'en assurer le paiement régulier en écartant les inconvénients du Trucksystem.

C'est le but de la loi 4030 de 1912; dans son article 2, il est dit que le paiement du salaire : 1° doit être fait dans le bureau de l'établissement et non pas en dehors, dans des débits de vins, cafés, etc.; 2° il doit être effectué, suivant la coutume, par semaine, ou deux ou trois fois par mois; 3° il doit être fait en espèces, la rémunération en nature étant exclue. Il est, en outre, interdit de faire sur le salaire d'autres prélèvements que ceux permis par la loi, notamment en raison d'avances de salaires ou d'amendes imposées d'après un règlement et ne pouvant dépasser le quart du salaire par jour. Les amendes entrent dans la Caisse de secours mutuel des ouvriers ou, à défaut, elles sont déposées à la Banque Nationale pour le compte de la Caisse de l'assistance des ouvriers.

La loi 3974 de 1911 « sur les différends entre les patrons et ouvriers, relatifs au paiement des salaires et appointements », assure aux différends en question une procédure très simple et débarrassée du formalisme de la procédure ordinaire.

La saisie ou la cession des salaires ouvriers ne peut être effectuée que sur le 1/5. (La saisie des salaires en sus de 200 fr. n'est pas limitée.)

Assurances ouvrières.

Dans la première partie du présent rapport, il a été exposé qu'avant 1909 des lois organisant des assurances ouvrières contre les accidents, la vieillesse, la maladie ou le chômage n'étaient rendues que pour les ouvriers ou employés de quelques entreprises très limitées en nombre : mineurs, cheminots et pour les fonctionnaires publics.

Le régime n'a pas changé dans ses lignes générales, même après 1909, sauf pour le cas d'accidents où la loi 551, dont il sera question ultérieurement, a érigé en principe le risque professionnel et généralisé à tous les travaux industriels la responsabilité du patron, laquelle auparavant ne s'appliquait qu'aux entreprises minières ou celles des chemins de fer.

A part cette réforme, dont on ne saurait trop relever l'importance, le droit ouvrier grec présente de ce côté d'assurances ouvrières une insuffisance prononcée.

Le soin d'assurer les ouvriers, en général, a été confié aux caisses de secours mutuel, dont le but est défini par la loi 281 sur les associations, comme suit : 1° accorder aux membres ou à leurs familles des soins médicaux en cas de maladie ; 2° accorder aux membres des allocations en cas de maladie, blessures, invalidité provisoire, chômage, maladie ou mort de bétail ; 3° payer les frais d'inhumation des membres ; et 4° accorder des allocations ou pensions aux membres incapables de travailler par suite de vieillesse, accident ou maladie.

Mais on doit avouer que la mutualité, avec ses ressources propres, n'est à même de couvrir les assurances ouvrières que dans une très faible part.

Une réforme dans le sens d'une assurance obligatoire est, de tous côtés, à juste titre, réclamée (1).

La loi la plus importante en matière d'assurances ouvrières est celle *sub* n° 551 de 1914 « sur l'indemnisation des ouvriers et employés victimes d'accident à l'occasion du travail » ; elle est calquée sur la loi française de 1898 ; mais en ce qui concerne le montant de l'indemnité et la possibilité de sa diminution en cas de faute de la part de l'ouvrier il y a eu des écarts très regrettables du modèle.

Analyse de la loi 551.

L'article 1 prescrit que tout accident survenu à un ouvrier ou employé des entreprises énumérées ci-après, durant l'exécution du travail ou à l'occasion de celui-ci, donne droit à une indemnité due par le propriétaire de l'entreprise, si la suspension du travail occasionnée par l'accident a duré au moins quatre jours. Toutefois le droit à l'indemnité est soumis à la condition que l'accident n'a pas été causé par l'ouvrier intentionnellement.

___

(1) Voir Tsouderos, *Le relèvement économique de la Grèce*, Paris, 1919, p. 192. — Herkner. *La question ouvrière* (trad. en grec, annotée par M. Calitsounakis), p. 289 et suiv.

Sont protégés par cette loi les ouvriers ou employés des établissements industriels ou autres dans lesquels on fait usage des forces mécaniques ainsi que des entreprises de transport de toute sorte. (Les ouvriers mineurs jouissent de l'assurance de la loi Boma de 1901, analysée ci-dessus.)

L'indemnité varie suivant les cas : 1) invalidité permanente: le montant des salaires de six ans qui ne peut être inférieur à 3.000 dr. ; 2) invalidité partielle et permanente : l'indemnité s'évalue sur la diminution du revenu annuel de la victime, multipliée par six; 3) invalidité intégrale et provisoire (ne dépassant pas les deux années) : l'indemnité est journalière et égale à la moitié de la diminution du salaire occasionnée par l'invalidité ; 5) mort : l'indemnité comprend les salaires de 5 années et ne peut jamais être inférieure à 2.500 dr.

Les étrangers ont droit à l'indemnité s'ils ont leur résidence en Grèce lors de l'accident ; en cas de mort une indemnité est due aux ayants droit si lors du décès ils résidaient également en Grèce.

En cas de mort ont droit à l'indemnité : 1) le conjoint survivant ; 2) les enfants légitimes ou naturels (1) qui vivaient à sa charge. Les ascendants et les frères ou sœurs de la victime vivant à sa charge n'ont droit à l'indemnité qu'à titre subsidiaire. A défaut des personnes susmentionnées l'indemnité est encaissée au profit de la caisse de secours en faveur des ouvriers.

L'article 16, § 1 contient la disposition suivante dont l'importance est à relever; l'ayant droit a la faculté d'avoir recours au droit commun (dommages-intérêts sans les restrictions de la loi 551) si l'accident peut être attribué au dol du patron ou à la non-application par celui-ci des règlements sur la sécurité des ouvriers.

L'article 16, § 3 introduit une exception fâcheuse au principe du risque professionnel, prise d'ailleurs dans la loi française, en faveur du principe de la responsabilité subjective (faute) du droit commun : si le patron prouve que l'accident est dû à une faute inexcusable de l'ouvrier, l'indemnité à allouer peut être diminuée jusqu'à la moitié du montant légal. J'ai dit fâcheuse, car la notion de faute inexcusable est des plus équivoques et, insérée dans la notion du risque professionnel basé sur la res-

______

(1) Cette faveur pour les enfants naturels est à relever, car elle est exceptionnelle; le droit civil ne reconnaît en général aucun droit successoral aux enfants naturels.

ponsabilité objective, est en contradiction avec les principes généraux admis en l'espèce.

Mouvement associationiste et corporatif.

Le droit d'association libre et non soumise à l'agrément du Gouvernement a été proclamé par la constitution de 1864. Mais le droit sur les associations quant aux détails de l'organisation, administration, assemblées, etc., était très incomplet; les quelques dispositions afférentes du droit romain à cause de leur généralité ne pouvaient pas répondre aux exigences de la vie des associations modernes.

C'est la grande loi 281 « sur les associations » de 1912 (1) inspirée dans une très large mesure des dispositions de la loi française de 1901 qui a fixé les conditions de la fondation, du fonctionnement et de la dissolution des corporations. Les syndicats ouvriers (2) ont fait l'objet des dispositions particulières de la loi visant notamment à leur assurer une autonomie corporative complète à l'exclusion des éléments étrangers au monde ouvrier; une loi récente *sub* n° 2151 de 1920 a voulu augmenter les garanties en vue d'éviter la prise des décisions corporatives sans l'assentiment d'une vraie majorité.

Par la même loi ont été reconnus en principe les contrats collectifs de travail et implicitement la liberté de grève.

L'esprit libéral dont cette loi est imprégnée n'a malheureusement pas été bien compris par nos tribunaux civils qui ont été chargés de déclarer une association comme reconnue. En effet, il y a eu des magistrats qui ont cru pouvoir ressusciter les dispositions surannées du Code pénal sur le délit de grève (qui doivent être considérées comme abrogées par la législation ouvrière moderne) et déclarer illicite le but d'un syndicat, dans

(1) Voir, sur cette loi, le rapport du professeur Triantafyllopoulos sur le droit privé.

(2) Un Décret Royal en date du 20 mai 1920 a codifié les dispositions en vigueur « sur les syndicats ». Les restrictions introduites par la loi 2151, quant à la majorité requise dans les assemblées, ont été vivement attaquées par le parti et la presse socialiste en Grèce. Ce qu'on pourrait affirmer est que, si le but de ces restrictions semble juste et plausible, leur mise en œuvre aurait peut-être causé une certaine gêne dans la vie des syndicats, empêchant leur libre développement par suite du respect excessif des minorités.

les statuts duquel il est dit « que si par tous autres moyens un différend entre les patrons et les ouvriers du syndicat ne peut être liquidé on pourrait avoir recours à la grève ».

L'étroitesse d'esprit dont témoignent nos magistrats dans l'application du droit ouvrier, qui n'est qu'une preuve particulière de leur inadaptation plus générale aux besoins sociaux de l'heure présente, devrait attirer l'attention du Gouvernement sur la nécessité de demander à ses juges une instruction plus complète sur les sciences sociales (1).

Comme d'une importance capitale dans le mouvement d'organisation des ouvriers, il faut citer la loi 602 de 1914 « sur les coopératives » inspirée par la loi autrichienne.

Pour faciliter la création des coopératives cette loi a adopté dans une très grande mesure une responsabilité pécuniaire très réduite des membres.

Contrat de travail.

Ainsi qu'il a été exposé, le contrat de travail, déductions faites des dispositions du droit ouvrier public analysé ci-dessus, continue à être régi par le droit romain qui, comme le Code Napoléon inspiré des principes individualistes et par trop égalitaires, conduit en l'espèce à des conséquences inadmissibles. Une réglementation des contrats collectifs de travail fait également défaut.

Un projet de loi préparé par les soins du Ministère de l'Économic nationale sur le rapport de M. Triantafyllopoulos et discuté par le Conseil supérieur du travail est basé sur les principes modernes qui règlent les relations entre l'ouvrier et le patron ; mais malheureusement il n'a pas été jusqu'à présent adopté par le pouvoir législatif.

Une loi récente *sub* n° 2212 en date du 11 mars 1920 a voulu remédier aux inconvénients du droit civil commun en ce qui touche la liberté de la rupture du contrat de travail. Ainsi il y est prescrit que tout employé à une entreprise privée (2) qui est

(1) Les réformes des études juridiques dont il est tant parlé de nos jours devraient s'orienter dans ce sens. — V. p. ex. le résultat de la conférence des Facultés de droit allemandes dans *Schweizerische Juristenzeitung* 1920, n° 24.

(2) Les mêmes délais de dénonciation et de destitution s'appliquent à toutes sortes de domestiques.

depuis plus de deux mois en service ne peut être congédié avant l'écoulement d'une certaine période de temps, qui varie avec la durée de son service ; dans le cas contraire, le patron s'oblige de lui verser le salaire correspondant à cette période. A l'employé congédié est délivré un certificat de son service. En cas de dénonciation du contrat par l'ouvrier le délai susmentionné est réduit à la moitié.

Un coup d'œil critique sur la législation ouvrière grecque.

En parcourant les pages précédentes on peut facilement se rendre compte que la législation grecque est très satisfaisante pour ce qui concerne la sécurité, l'hygiène et, en général, la diminution des dangers inhérents aux travaux industriels, mais qu'elle présente bien des lacunes en ce qui touche les assurances ouvrières.

Il est vrai que la législation minière, en cas d'accident et de maladie professionnelle (1), a reconnu en principe à la victime droit à l'indemnité ou pension; parallèlement il a été créé pour ces mêmes ouvriers la caisse mutuelle de secours des mineurs, qui constitue, ainsi qu'il a été exposé dans la partie I du présent rapport, une sorte d'assurance obligatoire. Des caisses analogues ont été créées en faveur des employés des chemins de fer, des tramways, des gens de mer ; mais ces assurances insuffisantes en elles-mêmes sont limitées à un nombre restreint des ouvriers.

Il est vrai que la responsabilité de l'entrepreneur, consacrée par la loi 1914 sur le risque professionnel, a sensiblement amélioré le droit préexistant, mais les nombreuses restrictions auxquelles elle est soumise réduisent les indemnités à payer à des sommes sensiblement au-dessous du montant de la perte réellement subie. De plus cette loi ne s'applique en règle générale qu'aux ouvriers industriels et elle ne vise que les accidents du travail en excluant les maladies dites professionnelles.

Les caisses mutuelles de secours visées par la loi sur les asso-

____

(1) La responsabilité du patron en cas de maladie causée par l'exercice des travaux (intoxication, etc.) a été introduite tout récemment par la loi 2114 de 1920.

ciations, n'offrent pas non plus des résultats plus satisfaisants : des assurances volontaires alimentées par des retenues sur le salaire des ouvriers ne sont pas à même de remplir d'une façon satisfaisante le but social qui leur est attribué.

La solution la plus stable à ce problème cuisant et complexe des assurances données jusqu'à présent est celle des grandes entreprises de chemins de fer, banques, qui assurent d'office leurs employés (caisses mutuelles obligatoires alimentées par des retenues sur les appointements, par des taxes additionnelles, etc.). Il est cependant à noter que cette solution patronale — dont je ne jugerai pas ici l'opportunité — est d'un caractère exceptionnel et elle n'intéresse qu'une fraction de la classe sociale pour laquelle les assurances sociales sont essentielles.

L'impuissance de la mutualité et, d'une façon plus générale, de l'initiative privée dans le domaine des assurances ouvrières résulte, ce me semble, de l'histoire économique des grands États industriels (Allemagne, Angleterre) ; dans ces matières la mutualité n'est féconde qu'à la condition d'être en même temps obligatoire ; l'intervention de l'État paraît inévitable pour achever l'édifice (1).

La législation ouvrière et l'organisation permanente de travail.

Le Traité de Versailles ouvre une nouvelle ère dans l'évolution du droit ouvrier universel ; la partie XIII de ce traité est consacrée tout entière à l'organisation permanente chargée de travailler à la réalisation des principes généraux énumérés dans le préambule de cette partie. La première conférence réunie, conformément aux dispositions du traité, à Washington, au mois d'août 1919, a obtenu l'adoption, à la satisfaction générale, de six projets de conventions et de six (2) recommandations.

(1) D'après les renseignements que j'ai pu recueillir dans les milieux administratifs compétents, le Gouvernement hellénique a été déjà saisi d'un projet d'assurances s'approchant des institutions analogues en vigueur en Italie.

(2) Pour le sens de ces deux termes, voir l'article 405 du Traité de Versailles.

La Grèce a déjà ratifié : 1° la Convention tendant à limiter à 8 heures de travail par jour et à 48 heures par semaine le nombre des heures de travail dans les établissements industriels (1) ; 2° le projet de convention concernant l'emploi des femmes avant et après l'accouchement ; 3° le projet de convention concernant le travail de nuit des femmes ; 4° le projet de convention fixant l'âge minimum d'admission des enfants aux travaux industriels, et 5° le projet de convention concernant le travail de nuit des enfants dans l'industrie. Elle a aussi adopté la recommandation concernant l'application de la Convention internationale, adoptée à Berne, en 1906, sur l'interdiction de l'emploi du phosphore blanc dans l'industrie des allumettes.

En examinant de près les dispositions adoptées à la conférence de Washington, on peut remarquer d'une façon générale qu'elles répètent des dispositions déjà en vigueur en Grèce et dans quelques matières même que la législation hellénique est plus favorable pour l'ouvrier que les projets de Convention adoptés à Washington (il en est ainsi, par exemple, en ce qui concerne le travail de nuit des femmes). Ce n'est que dans la question autrement épineuse de la réglementation des heures de travail que la loi y relative apportera un changement considérable en faveur des ouvriers, en généralisant le principe de huit heures (2).

Une nouvelle conférence du travail, convoquée pour le mois de juin 1920, s'occupera des ouvriers et des gens de mer. Il est à espérer que des solutions qui y seront adoptées, assurant des conditions de travail plus humaines, seront universellement appliquées à ces ouvriers.

On ne saurait trop insister sur l'importance capitale de l'organisation permanente du travail qui, ainsi qu'il a été déjà prouvé par les premiers pas, apportera aux problèmes angoissants des conditions du travail des solutions équitables à adopter par tous ;

(1) D'après l'article 12, l'application du principe de huit heures pourra être reporté au 1er juillet 1923 pour un certain nombre d'industries et au 1er juillet 1924 pour d'autres.

(2) Ainsi qu'il a été exposé plus haut, la durée maxima du travail des ouvriers grecs d'après le droit en vigueur n'était pas, en règle générale, inférieure à 10 h. La durée maxima de 8 h. était consacrée seulement pour quelques travaux extrêmement fatigants (mines).

car le progrès dans ce domaine ne peut être efficacement réalisé que s'il est généralement admis. C'est une nouvelle preuve de la solidarité extrêmement étroite qui, par suite de la communauté des intérêts économiques, unit par des liens très puissants les divers pays.

L'ÉVOLUTION

DU DROIT PUBLIC FINLANDAIS

DE 1869 A 1919

Par le baron R. A. WRÈDE, ancien professeur de droit.

INTRODUCTION

La Finlande, dont les côtes sont baignées par le golfe de Finlande, la mer d'Aland et le golfe de Bothnie, touche au nord-ouest de la Suède; au nord et à l'est le tracé des frontières qui la séparent de la Norvège et de la Russie a une allure peu naturelle. Le pays a été habité de temps immémorial en partie par des tribus finnoises, en partie par une population germanique (suédoise). Ses habitants, dont, à l'époque historique, les Finnois ont constitué la grande majorité, n'étaient pas encore organisés en État quand le pays, par une suite d'expéditions entreprises aux XIIe et XIIIe siècles, fut soumis à la domination suédoise. Les conquérants y introduisirent le christianisme, le droit et le système social suédois et la civilisation occidentale, mais laissèrent les habitants parler leur langue.

Dans ces conditions, il était naturel que la Finlande ne reçût pas de constitution politique propre, et que, tant que dura l'union avec la Suède, elle n'eût pas formé un État distinct. Au point de vue du droit public elle constituait une partie de l'État suédois. Ses habitants reçurent d'ailleurs de bonne heure les mêmes droits politiques que ceux de la Suède proprement dite. Ils participèrent par leurs délégués à l'élection royale (depuis le XIVe s.), aux Diètes et aux autres assemblées communes selon les mêmes principes que la population de la Suède. Les services centraux de Stockholm constituaient les instances suprêmes administratives et judiciaires pour la Finlande comme pour la

Suède, et la Finlande ne formait même pas une unité administrative.

Cependant la position géographique un peu isolée de la Finlande, et le fait que la majorité de ses habitants appartenait à une autre race et parlait une autre langue que les Suédois firent qu'elle ne fut pas regardée simplement comme une collection de provinces suédoises ordinaires, mais comme représentant à certains égards un ensemble distinct par rapport à la Suède proprement dite. Cette manière de voir trouva son expression dans le fait que la Finlande, depuis la fin du xvi° siècle, porta le titre de Grand-Duché, et en ceci que l'administration en fut parfois confiée, à titre passager, à un gouverneur général, ou que ses forces militaires furent parfois placées sous les ordres d'un commandant en chef spécial, et que les représentants de la population furent à quelques reprises convoqués à des réunions spéciales dans les limites du pays. Et, bien que la Finlande ne fût pas arrivée à obtenir de situation politique distincte, il naquit dans la population un sentiment de solidarité territoriale et nationale qui se fît reconnaître aussi en Suède. C'est ainsi qu'on parle, dans des documents officiels, de « la Suède et de la Finlande » et de « la nation finlandaise » comme embrassant tous les habitants du pays sans distinction de langue. Ce sentiment de solidarité se développe surtout pendant le dernier siècle de l'union avec la Suède.

Quand la Finlande fut ensuite conquise par l'empereur Alexandre Ier pendant la guerre de 1808-1809, elle ne fut pas incorporée à la Russie comme partie intégrante de l'Empire russe, mais occupa dès le début une situation distincte au point de vue politique. L'empereur, qui, avant même que la paix eût été signée avec la Suède, avait réuni la représentation nationale de la Finlande, « les États », en une Diète dans la ville de Borga, y sanctionna par un acte solennel « la religion et les lois fondamentales du pays ainsi que les privilèges et droits dont chaque ordre en particulier dans ledit Grand-Duché et tous les habitants en commun, grands et petits, avaient joui jusqu'ici conformément à la Constitution ». Cette garantie fut confirmée à cette même occasion par les États dans le serment d'hommage qu'ils prêtèrent alors, et le gouvernement suédois y fit une allusion explicite dans le traitement de paix qui suivit.

Les actes en question avaient cette signification que la Finlande avait été *réunie à la Russie*, mais avait en même temps obtenu *une constitution propre*. La constitution que la Finlande, auparavant, avait eue en commun avec la Suède était devenue sa propre constitution politique, naturellement avec certains changements déterminés par l'union avec la Russie. La place du roi de Suède était maintenant prise par l'empereur de Russie, mais en qualité de Grand-Duc de Finlande, et avec l'obligation de gouverner le pays conformément à sa constitution. La Finlande conserva sa législation, sa juridiction et son administration propres. Les services centraux de Suède ne furent pas remplacés dans leurs fonctions par les autorités correspondantes de Russie, mais on créa des organes propres dans la capitale du pays, qui avait été jusque-là Abo, mais qui, peu après la conquête, fut transférée à Helsingfors. Les affaires concernant la Finlande et dont la décision appartenait au souverain lui-même lui furent rapportées par un fonctionnaire finlandais, le ministre-secrétaire d'Etat.

Alexandre Ier avait donc pleinement raison de déclarer que le peuple de Finlande avait été *placé désormais au rang des nations*, et désignait la Finlande comme un *Etat*.

Il est vrai que cette situation distincte du pays n'existait qu'en droit public. Au point de vue du droit international, ou par rapport aux puissances étrangères, la Russie apparaissait comme une unité. La Finlande n'était pas devenue un État souverain, mais elle avait reçu une autonomie s'étendant à tout ce qui touchait seulement les conditions particulières du pays. La nation était devenue, comme l'avait exprimé Alexandre Ier, *libre dans l'intérieur*. Et sa constitution, dont la sanction lui avait procuré cette liberté, ne pouvait être abrogée ou modifiée sans son propre consentement.

Les grandes lignes de la constitution finlandaise
de 1809 à 1869.

La constitution sanctionnée en 1809 pour la Finlande, et qui, au début de la période envisagée dans le présent article, en 1869, s'appliquait encore à peu près sans changement, était déterminée essentiellement par deux lois fondamentales suédoises : la « Forme de Gouvernement » de 1772 et l' « Acte d'Union et de Sûreté » de 1789. Outre ces sources principales du droit public du pays, il y avait des actes spéciaux de diverses époques, parmi lesquels on peut signaler les privilèges des ordres.

Comme ces lois fondamentales avaient été faites en réaction contre le pouvoir illimité de la Diète qui caractérisait l'époque antérieure, elles étaient caractérisées par une tendance à renforcer le pouvoir du souverain aux dépens de celui de la Diète. Il n'est donc pas douteux que cette circonstance n'ait facilité pour l'empereur la décision de les conserver en vigueur pour la Finlande.

Cependant là sanction de l'ancienne constitution suédoise, malgré son caractère en quelque mesure réactionnaire, avait pour la Finlande une valeur inappréciable. Le peuple finlandais évita ainsi de se perdre dans l'océan des peuples russes, et put, à l'abri de ses lois propres, développer sa civilisation particulière. Et, tandis que la Russie était un État autocratique, dont le peuple n'avait pour ainsi dire pas de droits personnels et politiques, la Finlande devint *une monarchie constitutionnelle*, où le pouvoir du souverain était grand, sans doute, mais limité, et où les habitants jouissaient de la plénitude des droits civiques. Le côté faible de la situation, c'était la grande disproportion des forces extérieures.

Les grandes lignes de la constitution sanctionnée pour la Finlande étaient les suivantes.

En ce qui concerne le *souverain*, elle stipulait d'abord que l'Empereur de Russie était en même temps Grand-Duc de Finlande. On peut caractériser sa position en disant qu'il avait le droit d'exercer le pouvoir suprême dans la mesure où l'exercice de ce pouvoir n'était pas réservé par la loi à d'autres organes d'État. En particulier ses attributions comprenaient :

Le droit de gouverner le pays d'après la constitution et les autres lois;

La charge de veiller à l'observation des lois, au maintien de l'ordre légal, et d'assurer à ses sujets la jouissance de leurs droits légaux;

Le droit de juridiction suprême, ce droit devant cependant être exercé au nom du souverain par un tribunal suprême;

Le droit de grâce et d'abolition;

La direction suprême de l'administration publique, ainsi que le droit, pour l'exercice de cette direction, de créer des emplois et des services ainsi que de nommer les fonctionnaires publics de rang élevé;

Le commandement suprême des forces militaires du pays et le soin de sa défense ;

Le droit de conférer la noblesse et des distinctions honorifiques et de déterminer l'ordre de préséance, ainsi que le droit de conférer à des étrangers et à des sujets russes la nationalité finlandaise.

Le pouvoir législatif appartenait au souverain et à la Diète en commun, comme on le montrera plus loin.

L'organe suprême de gouvernement à l'intérieur du pays était le Conseil de gouvernement institué en 1809, ou, selon l'appellation qu'il reçut en 1816, le *Sénat de Finlande*. Cet organe était chargé d'une part de préparer les affaires en vue du rapport qui devait en être présenté au souverain et de donner son avis à leur sujet, et d'autre part de décider lui-même de certaines catégories d'affaires au nom du souverain. Le Sénat se composait de deux sections ou « départements », dont l'un, le « département judiciaire », avait pour attribution principale l'exercice de la justice en suprême instance, tandis que l'autre, le « département administratif », exerçait le gouvernement et l'administration. Il était organisé comme un collège; les « expéditions » dans lesquelles était divisé le département administratif avaient pour tâche principale de préparer les affaires pour les rapporter en séance du Sénat, et ne pouvaient décider elles-mêmes que des affaires peu importantes. Pour le traitement de certaines affaires les deux départements du Sénat se réunissaient en séance plénière commune. Les membres du Sénat étaient nommés pour une période de trois ans, ce qui, pour le département judiciaire, impliquait une dérogation au principe, exprimé dans les lois fondamentales, de l'inamovibilité des juges. Le président du Sénat était le gouverneur général, qui cependant n'assistait qu'exceptionnellement aux séances, et, au département judiciaire, n'avait même pas le droit de participer à la décision des procès en matière civile. Le Sénat comprenait aussi un « procurateur », qui non seulement était le représentant suprême du ministère public dans le pays, mais qui devait en outre veiller à l'observation des lois dans les tribunaux, les services administratifs et même au Sénat.

Le Ministre-Secrétaire d'État, qui rapportait les affaires à l'Empereur et Grand-Duc, avait à Saint-Pétersbourg un service administratif spécial, le secrétariat d'État de Finlande.

Le *peuple de Finlande* (1) constituait au sens politique du mot une nation avec une nationalité propre, distincte de la nationalité russe. Les sujets finlandais avaient, selon la loi, le droit à leur liberté personnelle, le droit de séjourner dans le pays : ils pouvaient réclamer du pouvoir politique la protection de leurs droits; ils jouissaient du droit de pétition. Divers droits fondamentaux que la constitution assurait aux citoyens étaient les suivants :

1. Liberté garantie contre les atteintes arbitraires du pouvoir politique ;

2. Égalité de tous devant la loi ;

3. Protection de la propriété et des droits acquis d'une façon générale ;

4. Liberté de réunion et d'association en principe, mais avec le droit, pour le souverain, de fixer les conditions d'exercice de ces droits.

Par contre, la liberté de la presse était entravée par les règlements sur la censure préventive, et la liberté religieuse était très limitée.

Parmi les droits qui n'étaient pas garantis par la loi fondamentale, mais que la loi accordait aux citoyens finlandais, on peut signaler le droit à l'inviolabilité du domicile.

En outre, les quatre ordres représentés à la Diète avaient chacun leurs droits ou privilèges.

Parmi les étrangers, les sujets russes, en raison de l'union avec la Russie, jouissaient de certains privilèges.

La *représentation nationale* de la Finlande, en raison du fait qu'elle représentait différents ordres, s'appelait *les États*, et ses sessions portaient le nom de *Diète*.

Les *États* se composaient de quatre ordres, à savoir :

L'ordre de la noblesse, c'est-à-dire les membres des familles introduites à la maison de la noblesse de Finlande, à raison d'un représentant par famille ;

L'ordre du clergé, composé des évêques de l'église luthérienne et de membres élus par son clergé ;

---

(1) La population de la Finlande atteignait en 1869 environ 1.740.000 personnes, dont environ 85 0/0 avaient le finnois, un peu plus de 14 0/0 le suédois pour langue maternelle. A l'église évangélique luthérienne appartenaient plus de 98 0/0, à l'église orthodoxe russe 1,71 0/0 de la population. Dernièrement la population atteignait environ 3.340.000 personnes, dont environ 87 0/0 parlaient le finnois et environ 12 0/0 le suédois.

L'ordre de la bourgeoisie, c'est-à-dire les représentants des habitants des villes inscrits comme bourgeois et exerçant une profession ;

L'ordre des paysans, élu par les propriétaires fonciers du pays n'appartenant à aucun autre ordre ou n'exerçant pas de fonction publique.

Chacun de ces ordres avait la même compétence et la même autorité. Les ordres tenaient séance séparément, et les décisions étaient aussi prises séparément dans chaque ordre. Mais les affaires étaient préparées dans des commissions composées de membres des quatre ordres. En règle générale, la décision concordante de trois ordres suffisait pour constituer la décision des États. Mais dans certains cas, qu'on indiquera plus loin, il fallait l'assentiment des quatre ordres.

Les attributions des États consistaient principalement à exercer, de concert avec le souverain, le pouvoir législatif et à voter les impôts, ainsi qu'à surveiller l'administration de la Banque de Finlande.

Les États n'avaient pas le droit d'initiative ; ils devaient seulement traiter les affaires que leur soumettait le souverain. Mais ils pouvaient, par voie de pétition, exprimer leurs désirs au sujet de l'administration et demander la présentation de projets de loi.

En ce qui concerne *la législation*, la règle générale appliquée de longue date était que la promulgation, l'amendement ou l'abrogation d'une loi exigeaient des décisions concordantes du souverain et des États. S'il était question d'une loi fondamentale, c'est-à-dire d'une loi concernant la constitution, aucune mesure législative ne pouvait être prise sans l'assentiment des quatre ordres, et la même règle s'appliquait aussi aux privilèges des ordres. Autrement, en matière législative, la décision de trois ordres était regardée comme décision des États.

La règle qui exigeait pour les mesures législatives la décision concordante du souverain et des États souffrait une exception, elle aussi très ancienne. Le souverain était regardé comme autorisé dans certains domaines, concernant surtout l'administration, le maintien de l'ordre et l'application des lois, à promulguer, sans le concours des États, des règlements ou ordonnances (1). L'exercice de ce droit de législation en matière

---

(1) La terminologie, dans ce domaine, manque de conséquence. Sans doute on n'employait le terme de « loi », que pour les lois faites avec le

administrative, dont les limites étaient un peu indécises, supposait cependant que les ordonnances n'apportaient aucune modification aux lois adoptées avec le consentement des États.

De temps immémorial, le principe était en vigueur en Suède et en Finlande que le peuple ne pouvait être imposé sans son consentement donné par ses représentants. Mais les impôts étaient, en général, devenus permanents, et leur renouvellement n'était pas nécessaire pour qu'ils continuassent à être perçus. *Le droit de consentir l'impôt* ou de le refuser ne s'exerçait, par suite, que lorsqu'il était question d'un impôt nouveau ou d'un subside, c'est-à-dire d'un impôt voté seulement pour une durée déterminée. D'autre part, le souverain fixait seul non seulement les tarifs et taxes pour l'usage des institutions publiques, mais aussi les tarifs douaniers. Comme, en outre, il avait le droit d'employer les revenus de l'État pour le bien du pays, sous la seule restriction que les États, en votant les subsides, avaient le droit de décider de leur emploi, on voit que l'influence des États sur les finances publiques était très faible.

La lacune la plus grave, en ce qui concerne la représentation nationale, était cependant que les États ne se réunissaient pas régulièrement à des périodes déterminées, mais seulement quand le souverain jugeait bon de les convoquer. Il était ainsi possible au souverain, s'il s'abstenait de toute mesure législative qui eût exigé le concours des États, et s'il pouvait régler le budget sans recourir à des impôts nouveaux, de gouverner longtemps sans convoquer les États en une Diète.

Les principes de la constitution, sanctionnés en 1809 pour la Finlande, comportaient aussi que *la justice* devait être exercée par divers tribunaux indépendants à la fois du gouvernement et de la représentation nationale. La loi fondamentale lui interdisait l'institution de tribunaux extraordinaires ou occasionnels.

En général, la justice et l'administration étaient exercées par des organes différents. Cependant les tribunaux traitaient de certaines affaires rentrant dans l'administration. D'autre part, la juridiction, dans les procès en droit administratif, était exercée par certaines autorités administratives, le département administratif du Sénat servant d'instance suprême. L'exécution

concours des États. Mais la dénomination d' « ordonnance » a été appliquée non seulement à des actes législatifs promulgués par le souverain seul, mais aussi à des lois au sens propre du mot.

des jugements incombait aussi aux autorités administratives, les tribunaux supérieurs constituant les instances d'appel.

Dans l'*administration publique* était appliqué de longue date le principe que la plupart des fonctionnaires, à l'exception des plus élevés, étaient inamovibles, de même que les juges, de sorte qu'ils ne pouvaient être révoqués qu'après jugement du tribunal compétent. Ce principe, qui avait ses inconvénients en ce qui concerne les fonctionnaires de faibles capacités, impliquait, d'autre part, une forte garantie contre les actes arbitraires du gouvernement; dans les conditions où se trouvait maintenant la Finlande, cette garantie se révéla comme très importante. Une disposition encore plus importante de la constitution était celle selon laquelle toutes les charges et fonctions devaient être occupées par des personnes du pays, c'est-à-dire par des citoyens finlandais. Ce principe, qui pourtant ne fut pas appliqué an gouverneur général et à quelques fonctionnaires de sa chancellerie et du secrétariat d'État de Finlande, empêcha l'invasion de fonctionnaires russes dans l'administration.

L'administration centrale fut exercée, au début, presque entièrement par le département administratif du Sénat. Ensuite, on institua, au cours des temps, pour diverses branches de l'administration, divers services centraux ou directions générales subordonnées au Sénat; les unes, selon un principe ancien, reçurent une organisation collégiale, tandis que d'autres étaient organisées comme des bureaux ayant à leur tête un chef qui décidait seul.

Au point de vue de l'administration locale, le pays était divisé en huit départements, dont l'administration était dirigée par un préfet ou gouverneur. Celui-ci était subordonné à la fois au Sénat et au gouverneur général.

Les communes jouissaient d'une certaine autonomie, qui, pour les villes, était depuis longtemps assez étendue, mais qui, pour les communes rurales, fut organisée en détail par une loi de 1865.

L'église évangélique luthérienne était l'église d'État en Finlande.

L'évolution du droit public finlandais de 1869 à 1890.

Nous avons vu que, selon la constitution finlandaise, il dépendait de l'Empereur et Grand-Duc de convoquer en une Diète les

États de Finlande quand il le jugeait opportun. Alexandre Ier et Nicolas Ier firent de ce droit un usage négatif : après la Diète de Borga, en 1809, ils ne convoquèrent pas une seule fois les États.

Il faut dire que, pendant cette période de plus d'un demi-siècle, où la Diète ne fut pas réunie, les empereurs s'efforcèrent de ne pas violer les stipulations expresses de la constitution. On ne promulgua pas de nouvelles dispositions législatives, sauf dans quelques rares cas où l'on estimait que l'affaire ne pouvait être ajournée. On ne leva pas non plus de nouveaux impôts, bien que le montant de l'impôt foncier ait été, en fait, augmenté par la modification du mode de perception, et que des emprunts publics aient été émis, à l'occasion de la guerre de 1854-1856 et pour le développement des communications. Mais il est évident que cet état de choses était une gêne non seulement pour la législation, mais aussi pour le développement de la culture matérielle et intellectuelle.

Quand, ensuite, les États, sur la convocation d'Alexandre II, se réunirent enfin en Diète en 1863, il s'ouvrit une période d'intense activité législative et de développement énergique dans tous les domaines. Bien que, par suite, l'année 1863 soit, en réalité, celle qui fait époque dans l'histoire finlandaise, ce n'est qu'en 1869 que furent introduits des changements notables dans le droit public du pays.

L'Empereur, quand il ouvrit en personne à Helsingfors la Diète de 1863-1864, déclara entre autres :

« Plusieurs des stipulations des lois fondamentales du Grand-Duché ne sont plus applicables à l'état des choses survenu depuis sa réunion à l'Empire; d'autres manquent de clarté et de précision. Désirant remédier à ces imperfections, mon intention est de faire élaborer un projet de loi qui contiendra des explications et des suppléments à ces stipulations pour être soumis à l'examen des États lors de la prochaine Diète, que je pense convoquer dans trois ans. »

Conformément à cette conception des lois fondamentales, qui était parfaitement exacte, et à la promesse ainsi donnée, l'Empereur fit élaborer par des comités institués à cet effet des projets de nouvelle forme de gouvernement, de nouvelle loi organique de la Diète et de réorganisation de l'organe administratif suprême. Seul cependant le projet de la loi organique de la Diète fut présenté à la Diète de 1867. Après avoir été adopté par les quatre ordres, il fut sanctionné par le souverain en 1869 comme « loi fondamentale irrévocable ».

La loi organique de la Diète de 1869 n'est pas seulement, comme on pourrait le croire par sa dénomination, un recueil de prescriptions sur la procédure à suivre pour la réunion des États en Diète; elle renferme aussi des stipulations de principe de grande importance au point de vue constitutionnel. La pre-mière est que les diètes redevenaient périodiques, comme l'avaient été les diètes suédoises avant 1772, bien que les inter-valles fussent plus longs qu'ils ne l'avaient été alors. Les États devaient en effet être convoqués en Diète ordinaire au moins tous les cinq ans; en outre des diètes extraordinaires pourraient être réunies quand l'Empereur et Grand-Duc le jugeait nécessaire. Conformément à ces stipulations les États se réunirent d'abord tous les cinq ans, puis à partir de 1882 tous les trois ans jusqu'en 1900, où l'intervalle devint un peu plus grand.

La durée de la session fut fixée en règle générale à quatre mois.

Un autre changement, qui n'était pas sans importance, con-sistait en ce que la loi organique élargissait les ordres élus en faisant entrer dans les corps électoraux de nouveaux éléments. C'est ainsi que le clergé fut renforcé de représentants de l'Uni-versité du pays et du corps enseignant. Le droit de vote, dans les élections à l'ordre de là bourgeoisie, fut accordé non plus seulement aux bourgeois inscrits, mais à ceux qui exerçaient dans une ville la profession d'armateur ou bien une industrie ou profession en vertu d'un privilège spécial, ainsi qu'aux proprié-taires fonciers n'appartenant ni à la noblesse ni au clergé. Quant à l'ordre des paysans, dont les membres étaient élus par un suffrage à deux degrés (par des « électeurs »), le corps électoral primaire fut renforcé des possesseurs et fermiers de terres de la couronne. La noblesse ne fut pas élargie, mais en un certain sens démocratisée : tandis que cet ordre avait été jusque là divisé, d'après le rang et l'ancienneté des familles, en trois classes, dont chacune avait une voix, les votes se firent désormais en un seul scrutin, comme dans les autres ordres.

On doit signaler ici que la bourgeoisie fut encore élargie plus tard par une loi fondamentale spéciale de 1879, et embrassa, à quelques exceptions près, tous les habitants des villes n'appar-tenant pas à un autre ordre. Les élections avaient lieu au vote plural selon une échelle basée sur les revenus des électeurs.

Une disposition de la loi organique de la Diète, qui avait surtout un caractère déclaratif, mais qui exprimait en même temps un principe important, disait que les États réunis en Diète représentent le peuple finlandais. Auparavant chaque ordre avait été regardé presque comme ne représentant que le groupe social dont il était issu.

Quant aux droits des États, la loi organique de la Diète n'y apportait pas de grandes modifications. En particulier, en matière législative tout resta comme auparavant. Par contre, l'influence des États sur les finances publiques fut renforcée dans une certaine mesure. Ceci résultait déjà du fait que les diètes devenaient périodiques, et que la mise à exécution des réformes sociales nécessaires exigeait des crédits dont les États pouvaient fixer et en quelque mesure contrôler l'emploi. Mais en outre on inséra dans la loi des dispositions expresses visant à permettre un contrôle de l'emploi des ressources de l'État. A chaque Diète ordinaire, dans un délai de 14 jours après l'ouverture, le bilan de la trésorerie devait être communiqué aux États, pour leur permettre de constater que les revenus de l'État avaient été employés pour le bien du pays. D'autre part la commission du budget, qui avait le droit de se faire communiquer tous les comptes et actes de la trésorerie, devait à la fois donner son avis sur la manière de se procurer les ressources nécessaires aux besoins du pays, dans la mesure où les recettes ordinaires ne suffisaient pas, et examiner comment avaient été employés les crédits votés par la dernière Diète pour des objets déterminés. Il est bon d'ajouter que l'influence restreinte que ces dispositions accordaient aux États sur l'administration des finances se développa graduellement par la suite, grâce à la pratique prudente et avisée que suivirent les États et leur commission du budget.

Le fait que la représentation était divisée en quatre ordres délibérant et votant chacun à part entraînait naturellement des inconvénients. Pour les diminuer la nouvelle loi organique permettait, dans certaines conditions, que les quatre ordres se réunissent pour une délibération commune (dite « plenum plenorum »), après laquelle, toutefois, les décisions devaient être prises par les ordres séparément. Ce qui était cependant plus important, c'est que la loi organique prescrivait dans certains cas un vote commun, non pas des ordres en entier, mais d'une commission composée de 15 membres de chaque ordre.

La règle générale était que si, dans une question quelconque (qu'elle exigeât la décision concordante des quatre ordres ou seulement de trois), cette décision légale n'était pas obtenue, la commission qui avait préparé la question devait présenter aux États un projet de compromis. Si ce projet n'aboutissait non plus à aucun résultat, la question devenait généralement caduque. Mais si la question concernait les principes ou les modalités d'un subside ou un crédit pour un objet déterminé, la commission, qui autrement comprenait 3 ou 4 membres de chaque ordre, devait être renforcée au chiffre ci-dessus de 60 et trancher la question de telle sorte que, si les deux tiers des membres approuvaient le projet de la commission, le vote était regardé comme la décision de la Diète. Les questions n'exigeant que le vote de trois ordres pouvaient, dans certains cas où la majorité légale n'avait pu être obtenue, être tranchées par cette commission renforcée, et alors à la majorité simple.

On doit signaler encore que, d'après la loi organique de la Diète, les États devaient élire à chaque Diète ordinaire des censeurs chargés de surveiller l'administration de la Banque de Finlande et des commissaires chargés de surveiller tous les ans les fonds de la banque.

La même année qu'était sanctionnée la loi organique de la Diète fut promulgué aussi un nouveau règlement du Sénat, qui cependant ne contenait pas de changements de principe, mais se rapportait surtout aux règles du travail intérieur de cette institution.

En 1869 fut également sanctionnée, après adoption par la Diète, une loi ecclésiastique pour l'église évangélique luthérienne du pays, qui accordait à celle-ci une autonomie plus grande qu'auparavant, et exprimait le principe de la liberté de religion, sans pourtant qu'on prît alors les mesures qu'en eût exigé la mise en application.

Au cours des années qui suivent, il n'y eut, dans le domaine du droit public, d'autres lois importantes que celle de 1873 sur l'administration communale des villes, qui étendait les droits et devoirs communaux à tous les habitants de la ville, et élargissait par ailleurs l'autonomie communale dans les villes.

Par contre la Diète de 1877-1878 apporta, outre l'extension déjà mentionnée de l'ordre de la bourgeoisie, plusieurs résultats importants au point de vue du droit public. Il faut citer en première ligne *la loi de 1878 sur le service militaire*.

A la Diète de Borga les États avaient reçu l'assurance du maintien de « l'armée nationale » du pays. Elle était organisée selon le principe dit de « l'indelning », d'après lequel les propriétaires fonciers étaient tenus de lever et d'entretenir des soldats, certains grands domaines, même un cavalier équipé, la charge de l'armée étant ainsi supportée en grande partie par une seule classe sociale. Cependant l'armée finlandaise fut supprimée en 1809 en raison de l'appauvrissement du pays causé par la guerre, et on ne la reconstitua plus tard qu'en partie, les effectifs atteignant leur maximum pendant la guerre en 1854 et 1855, après quoi elle fut graduellement licenciée. Au lieu de cette armée, on entretenait ordinairement de petites troupes de volontaires ; à cette époque il n'y avait que le « bataillon de tirailleurs de la garde ». Les choses ne pouvaient rester dans cet état. L'empereur Alexandre II proposa, et les États adoptèrent, avec des amendements qui n'étaient pas sans importance, une loi sur le service militaire personnel.

D'après cette loi, tout citoyen finlandais était tenu au service personnel de 21 à 40 ans. De là plus jeune classe on prélevait par la voie du sort un faible contingent pour le service actif, qui durait trois ans, après quoi le soldat appartenait pour deux ans à la réserve et ensuite à la milice. Ceux que le sort n'avait pas désignés pour le service actif étaient inscrits immédiatement pour cinq ans dans la réserve, où ils faisaient en tout 90 jours d'exercice, après quoi ils étaient aussi versés dans la milice. Le rôle des troupes finlandaises, tel que le définissait cette loi, était « de défendre le trône et la patrie et par là de contribuer aussi à la défense de l'empire ». Leur caractère national était accentué par la stipulation que les officiers, sous-officiers et soldats devaient être sujets finlandais. Mais d'autre part, puisqu'on n'instituait qu'une seule arme, des bataillons de tirailleurs, il était évident que les troupes finlandaises, en cas de guerre, devaient opérer de concert avec des troupes russes, et il resta par suite de ces troupes cantonnées dans le pays.

La Finlande avait eu depuis le début de la décade 1860 sa monnaie propre avec étalon d'argent. Une loi de 1877 la remplaça par l'étalon d'or, mesure importante au point de vue financier. L'unité monétaire resta la même qu'avant, le marc égal au franc. A côté de la monnaie finlandaise, le rouble-argent russe de métal et ses subdivisions eurent une circulation restreinte.

Le droit d'exercer une profession pour gagner sa vie et acquérir, limité jusque là par des restrictions sévères, avait déjà été libéré par une loi de 1868 des liens les plus pesants. Mais c'est seulement la loi de 1879 qui introduisit *le principe de la liberté des professions* : le droit était reconnu à tout citoyen finlandais majeur et jouissant de ses droits civiques d'exercer la profession qu'il voulait. Il suffisait de faire une déclaration à l'autorité compétente; et même cette déclaration n'était pas nécessaire pour une explication de petites proportions. Exception était faite pour certaines professions pour lesquelles on continuait à juger un contrôle nécessaire.

Toutes ces réformes furent accomplies du temps d'Alexandre II. Sous le règne d'Alexandre III (1881-1894) le développement constitutionnel se poursuivit aussi, surtout au début.

La nouvelle loi organique de la Diète avait conservé entre les mains de l'Empereur et Grand-Duc l'initiative dans les questions de législation. Une loi fondamentale spéciale, acceptée par les États sur la proposition du souverain et sanctionnée par lui en 1886, accorda aux États le *droit de motion*, de sorte que des projets de loi pouvaient aussi être présentés par eux de leur propre initiative. Cependant ce droit ne s'étendait pas aux lois concernant le domaine où le souverain avait de longue date le droit de promulguer seul des ordonnances, non plus qu'aux lois fondamentales ni aux lois concernant la défense nationale ou la presse.

La même année fut sanctionné aussi un Code pénal militaire adopté par les États, fait qui a son importance en ce que cette question avait été auparavant rangée dans le domaine où le souverain pouvait légiférer sans le concours des États.

Pendant la décade 1880 fut également réglée dans ses grandes lignes la question de la *situation des deux langues du pays*. En raison des conditions historiques, le suédois avait été jusqu'alors la langue officielle du pays, dans laquelle se rédigeaient tous les actes de l'État, et se rendaient aussi les jugements des tribunaux et les décisions des autorités administratives. Cette langue était encore au milieu du siècle la seule langue de l'enseignement et de la culture à ses degrés supérieurs. La langue parlée par la grande majorité de la population n'était d'aucun emploi dans la vie publique, sauf dans le domaine religieux. Cette situation ne pouvant être regardée comme satisfaisante, Alexandre II avait déjà promulgué en 1863 une ordonnance accordant en principe à la population finnoise le droit d'obtenir des tribunaux et services administratifs tous les actes la concernant rédigés dans sa langue. Mais, comme la langue finnoise était encore peu développée, et que les fonctionnaires, en règle générale, ne savaient pas l'employer par écrit, une période de vingt années au plus fut fixée pour mise en application de la réforme. Avant la fin de 1883 parut par suite une nouvelle ordonnance réalisant le programme dressé en 1863. Puis parurent de temps à autre de nouvelles prescriptions mettant de plus en plus complètement la langue finnoise sur le pied d'égalité avec la langue suédoise. Ce changement important ne fut pas réalisé par une loi adoptée avec le concours des États, mais par voie d'ordonnances administratives, ce qu'il faut qualifier de procédure impropre.

En 1889, l'armée nationale finlandaise fut accrue d'un régiment de dragons.

La même année parut enfin la loi concernant les communautés religieuses autres que l'église luthérienne, que faisait déjà prévoir la loi ecclésiastique de 1869. Cette loi, dite *loi sur les sectes dissidentes*, était cependant incomplète, entre autres en ce qu'elle ne se rapportait qu'aux dissidents protestants. Le principe de la liberté de religion n'était ainsi réalisé que d'une façon très incomplète. En connexion avec cette loi il en émanait une autre ayant le caractère de loi fondamentale et selon laquelle le droit d'occuper des fonctions publiques, réservé par la forme du gouvernement aux seules membres de l'église évangélique-luthérienne du pays, et accordé par Nicolas Ier aux adeptes de l'église orthodoxe russe, était étendu, sauf quelques exceptions, aux adeptes d'autres confessions chrétiennes.

Mais ensuite commence une longue période de stagnation dans le domaine du droit public. Si on excepte une loi de 1898 étendant et réglant l'autonomie des communes rurales, il n'y eut aucun progrès réalisé en droit public pendant une quinzaine d'années. Au contraire la Russie inaugura la politique de destruction du régime politique finlandais qui s'est prolongée, avec un court répit, pendant près de trente ans.

La lutte constitutionnelle de la Finlande (1890-1917).

Cette longue suite de conflits débuta de la manière suivante :
En sa qualité d'État pourvu d'une administration financière

propre, la Finlande avait, comme on l'a déjà signalé, sa monnaie propre et aussi un service douanier propre avec des tarifs qui, en raison des conditions particulières du pays, étaient en général notablement inférieurs aux tarifs russes. Naturellement le pays avait aussi un service postal propre avec des timbres particuliers. Tout cela entraînait pour les Russes voyageant ou séjournant en Finlande certaines formalités et avait provoqué un vif mécontentement dans certains cercles de l'empire de Russie. Sous l'influence de ces milieux l'empereur, au début de 1890, institua trois comités composés de hauts fonctionnaires russes et finlandais et chargés de dresser des projets visant à mettre *la monnaie, les douanes et le service postal* de Finlande en conformité plus grande avec les institutions correspondantes de Russie. Quelques mois plus tard parut, comme fruit des travaux d'un de ces comités, un manifeste qui concentrait la direction du service postal finlandais, selon des principes indiqués en détail, dans le ministère russe de l'intérieur et la direction générale des postes et télégraphes. Ce manifeste était visiblement en désaccord avec le principe de la constitution finlandaise, d'après lequel l'administration du pays devait être exercée par des autorités finlandaises recrutées parmi les citoyens finlandais et soumises aux lois finlandaises. Aussi les États, à la Diète de 1891, demandèrent-ils, mais en vain, à l'empereur et grand-duc d'abroger ce manifeste, et exprimèrent aussi leurs soucis à l'occasion des mesures envisagées concernant la monnaie et les douanes.

Les travaux des comités institués pour l'étude de ces deux dernières questions n'aboutirent pas, il est vrai, à des résultats notables. Mais d'autres questions furent soulevées, tandis qu'en Russie une violente campagne d'articles de journaux, de brochures et de livres était menée en faveur d'une abrogation de la situation particulière de la Finlande. Parmi les mesures prises en violation de la constitution finlandaise les plus importantes sont les suivantes :

Les attaques russes s'étaient portées entre autres sur le nouveau Code pénal adopté par la Diète et basé sur des principes modernes. Cette loi avait été sanctionnée par l'empereur et grand-duc pour entrer en vigueur au 1er janvier 1891. En décembre 1890, sans le consentement des États, elle fut suspendue et ne put entrer en vigueur que quelques années plus tard, après que les États eurent approuvé certains amendements proposés par l'empereur.

En 1891 fut promulguée une ordonnance concernant des mesures en vue de développer la connaissance de la langue russe parmi les fonctionnaires de Finlande.

L'année suivante fut instituée une commission mixte russo-finlandaise chargée de dresser un projet de « codification des lois fondamentales de Finlande ». Comme on l'a relevé plus haut, ces lois fondamentales, surtout les plus anciennes d'entre elles, avaient vraiment besoin de revision. Mais le but poursuivi n'était pas de préciser et de développer les lois constitution-nelles ; c'était de supprimer une des pierres angulaires de la constitution de la Finlande, son droit à une législation propre. Un projet dressé par les membres russes du comité et dirigé dans ce sens ne put naturellement recueillir l'adhésion des membres finlandais, et le travail du comité n'aboutit cette fois à rien. Après l'avènement de Nicolas II en 1894, les mesures en question furent entièrement suspendues pendant quelques années, mais pour être ensuite reprises avec une force nouvelle quand, en 1898, le général Bobrikoff fut nommé gouverneur-général de Finlande.

Déjà avant cette nomination les États avaient été convoqués pour le début de l'année suivante en une Diète extraordinaire dont la tâche devait être de mettre la loi finlandaise sur le service militaire en harmonie avec les principes en vigueur sur cette matière dans l'empire de Russie. Mais, avant que les États eussent eu le temps de traiter le projet qui leur était soumis, *un manifeste* était promulgué le 15 février 1899, suivi de « règlements fondamentaux concernant la préparation, l'examen et la promulgation de lois édictées pour l'empire, y compris le Grand-Duché de Finlande ». D'après cette rubrique, les « règlements fondamentaux » visaient à introduire une procédure de création de lois communes à la Russie et à la Finlande. Il ressortait des stipulations de ces règlements qu'on se proposait d'appliquer aussi cette procédure à des lois qui ne s'appliqueraient qu'à la Finlande, mais qu'on regardait comme touchant « des intérêts généraux d'empire » ou comme connexes à la législation russe. En outre cette législation serait exercée par des autorités russes (Conseil de l'Empire), et la Diète finlandaise ne pourrait que donner des avis. Ce qu'on voulait introduire, c'était donc en réalité une législation russe applicable à la Finlande. Et ceci, sans que les États de Finlande eussent été con-sultés, et encore moins eussent consenti à ce changement radical.

Les États firent au souverain, à l'occasion de ces documents, des déclarations contenant entre autres : que la procédure de création de lois applicables à la Finlande qui avait été instituée dans les règlements fondamentaux accompagnant le manifeste est en opposition avec les lois fondamentales de Finlande et la constitution que ces lois accordent au pays ; et que le manifeste, et les règlements fondamentaux, édictés sans l'assentiment des États de Finlande et par ailleurs suivant une autre procédure que celle prescrite par les lois fondamentales du pays, ne peuvent par suite avoir en Finlande le caractère sacré de la loi.

La promulgation du manifeste amena aussi le peuple de Finlande à exprimer sa pensée dans une adresse signée de plus de 520.000 personnes des deux sexes ; mais la députation de 500 personnes qui devait présenter l'adresse au grand-duc ne fut pas reçue par lui. Il en fut de même d'une délégation étrangère qui apportait une adresse signée de plus de mille noms parmi les principaux coryphées de la civilisation européenne.

La procédure législative indiquée dans les « règlements fondamentaux » du 15 février 1899 ne fut jamais réalisée. La seule tentative faite pour l'appliquer concernait le *projet de loi sur le service militaire personnel*, qui fut présenté à la Diète, alors en session. Ce projet avait, en effet, été remis aux États, non pour être voté par eux, mais pour qu'ils connaissent leur avis à ce sujet. Les États déclarèrent néanmoins, dans leur réponse au projet de loi impérial, qu'une loi sur le service militaire personnel en Finlande ne pouvait être créée sans le concours des États. Ceux-ci traitèrent le projet comme s'il leur avait été remis pour être adopté par eux, le rejetèrent en raison de ses dispositions en désaccord avec la situation juridique de la Finlande et de la conception juridique régnante dans le pays, et adoptèrent pour leur part une loi portant certaines modifications à la loi de 1878 sur la matière.

Le projet remis à la Diète fut bien promulgué comme loi deux ans plus tard, quoique rejeté par les États. Mais comme cet acte législatif, rendu en désaccord avec la constitution, ne fut pas reconnu par la population comme une loi à laquelle on devait obéir et que les jeunes gens appelés au service s'abstenaient en masse de se présenter à l'appel, la loi ne put être appliquée, mais resta lettre morte. La tentative d'appliquer les règlements fondamentaux avait donc échoué et de même la tentative de dénationaliser l'armée finlandaise par une loi russe sur le service militaire. Mais, en revanche, on prit une autre mesure qui ne pouvait être empêchée. En 1901, l'empereur licencia, sans que les États eussent été entendus, toutes les troupes finlandaises, à l'exception du bataillon de la garde ; et, en 1905, ce dernier fut aussi supprimé, de sorte que le pays resta sans troupes propres.

D'ailleurs, à cette époque, les violations de la constitution se multipliaient tellement, qu'on ne saurait ici les énumérer. Nous rappellerons seulement que la langue russe, étrangère à la population, fut introduite dans les fonctions de rang élevé, et que la position juridique des fonctionnaires fut modifiée en ce sens qu'ils dépendirent de l'arbitraire du gouvernement. En même temps, la censure était rendue plus sévère, et les journaux qui osaient faire de l'opposition furent supprimés. A cette politique destructive, les juges, fonctionnaires administratifs et une grande partie de la population opposèrent une résistance passive consistant à ne pas obéir aux mesures illégales, mais seulement aux lois régulières du pays. En même temps, on faisait un travail intense visant à défendre par des publications, autant que possible en Finlande et en Russie, mais aussi à l'étranger, le droit de la Finlande. A la tête de cette opposition et de ce travail était, malgré son âge déjà avancé, le patriote L. Mechelin, ancien sénateur. En outre, le droit de la Finlande fut soutenu avec chaleur et habileté dans un certain nombre de publications émanant de juristes français et étrangers.

Cependant le régime qu'on avait inauguré se poursuivait malgré ces manifestations. Après que le général Bobrikoff eut obtenu la promulgation de l'*ordonnance dite de dictature* (1903), qui lui donnait des pouvoirs discrétionnaires, de nouvelles mesures de violence suivirent : destitution d'un grand nombre de juges et de fonctionnaires, bannissement ou déportation en Russie de personnes regardées comme dirigeant la résistance passive, etc.

Toutes ces mesures avaient provoqué une telle émotion dans les esprits, que l'on éprouva comme un soulagement le jour où Bobrikoff, en juin 1904, fut tué par un jeune homme, Eugène Schauman, qui se suicida sur place. Le nouveau gouverneur général, le prince Obolenski, n'inclinait pas vers une politique agressive de mesures violentes envers la Finlande. Mais un facteur encore plus puissant fut la situation en Russie, qui, à la suite des défaites dans la guerre russo-japonaise, obligea le gouvernement russe à une certaine modération également à l'égard de la Finlande.

C'est dans ces conditions que les États, qui ne s'étaient pas réunis depuis la première moitié de 1900, furent convoqués à la fin de 1904 en une Diète qui dura jusqu'au printemps de l'année suivante. A cette session fut voté un *modus vivendi* provisoire dans la question militaire. L'empereur suspendit l'application de la loi russe de 1901 sur le service militaire, et les États consentirent, de leur côté, pour l'année 1905, le versement au trésor russe, pour les besoins militaires, d'une somme de 10 millions de marks ; mais, en même temps, ils demandaient que la question militaire fût résolue conformément aux lois fondamentales et que le régime légal fut restitué par ailleurs. Par contre, et en raison des conditions anormales régnant dans le pays, ils n'examinèrent au fond aucune des affaires qui leur étaient proposées, sauf celles concernant les finances.

La révolution, qui éclata en Russie en octobre 1905, eut aussi une répercussion importante en Finlande. En connexion avec cette révolution, on organisa en Finlande la grève générale, qui aboutit à la promulgation ou *manifeste du 4 novembre* concernant les mesures en vue du rétablissement de l'ordre légal dans le pays. Par ce document remarquable, l'empereur suspendait l'application des « règlements fondamentaux » de 1899 et abrogeait les autres lois et ordonnances promulguées en désaccord avec la constitution finlandaise. Mais cette constitution n'était pas seulement rétablie ; elle devait encore être développée. A cet effet, l'empereur chargeait le Sénat d'élaborer :

Un projet de nouvelle loi organique de la Diète sur des bases modernes et avec application du suffrage universel et égal ;

Des projets de prescription, ayant le caractère de lois fondamentales, sur le droit pour la représentation nationale de contrôler la légalité des actes des membres du gouvernement, et sur la liberté de la parole, la liberté de réunion et la liberté d'association ;

Un projet de loi sur la liberté de la presse, la censure préventive étant immédiatement suspendue.

Le même jour que le manifeste était promulguée aussi la convocation des États à une réunion avant la fin de l'année en une Diète extraordinaire pour le vote des nouvelles lois fondamentales et pour le règlement du budget.

Le Sénat, dont les membres précédents, compromis par la

politique destructive antérieure, avaient été contraints de quitter leurs postes, fut entièrement renouvelé ; le personnage principal était L. Mechelin, revenu d'exil. Sous sa direction compétente, le travail d'élaboration des nouvelles lois fondamentales fut mené avec tant d'ardeur, que les projets purent bientôt être soumis aux États; ceux-ci les adoptèrent et n'y introduisirent, en général, que de légers amendements.

Le 20 juillet 1906, l'empereur et grand-duc sanctionnait la *nouvelle loi organique de la diète* et la loi électorale de Finlande, et le 20 août était sanctionnée la *loi fondamentale sur la liberté de la presse, de réunion et d'association* pour les citoyens finlandais. Par contre, la loi adoptée par les États sur le droit, pour la Diète, d'examiner la légalité des actes des membres du gouvernement ne fut pas sanctionnée par l'empereur, en raison de quelques amendements introduits par les États dans le projet de loi gouvernemental. Des projets de lois présentés aux États pour compléter la loi fondamentale sur les libertés de la presse, de réunion et d'association, seule la loi sur les réunions publiques fut sanctionnée; la loi sur la liberté de la presse et la loi sur les associations ne furent pas sanctionnées, en raison de certains changements apportés par les États.

La *nouvelle loi organique de la Diète* et la loi électorale, dont la première, mais non la seconde, a le caractère de loi fondamentale, impliquait une transformation complète de la représentation nationale. Jusqu'ici, une grande partie du peuple finlandais, entre autres tous ceux qui se livraient à l'agriculture sur des terres affermées autres que celles de la couronne, ainsi que les ouvriers agricoles et industriels, n'avait pas eu le droit de vote à la Diète. La loi nouvelle étendait le droit de vote à toutes les classes de la population, d'après des principes uniformes, sans qu'il fût tenu compte de différents intérêts de classes sociales.

La nouvelle Diète forme une seule chambre composée de 200 membres. Est électeur et éligible, sauf quelques exceptions insignifiantes, tout citoyen finlandais des deux sexes qui a eu 24 ans accomplis avant l'année des élections. Les députés sont élus par élection directe avec représentation proportionnelle. A cet effet, le pays est divisé en 15 cercles électoraux élisant chacun plusieurs représentants; en outre, un cercle électoral, la Laponie, n'a qu'un député. Le mandat est valable pour une législature de trois ans ; mais le souverain a le droit, quand il le juge à propos, de dissoudre la Diète et de prescrire de nouvelles élections. La Diète se réunit tous les ans pour une session durant, en règle générale, 90 jours ; mais le souverain a le droit de clore la session plus tôt ou plus tard.

La loi organique de la Diète de 1906 a non seulement maintenu le système des commissions chargées de préparer les affaires soumises à la Diète, mais encore créé une institution nouvelle, la « grande commission », dont le rôle est de se prononcer sur les questions de législation, mais sans qu'elle ait le droit de prendre de décisions définitives. Tout projet de loi passe à la Diète par trois lectures. Après la première lecture, au cours de laquelle la Diète ne prend pas de décision, l'affaire est renvoyée à la grande commission, dont le projet sert de base à la seconde lecture. Dans cette seconde lecture, la Diète examine le projet de loi en détail et vote sur chaque point particulier. La troisième lecture a lieu, au plus tôt, le troisième jour après la seconde ; la Diète ne peut qu'accepter sans changement le projet de loi tel qu'il est sorti de la seconde lecture, ou le rejeter en bloc. Cependant, une minorité composée d'au moins un tiers des députés peut, si elle le demande, faire déclarer le projet « ajourné » jusqu'à la première session suivant les élections générales.

Un projet concernant une loi fondamentale, pour être regardé comme adopté par la Diète, doit, après les trois lectures prescrites, être « ajourné » en troisième lecture à la majorité des voix jusqu'à la première session suivant les élections générales, et adopté par celle-ci sans changement à la majorité d'au moins les deux tiers des voix. Cependant un projet de loi fondamentale peut aussi être adopté à la session même où il est discuté, s'il est d'abord déclaré urgent par cinq sixièmes au moins des suffrages exprimés, et ensuite adopté en troisième lecture à la majorité des deux tiers. De même un projet de loi portant création ou accroissement d'impôt ou de subside ou émission d'un emprunt public doit, pour être regardé comme adopté par la Diète, réunir en troisième lecture les deux tiers des suffrages émis.

Une nouveauté, dans la loi organique de la Diète, est le droit accordé à tout député de poser par voie d'interpellation des questions aux membres du gouvernement, la Diète décide si la question doit être mise à l'ordre du jour.

Autrement on ne peut pas dire que la nouvelle loi organique ait à proprement parler élargi les attributions de la Diète par rapport au souverain, bien que le fait qu'elle se réunit en session annuelle lui permît un contrôle plus effectif de l'administration financière.

La transformation de l'ancienne représentation nationale fut, comme on vient de le voir, très radicale. Ceci tint sans doute à ce que les réformes dans ce domaine avaient été ajournées trop longtemps, mais aussi aux conditions dans lesquelles fut créée la loi organique. Les ouvriers manuels s'étaient dressés avec tant de force contre le régime russe d'oppression qu'on ne pouvait leur refuser une participation à la représentation nationale. Et, en leur accordant les mêmes droits politiques qu'aux autres classes, on croyait renforcer chez eux le sentiment de solidarité avec la société et la patrie. Ce but ne fut pourtant pas atteint. Et, bien que la Diète pût tirer du fait qu'elle représentait tous les groupes de la société un surcroît d'autorité, son prestige était diminué d'autre part par la forte proportion d'éléments insuffisamment mûris qui y fit alors son entrée.

Les espérances qu'avaient fait naître pour l'avenir les événements de 1905 et de 1906 furent aussi bientôt déçues par ailleurs. Sans doute, pendant les deux ans qui suivirent, les rapports avec la Russie redevinrent normaux, et plusieurs mesures utiles furent prises à l'intérieur, entre autres au sujet de la situation des fonctionnaires de l'ordre public et de l'enseignement. Mais ensuite la politique russe à l'égard de la Finlande retomba peu à peu dans les vieilles ornières. Dès le début de 1908 le gouverneur général Gorhard, nommé à la fin de 1905, et qui s'était montré libéral, humain et dévoué à la Finlande, dut quitter son poste, et plus tard, au printemps, plusieurs membres du Sénat, entre autres Mechelin, ainsi que le procurateur Grotenfelt, furent contraints à faire de même. Les attaques qui suivirent contre la constitution finlandaise furent menées avec plus de force et de succès qu'à l'époque de Bobrikoff. La raison en était non seulement que la bureaucratie russe avait acquis de l'expérience, mais aussi que la Russie avait obtenu en 1906 une constitution, dont le gouvernement se servit en effet pour faire participer la représentation nationale à ce travail destructif; ce fut chose facile en soulevant les sentiments nationalistes.

Le point de départ était le même qu'une dizaine d'années auparavant : certaines affaires finlandaises étaient regardées comme touchant « les intérêts de la Russie », et devaient par suite être traitées par des organes russes. La seule différence était que cette notion vague fut étendue à des domaines de plus en plus vastes, non seulement dans la législation, mais aussi dans l'administration et enfin aussi dans la juridiction. C'était déjà l'idée qui inspire le décret du 2 juin 1908 sur la présentation au souverain des affaires finlandaises. Ce décret russe, qui ne fut même pas publié en Finlande, avait pour but, d'après la teneur de l'acte, de mettre le conseil des ministres russe en état de se prononcer sur les affaires finlandaises touchant les intérêts de la Russie. Mais en réalité, comme on le vit bientôt, il permettait au conseil des ministres de s'immiscer dans toutes les affaires finlandaises qui dépendaient de la décision souveraine, et d'y faire valoir une influence prépondérante.

Ce n'était que le prélude. La véritable bataille fut engagée par *la loi russe du 30 juin 1910*, à la création de laquelle les autorités finlandaises n'eurent aucune part, sauf qu'elle fut publiée par le Sénat. Cette loi distinguait entre les lois et ordonnances concernant la Finlande qui ne concernent que les affaires intérieures du pays, et celles qui ne les concernent pas exclusivement. Cette seconde catégorie, énumérée sous 19 rubriques, embrassait cependant une grande partie des affaires les plus importantes et dont la répercussion était le plus sensible dans la vie nationale; elle pouvait d'ailleurs être étendue sur l'initiative de l'empereur. Dans toutes ces questions les lois devaient être créées par l'empereur et les organes législatifs de Russie : Douma et Conseil de l'Empire, renforcés à cette occasion la première de quatre et le second de deux membres élus par la Diète de Finlande. Comme la participation de ces représentants de la Finlande, même s'ils avaient assisté aux séances des organes législatifs russes, n'auraient pu changer le caractère de ceux-ci, il est évident que la « loi » de 1910, comme les règlements fondamentaux de 1899, avait pour objet d'introduire la législation russe en Finlande, contre la volonté du peuple finlandais et sans le consentement de sa Diète. Elle comportait par suite une abrogation, sur des points essentiels, de la constitution finlandaise.

Il s'agissait maintenant d'appliquer la loi de 1910. A cet effet la Diète fut convoquée en session extraordinaire dès l'automne de cette année, pour élire les membres finlandais à la Douma et au Conseil de l'empire, et pour donner un « avis » sur deux

projets de loi destinés à être traités selon la loi de 1910. Mais la
Diète déclara que cette loi, qui n'était pas conforme à la procédure prescrite par les lois fondamentales finlandaises, ne pouvait engager les habitants du pays, et que la Diète ne pouvait
par suite, sans violer la constitution du pays, remplir les tâches
qui lui avaient été soumises. Le président de la Diète avait en
conséquence jugé impossible de rapporter même devant la Diète
les affaires en question, et la Diète avait approuvé sa décision à
l'unanimité. La conséquence fut la dissolution de la Diète et la
convocation à des élections générales, les deux projets de loi
furent traités par la Douma et le conseil de l'empire sans la participation de membres finlandais et promulgués par l'empereur
en 1912 comme loi applicables à la Finlande.

De ces lois russes l'une concernait « la contribution qui doit
être versée en espèces par le trésor finlandais au trésor de l'empire à la place du service militaire personnel des sujets finlandais ». Les États, comme on l'a vu plus haut, avaient bien consenti à cet effet en 1905 un versement de 10 millions, et la
première Diète élue en 1907 d'après la nouvelle loi organique avait
aussi voté 20 millions, mais en supposant que la question militaire serait résolue sans retard conformément aux lois fondamentales. Cependant, aucune mesure n'ayant été prise dans ce
sens, les Diètes suivantes refusèrent de continuer la contribution. La loi russe prescrivait une contribution permanente dont
le montant, à dater de 1910, devait s'accroître tous les ans d'un
million de marks et, à partir de 1919, resterait de 20 millions
par an. Les ressources seraient votées par la Diète de Finlande.
Mais comme celle-ci, fidèle à son point de vue antérieur, ne
votait pas ces crédits, ils furent pris sur les ressources votées
par la Diète pour d'autres objets, surtout pour l'enseignement, ce
qui provoquait des conflits incessants avec la Diète.

La seconde loi fut la cause de malheurs encore plus grands.
Elle reconnaissait aux sujets russes, à tous les points de vue,
tous les droits dont jouissaient en Finlande les citoyens du pays.
D'après cette loi les fonctionnaires publics et communaux qui
s'opposaient à l'application de la loi étaient justiciables des tribunaux de Saint-Pétersbourg et suivant le code pénal russe. La
loi ne pouvant non plus être reconnue en Finlande comme telle,
il résulta de son application qu'un grand nombre de juges finlandais, entre autres presque tous les membres d'une des trois
cours d'appel du pays, et de nombreux fonctionnaires furent,

pour être restés fidèles à la constitution, traînés hors du pays, condamnés par un tribunal étranger et enfermés dans des prisons étrangères.

Nous pouvons passer ici sur les nombreuses atteintes portées, pendant cette période, à la constitution finlandaise, tant en vertu de la loi de 1910 qu'indépendamment de cette loi. La situation ne s'améliora pas pendant la guerre mondiale. Au contraire le « comité finlandais pour les affaires spéciales » de Saint-Pétersbourg rédigeait au début de la guerre un projet qui, sous quarante rubriques, renfermait un programme complet de russification de la Finlande et de suppression de sa situation politique spéciale ; ce programme devait être réalisé par voie de législation russe ou de décrets administratifs. Et la Diète, qui, d'après la loi organique, aurait dû se réunir tous les ans, ne fut même plus convoquée après la déclaration de guerre.

On comprendra aisément que cette politique ait ébranlé le fondement même de l'union de la Finlande à la Russie. Le peuple finlandais, à qui, lors de cette union, avait été assuré le droit de développer sa civilisation nationale sous l'égide de sa constitution et de ses autres lois, voyait menacé son avenir national. Il semblait impossible de se fier plus longtemps aux promesses russes. En outre la dépravation morale que le système de gouvernement russe était fait pour provoquer, et que répandit encore la conduite de la soldatesque russe pendant la seconde partie de la guerre, menaçait d'étendre sa contagion à de grandes parties du peuple finlandais.

C'est dans ces conditions que mûrit, dans des cercles étendus de la population, l'idée que le peuple finlandais ne pouvait avoir aucun avenir dans son union avec la Russie, et que, pour remplir ses tâches nationales, il lui fallait acquérir l'indépendance politique. Si cette pensée, qui pendant longtemps était apparue comme un beau rêve, put être réalisée plus tôt que ne le pensait la plupart des gens, cela tient à la marche des événements mondiaux et à la décadence intérieure de la Russie. Et pourtant la liberté, même dans le cas présent, ne devait pas être atteinte sans lutte sanglante.

Construction du régime politique de la Finlande libre
(1917-1919).

L'explosion de la *révolution russe* en mars 1917 n'amena
d'abord pas de changement essentiel dans les rapports entre la
Finlande et la Russie. Le gouvernement provisoire russe fut
immédiatement reconnu aussi en Finlande; il promulgua un
manifeste qui rétablissait entièrement les droits de la Finlande
et promettait de nouveaux avantages ; il nomma de nouveaux
membres au Sénat de Finlande, convoqua la Diète, qui répondit
à l'appel, et lui remit des projets de loi qu'elle traita. Quand la
Diète eut adopté une loi qui concernait les rapports avec la
Russie, et, anticipant sur les dispositions de cette loi, eut déclaré
que ladite loi devait entrer en vigueur sans sanction, le gouvernement provisoire n'hésita pas non plus à dissoudre la Diète et
à prescrire de nouvelles élections, décisions auxquelles on obéit.
Sans doute l'opinion avait été exprimée, tant à la Diète que
hors de la Diète, que le gouvernement provisoire n'était pas qualifié pour exercer en Finlande le pouvoir qui avait auparavant
appartenu à l'empereur et grand-duc; mais cette opinion ne con-
duisit pas à une démarche décisive. Ce fut seulement après que
le gouvernement provisoire eut été renversé, et que la Russie
n'eut plus de gouvernement reconnu, que la Diète fit la démarche
décisive et déclara la Finlande indépendante.

Cependant la Diète avait déjà eu l'occasion auparavant de
faire un grand pas vers ce but. Le gouvernement provisoire, qui
avait déjà transporté au Sénat de Finlande une grande partie
des attributions réservées au souverain, se déclara prêt, lors de
l'ouverture de la nouvelle Diète, à remettre aussi à un organe
finlandais les attributions restantes, à deux exceptions près,
qu'il regardait comme motivées par l'union avec la Russie. Mais
au lieu de créer un organe spécial, composé d'une ou de quelques
personnes, et qui serait investi de ces pouvoirs, la majorité de
la Diète décida que la Diète elle-même exercerait le pouvoir qui
jusque-là avait été attribué au souverain. Cette mesure devint,
comme il est aisé de le concevoir, une source de faiblesse.

Une des premières tâches de la Diète ainsi investie du pouvoir
suprême fut de choisir un nouveau gouvernement (membres du

département administratif du Sénat). Le chef en fut le procureur Svinhufvud, universellement estimé pour son équité, déporté en Sibérie pendant la guerre, revenu dans sa patrie après la révolution et nommé alors aux fonctions de procureur du Sénat. Le 4 décembre il tint à la Diète un discours où il déclara entre autres que le peuple finlandais, à qui le développement de la situation avait donné le droit et imposé le devoir de prendre son sort en mains, se présentait maintenant parmi les autres peuples du monde comme une nation indépendante ; que le gouvernement avait remis à la Diète un projet de nouvelle forme de gouvernement basé sur le principe que la Finlande saurait être une république indépendante, et que le gouvernement chercherait à obtenir la reconnaissance de l'indépendance finlandaise par les autres puissances. Deux jours plus tard la Diète approuvait par un vote formel ce point de vue du gouvernement.

Dès les premiers jours de l'année suivante, *l'indépendance de la Finlande* fut reconnue par plusieurs États étrangers. Parmi les puissances qui donnèrent cette reconnaissance le plus tôt et sous la forme la plus sympathique figurait la France.

Pour comprendre ce qui suivit, on doit tenir compte de deux faits. L'un est l'attitude du parti socialiste, l'autre les procédés de la Russie bolcheviste envers la Finlande. Les socialistes, qui depuis 1905 avaient entretenu des relations suivies avec les partis analogues de Russie, adoptèrent après la révolution russe une attitude douteuse et vacillante en ce qui concerne aussi bien les rapports avec la Russie que l'ordre juridique en Finlande. Il devint cependant bientôt évident que ce qu'ils poursuivaient n'était pas l'indépendance de la Finlande, mais ce qu'on a appelé la dictature du prolétariat. Comme ils avaient une faible majorité dans la Diète qui se réunit après la révolution et dans le gouvernement alors constitué, ils crurent d'abord pouvoir atteindre le but par les moyens parlementaires. Mais, les élections nouvelles ayant donné une majorité bourgeoise, ils résolurent de réaliser leurs plans par la force. Et tandis que, tant que la Russie eut un gouvernement provisoire bourgeois, ils adoptèrent une attitude d'opposition envers le pouvoir russe, cette attitude changea immédiatement dès que le bolchevisme eut triomphé. Le gouvernement russe des Soviets de son côté, bien qu'il eût reconnu le 4 janvier 1918 l'indépendance de la Finlande, ne retira pourtant pas ses troupes du pays. Et lorsqu'éclata le 28 janvier 1918 « l'insurrection rouge », ces hordes russes alors sans discipline, auprès desquelles les socialistes finlandais avaient cherché du secours depuis la révolution, devinrent les alliés des insurgés, au su et avec l'appui du gouvernement des Soviets.

C'est ainsi que la lutte des forces sociales contre l'insurrection devint en même temps une *lutte pour la liberté de la Finlande.* Le gouvernement, au début, ne disposait pas d'un seul soldat exercé, et avait à peine quelques armes ; mais il reçut tout de suite l'aide d'un certain nombre d'officiers suédois volontaires et ensuite d'une troupe de volontaires suédois, puis du bataillon de chasseurs finlandais revenant d'Allemagne et aussi du gouvernement allemand : celui-ci envoya un corps expéditionnaire qui délivra la capitale et la région côtière du sud-ouest. Grâce à cette aide et surtout à l'habile direction du général baron Mannerheim et au courage des troupes improvisées, la lutte se termina après trois mois de durs combats par la victoire des éléments d'ordre.

Quant la Diète se rassembla de nouveau en mai 1918 après la répression de l'insurrection, elle sentit vivement le besoin de renforcer le pouvoir exécutif. Une de ses premières mesures fut par suite de remettre l'exercice du pouvoir suprême au président du Sénat, M. Svinhufvud. Mais la Diète qui ne comptait presque plus que des membres bourgeois (les députés socialistes, à quelques exceptions près, ayant abandonné leurs places en raison de leur participation à l'insurrection et s'étant pour la plupart enfuis en Russie), alla encore plus loin. Les troubles précédents avaient rendu une nouvelle force à la conviction que le régime monarchique en vigueur jusque-là était celui qui convenait le mieux à la situation, et cette conviction était partagée aussi bien par la majorité de la Diète que par la grande majorité du gouvernement. Sans doute on ne réussit pas à faire adopter une forme de gouvernement basée sur le principe monarchique, mais la Diète décida d'élire un roi, conformément à la forme du gouvernement de 1772, encore en vigueur. L'élection eut lieu à la session extraordinaire de l'automne 1918, et le choix se porta sur le prince Frédéric-Adolphe de Hesse.

Cependant la situation politique se modifiait précisément à ce moment. Il s'ensuivit que le prince, avant même de s'être déclaré définitivement disposé à accepter la couronne de Finlande, y renonça. Au mois de décembre, la Diète, sur la demande de

M. Svinhufvud, libéra celui-ci de l'exercice du pouvoir suprême
et élut le libérateur de la Finlande, le baron Mannerheim, comme
détenteur de ce pouvoir en qualité de régent. Les élections à la
Diète qui eurent lieu au début de l'année suivante donnèrent une
forte majorité républicaine ; la question du régime politique était
par là résolue en fait. Le 17 juillet 1919 fut sanctionnée la nouvelle forme de Gouvernement, d'après laquelle la Finlande est une
république souveraine, et le 25 du même mois le président du
tribunal administratif suprême, K. J. Stahlberg, fut élu par la
Diète président de la République.

Avant l'adoption de la forme de gouvernement, plusieurs lois
spéciales avaient été adoptées, qui concernaient le droit public
et dont l'importance était parfois grande ; leurs stipulations, en
tant qu'elles touchaient la constitution, ont été en grande partie
reprises dans la forme du gouvernement. Parmi ces lois on peut
signaler les suivantes :

En 1917 furent promulguées de nouvelles lois concernant l'administration communale dans les villes et à la campagne, qui
réformaient les institutions communales dans un sens extrêmement démocratique. Cette même année le département administratif du Sénat fut l'objet de réformes importantes. Outre que
l'organisation en fut modifiée, les membres du Sénat furent placés sous la dépendance de la Diète par la stipulation, qui a le
caractère de loi fondamentale, qu'ils doivent être choisis parmi
des personnes jouissant de la confiance de la Diète, et qu'ils sont
responsables devant elle des actes accomplis dans l'exercice de
leurs fonctions. Ces stipulations, qui sanctionnaient *le régime
parlementaire*, furent complétées l'année suivante par une loi
fondamentale concernant le droit, pour la Diète, d'examiner la
légalité des actes des membres du gouvernement. D'après
cette loi, les membres du gouvernement pouvaient être mis
en accusation par la Diète, pour illégalités commises, devant
un tribunal, composé moitié de juges de rang élevé et de juristes
de profession, moitié de membres élus par la Diète suivant le
système proportionnel. En 1918 furent promulguées une loi
étendant le droit de motion à toutes les questions législatives, et
une autre, concernant les travaux de la Diète, qui stipulait entre
autres que la Diète se réunirait sans convocation en règle générale, le 1ᵉʳ février, et que la session durerait 120 jours ; mais la
Diète avait le droit de choisir une autre date de réunion, et de
modifier la durée de la session.

Une branche de l'administration pour laquelle il fallut créer des organes entièrement nouveaux, parce qu'elle ne se constitua qu'avec l'indépendance de la Finlande, était la direction des affaires étrangères. Les dispositions à cet égard datent de 1918. C'est aussi cette même année que fut organisé le tribunal suprême comme autorité judiciaire séparée du Sénat et avec des membres inamovibles; en outre on créa un tribunal administratif suprême pour les procès en droit administratif.

Au printemps de 1919 parut une loi très importante fixant les principes juridiques des finances publiques en Finlande, et dont le contenu est passé presque sans changement dans la forme de gouvernement. Elle pose, entre autres, les deux principes que tous les impôts, y compris les droits de douane, doivent être fixés par une loi votée par la Diète, et que le budget annuel fixé par la Diète et promulgué comme loi est absolument obligatoire pour le gouvernement; en outre, elle règle le droit budgétaire sur des bases rationnelles. On introduisit en outre, dans les stipulations de la loi organique, cet amendement que le vote d'un subside qui ne doit pas être perçu pendant plus d'une année et celui d'un emprunt public se font à la majorité simple.

Enfin la question militaire a été réglée par la promulgation en 1919 d'une nouvelle loi sur le service militaire personnel. La durée du service actif est d'un an et demi.

La nouvelle forme du gouvernement déclare que le pouvoir politique en Finlande appartient au peuple, représenté par ses députés rassemblés en un Parlement (*riksdag* en suédois, *valtiopäivät* en finnois); que le pouvoir législatif est exercé par le Parlement de concert avec le Président de la République, que le pouvoir exécutif suprême est remis au Président, et que le pouvoir judiciaire est exercé par des tribunaux indépendants.

Les droits généraux des citoyens finlandais sont énumérés en détail, sans qu'il y ait à proprement parler de droits nouveaux assurés par cette loi, sauf que la liberté de religion a été établie dans la plus large mesure, et que les droits de la population finnoise et suédoise quant à l'usage de leur langue par les services publics ont été réglés d'une façon générale selon le principe d'égalité.

Le Président de la République est élu pour une durée de six ans par élection à deux degrés, les citoyens élisant, selon le même système que pour les élections parlementaires, 300 électeurs qui ensuite élisent le président. Cependant la première élection présidentielle devait être faite par le Parlement.

En ce qui concerne la participation du président à la législation, il est stipulé que le président a, de même que le parlement, l'initiative en matière législative, et que toute loi votée par le Parlement doit être soumise à la sanction du président. Mais si ce dernier refuse de la sanctionner, elle prend néanmoins force de loi, si le Parlement, après de nouvelles élections, l'adopte sans amendement et à la majorité des voix. Le président peut demander, au sujet d'un projet de loi, l'avis du tribunal suprême ou du tribunal administratif suprême. Le président peut aussi dissoudre la Diète et prescrire de nouvelles élections. Il a également le droit de promulguer des ordonnances dans les matières qui auparavant sont régies par des règlements administratifs, mais sauf des exceptions importantes insérées dans la forme de gouvernement. D'ailleurs le Parlement a aussi le droit de légiférer sur ces matières comme sur les autres; et une question qui a été ainsi réglée par une loi est par là même soustraite au domaine des ordonnances présidentielles.

A la tête du pouvoir exécutif est placé le président, comme on a vu. « Auprès de lui » il doit y avoir un Conseil des *ministres* (« Conseil d'État » selon la terminologie finlandaise) « pour le gouvernement général de l'État »; ce conseil se compose d'un président du Conseil (« ministre d'État ») et du nombre de ministres nécessaires. Les décisions du Président de la République, à l'exception de celles touchant quelques affaires militaires, doivent être prises en séance du Conseil; mais le Conseil peut en outre décider seul d'une foule de questions concernant le gouvernement et l'administration. Ces affaires sont en général tranchées dans une réunion du Conseil; cependant la décision de certaines affaires peut, par voie de décret, être remise à un ministre comme chef d'un ministère. Le pouvoir exécutif n'appartient donc pas au Président seul, mais est partagé entre lui et le Conseil des ministres. Et en réalité les rapports entre eux ont été réglés de telle sorte que le Président a reçu un certain nombre d'attributions particulières, tandis que, par ailleurs, le gouvernement est exercé par le Conseil des ministres.

Les attributions du Président consistent, outre celles déjà signalées, dans le droit de grâce, le commandement suprême des armées qu'il a le droit, en temps de guerre, de remettre à un autre, le droit de conférer à un citoyen étranger la nationalité finlandaise, de nommer les fonctionnaires du rang le plus élevé, d'exercer la surveillance sur l'administration, et, dans certaines limites, de fixer les rapports avec les puissances étrangères, en notant cependant que les questions de guerre et de paix et les traités d'une certaine importance exigent l'assentiment du Parlement.

Comme, malgré ce dualisme dans le gouvernement, le Président est dans une large mesure sous la dépendance du Conseil des ministres, en raison des stipulations relativement au contreseing, etc., que le Conseil des ministres à son tour dépend tout à fait du Parlement, et que le Président, en matière législative, n'a que le veto suspensif, le résultat est que l'exercice du pouvoir politique a été presque complètement concentré dans le Parlement.

Les droits du Parlement en matière budgétaire ont été indiqués plus haut.

Quant à la situation des fonctionnaires, la constitution nouvelle y a apporté un changement, en ce que la forme de gouvernement assure aux juges seuls le bénéfice de l'inamovibilité. Quant aux droits des autres fonctionnaires à conserver leurs fonctions, on renvoie à une législation spéciale.

L'administration publique et aussi l'exercice de la justice, abstraction faite de la surveillance exercée par les tribunaux et autorités supérieurs sur les services inférieurs, sont soumis à un double contrôle. L'activité des autorités est, en effet, surveillée d'une part par le Chancelier de justice au Conseil des ministres, qui correspond à l'ancien procurateur du Sénat, et de l'autre par un délégué de justice élu par le Parlement et investi des mêmes attributions que le Chancelier de justice.

La Finlande n'est pas seulement devenue un État indépendant. Elle a aussi changé, par la forme de gouvernement de 1919, son antique constitution monarchique pour une constitution républicaine. Ces changements impliquent le début d'une ère nouvelle non seulement dans le développement de son droit public, mais dans son histoire politique tout entière (1).

(1) V. la traduction française de « la Constitution de la Finlande », Helsingfors, 1920. Imprimerie du gouvernement, dont M. Enckell, ministre de Finlande à Paris, a eu la gracieuseté d'offrir plusieurs exemplaires à notre Bibliothèque. (*N. de la Rédaction.*)

DROIT CIVIL FINLANDAIS
(1869-1919)

Par M. Wilhelm Chydenius,
*Professeur de droit civil à l'Université de Helsingfors,
Doyen de la Faculté de droit.*

Après l'union de la Finlande et de la Russie en 1808 (V. *suprà*
p. 247 et s. Wrede, Droit public de la Finlande), la Diète de Finlande ne fut pas convoquée avant 1863. Aussi le droit civil qui,
d'après la constitution, ne pouvait pas être modifié sans le consentement de la Diète, est-il resté sans changement essentiel
pendant la période 1808-1863. Il avait sa source dans le code du
royaume de Suède de 1734 et dans les décrets suédois succé-
danés. Le droit suédois a depuis servi également de modèle pour
les nouvelles lois en matière civile faites avec la collaboration
de la Diète. En Finlande, la loi de 1734 a été respectueusement
conservée jusqu'ici comme fondement du droit civil. Les nouvelles lois n'ont fait œuvre que de complément et de retouche.

Le 9 novembre 1868, furent promulguées plusieurs lois particulièrement importantes (1) : sur la faillite, sur le règlement
des dettes après décès, la renonciation à la succession et le
partage des biens après décès d'un des époux, sur la prescription des poursuites civiles et la déclaration des créances, sur les
droits et privilèges des créanciers, sur la masse de la faillite,
ainsi que sur les hypothèques immobilières. Cette législation est
encore en vigueur à l'heure actuelle dans ses grandes lignes.
Cependant, une loi du 3 décembre 1895 (2) a décidé que les
créances hypothécaires prendraient rang avant les créances pri-
vilégiées.

Pendant la période 1869-1919, les plus importantes réformes
du droit civil ont porté sur la législation du mariage et de la
tutelle. Le 15 avril 1889 (3) fut promulguée une nouvelle loi sur
le régime de biens des époux. Cette loi, influencée par les idées

(1) *Ann. de lég. étr.*, 9ᵉ année, p. 742.
(2) *Ibid.*, 25ᵉ année, p. 729.
(3) *Ibid.*, 19ᵉ année, p. 821.

de réforme qui se faisaient jour en Suède, où cependant une nouvelle loi sur la matière ne fut votée qu'en 1898, a considérablement étendu les droits de la femme mariée. Assurément on maintient le système de la loi de 1734, la communauté de biens partielle et la tutelle du mari, mais la femme reçoit le droit d'administrer le produit de son travail, son salaire, etc., qui reste cependant propriété commune. Par contrat de mariage, tous les biens que la femme possède au moment du mariage peuvent lui être réservés en propre, ainsi que leur administration. Lorsque la femme exerce un commerce ou administre un immeuble, elle peut s'engager seule et répond sur tous les biens qu'elle administre. La séparation de biens fait cesser, dans certaines conditions, la communauté de biens et la tutelle du mari. La loi de 1889 a abrogé celles du 9 novembre 1868 sur le contrat de mariage et sur la séparation de biens. Jusqu'à ces derniers temps, la seule forme du mariage était l'acte religieux célébré par un prêtre de l'Église évangélique-luthérienne, ou par un fonctionnaire des Églises protestantes dissidentes. La loi du 2 novembre 1917 a admis également le mariage devant l'autorité civile.

Le 19 août 1898 a été promulguée une nouvelle loi sur la tutelle (1). La surveillance sur le tuteur est exercée par le tribunal et par une commission communale spéciale, dont le président est nommé par le tribunal. Les actes importants, tels que la vente et l'achat d'immeubles, doivent être approuvés par le tribunal ou par la commission. L'argent liquide appartenant au pupille doit être placé en titres sûrs et le placement approuvé par la commission. La loi traite aussi des obligations des parents quant à l'éducation des enfants et à la gestion de leurs biens. Les parents peuvent être déchus de la puissance paternelle s'ils en ont abusé, s'ils se montrent incapables d'élever leurs enfants, ou si l'éducation de ceux-ci est compromise, par l'inconduite des parents. Du vivant des deux parents, la puissance paternelle est exercée par le père et, après la mort de celui-ci, par la mère. Mais si les parents ne sont pas mariés, la tutelle appartient à la mère, qui a le droit d'élever l'enfant si le père ne le demande pas et n'est pas considéré par le tribunal comme plus apte que la mère. Si les parents sont morts et n'ont pas désigné de tuteur, il est choisi par le tribunal, de préférence, mais non nécessai-

____

(1) *Ann. de lég. étr.*, 28ᵉ année, p. 651.

rement, un parent du mineur. La majorité est fixée à vingt et
un ans, pour les hommes, comme pour les femmes; elle peut
être ajournée à vingt-cinq ans par décision du tribunal. Sous la
législation précédente, la femme restait mineure toute sa vie;
depuis 1864 la femme non mariée a été émancipée à un certain
âge.

Doit être mise en tutelle toute personne qui, par suite de
folie, prodigalité ou ivrognerie, est incapable d'administrer son
patrimoine. La faiblesse physique, par exemple, résultant de
l'âge ou de la maladie, est aussi une raison de mise en tutelle.
Le tuteur est de préférence l'époux.

La loi du 23 avril 1901 est relative à l'absence (1). L'absent
peut être déclaré décédé, lorsqu'il s'est écoulé dix ans depuis
le jour où son existence a été constatée pour la dernière fois.
Cependant, si l'absent était mineur, le délai de dix ans ne commence à courir que de l'année où il aurait été majeur. Le délai
est de cinq ans seulement, si l'absent aurait eu plus de 75 ans
au moment où la demande de déclaration de décès est introduite; il est de trois ans, si l'absent a été exposé à des dangers,
tels que guerre ou naufrage. Le tribunal cite à comparaître à un
jour fixé l'absent et toute personne pouvant donner des renseignements sur lui. La déclaration de décès fixe comme date où
l'absent est présumé décédé le premier jour où la déclaration
aurait pu avoir lieu. Si l'époux de l'absent déclaré décédé s'est
remarié, il peut, dans un délai de six mois après qu'il a eu connaissance que le présumé décédé est vivant, demander l'annulation du second mariage, si devant le tribunal il se met d'accord
avec le premier époux pour rentrer en ménage avec lui. Le
déclaré décédé vivant peut, dans un délai d'un an après qu'il a
eu connaissance de la déclaration, réclamer son patrimoine,
sauf cependant dans le cas d'achat de bonne foi par un tiers: en
ce cas, le cédant lui en restitue la valeur.

La loi du 14 août 1901 (2) traite de l'annulation des pièces per-
dues ou détruites. Elle vise les obligations, lettres de change et
toutes créances au porteur ou à ordre, ainsi que les reconnaissances de dettes inscrites en hypothèques. La tribunal invite
par voie de citation publique le possesseur de la pièce à la présenter. Le tribunal peut préalablement faire défense au débiteur

(1) V. la traduction de M. Dareste, *Ann. de lég. étr.*, 2ᵉ série, 1ʳᵉ année,
p. 447.
(2) *Ibid.*, p. 459.

de remplir les engagements résultant de l'acte perdu ou détruit. L'arrêt déclarant une pièce annulée confère au requérant les mêmes droits que s'il était en possession de la pièce.

Les Sociétés anonymes ont fait l'objet d'une importante législation. Une loi du 2 mai 1895 (1) abrogea le décret de 1864 (2) qui donnait au gouvernement des pouvoirs étendus de contrôle des statuts des Sociétés anonymes. La loi de 1895 restreint ce droit de contrôle. Le gouvernement doit seulement veiller à ce que les statuts soient conformes à la loi et à ce que les opérations de la Société soient permises par la loi générale. Si la Société doit se livrer à des opérations d'assurance, des stipulations spéciales peuvent être imposées.

La loi exige que les statuts de toute Société anonyme règlent certaines matières importantes : nom de la Société, ses opérations, son domicile, son capital et la date du versement de ce dernier, nombre et nature des actions, établissement du bilan, organisation du contrôle, assemblée générale, etc. La Société est constituée soit immédiatement, par accord entre tous les souscripteurs, soit par souscription successive et décision d'une assemblée générale constituante. Des garanties spéciales sont prévues en cas de remise d'actions contre apport autre qu'argent. Les sociétés anonymes doivent être enregistrées au registre officiel du commerce ; l'inscription ne peut avoir lieu qu'après versement du cinquième du capital. Tant que le capital n'est pas entièrement versé, il ne peut pas être émis de récépissés provisoires au porteur. Les récépissés devront être nominatifs et leur cession devra être, comme pour les actions nominatives, inscrite au registre d'actions de la société. Le vendeur d'actions non entièrement libérées est solidairement responsable avec l'acheteur, vis-à-vis de la Société, du montant non libéré. La société ne peut pas, sauf en certains cas prévus, et sur ses réserves, acheter ses propres actions. Certaines dispositions ont pour but de protéger la minorité des actionnaires : majorité des trois quarts du capital représenté, pour les modifications aux statuts; des deux tiers, pour transfert du bénéfice aux réserves ; droit de remboursement en cas de fusion avec une autre société, ou de modification essentielle du but de la société. Des garanties sont prévues contre les décisions illégales de l'assemblée générale : l'administration est tenue, sous sa responsabilité, de n'exécuter

(1) *Ann. de lég. étr.*, 25ᵉ année, p. 720.
(2) *Ann. de lég. étr.*, 9ᵉ année, p. 734.

que les décisions légales. Les membres de la Direction sont mandataires de la société. Ils doivent exécuter les décisions de l'assemblée générale; ils peuvent être congédiés avant l'expiration de leur mandat. Si la société a suspendu ses paiements, ou si son passif excède son actif, la direction doit déclarer la faillite. Les statuts peuvent instituer un conseil d'administration spécial.

Une autre loi du 2 mai 1895 traite du registre du commerce, de la raison sociale et de la procuration (1). L'enregistrement de la firme est obligatoire; les Sociétés anonymes doivent être enregistrées, même si leur but n'est pas commercial. Une firme ne peut être cédée entre vifs qu'avec le fonds de commerce; la cession doit être marquée par une addition à la raison sociale. En cas de décès, et en ce qui concerne les Sociétés, la raison sociale peut être maintenue sans modification, bien qu'il y ait changement de personnes. L'inscription des procurations est facultative. La procuration ne peut être donnée que par un commerçant inscrit; elle comprend tout ce qui se rapporte à la marche des affaires, sauf la vente ou hypothèque des immeubles. La procuration écrite est valable en justice. Les procurations limitées ne peuvent pas être enregistrées. Les enregistrements et publications sont présumés avoir été connus des tiers, s'ils ne peuvent faire la preuve contraire. Au cas où quelqu'un considère qu'une inscription lui est préjudiciable, il peut demander au tribunal d'en ordonner la radiation.

La loi du 10 juillet 1901 (2) traite des sociétés coopératives. Par l'organisation, l'administration et les assemblées générales, ces sociétés ressemblent aux sociétés anonymes, elles en diffèrent par leur but, qui est de faciliter, par la centralisation, le commerce ou l'existence de leurs membres. Leur capital est variable, les membres peuvent entrer et sortir. Les membres entrants répondent des engagements de la société au moment de leur entrée. Pour sauvegarder les intérêts des créanciers, il est stipulé que le membre sortant reste responsable jusqu'à l'inventaire qui suit sa demande de radiation et que sa mise ne lui est remboursée qu'un an après. En cas de faillite dans cet intervalle, la demande de sortie est sans valeur. Les héritiers d'un membre décédé sont dans la même situation que s'il avait demandé sa sortie. Un membre peut avoir plusieurs parts, mais

(1) *Ann. de lég. étr.*, 25ᵉ année, p. 728.
(2) V. la traduction de M. Dareste, 2ᵉ série, 1ʳᵉ année, p. 451.

il n'a qu'une seule voix à l'assemblée générale. Les membres peuvent être obligés au delà de leur mise, avec ou sans limite, ou obligés pour leur mise seulement; l'alternative choisie doit être indiquée par une addition au nom de la Société. Tant que la mise d'un membre n'a pas été entièrement versée, la moitié au moins de sa part de bénéfice doit y être ajoutée. Il doit être constitué un fonds de réserve, auquel un dixième au moins du bénéfice sera transféré.

La législation relative au bail de propriétés rurales, dont les décrets du 19 février 1883 et du 10 novembre 1892 s'étaient déjà occupés, quant à la forme et aux effets vis-à-vis des tiers, a été complètement codifiée par une loi du 19 juin 1902(1). Pour des raisons de politique sociale et en vue de favoriser les métayers, cette loi a été remplacée par une autre du 12 mars 1909(2). Cette dernière fixe la durée minima du contrat à 50 ans. Elle stipule que le contrat sera soumis à l'examen d'une commission spéciale qui veillera à ce que les conditions ne lèsent pas le cultivateur. Elle donne, plus largement que les lois précédentes et par des stipulations obligatoires, une indemnité au cultivateur pour les améliorations. D'une manière générale, et surtout quant au droit du bailleur de donner congé, la liberté des conventions est restreinte sensiblement, à l'avantage du métayer. La loi a un effet rétroactif partiel pour les baux conclus sous le régime de l'ancienne législation. Elle a été suivie par une loi du 15 août 1918 relative au rachat des terres mises à bail par les soins de l'État et au profit des métayers. Cette loi ne rentre pas dans le droit civil.

Il n'y a pas de dispositions générales pour le contrat de travail. Le louage de services est régi par la loi du 30 janvier 1865. La loi du 31 mars 1879 règle le contrat de travail pour les professions industrielles et commerciales. Ses dispositions quant aux employés, ouvriers et apprentis, sont en partie du domaine du droit public; elles sont complétées par un grand nombre de dispositions législatives spéciales. Les dispositions de la loi de 1879 touchant au droit civil, parfois avec sanction de droit criminel, sont relatives au congé avec ou sans délai, et au droit de l'ouvrier de cesser le travail sans congé. Le « truck-system » est interdit.

(1) V. la traduction de M. Dareste, *Ann. de lég. étr.*, 2ᵉ année, p. 603.
(2) V. l'analyse de M. Erik Ehrström, *Ann. de lég. étr.*, 2ᵉ série, 9ᵉ année, p. 454.

DROIT SOCIAL FINLANDAIS

Par M. K. A. Moring,
Professeur de droit à l'Université de Helsingfors.

I. — Protection du travail.

1. — Historique.

Au milieu du siècle dernier, l'industrie était encore insignifiante en Finlande. Les pouvoirs législatifs s'inspiraient des théories économiques libérales; dans ces conditions, la législation sur la protection du travail était très peu développée.

La loi du 24 février 1868 sur le commerce et l'industrie contenait certaines dispositions relatives au travail professionnel des mineurs. Les enfants au-dessous de 12 ans ne pouvaient être employés dans le commerce et l'industrie qu'avec l'autorisation spéciale de l'autorité compétente et ne pouvaient pas travailler plus de six heures par jour. Les jeunes gens au-dessous de 18 ans ne pouvaient être employés au travail de nuit qu'avec l'autorisation de l'autorité compétente.

La loi du 31 mars 1879 maintint dans les grandes lignes les dispositions de la précédente en ce qui concerne la protection du travail. Cependant elle y ajouta la limitation de la journée de travail à 8 heures pour les enfants au-dessous de 15 ans.

Ces dispositions paraissant insuffisantes, une nouvelle loi sur la protection des ouvriers dans l'industrie fut promulguée le 15 avril 1889. Cette loi contient des prescriptions spéciales relatives aux fabriques ou ateliers, en vue de prévenir les accidents et les maladies professionnelles. Elle règle aussi la durée de la journée de travail pour les enfants et les mineurs. Les enfants de moins de 12 ans ne peuvent pas être employés dans l'industrie. Les enfants de moins de 15 ans ne peuvent pas travailler plus de 7 heures; les jeunes gens de plus de 15 et moins de 18 ans ne peuvent pas travailler plus de 14 heures par jour, y

compris un repos d'une demi-heure au moins pour les premiers
et 2 heures au moins pour les seconds. D'une manière générale,
les enfants et les jeunes gens ne peuvent pas être employés au
travail de nuit. La loi ne règle pas la durée de la journée de travail pour les adultes.

L'application de cette loi était surveillée par des inspecteurs
professionnels; leur nombre fut successivement augmenté et on
leur adjoignit des inspectrices professionnelles pour la surveillance du travail féminin.

Vers 1900 le socialisme fit son apparition en Finlande. Après
la grève générale de novembre 1905, l'ancienne représentation
des états fut remplacée par une chambre unique élue au suffrage
universel. Les socialistes, sans y avoir la majorité, y eurent une
grande influence.

Une loi du 4 juin 1908 règle le travail dans les boulangerïes.
Elle contient des mesures de protection très larges et est toujours en vigueur.

La question de la protection du travail a été discutée dans
toute son ampleur par plusieurs Diètes. La Chambre de 1909
vota des projets de loi sur la protection contre les dangers professionnels, sur le travail dans l'industrie et sur l'inspection
professionnelle. Le premier fut sanctionné par l'empereur
grand-duc le 4 avril 1914, mais les deux autres furent ajour-
nés, les affaires finlandaises étant alors fort négligées en
haut lieu en Russie. Ce n'est qu'après la révolution que le gouvernement provisoire russe sanctionna, le 18 août 1917, les deux
derniers projets. En outre de ces lois, le gouvernement a rendu
un grand nombre de décrets qui les complètent.

La Chambre élue en 1916, mais qui ne se réunit pas par suite
de la guerre, avait une majorité socialiste. Les socialistes ne
trouvant pas la loi sur le travail dans l'industrie assez radicale,
une loi introduisit la journée de huit heures. Cette loi fut promulguée le 27 novembre 1917.

Le 24 octobre 1919 fut promulguée une loi relative aux conditions du travail dans le commerce, dans les bureaux et les boutiques.

2. — LÉGISLATION EN VIGUEUR.

Les lois relatives à la protection contre le danger professionnel
et au travail dans l'industrie et la loi sur la journée de 8 heures

énumèrent les affaires et entreprises qui y sont soumises. Elles sont applicables, par exemple, à toutes les fabriques, à toutes les professions manuelles et à la plupart des travaux de construction. La loi sur la journée de 8 heures touche plus d'entreprises que les autres; c'est ainsi qu'elle cite une foule d'entreprises relevant de l'État ou dés communes, comme les chemins de fer et les hôpitaux. D'un autre côté elle autorise le Conseil des ministres à consentir, lorsque les prescriptions de la loi se montrent inapplicables, des exceptions dont le Conseil des ministres a fait au début un large usage.

La loi sur le travail dans l'industrie avait fixé le maximum de la durée de la journée de travail à 10 heures. La loi sur la journée de 8 heures, en réduisant ainsi cette durée, permet dans une large mesure des heures de travail supplémentaire avec salaire surélevé. La loi sur le travail dans le commerce contient des prescriptions analogues.

Le travail de nuit est défendu, en règle générale. Le travail peut se poursuivre sans interruption pendant les 24 heures, dans le cas seulement où il y a trois équipes.

Le repos hebdomadaire doit être au moins de 30 heures sans interruption, en règle générale. En règle générale aussi, l'ouvrier a droit à une heure de repos par jour.

Les dispositions de la loi sur la durée du travail allant assez loin, il a été jugé inutile d'abréger la durée de la journée de travail pour les femmes par une disposition spéciale. Il est prescrit seulement que les femmes ne peuvent être employées que quatre semaines après leurs couches et que les femmes en état de grossesse avancée ne pourront pas être employées pour un travail qui pourrait leur être nuisible dans leur état.

Les enfants au-dessous de 14 ans ne peuvent pas, en règle générale, être employés. Il n'est fait exception, avec l'autorisation de l'inspecteur professionnel, que pour les enfants ayant 13 ans accomplis et ayant suivi l'école communale. Cette disposition n'est pas applicable au commerce.

Les enfants au-dessous de 15 ans ne peuvent pas travailler plus de 6 heures par jour. Les jeunes gens au-dessous de 18 ans ne peuvent pas faire d'heures supplémentaires; les enfants et les jeunes gens ne peuvent pas non plus faire de travail de nuit. Ils ne peuvent être employés à des travaux qui compromettraient leur santé.

La loi relative à la protection contre le danger professionnel contient des dispositions relatives à des installations dans les fabriques et ateliers, visant à protéger la santé des ouvriers et à prévenir les accidents.

La surveillance des prescriptions législatives sur la protection du travail ouvrier est exercée par l'inspection professionnelle. Ce service comprend un inspecteur en chef, membre du Conseil social, une inspectrice en chef adjointe, 8 inspecteurs et 4 inspectrices, ces dernières surveillant les industries employant surtout des femmes et des mineurs. A ces inspecteurs sont adjoints des inspecteurs communaux et des assistants choisis parmi les ouvriers.

II. — Assurance ouvrière.

1. — HISTORIQUE.

La loi du 5 décembre 1895, relative à la responsabilité des patrons en cas de blessure de l'ouvrier pendant le travail, est la première qui ait prescrit en Finlande l'assurance ouvrière.

Comme son titre l'indique, cette loi a établi d'abord la responsabilité du patron. Cependant les indemnités que celui-ci était tenu de payer devaient être couvertes par l'assurance : ceci seulement pour les rentes viagères données en cas d'infirmité permanente ou de mort, mais non pour les blessures guérissables, auquel cas l'indemnité était payée directement par le patron. L'État et les communes n'étaient pas obligés à l'assurance et les entreprises particulières pouvaient en être dispensées. Cette dispense laissait cependant subsister l'obligation d'indemnité.

Le nombre des entreprises soumises à cette loi était relativement limitée.

Les indemnités étaient peu importantes : la rente viagère était basée sur un salaire annuel maximum de 720 marks. La rente viagère était de 60 pour 100 pour invalidité totale et de 40 pour 100, maximum pour la famille de l'ouvrier tué, calculé sur le salaire. Il n'y avait pas d'indemnité pour soins médicaux.

Le montant des secours était fixé par les patrons ou par les compagnies d'assurances. L'ouvrier mécontent devait s'adresser aux tribunaux de droit commun.

La loi du 23 janvier 1902, relative à la responsabilité des armateurs pour les dommages corporels des marins en service, stipule que la loi sur la responsabilité des patrons sera appli-

cable en certains points aux marins. L'exception la plus importante était que les armateurs n'étaient pas responsables en cas
de blessure guérissable.

2. — Législation en vigueur.

a) Assurance contre les accidents.

Deux lois du 18 août 1917 règlent l'assurance contre les accidents pour les ouvriers, les marins et l'équipage des navires. Les
dispositions relatives à l'assurance contre les accidents des
ouvriers sont applicables dans la plupart des cas aux marins.

Ces deux lois établissent pour les patrons l'obligation d'assurance directe. L'État seul est dispensé de cette obligation et ne
doit que l'indemnité.

L'obligation de l'assurance est étendue à un grand nombre
d'entreprises qui n'étaient pas soumises à la loi de 1895.

Le patron peut assurer ses ouvriers dans une compagnie
privée acceptée par le Conseil des ministres. Au contraire, les
armateurs doivent prendre l'assurance dans une Société d'assurance maritime spéciale.

Les ouvriers ont droit à une indemnité pour accident survenu
pendant le travail, et les marins pour accident survenu pendant
le service.

La loi distingue les blessures guérissables et l'invalidité. La
blessure est considérée comme guérissable jusqu'à ce que l'ouvrier soit guéri et ait recouvré sa pleine capacité de travail, ou,
s'il est devenu invalide, jusqu'à ce que son état soit tel qu'on ne
peut attendre aucun changement.

En cas de blessure guérissable, il peut être donné comme
indemnité les soins et des secours au blessé ou les frais d'hôpital
et des secours à la famille.

L'ouvrier a droit au secours à partir du troisième jour après
l'accident, non compris le jour de l'accident.

Pour incapacité permanente de travail, ou plutôt de gagner sa
vie, l'ouvrier a droit à un secours annuel. Il est, en cas d'incapacité totale de travail, des 2/3 du salaire précédent.

En cas d'accident suivi de décès, la famille a droit à un secours
annuel. La veuve reçoit 2/5 du salaire annuel, et toute la famille,
au maximum, 4/5 de ce salaire.

Il est payé en outre, pour frais d'enterrement, 1/15 du salaire annuel du décédé à la famille de ce dernier.

Si le salaire annuel était supérieur à 900 marks, il n'est tenu compte que du tiers du montant supplémentaire.

La compagnie d'assurances où le blessé est assuré fixe l'indemnité pour soins et le secours, en cas de blessure guérissable, ainsi que le secours pour frais d'enterrement, en cas de décès. Le blessé peut faire appel au Comité des assurances. Quant au secours annuel, la compagnie d'assurances fait une proposition, mais s'en remet toujours à la décision du Comité des assurances. Ce Comité se compose de 9 membres, dont trois patrons et trois ouvriers.

Il peut être fait appel à la Cour suprême de la décision du Comité des assurances.

Une indemnité reçue en vertu des lois sur l'assurance des ouvriers contre les accidents n'interdit pas la demande d'une indemnité pour blessure par voie civile. Mais, en ce cas, il y aura lieu à déduction des indemnités déjà touchées en vertu de la législation spéciale.

b) Assurance contre le chômage.

La loi du 2 novembre 1917 traite des caisses d'assurance contre le chômage, qui ont droit à des allocations budgétaires.

Ces caisses sont des institutions d'assurance mutuelle. Elles sont gérées par les participants, qui élisent le Conseil d'administration.

La création de ces caisses est libre, ainsi que l'inscription.

Les recettes de ces caisses sont constituées par les cotisations des membres et la contribution de l'État.

Comme contribution, l'État verse, sous certaines conditions fixées, 2/3 du montant que la caisse a versé durant le dernier semestre à ceux de ses membres qui ont un ou plusieurs enfants de moins de 15 ans, ou des enfants incapables de travailler, et la moitié du montant que la caisse a versé à ses autres membres.

La moitié de la contribution de l'État doit être versée au trésor par la commune où est domicilié le membre qui a reçu le secours.

c) Assurance contre la maladie et l'invalidité.

La loi du 2 septembre 1897 traite des caisses de maladie et de pensions. Ces caisses sont des mutuelles.

La création de ces caisses est libre ainsi que l'inscription.

Elles ne bénéficient pas de contributions de l'État ni des communes. Les patrons ne sont pas non plus obligés de leur verser de contribution.

La loi du 24 mai 1918 a créé un fonds d'assurance contre la vieillesse et l'invalidité, auquel il a été transféré 8 millions de marks. Ce fonds ne sera cependant utilisé que lorsque l'assurance contre la vieillesse et l'invalidité sera devenu obligatoire. Un projet de loi à ce sujet est en préparation.

L'ÉVOLUTION DU DROIT PUBLIC

EN SUISSE DE 1869 A 1919 [1]

Par M. Antoine Rougier, *Professeur à l'Université de Lausanne.*

I. — Le fédéralisme et la démocratie.

Deux traits caractérisent le droit public de la Suisse : la structure fédérative de l'État et la forme démocratique du gouvernement. C'est grâce au fédéralisme et à la démocratie que des populations diverses par la langue, la religion et les conditions économiques de la vie ont pu former une seule nation sans renoncer au privilège de se gouverner et de s'administrer directement. Ces deux principes conditionnent toute l'œuvre législative de la Confédération et des cantons et, si le régime exceptionnel des « pleins pouvoirs » les a momentanément affaiblis pendant les années de guerre, il ne leur a porté aucune atteinte essentielle.

Cependant, toutes les théories fondamentales du droit changent de signification et de portée en s'adaptant aux conditions nouvelles de la vie sociale. Des idées aussi larges et souples que celles de fédéralisme ou de démocratie ne sauraient correspondre aujourd'hui en Suisse aux mêmes réalités politiques qu'au milieu du siècle dernier. Nous voudrions caractériser d'un mot l'évolution qu'elles subirent avant d'étudier les lois où elles s'affirment.

Le *fédéralisme* date de la Constitution de 1848, qui marque le terme d'une période historique commencée au XIIIe siècle, durant laquelle les peuples des vingt-deux cantons se sont successivement rapprochés, alliés, agrégés les uns aux autres. En signe de respect envers un passé où les Suisses déployèrent de si généreux efforts pour former un État indépendant et libre, celui-ci conserva l'ancienne dénomination de Confédération helvétique, bien

(1) Lorsque nous citons *Annuaire* 1875, il faut lire *Annuaire de Législation Étrangère*, texte des lois votées dans l'année 1875.

qu'il eût les caractères d'un État fédéral. L'essentiel de ce régime politique consiste dans un certain équilibre réalisé entre la Confédération et les cantons, équilibre qui conserve à ces derniers une autonomie suffisante tout en les absorbant dans une unité supérieure. La répartition des prérogatives de la puissance publique entre ceux-ci et celle-là n'a d'ailleurs rien de rigide; au contraire, par le jeu normal des règles constitutionnelles, le centre de gravité du système peut se déplacer, soit du côté du pouvoir central, comme le souhaitent les « centralistes » ou « unitaires », soit du côté des pouvoirs locaux, conformément aux vues des « fédéralistes » ou « cantonalistes ». Les extrêmes limites possibles de ces oscillations correspondent respectivement à la Confédération d'États et à l'État unitaire décentralisé. Or, depuis 1848, l'État suisse, tout en demeurant dans les bornes du fédéralisme, s'est graduellement centralisé et les autorités de la Confédération ont accru leurs compétences au détriment des pouvoirs publics des cantons. L'unification a été réalisée dans plusieurs domaines juridiques par la substitution d'un droit fédéral aux multiples droits cantonaux. L'administration fédérale a multiplié le nombre de ses services et de ses fonctionnaires.

A quelles causes convient-il de rattacher ce phénomène? Il en est plusieurs, mais la moins négligeable consiste sans doute dans l'essor remarquable que prirent en Suisse le commerce et l'industrie dès la seconde moitié du xixᵉ siècle.

L'ancienne Confédération helvétique était née d'un besoin de sécurité. C'est pour mieux résister aux entreprises politiques de puissants voisins que les treize cantons primitifs avaient constitué une alliance défensive en n'abandonnant à la communauté que la portion de leurs droits souverains qui était strictement indispensable pour que la Diète pût gérer les affaires extérieures. La Constitution de 1848 se ressentait encore de ces origines et limitait assez étroitement le pouvoir fédéral. Lorsque l'unité et la sécurité de la Suisse furent assurées, que l'Europe eut reconnu son indépendance et garanti sa neutralité perpétuelle, le gouvernement se préoccupa davantage d'accroître la prospérité commune, d'exploiter les richesses naturelles du pays, d'utiliser la main-d'œuvre nationale. Les problèmes économiques dominèrent la politique suisse. Les cantons se spécialisèrent, selon leurs ressources naturelles, dans les diverses branches de l'industrie, dans la grande agriculture, l'organisation touristique, les affaires commerciales ou financières, se prêtant un mutuel appui et res-

serrant les liens de solidarité qui les unissaient. Pour réaliser le
progrès qui, en un demi siècle, porta la prospérité au sein des
vallées alpestres les plus déshéritées de la nature, il fallut une
coordination des efforts et une unité de direction que les autorités fédérales seules pouvaient assurer. A la Confédération
incombait le soin d'unifier les lois pour abaisser les barrières
intérieures qui gênaient le trafic commercial, — celui d'organiser
les grands services publics pour accroître les sources de richesse,
— celui de stimuler l'initiative des cantons par des subventions
leur permettant d'accomplir des travaux d'utilité publique peu
rémunérateurs, — celui de protéger la santé des populations
et de veiller au bien-être des travailleurs. Sans méconnaître
l'influence d'autres facteurs d'évolution et notamment le développement de l'idée nationale, on peut dire que la centralisation
de la Suisse s'est produite en fonction du développement de l'industrie.

Le *principe démocratique* fut appliqué, dès les plus lointaines
origines, par les cantons forestiers de la Suisse primitive qui
pratiquaient le gouvernement direct sous la forme pittoresque
des *Landesgemeinden* assemblées sur l'alpage par un beau dimanche de printemps. A mesure que s'étendit la Confédération,
l'idée de la souveraineté du peuple entra en lutte avec les institutions aristocratiques qui dominaient dans d'autres cantons et
elle en triompha grâce à l'invention des deux formes ingénieuses
du travail législatif qu'on nomme le *referendum* et l'*initiative
populaire*. De 1803 à 1830 la Suisse vit encore sous le régime de
l'oligarchie et des privilèges de classes. En 1830 la notion de
la souveraineté nationale se dégage, mais cette souveraineté est
exercée par des assemblées représentatives (Grands et Petits
Conseils cantonaux) dont la compétence est très étendue et l'autorité parfois arbitraire. De 1848 à 1874, le referendum et l'initiative se répandent en vague irrésistible à travers les cantons; le
referendum pénètre même dans la constitution fédérale; la
Suisse est désormais acquise au système de la législation populaire.

Dans cette première phase de son développement, le mouvement démocratique s'affirme essentiellement libéral. L'exercice
de la souveraineté populaire paraît une réforme désirable aux
démocrates parce que c'est un moyen d'assurer, constitutionnel-
lement ou législativement, l'égalité des citoyens, de garantir les
droits de l'individu, d'empêcher la confusion des pouvoirs aux

mains d'une représentation oligarchique. La constitution se réclame du principe de la séparation des pouvoirs. Elle établit une longue charte des libertés publiques et les place sous la garde du peuple.

A partir de 1874, l'essentiel de l'œuvre libérale est accompli, mais le mouvement démocratique ne cesse pas pour cela de grandir; son caractère seulement se modifie. Il paraît ne plus avoir d'objectif politique nettement défini et il tend surtout à assurer la conquête du pouvoir politique par le peuple, à faire collaborer les citoyens à l'exercice des pouvoirs publics, à niveler les inégalités sociales, même celles qui tiennent à l'exercice d'une fonction publique ou d'un mandat électif, en agissant indifféremment en faveur des doctrines libérales ou des doctrines étatistes, suivant les circonstances.

Ces tendances se traduisent par une extension nouvelle de l'initiative populaire et du referendum, ce dernier pénétrant même dans le domaine de l'administration sous la forme du referendum communal. Elles conduisent à élargir le rôle des électeurs et à faire désigner par eux non seulement les législateurs, mais encore les gouvernements cantonaux, voire même les juges des tribunaux, ainsi que cela a lieu dans le canton de Genève. Diverses initiatives populaires proposent d'étendre aux femmes le droit de suffrage politique. La représentation proportionnelle est successivement adoptée par la plupart des cantons et par la Confédération parce qu'elle assure à chaque parti une part d'influence et qu'elle tend à briser la domination des majorités de gouvernement. Le principe démocratique emporte encore comme conséquences la brièveté des mandats électifs et des fonctions publiques, ainsi que le système dit « du roulement » qui fait présider tout directoire ou conseil exécutif par chacun de ses membres à tour de rôle. Il tend à empêcher qu'un magistrat ne puisse conserver assez longtemps des fonctions importantes pour acquérir quelque autorité personnelle : la preuve en est donnée par l'insuccès d'une réforme tentée récemment dans l'organisation du Département Politique pour donner plus de stabilité à cet important service.

L'idéal démocratique tend-il à consolider ou à affaiblir le principe fédéraliste? Sans vouloir discuter ce problème qui sort du cadre de notre étude, il convient de remarquer, pour éclairer l'évolution du droit public suisse, que les démocrates paraissent s'orienter depuis une vingtaine d'années vers le socialisme d'État,

en favorisant le développement des régales et des monopoles
fédéraux ainsi que des pouvoirs de police de l'administration
centrale, au détriment des droits des cantons et des libertés
individuelles. Si cette tendance persistait, elle conduirait sans
doute l'État fédéral vers l'unification. Mais il faut se rappeler,
pour éviter les conclusions hâtives, que les institutions de la
Suisse ont été déformées durant cinq ans par le régime exceptionnel des « pleins pouvoirs », c'est-à-dire du pouvoir discré-
tionnaire du gouvernement fédéral, régime qui a réalisé une
très forte centralisation. Des libertés essentielles, comme l'institution du jury, ont été suspendues ; l'État a accumulé entre ses
mains les monopoles économiques ; l'impôt fédéral direct a fait
son apparition pour la première fois dans l'histoire de la Suisse
sous forme d'impôt de guerre, puis sous forme d'impôt d'après-
guerre. L'avenir seul dira si ces transformations sont temporaires
ou si elles doivent se développer en conséquences durables.

II. — La Constitution de 1874.

Au début de la période cinquantenaire qui forme le cadre de
cette étude, un vif mouvement d'opinion se dessinait en Suisse
en faveur d'une revision de la Constitution de 1848. Les libéraux
énuméraient et critiquaient ses lacunes ; elle mettait les libertés
individuelles des citoyens à la merci des gouvernements cantonaux ; le droit d'établissement des Suisses hors de leur canton
d'origine comportait trop de restrictions ; le suffrage politique
n'était pas organisé sur des bases assez larges ; la complexité des
législations locales gênait le trafic commercial. Les centralistes
faisaient grief au pacte de 1848 de laisser à la Confédération des
ressources financières insuffisantes et d'organiser une armée
faible, composée de contingents cantonaux trop autonomes ;
ce dernier argument était sensible aux patriotes qui admiraient
la centralisation militaire que la Confédération de l'Allemagne
du Nord venait de réaliser après Sadowa. Enfin, les conditions
économiques de la vie avaient changé et la Suisse sentait le
besoin d'un grand réseau de chemins de fer que le système des
concessions cantonales ne pouvait pas lui assurer (1).

Ensuite d'un incident qui précipita le mouvement révision-

(1) V. la comparaison de la Constitution de 1872 à celle de 1848, *Annuaire*
1874, p. 444.

niste (1), un projet de constitution fut préparé par le Conseil
Fédéral au début de l'année 1870, adopté par les Chambres le
5 mars 1872 et échoua, le 12 mai suivant, à l'épreuve de la votation populaire (2). Son caractère centralisateur, effrayant les
fédéralistes et les libéraux, avait provoqué une coalition des
Suisses romands, qui craignaient l'influence des cantons allemands, avec le parti catholique qui redoutait une diminution
du pouvoir du clergé sur les écoles. Mais la faible majorité qui
le fit rejeter présageait le succès d'un second projet amendé. Le
Conseil Fédéral se remettait à l'œuvre en tenant compte des
désirs des Romands, qui se rallièrent au nouveau texte. Adoptée
par les Chambres le 31 janvier 1874, la Constitution était votée
par le peuple et les cantons le 19 avril suivant (3). L'Assemblée
Fédérale la déclarait adoptée le 29 mai.

La constitution de 1874 laisse subsister l'organisation des pouvoirs publics qui avait été établie en 1848 et elle inscrit à son
frontispice le principe de la souveraineté des cantons :

« Les cantons sont souverains, dit l'article 3, en tant que leur
souveraineté n'est pas limitée par la Constitution fédérale et
comme tels ils exercent tous les droits qui ne sont pas délégués
au pouvoir fédéral. » (4)

Cette règle, toute théorique, n'empêche pas que les compétences cantonales soient subordonnées aux compétences fédérales. Un canton ne peut se donner de constitution sans demander à la Confédération de l'approuver et de la garantir. Le droit
fédéral a la prééminence sur le droit cantonal, de telle sorte que
le législateur cantonal voit diminuer le cercle de sa compétence

(1) En suite de la conclusion d'un traité d'établissement franco-suisse
(30 juin 1864), les Français de toutes confessions religieuses se trouvèrent
jouir dans les cantons de la liberté d'établissement que ne connaissaient
pas les israélites suisses. Une telle anomalie fit reviser partiellement la
constitution en 1865 pour rendre la liberté d'établissement indépendante
de toutes considérations religieuses, et ce premier succès fut, pour le parti
révisionniste, un encouragement à élargir sa campagne.

(2) 261.000 voix environ et 13 cantons se prononcèrent *contre* ; 255.000 et
9 cantons votèrent *pour*.

(3) 340.199 voix et 14 cantons 1/2 *pour* ; 198.013 voix et 7 cantons 1/2 *contre*.

(4) L'article 1 de la Constitution va beaucoup plus loin encore que l'article 3 et définit la Confédération comme étant une simple alliance entre
des Etats souverains. « Les peuples des 22 cantons souverains de la Suisse,
unis par la présente alliance... forment dans leur ensemble la Confédération
Suisse ». C'est la reproduction d'une ancienne formule qui ne correspond
aucunement au statut juridique défini par les articles suivants.

chaque fois que les Chambres fédérales légifèrent sur une question nouvelle. Sans doute, les matières législatives sont divisées entre la Confédération et les cantons par la Constitution elle-même, mais cette répartition n'a pas un caractère immuable ou définitif, car elle peut être modifiée par des revisions constitutionnelles partielles. D'ailleurs les droits reconnus à la Confédération en 1874 sont plus larges qu'en 1848 et marquent, sur plusieurs points importants, un progrès de la centralisation.

Les libertés individuelles des citoyens suisses sont placées sous la garantie de la Confédération (1) et protégées contre toute atteinte des pouvoirs publics cantonaux par un recours juridictionnel, le recours de droit public au Tribunal Fédéral. Par contre, le citoyen est à peu près désarmé si la violation de ses droits est le fait du gouvernement fédéral, car il ne dispose, en ce cas, que d'un recours gracieux (2). On explique cette inégalité de situation par la raison que toute l'administration active est entre les mains des cantons et que l'individu a peu de contacts directs avec le gouvernement fédéral. Il ne saurait redouter sérieusement que celui-ci porte atteinte à ses droits individuels, alors qu'il peut craindre des mesures inconstitutionnelles, ou contraires aux lois fédérales de la part des législateurs, des gouvernants et des juges de son canton. Cette raison, assez plausible en 1874, a cessé d'être bonne depuis que l'administration fédérale s'est développée et que ses points de contact avec les individus se sont multipliés. L'absence de garanties juridictionnelles données aux citoyens contre le gouvernement fédéral est une lacune de la constitution que le peuple suisse devait combler quarante ans plus tard en décidant de créer une Cour administrative fédérale.

Le droit privé n'est point rangé tout entier dans les attributions du législateur fédéral, ainsi que le voulait le projet de 1872 ; les matières de droit civil où prédomine un intérêt pécuniaire lui sont réservées, tandis que les cantons continuent de légiférer sur le droit de famille et le droit criminel, sous réserve d'un certain nombre de dérogations au principe. Le partage des compétences concernant le droit privé n'est pas établi sur un plan systématique, parce qu'il résulte d'un compromis conclu entre fédéralistes et centralistes sur la base de concessions réciproques.

(1) Article 5.
(2) Loi du 27 juin 1874 (art. 59).

Les *attributions administratives* de la Confédération sont considérablement élargies. La Constitution lui réserve le pouvoir de statuer sur la construction et l'exploitation des chemins de fer (art. 26), — d'ordonner des travaux publics d'intérêt général et d'exproprier (art. 23), — de réglementer la pêche et la chasse dans le but d'assurer la conservation du poisson, du gibier et des oiseaux utiles à l'agriculture (art. 25), — d'exercer une haute surveillance sur la police des endiguements et des forêts dans les régions élevées, sur les routes et ponts dont le maintien l'intéresse (art. 24 et 37), — de légiférer sur certaines matières de droit industriel (art. 34), — de contrôler les opérations des sociétés d'assurances et des agences d'émigration (art. 34).

L'armée reste formée de contingents recrutés, encadrés et organisés par les cantons : il n'y a pas d'armée fédérale unique. L'effort des centralistes aboutit seulement à réserver à la Confédération l'instruction militaire, l'armement des troupes et le droit de légiférer sur l'organisation de l'armée (art. 20 et 21).

L'instruction publique, à tous ses degrés, demeure aux cantons. Le pouvoir central se réserve cependant la faculté de créer une Université fédérale ou d'autres établissements d'enseignement supérieur ou de subventionner des établissements de ce genre (art. 27).

Quant aux *finances*, les centralistes obtiennent la réalisation d'une importante réforme inscrite dans le projet de 1872 : la totalité des recettes douanières et postales sont attribuées à la Confédération, sans partage avec les cantons (art. 30, 36 et 42). Par contre, la constitution n'institue pas une banque d'Etat dotée du monopole d'émettre des billets, ainsi qu'ils le demandaient. L'article 39 se borne à réglementer les émissions de billets opérées par les banques cantonales.

Quelle autorité sera chargée de faire respecter les limites des compétences fédérales et cantonales? La constitution confère ce rôle au Tribunal Fédéral, dont les attributions sont élargies et qui reçoit une compétence, qu'il ne possédait pas en 1848, en matière de droit public. C'est à cette haute juridiction qu'il appartient de dire de quel côté penchera la balance lorsqu'un conflit de droit public oppose un canton à la Confédération. Le Tribunal, admirablement recruté et composé de magistrats éminents appartenant à tous les cantons de la Suisse, offre toutes les garanties possibles de compétence et d'impartialité. Il ne possède point cependant les larges pouvoirs de la Cour suprême des Etats-Unis qui peut librement apprécier la constitutionnalité des lois ; il est lié par le texte des lois et des arrêtés fédéraux. Le Tribunal Fédéral est le gardien de la loi bien plutôt que le gardien de la Constitution ; il est investi vis-à-vis des pouvoirs publics cantonaux d'une plus grande autorité que vis-à-vis des pouvoirs publics fédéraux, et ceci est encore un trait caractéristique du régime constitutionnel de 1874.

L'étude de la constitution de 1874 conduit à conclure, contrairement à la formule de son article 3, que c'est à la Confédération qu'appartient la souveraineté, avec le pouvoir de déterminer sa propre compétence, et que les cantons exercent seulement les prérogatives de puissance publique qu'elle leur reconnaît (1).

L'indépendance des cantons tient au droit qu'ils ont d'organiser leurs pouvoirs publics, de nommer leurs fonctionnaires et leurs juges et surtout d'établir et de percevoir des impôts directs à l'exclusion de la Confédération. Il leur est possible, grâce à ces ressources, de créer et d'entretenir des services publics importants, notamment des Universités, des écoles primaires, secondaires et professionnelles, des hôpitaux, dont la réputation s'étend au loin. Les services de police sont entre leurs mains. Leur vie administrative est intense et complète. Les cantons sont d'ailleurs les organes d'exécution des décisions du gouvernement fédéral qui ne possède d'autres fonctionnaires que ceux de ses bureaux ministériels, des postes et des douanes, et ce rôle oblige le pouvoir central à tenir compte des idées, des goûts, des traditions propres à chaque canton.

On ne saurait, par contre, attacher beaucoup d'importance aux vestiges de souveraineté législative que la constitution de 1874 laisse aux cantons, non plus qu'à leur autonomie militaire.

L'une et l'autre sont évidemment destinées à subir une diminution progressive, par le jeu normal des institutions, jusqu'à ne plus avoir qu'une existence théorique, lorsque l'armée sera centralisée aux mains du département militaire fédéral et que

______

(1) Les publicistes discutent le point de savoir si la souveraineté se partage entre la Confédération et les cantons, ou si l'Etat fédéral seul est souverain, les cantons constituant ce qu'on appelle des « Etats non souverains ». L'ancienne théorie dont la Constitution de 1874 contient un dernier reflet et qui place dans les cantons l'origine de la souveraineté, que le gouvernement fédéral exercerait par délégation, est aujourd'hui à peu près abandonnée.

toutes les matières législatives importantes auront passé dans la compétence de l'Assemblée Fédérale. (1)

III. — Le développement de la législation fédérale.

Postérieurement à 1874, le mouvement centralisateur a continué de s'affirmer par deux procédés de technique juridique : le vote de nouvelles lois fédérales et les revisions partielles de la constitution. L'activité législative normale de l'Assemblée fédérale,

(1) La Constitution de 1874 a subi vingt et une revisions partielles, savoir :
1° 18 mai 1879. Modification de l'art. 65 (Rétablissement de la peine de mort, sauf en matières politiques);
2° 25 oct. 1885. Modif. de l'art. 31, introduction de l'art. 32 *bis* et de l'art. 6 des dispositions transitoires (Fabrication et vente des spiritueux);
3° 10 juillet 1887. Addition à l'art. 64 (Protection des inventions);
4° 26 oct. 1890. Introd. de l'art. 34 *bis* (Assurances en cas de maladie et d'accidents);
5° 5 juillet 1891. Révision de tout le chap. III (Introduction du droit d'initiative);
6° 18 oct. 1891. Modif. de l'art. 39 (Monopole des billets de banque);
7° 20 août 1893. Introduction de l'art. 25 *bis* (Abatage des animaux);
8° 11 juillet 1897. Modif. de l'art. 24 (Police des endiguements et des forêts);
9° 11 juillet 1897. Introd. de l'art. 69 *bis* (Police du commerce des denrées alimentaires);
10° et 11° 13 nov. 1898. Modif. de l'art. 64 et introd. de l'art. 64 *bis* (Unification du droit civil et pénal);
12° 23 nov. 1902. Introd. de l'art. 27 *bis* (Subventions aux écoles primaires);
13° 19 mars 1905. Modif. de l'art. 64 (Protection des inventions);
14° 5 juillet 1908. Modif. de l'art. 31 et introd. de l'art. 32 *ter* (Interdiction de l'absinthe);
15° 5 juillet 1908. Introduction de l'art. 34 *ter* (Compétence du législateur fédéral en matière d'Arts et Métiers);
16° 25 oct. 1908. Introd. de l'art. 24 *bis* (Compétence du législateur fédéral en matières de forces hydrauliques);
17° 4 mai 1913. Modif. des art. 31 et 69 (Pouvoirs de police en matière d'épidémies et de maladies contagieuses);
18° 25 oct. 1914. Modif. de l'art. 103 et introd. d'un art. 114 *bis* (Création d'un tribunal administratif fédéral);
19° 13 mai 1917. Modif. des art. 41 *bis* et 42 (Création d'un droit de timbre au profit de la Confédération);
20° 13 oct. 1918. Modif. de l'art. 73 (Représentation proportionnelle dans les élections au Conseil National);
21° 4 mai 1919. Modif. de l'art. 24 *ter* (Compétence du législateur fédéral en matière de police de la navigation).

dans les limites de sa compétence constitutionnelle, est nécessairement un facteur de centralisation, parce que la loi fédérale
abroge les lois cantonales qui statuaient sur le même objet :
c'est ainsi qu'un seul Code civil suisse s'est substitué aux multiples codes civils cantonaux. Quant à la revision de la constitution, opérée avec le concours du peuple et des cantons, elle
pourrait théoriquement avoir pour effet de diminuer les pouvoirs de la Confédération aussi bien que de les accroître, le
peuple souverain étant libre de déplacer dans un sens ou dans
un autre le centre de gravité du système fédératif. Cependant,
sur les vingt et une revisions partielles qui furent effectuées de
1874 à 1919, il n'en est qu'une ayant eu pour effet d'élargir la
compétence législative des cantons. Nous faisons allusion à la
revision de 1879 qui rendit aux cantons le droit d'inscrire la
peine de mort dans leurs lois pénales, — sauf pour crimes politiques, — alors que la Constitution avait aboli ladite peine dans
toute la Suisse, même pour les crimes de droit commun (1).
Cette réforme est la plus brillante victoire que le parti fédéraliste ait remportée en un demi-siècle. Deux autres revisions ont
servi à modifier les droits électoraux ou législatifs du peuple ;
dix-neuf ont fait œuvre de centralisation en donnant des compétences nouvelles aux Chambres fédérales.

On peut remarquer d'ailleurs que le peuple suisse n'établit
pas de démarcation très tranchée entre la loi constitutionnelle
et la loi ordinaire ; il les distingue plutôt par leurs caractères
formels et par leurs procédures différentes que par leur objet.
Le pacte fondamental de 1874 est surchargé d'articles *bis* ou *ter*
qui n'ont qu'un rapport indirect avec l'organisation des pouvoirs
publics ou la garantie des libertés individuelles et qui portent
sur des matières législatives bien plutôt que constitutionnelles.
Il y a un avantage à cette élasticité des catégories juridiques :
c'est que le peuple peut, en usant du droit d'initiative constitutionnelle, exercer indirectement un droit d'initiative législative
que la constitution lui refuse. On sait comment la Société protectrice des animaux, voulant empêcher les bouchers juifs
d'égorger le bétail selon leurs rites traditionnels, provoqua en
1893 une revision de la Constitution et y fit inscrire l'article 25 *bis*
qui réglemente l'abatage des animaux de boucherie. On pour-

(1) Revision de l'art. 65 de la Constitution. (Votation du 18 mai 1879.)
Annuaire 1879.

rait citer également diverses mesures de police administrative qui furent érigées en principes constitutionnels dans le dessein de les soustraire à la diversité d'appréciation des législateurs cantonaux et de poser une règle applicable à toute la Confédération : l'interdiction de l'absinthe en est un exemple. Aussi n'y a-t-il pas lieu, en étudiant l'évolution du droit fédéral, de séparer les lois constitutionnelles des lois ordinaires.

Ce serait cependant une erreur de croire que les fédéralistes n'aient jamais remporté de succès dans la lutte qu'ils soutinrent contre le parti centralisateur. Ils ont fait une vive opposition à divers projets qui tendaient trop directement à réaliser l'unification de la Suisse et ils se sont habilement servi de l'arme de la votation populaire et du referendum pour rendre efficace leur résistance. Parmi les amendements constitutionnels et les lois qui furent ainsi repoussés par le peuple, il convient de citer : en 1894, une initiative socialiste, qui tendait à garantir aux citoyens suisses le *droit au travail*, avec fixation d'un minimum de salaire (1) ; en 1895, un projet de *monopole fédéral des allumettes* (2) et un projet de *centralisation de l'armée*, qui avait réuni une majorité considérable dans les deux Chambres (3). Le peuple rejetait en 1900 une loi qui créait un système *d'assurance obligatoire contre la maladie et les accidents* pour accepter d'ailleurs, onze ans plus tard, une deuxième rédaction du projet laissant à l'assurance un caractère facultatif (4). Un projet *d'impôt fédéral direct*, des plus menaçants pour l'autonomie cantonale, échouait à l'épreuve de la votation populaire le 2 juin 1918 et, plus récemment, le même sort était réservé à une loi réglementant les *conditions du travail* parce qu'elle créait de nouveaux organes d'administration fédérale, chargés d'étudier les questions de législation ouvrière et de déterminer le taux moyen des salaires (5).

Ces verdicts prononcés par le corps électoral témoignent d'un attachement profond des citoyens au régime de l'autonomie cantonale qui protège leur particularisme, mais ils constituent en quelque sorte des succès négatifs. Leur seul effet est de retarder ou d'empêcher momentanément la réalisation de certaines

---

(1) *Annuaire* 1894, p. 573.
(2) Votation du 29 sept. 1895. *Annuaire* 1895, p. 499.
(3) Votation du 3 nov. 1895. *Annuaire* 1895, *ibidem*.
(4) Votation du 20 mai 1900. *Annuaire* 1900, p. 376.
(5) Votation du 21 mars 1920.

mesures centralisatrices trop hardies, sans arrêter pour cela les progrès de la centralisation. Ainsi que tous les combattants qui ont adopté une tactique purement défensive, les fédéralistes cèdent constamment du terrain à leurs adversaires. Il suffit, pour s'en convaincre, d'énumérer les objets nouveaux qui furent placés, en un demi-siècle, dans les attributions du législateur fédéral.

1° *Unification du droit privé.* — La Constitution laissait aux cantons la liberté de légiférer sur la plupart des matières du droit civil et sur toutes celles du droit pénal. A mesure que se développèrent les échanges commerciaux, les voyages, les changements de résidence, les inconvénients de la diversité de législation civile devinrent plus sensibles : d'incessants conflits prenaient naissance entre la loi du canton d'origine et la loi du domicile des individus établis hors de leur canton. Aussi la revision constitutionnelle du 13 novembre 1898, qui plaçait tout le droit civil dans les compétences de la Confédération, ne provoqua guère d'oppositions (1) ; la Suisse était d'ailleurs incitée à suivre l'exemple de l'Allemagne, qui préparait alors son Code civil. L'unification du droit pénal fut votée le même jour par le peuple (2), mais la réalisation de cette réforme se heurta à des difficultés assez sérieuses. Tandis que le Code civil suisse a pu être promulgué le 10 décembre 1907 (3), la rédaction du Code pénal fédéral n'est pas encore terminée.

2° *Législation industrielle et assurances sociales.* — Le développement industriel de la Suisse fit vivement sentir le besoin d'unité législative en matière de propriété littéraire et artistique, de brevets d'invention, de réglementation du travail, de protection des ouvriers, de prévoyance sociale. On ne saurait reprocher aux législateurs cantonaux d'avoir négligé ces questions; ils ont établi un grand nombre de lois ouvrières, minutieusement étudiées, souvent inspirées par des vues très larges de solidarité sociale, et leur travail a servi à préparer dans une certaine me-

(1) Revision de l'art. 64 de la Constitution. V. le *Bulletin de Législ. comp.*, 1901, p. 361.

(2) Art. 64 *bis* de la Constitution.

(3) *Annuaire* 1907, p. 681. Le Code civil avait été précédé lui-même, dès le 14 juin 1881, par le Code des Obligations. (*Annuaire* 1882, **p. 520.**)

sure celui des Chambres fédérales (1). Dès 1887, une revision constitutionnelle donnait à la Confédération le pouvoir de légiférer sur les inventions utiles à l'industrie (2) et faisait naître trois lois, sur les *brevets d'invention* (3), sur les *modèles et dessins industriels* (4) et sur les *marques de fabrique* (5). La revision du 26 octobre 1890 admettait le principe d'une *assurance fédérale contre la maladie et les accidents* (6), dont la réalisation rencontra des difficultés. Les Chambres ayant voté en 1899 une loi qui déclarait l'assurance obligatoire, les libéraux et les fédéralistes provoquèrent un referendum et le peuple vota le rejet. Il fallut que l'Assemblée fédérale remaniât complètement son premier texte et donnât à l'assurance le caractère facultatif pour que le projet pût triompher d'un second referendum et devenir la loi du 13 juin 1911 (7). Enfin une troisième revision, le 5 juillet 1908, permettait à la Confédération d'édicter des prescriptions uniformes dans le domaine des arts et métiers (8), formule très générale qui faisait passer toute la législation industrielle dans les compétences de l'Assemblée. Celle-ci réglementa

(1) Citons parmi les textes législatifs les plus intéressants : *Zurich*, loi du 12 août 1894 sur la protection des ouvriers (*Annuaire* 1894, p. 700); *Neuchâtel*, loi du 19 mai 1896, sur le même objet (*Annuaire*, 1896, p. 584); *Genève*, loi du 25 nov. 1899 sur le travail des mineurs (*Annuaire* 1899, p. 511); *Neuchâtel*, loi du 26 avril 1901 sur la protection des ouvriers (*Annuaire* 1901, p. 379); *Bâle-Ville*, loi du 28 avril 1905 sur la protection des ouvriers (*Annuaire* 1905, p. 399); *Berne*, loi du 19 mars 1905 sur l'apprentissage (*Annuaire* 1905, p. 400); *Bâle-Ville*, loi du 14 juin 1906 sur l'apprentissage (*Annuaire* 1906, p. 439); *Lucerne*, loi du 6 mars 1906 sur le même objet (*Annuaire* 1906, p. 449); *Tessin*, loi du 15 janv. 1912 sur le même objet (*Annuaire* 1912, p. 330); *Tessin*, lois du 15 janv. et du 20 nov. 1913 sur le travail des employés non soumis à la législation fédérale (*Annuaire* 1913, p. 459); *Saint-Gall*, loi du 28 mai 1914 sur l'assurance obligatoire contre la maladie et les accidents (*Annuaire* 1914-15, p. 295), etc.

(2) Revision de l'article 64, le 10 juillet 1887.

(3) Lois du 29 juin 1888 et du 24 juin 1907. *Annuaire* 1907, p. 681.

(4) Lois du 21 juin 1888 et du 30 mars 1900. *Annuaire* 1900, p. 356.

(5) Loi du 26 sept. 1890. *Annuaire* 1890, p. 569.

(6) Introduction de l'article 34 *bis*.

(7) *Annuaire* 1911, p. 528. Cette loi a été remaniée par celle du 18 juin 1915 (*Annuaire* 1914-15, p. 280) et par celle du 1er avril 1918. Il est assez curieux de remarquer à ce propos que le canton de Saint-Gall a rétabli chez lui, par une loi particulière, ce principe de l'assurance obligatoire qui avait choqué les cantons romands lors du vote de la loi fédérale (Saint-Gall, loi du 28 mai 1914. *Annuaire* 1914-1915, p. 295.)

(8) Introduction de l'article 34 *ter*.

d'abord le *travail dans les fabriques* (1), puis elle élabora, en 1918, une loi importante sur les *conditions du travail* dont l'objet essentiel devait être d'éviter les conflits entre employeurs et employés. La loi créait dans ce but un *Office du travail* et des *comités de salaires* dont l'autorité pouvait imposer un tarif officiel de salaires à l'industrie privée ; elle autorisait également le Conseil Fédéral à établir un type de contrat collectif de travail que les employeurs et les employés devraient accepter. Nous avons indiqué déjà que le peuple rejeta cette loi (2), mais ce fut à une faible majorité et il est vraisemblable que l'Assemblée reprendra le projet en lui faisant subir quelques modifications.

3° *Lois de police administrative.* — Les pouvoirs de police administrative réservés à la Confédération en 1874 étaient peu nombreux et avaient un caractère exceptionnel. Elle pouvait légiférer pour assurer le régime des torrents et pour protéger les forêts en montagne (3), pour empêcher la destruction du gros gibier et des oiseaux utiles à l'agriculture (4), soit toutes les fois que la conservation d'une richesse nationale, forêt, alpage, chute d'eau, gibier, etc.., devait être assurée indépendamment des conflits possibles de lois et d'intérêts entre les cantons.

C'est en conformité de ce principe général que furent établies la loi du 24 mars 1876 sur la *police des forêts* dans les régions élevées (5), celle du 22 juin 1877 sur la *police des eaux* (6), celle du 21 décembre 1888 sur la *pêche* (7), celle du 24 juin 1904 sur la *chasse* (8). Les cantons doivent se conformer dans leurs lois et règlements de police particuliers aux dispositions générales de ces textes.

Mais le critérium de l'intérêt national, accepté par le peuple pour légitimer les pouvoirs de police de la Confédération, était évidemment susceptible d'un grand nombre d'autres applications. On pouvait l'invoquer chaque fois qu'un danger matériel menaçait la santé de la population ou ses conditions de bien-

---

(1) Loi du 18 juin 1914. *Annuaire* 1914-1915, p. 203.
(2) Votation populaire du 21 mars 1920.
(3) Art. 24.
(4) Art. 25.
(5) *Annuaire* 1876, p. 542.
(6) *Annuaire* 1877, p. 611.
(7) *Annuaire* 1888, p. 625.
(8) *Annuaire* 1904, p. 240.

être, chaque fois même qu'il s'agissait de tirer la meilleure utilisation possible d'une richesse naturelle. Il était dans la logique des choses que le jeu des revisions constitutionnelles étendît progressivement les droits de police des autorités fédérales au-delà des bornes primitivement fixées.

La police des *forêts et des eaux* cessa d'abord d'être limitée aux seules régions de montagne (1). Successivement ensuite la Confédération s'empara de la réglementation des *distributions d'électricité* (2), des *forces hydrauliques* (3), de la police du *commerce des denrées alimentaires* et des *objets usuels* (4). Les dispositions légales édictées sur ce dernier point peuvent être données en exemple aux gouvernements soucieux de protéger leurs ressortissants contre les falsifications alimentaires et les tromperies commerciales. La loi du 8 décembre 1905 oblige les cantons à créer et à entretenir des laboratoires d'analyses, à instituer dans chaque commune des autorités sanitaires et un service d'inspection des viandes, en couvrant une partie de leurs dépenses par des subventions fédérales. Au contrôle cantonal se superpose un contrôle fédéral assuré par un Bureau sanitaire, les services vétérinaires aux frontières et les services douaniers. L'ensemble fonctionne au mieux et les falsifications de denrées alimentaires sont chose presque inconnue en Suisse.

La revision constitutionnelle du 4 mai 1913 permit à la Confédération de recourir à toutes les mesures utiles pour lutter contre les *maladies contagieuses* et notamment contre la *tuberculose* (5). Déjà elle avait demandé au peuple les pouvoirs nécessaires pour combattre un fléau menaçant la santé de la population et interdit, dès 1908, la fabrication, l'importation, le transport, la vente et la détention de la *liqueur dite absinthe* (6).

Récemment enfin la Suisse, se préoccupant d'établir un réseau général de voies de communications par eau, ne voulut plus abandonner aux cantons le soin de réglementer la navigation

(1) Revision du 11 juillet 1897; loi du 11 octobre 1902. *Annuaire* 1902, p. 499.

(2) Loi du 24 juin 1902. *Annuaire* 1902, p. 489.

(3) Revision du 25 octobre 1908 et loi du 22 décembre 1916. *Annuaire* 1916-1917, p. 204.

(4) Revision du 11 juillet 1897 et loi du 8 décembre 1905. *Annuaire* 1905, p. 372.

(5) *Annuaire* 1913, p. 411.

(6) Revision constitutionnelle du 5 juillet 1908, introduisant l'article 32 *ter*.

sur leurs lacs et leurs rivières particulières. La police de la navigation devint police fédérale (1).

4° *Finances*. — La création d'une *Banque Nationale* de la Confédération, jouissant du monopole d'émettre des billets, qui avait été repoussée en 1874, fut rendue possible par la revision constitutionnelle du 18 octobre 1891 (2); néanmoins il fallut encore près de quinze années d'efforts pour la réaliser. Les banques cantonales, que ce projet dépouillait d'une importante prérogative, firent échouer au referendum une loi votée par les Chambres, le 28 juin 1896, sur cet objet. C'est seulement par une seconde loi, en date du 6 octobre 1905, que la Banque Nationale fut instituée et organisée (3).

Pendant que se déroulaient les premières discussions sur le monopole des billets de banque, les fédéralistes tentèrent de prendre l'offensive sur un autre terrain et lancèrent une demande d'amendement constitutionnel pour obtenir que les droits de douane perçus par la Confédération fussent en partie reversés aux cantons; la Confédération aurait versé à chaque canton une somme annuelle de 2 francs par tête d'habitant, quels que pussent être d'ailleurs la quotité des droits de douane et le chiffre des recettes douanières de l'État. Le projet fut qualifié par ses adversaires de *Beutelzug* (campagne de pillage), parce qu'il sacrifiait les intérêts généraux du Trésor; une majorité de 200.000 voix et cinq cantons le repoussa, lors de la votation populaire du 4 novembre 1894.

Depuis cet échec, la politique financière des fédéralistes consista surtout à esquiver la menace éventuelle d'un impôt direct fédéral. Nous avons signalé déjà leur succès du 2 juin 1918 sur ce point. Cependant les dépenses considérables que la guerre de 1914-1918 imposa à la Suisse exigeaient que de nouvelles sources de recettes fussent mises à la disposition du pouvoir central. Elles furent demandées en partie à un impôt fédéral du *timbre*, créé en 1917, et dont une part revient aux cantons (4), en partie à un *impôt de guerre sur la fortune*, temporairement perçu en

(1) Revision constitutionnelle du 4 mai 1919.
(2) Modification de l'article 39.
(3) *Annuaire* 1905, p. 370.
(4) Revision constitutionnelle du 13 mai 1917 et loi du 4 oct. 1917. *Annuaire* 1916-1917, p. 235.

1916 et 1917, et à un impôt sur les *bénéfices de guerre* (1). Un nouvel impôt direct temporaire doit être établi sur la fortune des particuliers à dater de 1921, pour une période de seize ans.

5° *Régies et monopoles.* — L'opération du *rachat des chemins de fer* marque une date importante dans l'histoire du développement administratif et financier de la Confédération. L'idée avait été lancée dès 1863, le Conseil National avait eu l'occasion d'en discuter à maintes reprises, mais sa réalisation demanda plusieurs étapes. La première fut d'enlever aux cantons et de donner à la Confédération le droit d'accorder des concessions de chemins de fer, d'en réglementer l'exploitation et de veiller à l'application des tarifs. Elle fit l'objet de la loi du 23 décembre 1872 (2). La législation sur la construction et l'exploitation fut mise dans les compétences fédérales par la constitution de 1874 (3). En 1883 une proposition de rachat, discutée par l'Assemblée fédérale, parut prématurée et n'aboutit pas (4). C'est à partir de 1891 que les projets gouvernementaux se précisèrent et rencontrèrent dans le peuple des sentiments d'approbation générale. La loi décidant le rachat forcé des cinq grands réseaux existants, soumise au referendum le 15 octobre 1897, réunit une majorité de plus de 200.000 acceptants (5).

Nous citerons encore, parmi les lois centralisatrices importantes, celles qui conférèrent à la Confédération le *monopole de l'alcool* et qui accrurent ses ressources financières tout en lui permettant de légiférer sur la fabrication, l'importation ou la vente des spiritueux. Cette législation est inspirée tout ensemble par des préoccupations fiscales et par le souci de combattre le fléau de l'alcoolisme (6).

---

(1) Arrêté du 18 septembre 1916 (Impôt sur les bénéfices de guerre). *Annuaire* 1916-1917, p. 168.

(2) *Annuaire* 1872, p. 382.

(3) Art. 26.

(4) *Annuaire* 1883, p. 567.

(5) *Annuaire* 1897, p. 621. Comp. les lois postérieures du 27 juin 1901, sur les tarifs des C. F. F. (*Annuaire* 1901, p. 331), du 23 juin 1910, sur les traitements du personnel des C. F. F. (*Annuaire* 1910, p. 345), du 17 déc. 1913 sur le même objet (*Annuaire* 1914-15, p. 203)

(6) Revisions constitutionnelles du 25 oct. 1885 et du 5 juillet 1908 modifiant l'art. 31 et introduisant l'art. 32 *bis*. Lois du 23 déc. 1886 (*Annuaire* 1886, p. 530); du 29 juin 1900 (*Annuaire* 1900, p. 362); du 22 juin 1907 (*Annuaire* 1907, p. 681).

IV. L'administration.

La Suisse possède une double organisation administrative, celle des cantons et celle de la Confédération. C'est aux administrations cantonales qu'appartient le rôle le plus important, car elles sont chargées à la fois des services publics de leur canton et de l'exécution des lois fédérales; le canton est, d'une part, un État fédéré, doué d'une certaine autonomie, et il constitue, d'autre part, un organe administratif de l'État fédéral. Ce dernier n'aurait besoin que d'une administration simplifiée, qu'on pourrait concevoir théoriquement limitée aux services et bureaux des Départements fédéraux, s'il n'entreprenait pas de gérer directement certains services publics, ou de collaborer à l'action administrative des cantons. Il lui faut, au contraire, d'autant plus de fonctionnaires et d'organes spéciaux que des lois centralisatrices élargissent davantage le cercle de ses attributions.

La Confédération gère aujourd'hui quatre grands services publics qui se rattachent directement au Conseil fédéral ou à l'un de ses Départements : ce sont les Douanes, les Chemins de fer, les Postes, les Télégraphes et Téléphones; ils comprennent un nombre considérable de fonctionnaires et sont dotés d'une organisation unitaire qui ne tient aucun compte de l'existence des cantons (1).

Il existe en outre divers *Offices fédéraux*, doués d'une plus grande autonomie vis-à-vis du gouvernement que les services en régie : tels sont l'*Office de la propriété intellectuelle*, l'*Office des assurances*, la *Régie des alcools*, etc. (2). Quant aux divisions,

(1) Les quatre services fédéraux sont divisés chacun en circonscriptions territoriales appelées « arrondissements », dont l'ensemble couvre le territoire de la Confédération. Le personnel est placé sous l'autorité des directeurs d'arrondissement, subordonnés eux-mêmes à un directeur général nommé par le Conseil Fédéral. Il se divise en *personnel provisoire* et *personnel à titre permanent*, ce dernier comprenant lui-même des *fonctionnaires* et des *employés*. Le pouvoir de nommer les agents du personnel est réparti entre le Conseil Fédéral, le département compétent, le directeur général et les directeurs d'arrondissement.

(2) La Banque Nationale Suisse et la Caisse Fédérale des assurances contre les accidents ne sont pas considérées comme des services publics fédéraux; on les range dans la catégorie que le droit allemand appelle *Selbstverwaltungskörper*.

offices, bureaux et services d'inspection des Départements fédéraux, ils se sont considérablement multipliés en cinquante ans.

L'accroissement des compétences administratives de la Confédération a entraîné deux conséquences intéressantes : il a rendu nécessaire une réorganisatien de l'Administration centrale et il a modifié la notion du contentieux administratif.

1º *Administration centrale.* — Dans le système constitutionnel de 1874, toutes les affaires gouvernementales et administratives de la Confédération relevaient de la compétence du Conseil fédéral, délibérant en corps (1). C'était un organe collégial qui représentait à la fois le pouvoir exécutif et l'administration centrale, à la différence du système français qui confie la direction de l'administration aux ministres pris individuellement.

L'augmentation du nombre des affaires fit introduire au sein du Conseil fédéral le principe de la division du travail et accorder à chacun de ses membres un certain pouvoir individuel de décision. L'arrêté fédéral du 21 août 1878, qui consacrait cette innovation, laissait le Conseil fédéral maître de fixer les compétences de chaque chef de Département et de contrôler les décisions prises par lui ; il consacrait une délégation de compétence facultative du Conseil fédéral à ses Départements (2), et marquait le début d'un mouvement de déconcentration qui devait aboutir à la loi du 26 mars 1914 (3). Celle-ci accorde à chaque Département fédéral un pouvoir propre de décision, et elle autorise le chef du Département à faire des délégations de compétence aux chefs de service, ses subordonnés. Les décisions prises par un chef de Département ou par des fonctionnaires inférieurs peuvent toujours être frappées d'un recours hiérarchique porté devant le Conseil fédéral, à moins que la loi ne détermine une autre voie de recours.

L'intérêt de cette réforme consiste en ce que le type d'organisation administrative qu'on appelle le système collégial ou directorial, qui était extrêmement répandu et en quelque sorte classique en Suisse, a subi une atteinte sous la pression des

____

(1) Article 103 de la Constitution.

(2) L'arrêté de 1878 a été modifié par celui du 28 juin 1895 (*Annuaire* 1895, p. 559).

(3) *Annuaire* 1914-15, p. 203. Elle est complétée par l'arrêté du 17 nov. 1914 sur la compétence des départements.

nécessités pratiques, au bénéfice du système d'administration unipersonnelle.

La même loi du 26 mars 1914 a rompu encore avec une autre tradition du droit public, qui veut que le président de la Confédération soit toujours chargé de diriger le Département politique. Ce système avait l'inconvénient de rendre très instable la direction du service des Affaires étrangères, le président de la Confédération étant élu pour un an et non immédiatement rééligible ; en outre il cumulait aux mains d'un même homme deux fonctions assez lourdes et délicates. L'autorité du président de la Confédération se trouvait affaiblie dans une certaine mesure par sa qualité de chef du Département politique et réciproquement. Mais cet effacement du premier magistrat de la Confédération était voulu et conforme aux conceptions démocratiques du peuple suisse, qui aurait craint que l'accession d'un conseiller fédéral à des fonctions particulièrement élevées, dans d'autres conditions, ne conférât à celui-ci une certaine autorité personnelle et une sorte de prééminence sur ses collègues. Il désirait que le Conseil fédéral demeurât toujours l'autorité collégiale et impersonnelle, composée de sept membres égaux en droit et en fait, à qui la constitution confiait le pouvoir exécutif. La réforme de 1914 pouvait donc paraître hardie. Elle consistait à séparer la présidence de la Confédération de la direction du Département politique qui pouvait demeurer plusieurs années entre les mains du même conseiller fédéral, tandis que le président conservait la direction du Département qu'il occupait avant l'élection et était aidé dans ses fonctions par la Chancellerie fédérale, rattachée à la présidence. A la vérité, ce n'était point là une innovation. La séparation de la Présidence et du Département politique avait été tentée en 1888 sous l'inspiration de Numa Droz, mais il avait fallu revenir au système traditionnel quelques années plus tard, devant les critiques des démocrates. Le même phénomène se reproduisit une seconde fois et les dispositions de la loi du 26 mars 1914 sur l'organisation du Département politique furent abrogées le 26 juin 1917 par un arrêté que prit le Conseil fédéral en vertu de ses pleins pouvoirs (1).

(1) Art. 1ᵉʳ : « Le président de la Confédération dirige comme tel le Département politique. » (*Annuaire* 1916-1917, p. 185.) La loi de 1914 est demeurée en vigueur pour le surplus de ses dispositions. Rappelons notamment qu'elle a remanié l'ancien département du Commerce, de l'Industrie et de l'Agriculture, qui prend dorénavant le nom de département de l'Écono-

2° *Contentieux.* — Les litiges administratifs ont été longtemps portés en Suisse devant le pouvoir exécutif ou l'administration centrale, système simple de contentieux dans lequel on retrouvait l'empreinte laissée par le droit public de la Révolution française dans les institutions helvétiques. La Constitution, en définissant la triple compétence du Tribunal fédéral en matière civile, pénale et de droit public, prend soin de spécifier que le recours de droit public ouvert aux particuliers ne s'applique pas aux litiges d'ordre administratif (1). Ceux-ci doivent être tranchés par le Conseil Fédéral sous le contrôle de l'Assemblée Fédérale (2); le recours ouvert aux administrés a le caractère d'un recours purement administratif et non pas juridictionnel.

La distinction des litiges administratifs et des litiges de droit public pouvant être délicate à établir parce qu'elle ne relève d'aucun critérium précis, la loi donne une énumération limitative des matières que l'on doit considérer comme étant de nature administrative (3).

Dans la majorité des cantons, à la même époque, l'Administration centrale jouissait aussi de la prérogative d'être juge en sa propre cause; quelques constitutions déféraient la connaissance des litiges administratifs au législateur; d'autres la faisaient entrer dans la compétence du juge de droit commun. Aucun canton ne possédait de tribunal administratif proprement dit et la raison n'en était pas seulement que la Suisse avait longtemps vécu sous un régime de confusion des pouvoirs, mais encore que l'administration cantonale était peu compliquée et n'embrassait qu'un territoire restreint. Quant à l'administration fédérale, encore embryonnaire en 1874 et confondue avec le gouvernement, elle ne pouvait pas donner naissance à un contentieux assez lourd pour nécessiter un juge spécial.

La situation changea à mesure que s'étendirent les rapports juridiques entre l'administration, fédérale ou cantonale, et les individus et que les juristes distinguèrent mieux la fonction de juger de celle d'administrer. Dès 1877, un tribunal administratif apparaissait dans le canton du Valais, imité par le demi-

---

mie publique et dont la compétence s'étend à toutes les questions de législation du travail, de protection ouvrière et d'enseignement professionnel.

(1) Article 113.

(2) Loi du 27 juin 1874.

(3) Loi du 27 juin 1874, art. 59.

canton de Bâle-Ville, en 1903 (1). Ces juridictions étaient encore
très imparfaitement dégagées des formes d'organisation et de la
procédure des tribunaux civils ; un progrès fut réalisé par le
canton de Berne qui créa, en 1909, une juridiction spéciale, complètement indépendante des tribunaux de droit commun, pour
connaître des litiges administratifs ; la compétence du tribunal
bernois correspond à ce qu'on nomme en France le contentieux
de pleine juridiction, à l'exclusion du contentieux d'annulation
qui est porté par voie de recours hiérarchique devant les autorités administratives (2).

En droit fédéral, un mouvement se dessina, qui tendait à
limiter les prérogatives du Conseil Fédéral comme juge en matière administrative. Deux lois du 22 mars 1893 et du 6 octobre
1911 (3) modifièrent, en la restreignant, l'énumération des matières administratives établie par la loi de 1874 ; la compétence
exceptionnelle du Conseil Fédéral en était diminuée et celle du
Tribunal Fédéral, qui est juge de droit commun, s'en accroissait.
Mais ces retouches ne faisaient pas disparaître les inconvénients
fondamentaux du système adopté, les administrés et les fonctionnaires réclamaient un juge qui fût autre que le gouvernement, et l'idée de créer un Tribunal administratif fédéral gagnait
les meilleurs esprits. Cette création fut décidée en principe par
la revision constitutionnelle du 25 octobre 1914 (4).

La loi qui doit organiser le Tribunal administratif fédéral n'a
toutefois pas été élaborée encore par l'Assemblée, dont la
guerre a ralenti les travaux. Deux conceptions sont en présence,
entre lesquelles le législateur devra se prononcer : l'une est de
rattacher la nouvelle juridiction au Tribunal Fédéral, l'autre de
lui donner une organisation indépendante ; elle siègerait dans le
premier cas à Lausanne, et à Berne dans le second.

(1) *Valais*, loi du 1er décembre 1877. *Annuaire* 1877, p. 605. — *Bâle-Ville*,
loi du 9 mars 1905. *Annuaire* 1905, p. 399.
(2) *Berne*, loi du 31 octobre 1909. *Annuaire* 1909, p. 335.
(3) *Annuaire* 1893, p. 446 ; 1911, p. 520.
(4) Modification à l'article 103 et introduction de l'article 114 *bis*. *Annuaire*
1914-1915, p. 206 et suiv.

V. Les droits législatifs du peuple.

La faveur dont jouissent en Suisse les formes de *gouvernement direct* et de *gouvernement semi-direct*, suivant l'expression de M. le professeur Esmein, n'a aucunement diminué. L'antique institution des *Landesgemeinden* occupe toujours la place d'honneur dans les constitutions des quatre cantons « purement démocratiques », encore qu'elles aient été revisées et modifiées récemment (1). Quant au *referendum législatif*, cette institution typique du droit public suisse, il a conquis successivement tous les cantons et fait disparaître les derniers vestiges du système de gouvernement *purement représentatif*. Ses progrès, qui symbolisent la marche même des idées démocratiques, s'affirment dans les chiffres suivants : on comptait, en 1860, que les cantons fidèles aux institutions purement représentatives groupaient environ un million d'habitants. Dix années plus tard, ce chiffre tombait à 330.000 habitants, répartis en cinq cantons : Fribourg, Genève, Tessin, Zug et Bâle-Ville. En 1883, Fribourg demeurait le seul canton qui ne voulût pas connaître les bienfaits du referendum ; en 1920, il modifiait sa constitution pour consacrer à son tour les droits législatifs du peuple (2).

(1) Voir les Constitutions d'Uri, 1888; d'Unterwald-le-Bas, 1877; d'Unterwald-le-Haut, 1902; de Glaris, 1887; d'Appenzel-Rhodes Intérieures, 1872; d'Appenzel-Rhodes Extérieures, 1900.

(2) Voici quelles sont les principales lois cantonales instituant le *referendum* ou l'*initiative populaire* : *Berne*, loi du 4 juillet 1869 sur le referendum; *Bâle-Ville*, loi du 16 nov. 1875 (même objet) (*Annuaire* 1875, p. 677); *Neuchâtel*, loi du 29 mai 1879 (referendum facultatif) et décret du 22 janvier 1882 (droit d'initiative); *Genève*, loi du 25 mai 1879 (referendum facultatif) (*Annuaire* 1879, p. 631); *Tessin*, décret du 4 mars 1883 (referendum) (*Annuaire* 1883, p. 636); *Soleure*, Constitution du 23 oct. 1887 (referendum obligatoire et initiative populaire) (*Annuaire* 1887, p. 695); *Schaffouse*, lois du 9 nov. 1891, 24 fév. 1895 et 15 mars 1904 (referendum et initiative) (*Annuaire* 1904, p. 239); *Genève*, loi constitutionnelle du 5 juillet 1891 (initiative populaire) (*Annuaire* 1891, p. 716); *Berne*, Constitution du 4 juin 1893 et décret du 4 fév. 1896 (referendum et initiative) (*Annuaire* 1893, p. 484); *Fribourg*, loi du 12 mai 1894 (initiative) (*Annuaire* 1894, p. 628); *Zurich*, loi du 12 août 1894 (initiative) (*Annuaire* 1894, p. 697); *Zug*, loi du 21 nov. 1881 (*Annuaire* 1881, p. 633) et Constitution du 31 janv. 1894 (*Annuaire* 1894, p. 677); *Argovie*, loi du 27 sept. 1898 (referendum) (*Annuaire* 1898, p. 532); *Genève*, loi du 17 juin 1905, abrogeant et remplaçant celle de 1891 sur le droit d'initiative (*Annuaire* 1905, p. 413); *Lucerne*, loi du 23 mai 1906 (ini-

L'accord unanime paraît donc s'être établi en Suisse sur l'excellence du referendum, ce qui ne signifie pas d'ailleurs que tous les cantons organisent de la même façon l'intervention du peuple dans la procédure législative. Les uns considèrent la volonté populaire comme un élément de formation de la loi et proclament le referendum *obligatoire*. D'autres admettent qu'il soit *facultatif*, que la votation populaire constitue une espèce de droit de veto et n'intervienne que lorsqu'un certain nombre de citoyens la demandent expressément. D'autres divergences encore existent quant à la nature et à l'objet des actes législatifs soumis au referendum ou quant à la procédure des votations.

Le *referendum facultatif* a été introduit dans le droit public fédéral par l'article 89 de la constitution et organisé par la loi du 17 juin 1874 (1). A mesure que progresse l'unification législative de la Suisse, l'importance des votations populaires cantonales décroît et c'est sous la forme de « campagnes referendaires » contre les lois fédérales que s'engagent les grandes batailles d'idées entre les partis politiques. La demande de referendum n'émane jamais des cantons, bien que la constitution ait prévu la possibilité de cette procédure ; elle procède toujours d'un groupe organisé de citoyens qui s'efforce de réunir les 30.000 signatures requises par la loi au moyen d'une campagne de presse et de conférences, souvent fort vive et au cours de laquelle la loi est longuement analysée et discutée.

tiative et referendum) (*Annuaire* 1986, p. 449) ; *Argovie*, loi du 4 déc. 1910 (initiative) (*Annuaire* 1911, p. 527) ; *Valais*, Constitution du 8 mars 1907, modifiant celle de 1875 (referendum obligatoire et initiative).

La récente revision de la Constitution de Fribourg qui fut votée par le peuple le 18 avril 1920 est fort intéressante pour l'histoire du mouvement démocratique en Suisse. Ce canton, demeuré le plus fidèle aux traditions aristocratiques et aux institutions représentatives, avait fait la moindre part à la souveraineté du peuple ; il avait à peine modifié sa constitution depuis 1857. Or, la réforme du 18 avril, qui portait sur huit points différents, consacrait l'adoption, en un seul jour, de toutes les institutions démocratiques pratiquées dans les cantons voisins, soit l'initiative législative du peuple, le droit de referendum pour les lois et décrets, l'élection des conseillers d'Etat par le peuple, l'élection proportionnelle des députés au Grand Conseil, l'incompatibilité des fonctions de conseiller d'Etat avec le mandat de député.

(1) Loi du 17 juin 1874, art. 1 : « Les lois fédérales sont soumises à l'adoption ou au rejet du peuple si la demande en est faite par 30.000 citoyens ou 8 cantons. Il en est de même des arrêtés fédéraux qui sont d'une portée générale et qui n'ont pas un caractère d'urgence.

Il est curieux de remarquer que le referendum ne sert pas toujours à des buts aussi élevés et qu'il peut s'adapter au travail beaucoup plus modeste et terre à terre de l'administration municipale. Deux cantons romands, Neuchâtel et Genève, ont fait l'essai du *referendum communal*, et le succès de leur tentative a encouragé le canton de Vaud à les imiter (1). Les électeurs de chaque commune sont appelés à accepter, rejeter ou même modifier les règlements votés par la municipalité ; à contrôler, sinon l'ensemble du budget, du moins les décisions créant une recette ou engageant une dépense nouvelle. C'est là un facteur puissant de décentralisation en même temps qu'une excellente école d'éducation politique ; les citoyens connaissent très suffisamment la portée des questions qui leur sont soumises et sentent assez la connexion des intérêts matériels de la commune avec les leurs pour intervenir d'une manière judicieuse dans l'administration locale et pour corriger certaines fautes commises par les municipalités.

L'initiative populaire des lois, sans atteindre un développement aussi considérable que le referendum, a cependant gagné une dizaine de cantons nouveaux de 1870 à 1920 (2). De bons esprits manifestaient, au début, certaines préventions contre cette institution, disant que le peuple ne saurait mettre en mouvement la machine législative sans en détraquer les rouages et sans jeter la plus grande confusion dans l'élaboration du droit. Les faits n'ont pas justifié ces pronostics pessimistes et les citoyens se sont servis avec discernement du droit d'initiative pour compléter des lacunes évidentes de l'initiative parlementaire ou gouvernementale. Leur rôle se borne le plus souvent à saisir le législateur cantonal d'une idée que celui-ci met au point, rédige et transforme en proposition qu'il soumet à l'acceptation populaire. C'est le système de *l'initiative par motion*, qui semble un droit de pétition perfectionné. D'autres cantons cependant admettent le mécanisme plus délicat de *l'initiative formulée*, qui permet aux citoyens de rédiger eux-mêmes une proposition de loi. Il en est ainsi à Genève notamment, en vertu de la loi du 17 juin 1905. Dans cette seconde hypothèse, le grand

(1) *Neuchâtel* : loi du 5 mars 1888, modifiant une loi antérieure de 1875 (*Annuaire* 1888, p. 710) ; *Genève*, lois des 12 janvier et 23 oct. 1895 (*Annuaire* 1895, p. 518) ; *Vaud*, proposition de révision constitutionnelle du mois d'août 1910, actuellement à l'étude.

(2) Voir note 2, page 318.

Conseil n'est pas réduit au rôle d'une simple chambre d'entérinement chargée de contresigner la proposition populaire. Il peut déclarer.faire sienne cette proposition ou en demander le rejet et élaborer une contre-proposition ; c'est alors le peuple, législateur suprême, qui choisit entre les deux projets en présence et qui décide lequel deviendra loi. Loin de provoquer des conflits entre le peuple et les députés, comme on pourrait le craindre, ce mécanisme aboutit à les faire collaborer.

L'initiative populaire n'avait point donné suffisamment de preuves de son mérite en 1874 pour être admise par la Constitution fédérale. On l'écarta, lors des travaux préparatoires, comme une innovation dangereuse et quelque peu révolutionnaire ; des propositions ultérieures tendant à son adoption, notamment celle de M. Brunner en 1898, n'eurent pas plus de succès. Si les autorités fédérales se montrèrent hostiles à l'initiative populaire, c'était pour deux raisons. Elles craignaient d'abord que l'exercice de ce droit, commode dans les limites étroites d'un canton, n'encombrât les Chambres fédérales d'une quantité énorme de propositions variées, parfois contradictoires, et ne paralysât le travail législatif. Elles estimaient, en outre, que le peuple possédait déjà une importante prérogative sous la forme du *droit d'initiative constitutionnelle*, qu'il exerce soit par des motions, soit par des propositions formulées, lorsqu'il désire compléter ou modifier la constitution fédérale sur un point déterminé. Ce droit touchait d'assez près à l'initiative législative proprement dite pour rendre cette dernière moins utile ; car, ainsi que nous l'avons remarqué, il était souvent possible d'attribuer le caractère constitutionnel à certaines matières législatives, à raison de leur importance ou de leur généralité et d'en faire l'objet d'un amendement à la constitution.

Nous signalerons encore ici deux tendances qui se manifestent dans quelques cantons et qui peuvent être rattachées dans une certaine mesure au système du gouvernement direct, à savoir la *réduction du nombre des députés* et la *déconstitutionnalisation* de certaines matières. Le développement des formes de législation populaire tend logiquement à affaiblir l'autorité des Chambres législatives, et à diminuer le rôle individuel des députés ; il n'est pas nécessaire que le nombre des représentants du peuple soit très considérable dans un État où le peuple peut proposer et voter lui-même les lois ; aussi celui-ci se montrera-t-il volontiers sensible aux inconvénients des assemblées parlemen-

taires trop nombreuses. Quant au procédé de la déconstitutionnalisation ou de l'allègement des textes constitutionnels, il diminue la rigidité de la législation et permet au peuple d'exercer
ses droits par une procédure plus facile dans un domaine plus
étendu. Nous ne notons d'ailleurs ici qu'un symptôme encore
unique de réaction contre la tendance ordinaire du droit suisse
qui est de surcharger les constitutions d'un nombre trop considérables de matières parfois hétérogènes (1).

VI. — Les droits électoraux des citoyens.

La conception démocratique de la souveraineté nationale,
telle que J.-J. Rousseau l'a formulée, veut que l'autorité politique soit déléguée à des mandataires du souverain, qui est le
corps électoral, et qu'elle ne soit pas aliénée aux mains de
représentants qui décideraient des affaires publiques au nom de
la nation. Les pouvoirs publics doivent être, selon la terminologie de l'époque révolutionnaire, des « pouvoirs commis » reposant sur un mode de suffrage universel et égalitaire. Si le
peuple ne peut effectivement légiférer, administrer et juger, il
est désirable qu'il ait au moins le droit d'élire les législateurs,
les gouvernants et les juges; tout développement des droits
électoraux des citoyens constitue un progrès vers l'idéal démocratique.

Le peuple suisse s'est très habilement servi de ses prérogatives législatives pour réaliser un double élargissement de ses
droits électoraux en instituant l'élection proportionnelle des
députés et l'élection directe des gouvernements cantonaux. Il a
réalisé ces réformes, le fait est à souligner, surtout en faisant
usage de son droit d'initiative; il les a conquises de haute lutte
plutôt que reçues des mains de ses gouvernants. Ainsi les différentes institutions du gouvernement démocratique apparaissent
comme formant les parties d'un tout qui se complètent, s'en-
chaînent et s'attirent nécessairement.

L'élection proportionnelle des députés, lorsqu'on la considère

____

(1) *Saint-Gall*, revision du 4 février 1912 (déconstitutionnalisation de certaines matières) (*Annuaire* 1912, p. 288); *Vaud*, revision du 26 janv. 1913
(réduction du nombre des députés) (*Annuaire* 1913, p. 413); *Berne* (*Idem*)
1ᵉʳ mars 1914 (*Annuaire* 1914, p. 206); *Zoug* (*Idem*), 26 juillet 1914 (*Annuaire*,
1914, p. 206).

intrinsèquement, ne paraît pas d'abord être en connexion étroite
avec les formes du gouvernement direct. On concevrait plutôt
qu'elle rendît un maximum de services sous un régime représentatif où le caractère des lois dépend davantage des opinions
politiques des députés ; aussi bien la qualifie-t-on ordinairement
de *représentation proportionnelle*. L'expérience suisse a prouvé
cependant que la démocratie appelait la R. P. Nulle part il n'est
aussi nécessaire de réaliser la conception qui veut que le Parlement soit un miroir de la nation que dans un État où le peuple
est appelé à voter les lois. Le législateur n'y est guère qu'un
mandataire des citoyens, un collaborateur tout au plus et cette
collaboration suppose, pour ne pas engendrer de conflits, qu'il
existe un dosage d'opinions semblable au sein du Parlement et
sur la place publique. La démocratie a d'ailleurs une tendance
naturelle à substituer la souveraineté de l'individu à celle de la
nation et, faute de pouvoir réaliser cette solution extrême, elle
s'arrête au moyen terme de la souveraineté des partis ; chaque
groupe politique entend exercer directement une fraction des
prérogatives souveraines de l'électorat et se réclame d'un système qui l'assure d'un pouvoir propre. Le mécanisme de la représentation proportionnelle consacre une transaction entre des
partis rivaux et ce trait explique le succès qu'elle rencontre en
Suisse où le particularisme des mœurs imprime à toute politique
le caractère d'un compromis et d'une transaction. Au surplus, le
député choisi par un suffrage proportionnaliste est l'élu d'un
parti et non point l'élu de la nation entière ; c'est dire que sa
liberté de décision est limitée par le programme du parti, par
les instructions de son comité électoral, qu'il jouit d'un « pouvoir commis » plutôt que d'un « pouvoir représentatif ». On voit
assez par ce dernier trait les liens qui unissent la R. P. au gouvernement direct et aux doctrines démocratiques.

Le mouvement proportionnaliste commença modestement, en
1888, par une expérience législative tentée dans le canton de
Neuchâtel pour l'élection des Conseils généraux (assemblées dé-
libérantes municipales). Quatre années plus tard, le nouveau
mode d'élections était appliqué au Grand Conseil du Tessin et
réalisait un sensible apaisement des violentes dissensions politiques qui avaient agité ce canton. Genève l'adoptait à la même
époque, et, dès lors, la représentation proportionnelle poursuivait des progrès réguliers en pénétrant dans une douzaine
de cantons. Son principal domaine d'application était celui des

élections législatives, mais certaines lois cantonales l'employaient également dans les élections aux Assemblées Constituantes, aux Conseils communaux ou municipaux et même aux Conseils d'État (1). Il se peut que la représentation proportionnelle soit appelée au même développement que le referendum dans le droit public cantonal.

En droit fédéral, les proportionnalistes ont également triomphé après une lutte de plus de vingt années contre leurs adversaires. Les premières propositions tendant à faire élire le Conseil National d'après une méthode qui sauvegardât les droits des minorités se firent jour à l'Assemblée Fédérale entre 1880 et 1890. Le Conseil Fédéral prit nettement parti contre les idées nouvelles et déclara dans un Message, dès 1883, que leur réalisation désorganiserait la majorité de l'Assemblée et rendrait tout gouvernement impossible. Devant l'insuccès de l'initiative parlementaire, les proportionnalistes recoururent à l'arme de l'initiative populaire et demandèrent en 1899 une revision partielle de la Constitution. Ce fut un échec. Le peuple suivit le senti-

(1) Voici les principales lois cantonales qui ont réalisé la réforme proportionnaliste :

Neuchâtel, loi du 5 mars 1888, introduisant la représentation des minorités dans les Conseils généraux de communes ; lois des 28 oct. 1891 et 22 nov. 1894 sur l'élection proportionnelle des députés au Grand Conseil (*Annuaire* 1891, p. 749 et 1894, 645) ; loi du 16 nov. 1909 élargissant le système de R. P. applicable aux conseils communaux (*Annuaire* 1909, p. 364).

Tessin : Constitution du 2 juillet 1892 (*Annuaire* 1892, p. 587), loi du 19 janvier 1905 (*Annuaire* 1905, p. 430).

Genève : Revision constit. du 7 août 1892 et loi du 3 sept. 1892 (*Annuaire* 1892, p. 581), loi du 23 janv. 1901 (*Annuaire* 1901, p. 371), loi du 21 avril 1912 (*Annuaire* 1912, p. 290).

Bâle-Ville, loi du 26 janv. 1905 (*Annuaire* 1905, p. 399).

Zug : Loi du 1er septembre 1894 (*Annuaire* 1894, p. 677).

Soleure : Revision const. du 17 mars 1895 (*Annuaire* 1895, p. 557).

Schwyz : Revision const. du 23 oct. 1898 et loi du 28 nov. 1906, pour les élections au *Kantonsrat* (*Annuaire* 1906, p. 457).

Lucerne : Revision const. du 4 avril 1909, pour les élections au Grand Conseil et à l'Assemblée Constituante (*Annuaire* 1909, p. 369).

S. Gall : Revision constitutionnelle du 5 février 1911, pour les élections au Grand Conseil et à l'Assemblée Constituante (*Annuaire* 1911, p. 527) et loi du 24 nov. 1913 (*Annuaire* 1913, p. 445).

Zurich : Revision constitutionnelle du 10 décembre 1916.

Valais : Revision constitutionnelle du 28 mars 1920.

Fribourg : Revision constitutionnelle du 18 avril 1920.

Une réforme analogue est actuellement à l'étude dans le canton de Vaud et le canton de Thurgovie a récemment adopté la R. P.

ment de l'Assemblée Fédérale qui avait pris position contre l'initiative et il repoussa l'amendement constitutionnel par 169000 voix contre 24000 et 11 cantons 1/2 contre 10 1/2.

En 1910, une seconde initiative populaire était lancée en faveur de la R. P. et appuyée sur le chiffre imposant de 140000 signatures. De nouveau les autorités fédérales faisaient opposition, de nouveau le peuple votait négativement.

Mais la majorité de rejet n'était plus que de 22.000 voix et deux cantons. On pouvait espérer le succès d'un troisième assaut. La lutte s'était déroulée entre le parti radical, qui formait alors la majorité de gouvernement, et ses adversaires de la droite ou de l'extrême-gauche qui s'efforçaient de présenter comme un vestige de l'oligarchie le fait qu'un parti politique dominait l'Assemblée et le Conseil fédéral. C'était un nouvel argument pour démontrer que l'idée démocratique devait conduire le peuple à adopter la R. P. Les masses se laissèrent convaincre, et une troisième initiative populaire fut couronnée de succès huit ans plus tard. Le 13 octobre 1918, le peuple suisse modifiait l'article 73 de la Constitution et décidait par 299.550 voix contre 149.035, 17 cantons contre 2 et 5 demi-cantons contre un, que les élections au Conseil National seraient proportionnelles (1).

Une autre innovation qui devait être appelée à un succès considérable est l'*élection des membres des Conseils d'Etat cantonaux.* Vers 1830, à l'époque de la démocratie représentative, tous les gouvernements cantonaux étaient choisis par l'organe législatif, le Grand Conseil. La Constitution bernoise de 1831, par exemple, dit expressément que la souveraineté est exercée par le Grand Conseil qui représente le peuple et que celui-ci délègue au Conseil exécutif le pouvoir de faire appliquer les lois. Ce système était conforme à la tradition des cantons aristocratiques antérieurement à la République helvétique, tradition qui consistait à confondre tous les pouvoirs de l'Etat aux mains d'un Grand Conseil souverain et à choisir au sein de ce dernier un Petit Conseil, son délégué ou son substitut pour l'expédition des affaires courantes.

En 1847, les idées de séparation des pouvoirs et de souveraineté du peuple avaient fait assez de progrès pour que le canton

(1) Le nouveau mode d'élection a été réglé par une loi du 14 février 1919 et appliqué pour la première fois aux élections du 26 octobre 1919. Le parti radical est sorti très affaibli du scrutin et les socialistes ont gagné une vingtaine de sièges.

de Genève rompit avec les précédents et décidât que les conseillers d'Etat seraient élus pour trois ans au suffrage universel direct. L'innovation parut néanmoins hardie et, malgré l'exemple donné par la seconde République française, trois cantons seulement imitèrent la réforme genevoise entre 1848 et 1880. L'Assemblée fédérale discuta également en 1874 la question de l'élection du gouvernement, mais elle conclut que ce système ne devait pas être adopté dans la nouvelle constitution.

La situation changea lorsque le droit d'initiative se répandit plus largement dans les constitutions cantonales; on vit alors le peuple lui-même demander l'élection des conseillers d'État, comme il demandait la représentation proportionnelle, et les revisions constitutionnelles consacrant la réforme se multiplièrent. En 1917, les cantons de Fribourg et du Valais conservaient seuls au Grand Conseil la prérogative de choisir les titulaires du pouvoir exécutif (1). Tous les autres avaient suivi la doctrine qu'enseigne Montesquieu dans l'*Esprit des Lois* : « Le peuple qui a la souveraine puissance doit faire par lui-même tout ce qu'il peut bien faire; et ce qu'il ne peut pas bien faire, il faut qu'il le fasse par ses ministres. Les ministres ne sont point à lui s'il ne les nomme; c'est donc une maxime fondamentale de ce gouvernement que le peuple nomme ses ministres, c'est-à-dire ses magistrats (2) ».

Il est intéressant de remarquer que, grâce à l'esprit pondéré et traditionnaliste du peuple suisse, une réforme constitutionnelle aussi grave n'a point amené les bouleversements politiques qu'on aurait pu craindre. La composition des Conseils d'État n'a guère changé, les électeurs s'inquiétant davantage des mérites personnels des candidats que de leurs opinions politiques. Les fonctions gouvernementales ont gardé leur stabilité, car la tradition veut que tout conseiller d'État qui a rempli convenablement son mandat soit régulièrement réélu. Dans les cantons où coexistent des populations de langue ou de religion différentes, voire même simplement des partis politiques bien tranchés,

---

(1) Les cantons qui ont adopté le plus récemment l'élection du Conseil d'Etat par le peuple sont : *Argovie*, 11 juillet 1904 (*Annuaire* 1904, p. 260); *Lucerne*, 1ᵉʳ décemb. 1904 (*Annuaire* 1904, p. 291); *Berne*, 4 mars 1906 (*Annuaire* 1906, p. 436); *Neuchâtel*, 12 juillet 1906 (*Annuaire* 1906, p. 452); *Vaud*, 11 mars 1917. On sait que Fribourg a accepté la réforme le 18 avril 1920.

(2) *Esprit des lois*, Liv. II, Ch. II.

l'usage s'est établi de donner aux minorités une représentation
équitable au sein du Conseil d'État ; ainsi fait le canton de Berne
pour les populations du Jura bernois qui sont de langue française. Le Tessin a hardiment essayé d'appliquer aux élections
gouvernementales le système d'élection proportionnelle, pour
revenir ensuite à la représentation des minorités (1).

La tendance que nous signalons à élargir les bases de l'électorat aurait dû logiquement amener une troisième réforme et
faire reconnaître par le législateur le *droit de suffrage politique
des femmes*. La réforme a été tentée effectivement par les démocrates et les socialistes, au moyen de l'initiative populaire dans
les cantons de Neuchâtel en 1919, de Bâle et de Zurich en 1920.
Mais elle se heurta à des traditions fortement établies, surtout
dans les classes rurales, hostiles à toute participation des femmes
aux actes de la vie publique. Les propositions d'amendement
constitutionnel furent rejetées par une forte majorité d'électeurs
dans les trois cantons.

(1) *Tessin* : Constitution du 2 juillet 1892 (*Annuaire* 1892, p. 526) ; Revision du 6 nov. 1903 et loi du 19 janvier 1905 (*Annuaire* 1905, pp. 357-430).

LE DROIT CIVIL EN SUISSE
DE 1869 A 1919

Par **Robert GUEX**,

*Docteur en droit, greffier du tribunal fédéral suisse,
Secrétaire général du tribunal arbitral mixte franco-allemand.*

Il y a 50 ans, le droit civil suisse n'existait pas, aujourd'hui il est entièrement constitué. Avant d'en signaler les caractères généraux, il importe de rappeler les étapes principales de cette codification.

Sous l'empire de la constitution fédérale de 1848, qui est restée en vigueur jusqu'en 1874, la compétence législative en matière de droit civil appartenait exclusivement aux cantons. Il y avait donc 25 droits cantonaux différents — et même davantage, certains cantons (notamment les plus petits) n'ayant pas réalisé l'unification de leurs lois civiles. Les inconvénients de cette bigarrure devenaient de moins en moins supportables, à mesure que les relations intercantonales se développaient et, à partir du milieu du xixᵉ siècle, la nécessité d'un droit civil fédéral s'est fait très vivement sentir. Toutefois la résistance des partisans de l'autonomie cantonale n'a pas été vaincue d'un seul coup. L'article 64 de la constitution fédérale de 1874 ne plaçait encore que certaines parties du droit civil dans la compétence de la Confédération et c'est seulement à la suite de la revision constitutionnelle du 13 novembre 1898 que cette compétence a été étendue enfin à l'ensemble du droit civil — l'organisation judiciaire et la procédure civile (sous réserve de la poursuite pour dettes et de la faillite) demeurant d'ailleurs dans les attributions des cantons(1).

---

(1) Il serait à souhaiter que ce dualisme ne se perpétuât pas. Les relations entre le droit matériel et la procédure sont trop étroites pour que 'unification de l'un puisse être vraiment complète sans l'unification de

La première loi promulguée par la Confédération en vertu de ses compétences nouvelles a été celle du 24 décembre 1874 sur l'état civil, le mariage et le divorce (abrogée par le Code civil). Elle a été suivie d'un très grand nombre de lois spéciales dont les plus importantes sont, par ordre chronologique, celles du 1er juillet 1875 sur la responsabilité des entreprises de chemin de fer (revisée le 28 mars 1905), du 19 décembre 1879 sur les marques de fabrique (revisée le 26 septembre 1890), du 22 juin 1881 sur la capacité civile (abrogée par le Code civil), du 25 juin 1881 sur la responsabilité civile des fabricants (abrogée dès l'entrée en vigueur de la loi du 13 juin 1911 instituant l'assurance obligatoire), du 23 avril 1883 sur la propriété littéraire et artistique, du 29 juin 1888 sur les brevets d'invention (revisée le 21 juin 1907), du 21 décembre 1888 sur les dessins et modèles industriels (revisée le 30 mars 1900), du 11 avril 1889 sur la poursuite pour dettes et la faillite et du 2 avril 1908 sur le contrat d'assurance. A côté de ces lois spéciales, deux codes proprement dits :

a) Le Code fédéral des obligations (par abréviation, C. O.). Il date déjà du 14 juin 1881, mais il a été revisé partiellement le 30 mars 1911 pour entrer en vigueur, sous sa nouvelle forme, le 1er janvier 1912 en même temps que le Code civil suisse, dont il constitue, bien qu'avec une numérotation distincte des articles, le livre cinquième. Il ne comprend pas seulement le droit des obligations proprement dit : sa dernière partie (dont la revision est actuellement en cours) est consacrée aux sociétés commerciales, aux papiers-valeurs, au droit de change et aux raisons de commerce.

b) Le Code civil suisse (par abréviation, C. C. S.) du 10 décembre 1907, entré en vigueur le 1er janvier 1912. C'est l'œuvre la plus importante de la législation suisse en matière de droit privé. Le C. C. S. règle dans 4 livres le droit des personnes, le droit de la famille, le droit des successions et les droits réels (1).

l'autre. Mais il existe une telle diversité entre les procédures cantonales et dans ce domaine l'attachement du citoyen aux institutions particulières de son canton est si fort que les progrès de la tendance unitaire seront sans doute très lents.

(1) Il est à noter que, sur certains points, le C. C. S. réserve la compétence législative des cantons, en leur permettant d'adopter et de réglementer telle institution dont il ne fait que poser le principe — p. ex. les asiles de famille — ou même de déroger à telle règle du droit fédéral — p. ex. de supprimer la réserve des frères et sœurs.

On voit que depuis 50 ans l'activité législative de la Confédération dans le domaine du droit civil a été intense. Pour indiquer avec précision dans quel sens elle s'est exercée, on devrait
au préalable caractériser l'état antérieur du droit, ce qui n'est
guère possible vu la diversité des législations cantonales auxquelles la législation fédérale s'est substituée. Dans le micro-
cosme qu'était la Suisse les tendances les plus contradictoires
coexistaient et il a fallu tantôt sacrifier les unes aux autres,
tantôt, et le plus souvent, chercher un compromis entre elles.
C'est dire que, dans nombre de cas, la question de savoir si l'évolution s'est opérée dans telle direction ou dans telle autre com-
porterait des solutions opposées suivant le droit cantonal considéré comme point de départ de cette évolution. On pourrait par
exemple à la fois soutenir que le droit fédéral a étendu et qu'il
a restreint la liberté de tester, puisqu'en effet dans certains cantons la quotité disponible était bien supérieure et dans d'autres
bien inférieure à celle que fixe le C. C. S. Nous devons donc renoncer à comparer la législation actuelle avec celle dont elle a
pris la place et nous nous efforcerons simplement de dégager les
idées maîtresses qui nous paraissent l'avoir inspirée et de signaler quelques-unes des innovations les plus caractéristiques
qu'elle a consacrées — sans avoir la prétention de faire tenir
dans le cadre étroit de ce rapport un tableau même résumé du
droit civil fédéral (1).

A. — Technique législative.

Le dessein bien arrêté du législateur suisse et très particuliè-
ment du rédacteur du C. C. S, M. le Professeur Eugène Huber, a
été de faire une œuvre populaire, intelligible non seulement aux

(1) Nous n'étendons pas notre examen à la partie du C. O. consacrée à ce
qui, dans la plupart des pays, fait l'objet du code de commerce. Outre que
c'est l'une des parties les moins originales de notre droit suisse qui, sur ce
point, s'écarte peu des droits étrangers pris comme modèles, elle est dans ce
moment soumise à une revision qui y apportera probablement sous peu des
modifications très profondes. Nous laissons également de côté la législation
industrielle et ouvrière. Sous réserve de quelques allusions à des lois spéciales, nos observations se rapportent donc au droit des obligations proprement dit (à l'exclusion du titre sur le contrat de travail qui se rattache plutôt à la législation sociale) et surtout au C. C. S.

juristes, mais à tout citoyen. A cet effet il a paru nécessaire
d'éviter les abstractions et la complexité du Code civil allemand.
Le C. C. S, plus encore que le C. O, est d'une grande concision. Il
comprend moins de 1000 articles dont presque aucun n'a plus
de trois alinéas, toujours très courts. Il se borne à énoncer des
préceptes généraux, à en indiquer les applications les plus
importantes ou les atténuations possibles, sans descendre dans
les détails. Il n'y a pas de renvoi d'article à article. Chacun est
accompagné d'une note marginale qui en précise sommairement
l'objet.

Quant au style, le rédacteur n'a pris pour modèle ni la lourdeur
savante du code civil allemand, ni la précision un peu sèche du
Code civil français. Son langage est simple, presque familier. Il
use le moins possible d'expressions trop exclusivement techniques. Il vise plus à l'intelligibilité immédiate qu'à la rigueur
scientifique.

On peut discuter sur les mérites de ce parti pris. A son apparition, le C. C. S. a été accueilli avec enthousiasme, comme un chef-
d'œuvre de clarté et d'élégance. Je ne sais si les 800.000 citoyens suisses auxquels il a été distribué l'ont lu et ont apprécié
les efforts faits pour leur en rendre la lecture attrayante, mais,
s'ils l'ont feuilleté, je ne serais pas étonné qu'ils aient cru le
cromprendre. Ceux qui parcourent le C. C. S. le trouvent clair;
il ne devient obscur que pour ceux qui l'étudient. Ses formules
un peu lâches prêtent à des interprétations très diverses (1), les
notes marginales, qui ont force de loi comme le texte lui-même
et qui sont en quelque sorte le résumé d'un résumé, augmentent
les doutes plus souvent qu'elles ne les dissipent et enfin dans un
très grand nombre de cas la loi ne fournit aucune solution quelconque.

Il serait injuste d'attribuer à une négligence du législateur
cette imprécision et ces lacunes. Elles sont voulues et ont pour
but d'assurer au juge une part essentielle dans la création du
droit. Non seulement la faculté du juge de tenir compte des
circonstances particulières de chaque espèce est réservée dans

---

(1) La tâche de l'interprète est encore compliquée du fait que les trois
textes, allemand, français et italien, ont, du moins en théorie, une valeur
égale et qu'il existe entre eux des divergences très sensibles; malgré le soin
apporté à la traduction française du texte original allemand, on n'est pas
parvenu à le rendre d'une façon satisfaisante dans une langue dont le génie
ne favorise pas, au même degré que l'allemand, l'imprécision de la pensée.

nombre d'articles au moyen de formules telles que « en vertu
de son pouvoir d'appréciation », « si l'équité l'exige », « s'il
paraît possible et équitable », etc. Mais en outre au seuil même
du C. C. S. (art. 1) le législateur a proclamé dans les termes suivants l'indépendance relative du juge à l'égard de la loi écrite :

« La loi régit toutes les matières auxquelles se rapportent la
lettre ou l'esprit de l'une de ses dispositions.

« A défaut d'une disposition légale applicable, le juge prononce selon le droit coutumier et, à défaut d'une coutume selon
les règles qu'il établirait s'il avait à faire acte de législateur.

« Il s'inspire des solutions consacrées par la doctrine et la
jurisprudence (1). »

Les idées exprimées par l'article premier C. C. S. ne sont pas
nouvelles. Elles se rattachent à un mouvement d'opinion très
puissant qui, depuis un quart de siècle surtout, s'est développé
en France et plus encore en Allemagne et qui tend à rendre moins
étroit, sinon à supprimer l'asservissement du juge à la loi. En
fait, elles ont été appliquées de tout temps, plus ou moins
ouvertement, par les tribunaux qui sont bien obligés de suppléer
au mutisme des lois incomplètes. Ce qui est nouveau, c'est de voir
le législateur lui-même les consacrer de son autorité, avouer que
son œuvre n'est et ne doit être que *l'une* des sources du droit,
abdiquer enfin entre les mains du juge une partie de ses prérogatives ou — diront les adversaires de ce système — se décharger
sur lui d'une partie de ses obligations. On doit d'ailleurs
observer que le code a eu soin d'éviter les excès dans lesquels
sont tombés certains des maîtres de la nouvelle école. Il ne
dispense pas le juge du devoir d'appliquer la loi. Mais cette loi
est intentionnellement rédigée de telle façon que la plus grande
latitude est laissée à son interprète qui sera appelé constamment à faire acte de législateur. Ce n'est pas ici le lieu de
rechercher si les avantages de la souplesse que le droit acquiert
de la sorte compensent les inconvénients de l'incertitude qui en
résulte pour les justiciables. Mais il convenait de marquer que,
à raison de la technique législative adoptée, le droit civil suisse
est, plus qu'un autre, susceptible de transformations et que,
même sans refonte des textes légaux, il pourra s'adapter à des

____

(1) Le texte allemand volontairement plus vague et partant très difficile à
traduire n'emploie pas le terme de « jurisprudence », mais celui de
« Ueberlieferung » qui correspond à peu près à « tradition ».

conceptions politiques ou sociales assez différentes de celles qui l'ont inspiré et que nous allons essayer de passer en revue.

B. — Tendances générales du droit civil suisse.

1. — Tendance égalitaire.

Toute législation qui reconnaît la propriété privée et le droit de succession des individus — et c'est le cas de la législation suisse — sanctionne, par là même, la plus sensible des inégalités, celle des fortunes. Mais, sous cette réserve, le droit civil suisse est résolument égalitaire. Il l'est bien plus que ne l'étaient les législations cantonales. Il ignore naturellement toutes distinctions de classes ; à cet égard le législateur a poussé le scrupule jusqu'à renoncer à la promulgation d'un code de commerce, la distinction entre commerçants et non commerçants paraissant peu compatible « avec les institutions démocratiques de la Suisse et l'esprit républicain de sa population ». (Message de Conseil fédéral, Feuille fédérale 1880, I, p. 138) (1). Il reconnaît à chacun une aptitude égale à devenir sujet de droits et d'obligations (C. C. S., art. 11). Il ne distingue pas même suivant la nature de la personnalité : « Les personnes morales peuvent acquérir tous les droits et assumer toutes les obligations qui ne sont pas inséparables des conditions naturelles de l'homme, telles que le sexe, l'âge ou la parenté » (C. C. S., art. 53)(2). Mais c'est surtout dans le droit de succession et dans le droit de famille que la tendance égalitaire est apparente.

Non seulement, en matière successorale, le C. C. S. a supprimé les privilèges de sexe et d'aînesse que connaissaient encore plusieurs de nos droits cantonaux. Il a, en outre, réduit très fortement le privilège des enfants légitimes par rapport aux enfants

(1) Cela n'empêche pas que le C. O. et le C. C. S. renferment une série de dispositions qui s'appliquent uniquement aux commerçants. De même la loi fédérale sur la poursuite pour dettes institue deux modes distincts de poursuite: la poursuite par voie de saisie contre les non-commerçants et la poursuite par voie de faillite contre les individus et sociétés inscrits au Registre du commerce ; il est vrai que toute personne peut se faire inscrire au registre du commerce et que même le débiteur non inscrit a la faculté de requérir sa faillite en se déclarant insolvable.

(2) En particulier la personne morale répond des actes illicites commis par ses organes (C. C. S. art. 55 al. 2).

naturels : ceux-ci ont, du côté maternel, les mêmes droits successoraux que les légitimes : c'est seulement dans la succession paternelle et en concours avec des enfants légitimes, que le droit de l'enfant naturel est réduit à la moitié de la part afférente à un enfant légitime (C. C. S., art. 461); les conséquences de cette assimilation partielle sont d'autant plus graves que l'enfant naturel est toujours rattaché à la mère (C. C. S., art. 302) et que, en l'absence d'une reconnaissance volontaire, il peut être attribué au père par jugement (C. C. S., art. 323)(1). Enfin l'égalité des enfants dans la succession de leurs parents ne peut pas subir d'atteinte très forte par l'effet d'un testament, car le père ou la mère ne peut disposer que du quart de ses biens et même seulement des 3/16 lorsqu'il y a un conjoint survivant (C. C. S., art 471); il ne peut donc avantager l'un de ses enfants que dans une mesure très faible(2). Sur ce point, le C. C. S. est encore plus égalitaire que le Code civil français dont pourtant les dispositions ont été si vivement critiquées comme provoquant le morcellement des fortunes.

Le C. C. S. s'est appliqué, sinon à faire de la femme mariée l'égale du mari (celui-ci demeure le chef de l'union conjugale : C. C. S., art. 160), du moins à améliorer considérablement sa situation. Elle a la capacité d'ester en justice (C. C. S., art. 168), elle peut, lorsque ses intérêts l'exigent, se créer un domicile séparé (C. C. S., art. 170), elle a le droit d'exercer une profession ou une industrie(C. C. S., art. 167), elle dispose largement du produit de son travail (C. C. S., art. 194) et elle peut même exiger, moyennant l'autorisation du juge, que les débiteurs des époux s'acquittent en ses mains, si le mari néglige ses devoirs (C. C. S., art. 171). La puissance paternelle est exercée en commun par le père et la mère et elle appartient de plein droit au survivant,

---

(1) Toutefois seulement dans des cas exceptionnels (lorsque le père avait promis le mariage à la mère ou lorsqu'il s'est rendu coupable à son égard d'un crime ou d'un abus d'autorité). En dehors de ces cas, l'action en paternité ne peut tendre qu'à des dommages-intérêts en faveur de la mère et à des aliments en faveur de l'enfant (C. C. S. art. 317-319).

(2) Il est vrai que le C. C. S. (art. 477) reconnaît largement la faculté d'exhéréder les héritiers réservataires. Le testateur peut déshériter non seulement celui qui a commis un délit grave contre lui ou l'un de ses proches, mais encore celui qui a « gravement failli aux devoirs que la loi lui impose envers le défunt ou sa famille ». C'est ainsi que les tribunaux ont récemment ratifié l'exhérédation d'une fille qui avait abandonné son mari et ses enfants pour suivre son amant.

de sorte qu'en cas de prédécès du mari, il n'y a pas lieu à ouverture d'une tutelle (C. C. S., art. 274, 368; cf. cependant art. 286). En ce qui concerne les rapports pécuniaires des époux, le régime légal de l'union des biens n'est pas, il est vrai, un régime d'égalité, puisque le mari a l'administration et la jouissance des apports de sa femme et qu'il acquiert la propriété non seulement de ses revenus mais aussi de ses biens fongibles et de ses titres au porteur non individualisés (C. C. S., art. 195, 200, 201). Mais d'abord la femme peut obtenir la séparation de biens dès que ses intérêts sont menacés (C. C. S., art. 183, 205); en outre, même sous le régime légal, elle a des biens réservés qui sont soumis aux règles de la séparation (C. C. S., art. 190, 191, 192), elle a un privilège dans la faillite du mari (C. C. S., art. 210, 211) et surtout, lors de la dissolution du régime, elle a une part aux bénéfices réalisés pendant le mariage, tandis que le déficit reste en entier à la charge du mari (C. C. S., art. 214); l'inégalité existant au profit du mari est ainsi compensée par une inégalité en faveur de la femme. En somme, le code a tenu compte largement des revendications féministes et cela est naturel, la tendance féministe étant une des formes de la tendance égalitaire.

2. — TENDANCE LIBÉRALE.

Le Code des obligations date d'une époque où les idées libérales étaient en faveur et, si depuis elles ont perdu beaucoup de terrain, elles ont encore joué un rôle important lors de l'élaboration du Code civil. Cela s'explique sans doute par la tournure d'esprit du rédacteur du C. C. S. qui, connaissant mieux que personne nos législations cantonales et désireux de conserver le plus grand nombre possible des institutions juridiques très diverses qu'on y rencontre, ne pouvait atteindre ce but qu'en permettant de choisir entre elles. Le code est une œuvre d'historien, il renferme une riche collection de reliques du passé national et la liberté individuelle, respectée peut-être moins pour elle-même que pour maintenir en vie les objets sur lesquels elle s'exercera, y trouve finalement son compte (1).

(1) Il était d'ailleurs de bonne politique d'accueillir le plus largement possible dans le code les institutions des droits cantonaux afin de désarmer les adversaires de l'unification.

Nous ne pouvons donner que quelques exemples de la multiplicité des formes proposées au choix des parties. Les époux peuvent opter entre les régimes matrimoniaux suivants : union des biens, communauté de biens, communauté d'acquêts, séparation de biens avec ou sans constitution de dot. Ils peuvent, au lieu de divorcer, demander la séparation de corps. On peut disposer de ses biens à cause de mort soit par acte unilatéral (testament), soit par pacte successoral et le testament peut être fait soit sous la forme olographe, soit par acte public, soit même, à titre exceptionnel, oralement. Le code connaît, à côté de la co-propriété romaine, la propriété commune (1), à côté des servitudes, les charges foncières impliquant une obligation de faire. En particulier dans le domaine des droits de gage immobilier, la variété des formes prévues est extraordinaire; elle correspond d'ailleurs au besoin de mobiliser la richesse foncière. Outre l'hypothèque proprement dite, le code institue la cédule hypothécaire — papier-valeur dans lequel s'incorpore la créance garantie par l'immeuble — et la lettre de rente — qui ne comporte pas d'obligation personnelle, seul l'immeuble répondant de la rente et du capital garantis ; la cédule hypothécaire et la lettre de rente sont nominatives ou au porteur, elles peuvent être créées au nom du propriétaire de l'immeuble lui-même et le code prévoit la faculté de les émettre en série. De même, à côté du gage immobilier constitué par nantissement, le code admet une hypothèque mobilière sans nantissement (mais seulement pour l'engagement du bétail), les pactes de réserve de propriété qui remplissent la même fonction économique que le droit de gage et les lettres de gage émises par les établissements de crédit public qui sont garanties, sans nantissement, par les titres hypothécaires et les créances de l'établissement.

La tendance libérale du droit civil suisse ne se manifeste d'ailleurs pas seulement par l'abondance des types qu'il crée. Il réduit de plus les formalités d'adoption de ces types divers. En principe (il est vrai que les exceptions sont très nombreuses — cautionnement, contrats successoraux, immobiliers, etc.), la validité des contrats n'est subordonnée à l'observation d'aucune

(1) Le droit de chacun des communistes s'étend à la chose entière; il n'existe ainsi pas de parts distinctes susceptibles d'être aliénées ou données en gage (C. C. S. art. 652 et sv.).

forme particulière (C. C. S., art. 11) et les cantons, bien que souverains en matière de procédure, n'ont pas le droit de rendre ce principe illusoire en prescrivant des moyens de preuve spéciaux, par exemple la preuve écrite pour les contrats portant sur une valeur supérieure à une certaine somme (C. C. S., art. 10). Le code facilite aussi la constitution des sociétés, la création des fondations, il simplifie extrêmement les formalités requises pour contracter mariage, il admet très largement le divorce (lequel peut être demandé dès que « le lien conjugal est si profondément atteint que la vie commune devient insupportable » — ce qui équivaut, en fait, à l'admission du divorce par consentement mutuel), enfin il permet aux époux de changer de régime matrimonial pendant le mariage. Ces quelques exemples montrent à quel point le législateur suisse a assoupli la rigueur des lois anciennes et a étendu le champ laissé à la liberté des parties.

3. — Correctifs de la tendance égalitaire.
Groupement des personnes et conservation des biens.

Parmi les dangers de l'égalité poussée à l'extrême on a souvent cité l'éparpillement des énergies et le morcellement des fortunes, notamment de la propriété foncière. Le législateur ne s'est pas dissimulé ces dangers et il a cherché à y remédier en favorisant les groupements de personnes et de capitaux.

Il a accordé une importance prépondérante au groupement familial (1) et il s'est visiblement préoccupé de le fortifier — bien que d'ailleurs, là facilité du divorce et, à un moindre degré, l'assimilation partielle des enfants naturels aux enfants légitimes soient évidemment de nature à désagréger la famille. Le code ne se borne pas à recommander les vertus familiales en multipliant les préceptes dépourvus de sanction qui lui donnent, dans plusieurs de ses parties, l'apparence d'un traité de morale (cf. C. C. S., art. 159, 161, 169, 271, 275, 276, 277, 332). Il s'efforce de resserrer les liens de famille en créant des intérêts

(1) La famille est prise par le C. C. S. dans un sens étroit et ne comprend que les plus proches parents : le droit de succession ne s'étend qu'à la 3ᵉ parentèle, c.-à-d. que les derniers successibles (sous réserve du droit d'usufruit des arrière-grands-parents) sont les grands-parents et leurs descendants.

économiques communs, en assurant au conjoint survivant une
part importante dans la succession du défunt (1), en accordant
une réserve aux ascendants et aux frères et sœurs (2), en donnant aux parents en ligne directe et aux frères et sœurs un droit
réciproque à des aliments (C. C. S., art. 328), en reconnaissant
aux enfants majeurs qui ont travaillé dans le ménage de leurs
parents une créance qu'ils peuvent faire valoir soit à l'égard des
créanciers des parents, soit dans le partage de la succession
(C. C. S., art. 334 et 633), en soustrayant à l'action des créanciers de l'assuré les assurances conclues au bénéfice du conjoint
ou des descendants (loi sur le contrat d'assurance, art. 80; cf.
art. 85 et 86), en favorisant les fondations de famille (C. C. S.,
art. 87 et 335) et les indivisions de famille (C. C. S., art. 336 et
sv. ; cf. art. 229 et sv.) et en permettant la constitution d'asiles
de famille sur le modèle des homesteads américains (C. C. S.,
art. 349 et sv.) (3).

Si la tentative, certainement louable, du législateur de fortifier la famille se heurte au courant moderne qui, chaque jour
davantage, disloque cette institution, par contre il n'a fait que
suivre ce courant en favorisant l'éclosion des sociétés. Indépendamment des groupements économiques, les groupements
politiques, religieux, scientifiques, artistiques, philanthropiques,
sportifs, etc., prennent une place toujours plus grande dans la
vie contemporaine et la Suisse, qui est leur pays d'élection, se
devait de leur faciliter l'accession à la personnalité juridique.
C'est ce que fait l'art. 60 C. C. S. qui les reconnaît comme personnes morales dès qu'ils expriment dans leurs statuts la volonté
d'être organisés corporativement. Le code est à peine moins
libéral à l'égard des fondations qui peuvent être constituées
par acte authentique ou par testament (C. C. S., art. 81) et qui
acquièrent la personnalité par l'inscription au registre du commerce, les fondations de famille étant même dispensées de cette
formalité (C. C. S., art. 52).

Quant au morcellement des fortunes résultant de l'égalité des

(1) Lorsque le défunt laisse des descendants, le conjoint peut opter entre
l'usufruit de la moitié et la propriété du quart de la succession (C. C. S.
art. 462) et il ne peut être privé par testament de ce droit de propriété
(C. C. S. art. 471).

(2) Les cantons ont le droit soit de supprimer la réserve des frères et
sœurs, soit de l'étendre aux neveux et nièces (C. C. S. art. 472).

(3) Cette disposition est restée jusqu'ici lettre morte. On a là un exemple
intéressant des difficultés d'acclimatation d'une institution transplantée.

partages, le législateur a pris une série de mesures en vue de l'atténuer. Grâce à l'admission des pactes successoraux, notamment des pactes de renonciation à succession (C. C. S., art. 495), le testateur peut arriver à s'affranchir des règles sur la réserve qui limitent si étroitement son pouvoir de libre disposition. Les substitutions fidéi-commissaires qui sont autorisées à un degré (C. C. S., art. 488) permettent de diminuer la fréquence des partages. Mais c'est surtout le morcellement de la propriété foncière qui a été combattu énergiquement. Lorsque la succession comprend une exploitation agricole constituant « une unité économique », pour la conserver intacte le législateur n'a pas jugé suffisantes les règles générales sur les partages d'ascendants (C. C. S., art. 608) et sur l'attribution des biens formant un tout (C. C. S., art. 612, 613); par tout un jeu de dispositions fort intéressantes (C. C. S. art. 620 et suiv.), il a visé à empêcher le partage, soit par la création d'une indivision en participation entre les héritiers, soit par l'attribution du domaine à l'un des héritiers à des conditions peu onéreuses. Le code permet en outre aux cantons d'interdire le parcellement des exploitations agricoles par l'acquéreur pendant un certain délai (C. C. S., art. 218), de prescrire qu'elles ne pourront être morcelées au delà d'un minimum de contenance (C. C. S., art. 616) et enfin d'organiser des « remaniements parcellaires » (échange et réunion de parcelles, création de voies d'accès, etc.) qui peuvent être imposés à la minorité par la majorité des propriétaires intéressés (C. C. S., art. 703). Cette réglementation est extrêmement originale par la combinaison des idées conservatrices qui l'ont inspirée et de l'esprit novateur dont elle témoigne.

4. — CORRECTIFS DE LA TENDANCE LIBÉRALE.
TENDANCE PROTECTRICE ET HUMANITAIRE.

Après avoir reconnu la liberté individuelle, toutes les législations y apportent des restrictions destinées à prévenir les dangers qu'elle implique soit pour ceux qui ne savent pas en faire un bon usage soit surtout pour les tiers. En droit civil suisse, ces mesures protectrices sont si nombreuses qu'on peut se demander s'il mérite encore d'être qualifié libéral.

Tout d'abord le C. C. S. étend presque à l'infini le cercle des cas de tutelle, puisque, à côté de l'interdiction pour cause de maladie mentale, de faiblesse d'esprit et de prodigalité, il connaît aussi (C. C. S., art. 370) l'interdiction pour cause d'ivrognerie, d'inconduite ou de mauvaise gestion — disposition terrible dont les tribunaux paraissent enclins à atténuer la rigueur, mais qui doit cependant faire trembler tous ceux que n'aveugle pas le sentiment de leur propre vertu. En outre, le code assure une protection très efficace aux incapables, soit en soumettant à un contrôle serré la gestion des tuteurs et curateurs (C. C. S., art. 420 et suiv.) et en rendant responsables du dommage causé aux pupilles les organes de la tutelle et, subsidiairement, le canton (C. C. S., art. 426 et suiv.), soit en prévoyant l'intervention de l'autorité tutélaire en faveur des mineurs sous puissance paternelle, lorsque les père et mère ne remplissent pas correctement leurs devoirs et compromettent le bien-être matériel ou moral des enfants (C. C. S., art. 283 et suiv. et 290 et suiv.). Dans les rapports entre époux, l'ingérence de l'État est également très remarquable. Outre que pour toute une série d'actes juridiques l'assentiment de l'autorité tutélaire est nécessaire (obligations assumées par la femme envers des tiers dans l'intérêt du mari, C. C. S., art. 177, modifications apportées au régime matrimonial pendant le mariage, C. C. S., art. 181, etc.) et que la femme peut recourir au juge contre les abus de pouvoir de son mari (privation injustifiée du droit de représenter l'union conjugale, C. C. S., art. 164, 165, refus du consentement à l'exercice d'une profession ou d'une industrie, C. C. S., art. 167), l'intervention du juge peut être requise en vue de « ramener l'époux coupable à ses devoirs » lorsqu'il « néglige ses devoirs de famille et expose son conjoint à péril, honte ou dommage » (C. C. S., art. 169). Il ne faut pas se faire trop d'illusions sur les résultats pratiques de cette innovation hardie, mais elle illustre bien et le prix qu'attache le législateur au maintien de l'union conjugale et sa conception du rôle protecteur de l'État (1). C'est à cette même conception que se rattachent la surveillance exercée par

(1) Les premiers projets du C. C. S. assuraient à l'État des droits successoraux très étendus, en considération justement de ses obligations de surveillance de la vie de famille; lorsque le défunt ne laissait pas de descendants, l'État était héritier réservataire et avait droit à 1/10 ou à 1/4 de la succession suivant qu'il était en concours avec la parentèle des parents ou grands-parents. Cette réserve a été supprimée et l'État ne succède qu'en l'absence de testament et à défaut d'héritiers de la 3e parentèle — grands-parents et leurs descendants (C. C. S. art. 466).

l'État sur les fondations (à l'exception toutefois des fondations de famille, (C. C. S., art. 87), son droit d'en modifier même le but primitif lorsqu'il a cessé de répondre aux intentions du fondateur (C. C. S., art. 86), les mesures qu'il impose afin d'empêcher, que les cédules hypothécaires et les lettres de rente ne soient insuffisamment garanties par l'immeuble hypothéqué (C. C. S., art. 843, 848, 849 : estimation officielle de l'immeuble, détermination de la charge maximale, responsabilité du canton en cas de taxation erronée,) etc.

Cette intervention directe de l'État se double d'un ensemble de formalités dont le but est de garantir la sécurité des transactions. La Suisse est le pays des registres publics où doivent être consignés les faits de nature à intéresser les tiers : registres de l'état-civil, registre du commerce, registre des régimes matrimoniaux, registre pour l'engagement du bétail, registre des pactes de réserve de propriété, registre foncier. En particulier, l'organisation du registre foncier est exemplaire. Il donne pour chaque immeuble l'état de tous les droits réels dont l'immeuble fait l'objet (propriété, gages, servitudes, etc.); ces droits ne sont en principe constitués que par l'inscription (C. C. S., art. 656, 731, 799)(1) et à l'égard des tiers de bonne foi les inscriptions ont une valeur absolue (C. C. S., art. 973), de sorte que celui qui acquiert la propriété ou d'autres droits réels en se fondant de bonne foi sur une inscription du registre foncier est maintenu dans son acquisition, quand bien même l'inscription aurait été faite indûment (par exemple en vertu d'un acte entaché de nullité) et, d'autre part, il ne peut se voir opposer des droits réels non inscrits. Ce système suppose naturellement une tenue impeccable des registres fonciers; aussi le code soumet-il les conservateurs à une surveillance stricte (C. C. S., art. 956) et rend-il les cantons responsables de tout dommage résultant de la tenue des registres (C. C. S., art. 955). En donnant une assise solide aux transactions immobilières, le code a réalisé un progrès marqué par rapport aux lois cantonales anciennes et par rapport à la plupart des législations étrangères ; dans ce

____

(1) Remarquons en passant qu'en droit civil suisse le contrat de vente n'est pas translatif de la propriété : Il ne crée que des droits personnels, le droit réel de propriété s'acquérant seulement par la tradition, en matière mobilière (C. O. art. 714), et par l'inscription, en matière immobilière (C. C. S. art. 656).

domaine les avantages du formalisme l'emportent évidemment sur ses inconvénients.

Enfin, déjà bridée à certains égards par la surveillance de l'État, limitée dans son exercice par l'assujettissement à des conditions de forme, la liberté individuelle est encore restreinte quant à son champ d'application. On pourrait hésiter à citer à ce propos la disposition de l'art. 27 C. C. S., suivant laquelle « nul ne peut aliéner sa liberté ni s'en interdire l'usage dans une mesure contraire aux lois ou aux mœurs ». Cette règle, en effet, est dictée par le souci plutôt de sauvegarder la liberté que d'y porter atteinte. Toutefois elle aboutit à faire contrôler par le juge si les restrictions que le citoyen s'est volontairement imposées en faveur d'un co-contractant sont ou non conformes aux bonnes mœurs et l'on retrouve ici la tendance protectrice opposée à la tendance vraiment libérale. On doit faire la même réserve relativement à de nombreuses autres dispositions qui ne sont au fond que des applications particulières du principe général de l'art. 27 C. C. S., et qui permettent par exemple au juge de réduire les peines conventionnelles « qu'il estime excessives » (C. O., art. 163) ou les courtages « excessifs » (C. O., art. 417) ou les interdictions de concurrence « de nature à compromettre, d'une manière contraire à l'équité, l'avenir économique » de celui qui s'y est soumis (C. O. art. 357). Mais l'art. 2 C. C. S. a fait une brèche autrement importante au système traditionnel du libre usage des droits civils, en proclamant que « l'abus manifeste d'un droit n'est pas protégé par la loi ». La notion de l'abus du droit a été imaginée par la doctrine et sanctionnée par la jurisprudence à titre de correctif de l'idée romaine de la propriété, droit absolu pouvant être exercé même d'une façon préjudiciable aux tiers. Mais cette conception du droit de propriété n'est plus celle du C. C. S., qui oblige au contraire le propriétaire à tenir compte des intérêts de ses voisins et le rend responsable des dommages qu'il leur cause (C. C. S., art. 679, 684). Les obligations de voisinage étant ainsi déjà consacrées par le code, l'art. 2 C. C. S. a une portée bien plus étendue et s'applique à l'ensemble des droits civils. Comme, d'autre part, il est rédigé en des termes fort peu précis, les conséquences qu'il peut avoir pour le développement ultérieur du droit échappent à toutes les prévisions. Pour le moment les tribunaux se tiennent sur la réserve et n'accueillent presque jamais le moyen subsidiaire, devenu de style, que les plaideurs fondent sur l'art. 2. Mais rien ne permet d'affirmer qu'il en sera toujours ainsi, que l'art. 2 continuera à fonctionner comme une simple soupape de sûreté et qu'il ne laissera pas s'échapper la substance même du droit.

Soumis à de multiples restrictions quant à l'exercice de ses droits, le citoyen jouit par contre d'une protection très large lorsque ses intérêts sont lésés par autrui. La législation suisse a beaucoup atténué la rigueur des 3 conditions ordinaires de la responsabilité aquilienne — un acte illicite, une faute, un dommage.

Alors que le C. O. ancien n'ordonnait encore que la réparation du dommage causé « sans droit », le C. O. revisé (art. 41, al. 2) assimile (du moins en cas de dol de l'auteur) au dommage causé sans droit celui causé « par des faits contraires aux mœurs » — s'en remettant d'ailleurs au juge du soin de préciser cette notion dangereusement vague. De même il existe une tendance à substituer à la responsabilité basée sur la faute la responsabilité basée sur l'idée de risque et la loi suisse connaît un grand nombre de cas de responsabilité en l'absence de toute faute : responsabilité du chef de famille (C. C. S., art. 333), de l'employeur (C. O., art. 55), du détenteur d'un animal (C. O., art. 56), du propriétaire d'un ouvrage (C. O., art. 58), des entreprises de transport (loi du 28 mars 1905), des fabricants (loi du 25 juin 1881, aujourd'hui remplacée par celle du 13 juin 1911 qui institue l'assurance d'État). Et surtout le droit civil ne réserve plus sa protection aux seuls intérêts économiques, mais l'étend à tous les « intérêts personnels » (C. C. S., art. 28, C. O., art. 49), par quoi il entend tous les attributs de la personnalité, dont l'ensemble constitue le patrimoine moral de l'individu (droit au nom, à l'intégrité corporelle, à l'honneur, au respect du caractère secret de certains faits ou objets, de lettres-missives, de photographies, d'images, etc., etc.). Celui qui subit une atteinte dans l'un de ces intérêts peut s'adresser au juge pour la faire cesser (1) et en outre peut prétendre, dans les cas déterminés par la loi, à une indemnité pour tort moral (C. C. S.,

---

(1) Le code n'indique pas les moyens que le juge pourra employer à cet effet et les cantons organisent à leur gré la procédure qui, en cette matière, est la chose principale; il va sans dire que s'il faut un long procès pour faire p. ex. enlever d'une vitrine de magasin une photographie dont l'exhition est jugée injurieuse, la protection accordée par le droit fédéral sera bien peu efficace.

art. 28) (1). Cette « réparation morale » est en particulier accordée par le code, en matière de rupture de fiançailles (C. C. S., art. 93), au fiancé innocent, en matière de divorce, à l'époux innocent (C. C. S., art. 151) ; elle peut aussi, à titre exceptionnel, être ordonnée en faveur de la mère de l'enfant naturel (C. C. S., art. 318). La pitié que les victimes de maux immérités inspirent au législateur suisse prend d'ailleurs parfois une forme assez singulière. D'après l'art. 54 C. O., « si l'équité l'exige », le juge peut condamner une personne même incapable de discernement à la réparation du dommage qu'elle a causé — ce qui vise essentiellement le cas où l'auteur du dommage est riche, tandis que la victime est pauvre. Inversement, l'art. 44 C. O. permet au juge de réduire les dommages-intérêts lorsque la réparation du préjudice « exposerait le débiteur à la gêne ». Le donateur dont la situation de fortune s'est modifiée peut se refuser à exécuter une donation devenue onéreuse pour lui (C. O., art. 250) (2). Par contre, en matière de responsabilité des entreprises de chemin de fer, l'indemnité à raison de la diminution de capacité de travail peut être réduite lorsque la victime de l'accident réalisait un gain exceptionnellement élevé (loi du 28 mars 1905, art. 4). Toutes ces dispositions si diverses procèdent d'une idée commune, à savoir que les riches doivent être traités autrement que les pauvres. Bien que rien ne paraisse plus contraire au principe d'égalité, cette tendance « humanitaire » s'accorde néanmoins avec la tendance égalitaire que nous signalions au début, l'inégalité des droits et des obligations compensant en quelque sorte l'inégalité des conditions. Cette idée révolutionnaire est seulement en germe dans le droit civil suisse qui s'est gardé de l'exprimer et d'en tirer toutes les conséquences, mais elle est trop riche en possibilités pour que nous puissions la passer sous silence.

---

(1) En général les indemnités allouées de ce chef par les tribunaux sont extrêmement modiques et par conséquent impropres à procurer au lésé une satisfaction qui soit en rapport avec la gravité du tort qui lui a été causé.

(2) Cf. l'art. 21 C. O. qui prévoit la rescision du contrat conclu par une partie qui a exploité « la gêne » de son co-contractant.

Conclusions.

Quelque sommaire et insuffisant que soit l'exposé qui précède, peut-être permet-il de discerner l'originalité du droit civil suisse. Cette originalité réside moins dans la nouveauté des solutions qu'il apporte que dans la combinaison d'idées opposées et presque contradictoires. Il n'est fait pour plaire aux doctrinaires d'aucune école: tous y relèveront des inconséquences et déploreront que le législateur ne soit pas allé jusqu'au bout de sa pensée. C'est qu'aussi bien nos codes ne sont pas destinés à régir une petite chapelle, mais à s'adapter aux besoins d'une nation qui plus qu'une autre est composite. En Suisse les conceptions latines et les conceptions germaniques s'affrontent, l'esprit catholique y est aussi vivace que l'esprit protestant, des mœurs patriarcales y subsistent au milieu de l'agitation et du dérèglement de la vie moderne. L'harmonie de tant d'éléments disparates ne peut être réalisée qu'au moyen de concessions réciproques et l'art du législateur est de doser ces concessions, de manière que dans son œuvre même les tendances opposées se retrouvent en état d'équilibre. Nous croyons qu'il a résolu avec bonheur ce problème difficile. Peut-être, malgré son attachement aux traditions nationales, a-t-il trop sacrifié aux idées du moment et certaines de ses innovations ne laissent pas d'être inquiétantes. Il suffirait de bien peu pour altérer la physionomie de ce code encore libéral, familial et bourgeois et son armature risquerait de ne pas être assez robuste si, au lieu de la consolider, le juge, muni de pouvoirs exorbitants, se laissait influencer par les mouvements qui menacent l'ordre social. Mais enfin, tel qu'il est, avec son respect des institutions ancestrales et avec ses audaces, il reflète exactement le génie propre d'un peuple qui accueille les idées nouvelles avec d'autant plus de complaisance que jusqu'ici il a toujours su, en se les assimilant, les dépouiller de ce qu'elles avaient d'outrancier. Le droit civil suisse est bien ce qu'on a désiré qu'il fût : un droit national. C'est ce qui explique la facilité avec laquelle il a pris la place des législations cantonales antérieures et aussi l'intérêt qu'il a suscité à l'étranger et qui, sans doute, n'aurait pas été accordé à une création plus artificielle.

TABLE DES MATIÈRES

87 806. — Imprimerie LAHURE, 9, rue de Fleurus, à Paris.